Ye.

149

OEUVRES

EN PROSE

DE Mr.

BOILEAU

DESPREAUX.

OEUVRES

DE Mʳ.

BOILEAU DESPRÉAUX.

AVEC DES

ÉCLAIRCISSEMENS

HISTORIQUES,

Donnez par Lui-même.

TOME SECOND.

Tantum Caput extulit

A GENEVE,

Chez FABRI & BARRILLOT.

M. DCC. XVI.

TABLE

Des Piéces contenuës en ce Second Tome.

Les Piéces ajoûtées en cette Edition, font defignées par une Etoile *.

Tom. II.   (a)   X. Ré-

TABLE

TRAITE'

TRAITÉ

DU

SUBLIME,

OU

DU MERVEILLEUX

DANS LE DISCOURS:

Traduit du Grec de L'ONGIN.

PRÉFACE.

E petit Traité, ¹ dont je donne la traduction au Public, est une Piece échapée du naufrage de plusieurs autres Livres que Longin avoit composez. Encore n'est-elle pas venuë à nous toute entiere. Car bien que le volume ne soit pas fort gros, il y a plusieurs endroits défectueux, & nous avons perdu le Traité des Passions, dont l'Auteur avoit fait un Livre à part, qui étoit comme une suite naturelle de celui-ci. Néanmoins, tout défiguré qu'il est, il nous en reste encore assez pour nous faire concevoir une fort grande idée de son Auteur, & pour nous donner un veritable regret de la perte de ses autres Ouvrages. Le nombre n'en étoit pas médiocre. Suidas en compte jusqu'à neuf, dont il ne nous reste plus que des titres assez confus. C'étoient tous Ouvrages de critique. Et certainement on ne sçauroit assez plaindre la perte de ces excellens originaux, qui, à en juger par celui-ci, devoient être autant de chef-d'œuvres de bon sens, d'érudition, & d'éloquence. Je dis d'éloquence; parce que Longin ne s'est pas contenté, comme Aristote & Hermogène, de nous donner des préceptes tout secs & dépoüillez d'ornemens. Il n'a pas voulu tomber dans le défaut qu'il reproche à Cécilius, qui avoit, dit-il, écrit du Sublime en stile bas. En traitant des beautez de l'Elocution, il a emploié toutes les finesses de l'Elocution. Souvent il fait la figure qu'il enseigne ; & en parlant du Sublime,

REMARQUES.

1. *Dont je donne la traduction*] L'Auteur la donna en 1674. étant dans sa 38me année.

Tome II. A 2

blime, il eſt lui-même très-ſublime. Cependant il fait cela ſi à propos, & avec tant d'art, qu'on ne ſauroit l'accuſer en pas un endroit de ſortir du ſtile didactique. C'eſt ce qui a donné à ſon Livre cette haute réputation qu'il s'eſt acquiſe parmi les Savans, qui l'ont tous regardé comme un des plus précieux reſtes de l'Antiquité ſur les matieres de Rhétorique. 1 Caſaubon l'apèle un *Livre d'or*, voulant marquer par là le poids de ce petit Ouvrage, qui, malgré ſa petiteſſe, peut être mis en balance avec les plus gros volumes.

Auſſi jamais homme de ſon tems même, n'a été plus eſtimé que Longin. Le Philoſophe Porphyre, qui avoit été ſon diſciple, parle de lui comme d'un prodige. Si on l'en croit, ſon jugement étoit la règle du bon ſens; ſes déciſions en matiere d'Ouvrages paſſoient pour des Arrêts ſouverains; & rien n'étoit bon ou mauvais, qu'autant que Longin l'avoit approuvé ou blâmé. Eunapius, dans la Vie des Sophiſtes, paſſe encore plus avant. Pour exprimer l'eſtime qu'il fait de Longin, il ſe laiſſe emporter à des hyperboles extravagantes, & ne ſauroit ſe réſoudre à parler en ſtile raiſonnable, d'un merite auſſi extraordinaire que celui de cet Auteur. Mais Longin ne fut pas ſimplement un Critique habile: ce fut un Miniſtre d'Etat conſiderable; & il ſuffit, pour faire ſon éloge, de dire, qu'il fut conſideré de Zénobie cette faméuſe Reine des Palmyreniens, qui oſa bien ſe déclarer Reine de l'Orient après la mort de ſon mari Odénat. Elle avoit apelé d'abord Longin auprès d'elle, pour s'inſtruire dans la Langue Grecque. Mais de ſon Maître en Grec elle en fit à la fin un de ſes principaux Miniſtres. Ce fut lui qui encouragea cette Reine à ſoûtenir la qualité de Reine de l'Orient, qui lui rehauſſa le cœur dans l'adverſité, & qui lui fournit les paroles altieres qu'elle écrivit à Aurélian, quand cet Empereur la ſomma de ſe rendre. Il en coûta la vie à nôtre Auteur; mais ſa mort fut également glorieuſe pour lui, & honteuſe pour Aurélian, dont on peut dire qu'elle a pour jamais flétri la mémoire. Comme cette mort eſt un des plus fameux incidens de l'hiſtoire de ce tems-là, le Lecteur ne

sera

R E M A R Q U E S.

1. *Caſaubon*] *Exercit.* I. ad*v. Baronium. Dionyſius Longinus, cujus extat aureolus* ϖ̀ʒ Τ˘Ʌʋς *libellus.* Caſaubon donne ailleurs à ce même ouvrage de Longin, les épithètes de *très docte*, & de *très-élegant.*

fera peut-être pas fâché que je lui rapporte ici ce que Flavius Vopiſcus en a écrit. Cet Auteur raconte, que l'armée de Zénobie & de ſes alliez aiant été miſe en fuite près de la Ville d'Emeſſe, Aurélian alla mettre le ſiége devant Palmyre, où cette Princeſſe s'étoit retirée. Il trouva plus de réſiſtance qu'il ne s'étoit imaginé, & qu'il n'en devoit attendre vraiſemblablement de la réſolution d'une femme. Ennuïé de la longueur du ſiége, il eſſaïa de l'avoir par compoſition. Il écrivit donc une lettre à Zénobie, dans laquelle il lui offroit la vie & un lieu de retraite, pourvû qu'elle ſe rendît dans un certain tems. Zénobie, ajoûte Vopiſcus, répondit à cette lettre avec une fierté plus grande que l'état de ſes affaires ne le lui permettoit. Elle croïoit par là donner de la terreur à Aurélian. Voici ſa réponſe.

ZÉNOBIE REINE DE L'ORIENT, A L'EMPEREUR AURÉLIAN. *Perſonne juſques ici n'a fait une demande pareille à la tienne. C'eſt la vertu, Aurélian, qui doit tout faire dans la guerre. Tu me commandes de me remettre entre tes mains ; comme ſi tu ne ſavois pas que Cléopatre aima mieux mourir avec le titre de Reine, que de vivre dans toute autre dignité. Nous attendons le ſecours des Perſes. Les Sarrazins arment pour nous. Les Arméniens ſe ſont déclarez en nôtre faveur. Une troupe de voleurs dans la Syrie a défait ton armée. Juge ce que tu dois attendre, quand toutes ces forces ſeront jointes. Tu rabattras de cet orgueil avec lequel, comme maître abſolu de toutes choſes, tu m'ordonnes de me rendre.* Cette Lettre, ajoûte Vopiſcus, donna encore plus de colere que de honte à Aurélian. La Ville de Palmyre fut priſe peu de jours après, & Zénobie arrêtée, comme elle s'enfuioit chez les Perſes. Toute l'armée demandoit ſa mort. Mais Aurélian ne voulut pas deshonorer ſa victoire par la mort d'une femme. Il réſerva donc Zénobie pour le triomphe, & ſe contenta de faire mourir ceux qui l'avoient aſſiſtée de leurs conſeils. Entre ceux-là, continuë cet Hiſtorien, le Philoſophe Longin fut extrèmement regretté. Il avoit été apelé auprès de cette Princeſſe pour lui enſeigner le Grec. Aurélian le fit mourir, pour avoir écrit la Lettre précedente. Car bien qu'elle fût écrite en langue Syriaque, on le ſoupçonnoit d'en être l'Auteur. L'Hiſtorien Zoſime témoigne que ce fut Zénobie elle-même qui l'en accuſa. *Zénobie, dit-il, ſe voiant arrêtée, rejetta toute ſa faute ſur ſes Miniſtres, qui avoient, dit-elle, abuſé de la foibleſſe de ſon eſprit. Elle nomma, entre autres, Longin, celui dont* nous avons encore plusieurs écrits si utiles. *Aurélian ordonna qu'on l'envoiât au supplice. Ce grand personnage*, poursuit Zosime, *souffrit la mort avec une constance admirable, jusques à consoler en mourant ceux que son malheur touchoit de pitié & d'indignation.*

Par là on peut voir que Longin n'étoit pas seulement un habile Rhéteur, comme Quintilien & comme Hermogène; mais un Philosophe, digne d'être mis en parallèle avec les Socrates & avec les Catons. Son Livre n'a rien qui démente ce que je dis. Le caractère d'honnête homme y paroît par tout; & ses sentimens ont je ne sçai quoi qui marque non seulement un esprit sublime, mais une ame fort élevée au dessus du commun. Je n'ai donc point de regret d'avoir emploié quelques-unes de mes veilles à débroüiller un si excellent Ouvrage, que je puis dire n'avoir été entendu jusqu'ici que d'un très-petit nombre de Savans. Muret fut le premier qui entreprit de le traduire en Latin, à la sollicitation de Manuce: mais il n'acheva pas cet Ouvrage; soit parce que les difficultez l'en rebutérent, ou que la mort le surprit auparavant. Gabriel de Pétra [1], à quelque tems de là, fut plus courageux; & c'est à lui qu'on doit la traduction Latine que nous en avons. Il y en a encore deux autres; mais elles sont si informes & si grossieres, que ce seroit faire trop d'honneur à leurs Autheurs, [2] que de les nommer. Et même celle de Pétra, qui est infiniment la meilleure, n'est pas fort achevée. Car outre que souvent il parle Grec en Latin, il y a plusieurs endroits où l'on peut dire qu'il n'a pas fort bien entendu son Auteur. Ce n'est pas que je veuille accuser un si savant Homme d'ignorance, ni établir ma réputation sur les ruines de la sienne. Je sçai ce que c'est que de débroüiller le premier un Auteur; & j'avoüe d'ailleurs que son Ouvrage m'a beaucoup servi, aussi-bien que les petites [3] notes de Langbaine & de [4] Monsieur le Févre. Mais je suis bien-aise d'excuser

R E M A R Q U E S.

1. *Gabriel de Pétra*] Professeur en Grec à Lauzane. Il vivoit en 1615.

2. *Ce seroit faire trop d'honneur à leurs Auteurs*] Dominicus Pizimentius, & Petrus Paganus.

3. *Notes de Langbaine.*] Gerard Langbaine, Anglois, a traduit en Latin le Traité du Sublime de Longin, avec des Notes fort estimées. Cet Ouvrage fut imprimé à Oxford, en 1638.

Et ces mêmes Notes ont été inserées avec celles des autres Commentateurs de Longin, dans la belle édition que Jaques Tollius a donnée de cet excellent Critique, à Utrecht, en 1694. Langbaine mourut en 1657.

4. *M. le Févre.*] Tannegui le Févre, Professeur à Saumur, pere de l'illustre & savante Madame Dacier.

cuſer, par les fautes de la traduction Latine, celles qui pourront m'être échapées dans la Françoiſe. J'ai pourtant fait tous mes efforts pour la rendre auſſi éxacte qu'elle pouvoit l'être. A dire vrai, je n'y ai pas trouvé de petites difficultez. Il eſt aiſé à un Traducteur Latin de ſe tirer d'affaire, aux endroits même qu'il n'entend pas. Il n'a qu'à traduire le Grec mot pour mot, & à débiter des paroles, qu'on peut au moins ſoupçonner d'être intelligibles. En effet, le Lecteur, qui bien ſouvent n'y conçoit rien, s'en prend plûtôt à ſoi-même, qu'à l'ignorance du Traducteur. Il n'en eſt pas ainſi des traductions en langue vulgaire. Tout ce que le Lecteur n'entend point, s'appèle un galimathias, dont le Traducteur tout ſeul eſt reſponſable. On lui impute juſqu'aux fautes de ſon Auteur ; & il faut en bien des endroits qu'il les rectifie, ſans néanmoins qu'il oſe s'en écarter.

Quelque petit donc que ſoit le volume de Longin, je ne croirois pas avoir fait un médiocre préſent au Public, ſi je lui en avois donné une bonne traduction en nôtre langue. Je n'y ai point épargné mes ſoins ni mes peines. Qu'on ne s'attende pas pourtant de trouver ici une verſion timide & ſcrupuleuſe des paroles de Longin. Bien que je me ſois efforcé de ne me point écarter, en pas un endroit, des règles de la veritable traduction, je me ſuis pourtant donné une honnête liberté, ſur tout dans les paſſages qu'il rapporte. J'ai ſongé qu'il ne s'agiſſoit pas ſimplement ici de traduire Longin ; mais de donner au Public un Traité du Sublime, qui pût être utile. Avec tout cela néanmoins il ſe trouvera peut-être des gens, qui non ſeulement n'approuveront pas ma traduction, mais qui n'épargneront pas même l'Original. Je m'attends bien qu'il y en aura pluſieurs qui déclineront la juriſdiction de Longin, qui condamneront ce qu'il approuve, & qui loüeront ce qu'il blâme. C'eſt le traitement qu'il doit attendre de la plûpart des Juges de nôtre ſiècle. Ces Hommes accoûtumez aux débauches & aux excès des Poëtes modernes, & qui n'admirant que ce qu'ils n'entendent point, ne penſent pas qu'un Auteur ſe ſoit élevé, s'ils ne l'ont entierement perdu de vûë : ces petits Eſprits, dis-je, ne ſeront pas ſans doute fort frappez des hardieſſes judicieuſes des Homères, des Platons & des Démoſthènes. Ils chercheront ſouvent le Sublime dans le Sublime, & peut-être ſe mocqueront-ils des exclamations que Longin fait quelquefois ſur des paſſages, qui, bien que très-ſublimes, ne laiſſent pas d'être ſimples & naturels, & qui ſaiſiſſent plûtôt l'ame, qu'ils n'éclatent aux yeux. Quelque aſſurance pourtant que ces Meſſieurs aient de la netteté de leurs

lu-

lumieres, je les prie de confiderer que ce n'eſt pas ici l'ouvrage d'un Aprenti, que je leur offre; mais le chef-d'œuvre d'un des plus ſavans Critiques de l'Antiquité. Que s'ils ne voïent pas la beauté de ces paſſages, cela peut auſſi-tôt venir de la foibleſſe de leur vûë, que du peu d'éclat dont ils brillent. Au pis-aller, je leur conſeille d'en accuſer la traduction, puiſqu'il n'eſt que trop vrai que je n'ai ni atteint, ni pû atteindre à la perfection de ces excellens Originaux; & je leur déclare par avance, que s'il y a quelques défauts, ils ne ſauroient venir que de moi.

Il ne reſte plus, pour finir cette Préface, que de dire ce que Longin entend par Sublime. Car comme il écrit de cette matiere après Céciluis, qui avoit preſque emploïé tout ſon livre à montrer ce que c'eſt que Sublime; il n'a pas crû devoir rebattre une choſe qui n'avoit été déja que trop diſcutée par un autre. Il faut donc ſavoir que par Sublime, Longin n'entend pas ce que les Orateurs apèlent le ſtile ſublime: mais cet Extraordinaire & ce Merveilleux, qui frappe dans le diſcours, & qui fait qu'un Ouvrage enlève, ravit, tranſporte. Le ſtile ſublime veut toûjours de grands mots; mais le Sublime ſe peut trouver dans une ſeule penſée, dans une ſeule figure, dans un ſeul tour de paroles. Une choſe peut être dans le ſtile Sublime, & n'être pourtant pas Sublime, c'eſt-à-dire, n'avoir rien d'extraordinaire ni de ſurprenant. Par exemple, *Le ſouverain Arbitre de la Nature d'une ſeule parole forma la lumiere.* Voilà qui eſt dans le ſtile ſublime: cela n'eſt pas néanmoins Sublime; parce qu'il n'y a rien là de fort merveilleux, & qu'on ne pût aiſément trouver. Mais, *Dieu dit: Que la lumiere ſe faſſe, & la lumiere ſe fit;* ce tour extraordinaire d'expreſſion, qui marque ſi bien l'obéïſſance de la Créature aux ordres du Créateur, [1] eſt véritablement ſublime, & a quelque choſe de divin. Il faut donc entendre par Sublime dans Longin, l'Extraordinaire, le Surprenant, & comme je l'ai traduit, le Merveilleux dans le diſcours.

[2] J'ai rapporté ces paroles de la Genèſe, comme l'expreſſion la plus propre à mettre ma penſée en ſon jour, & je m'en ſuis ſervi d'autant plus volontiers, que cette expreſſion eſt citée avec éloge [3] par Longin même, qui, au milieu des ténèbres du Paganiſme, n'a pas laiſſé de recon-

R E M A R Q U E S.

1. *Eſt véritablement ſublime*] Voiez ci-après, la Réflexion X. de Mr. Deſpreaux ſur ce paſſage de Longin.
2. *J'ai rapporté ces paroles de la Genèſe, &c.*]

Toute cette Section fut ajoutée par l'Auteur à ſa Préface, dans l'édition de 1683. qui fut la troiſième de ce Traité *du Sublime.*
3. *Par Longin même*] Chapitre VII.

reconnoître le divin qu'il y avoit dans ces paroles de l'Ecriture. Mais, que dirons-nous [1] d'un des plus savans Hommes de nôtre siécle, qui éclairé des lumieres de l'Evangile, ne s'est pas apperçu de la beauté de cet endroit ; qui a osé, dis-je, avancer [2] dans un Livre qu'il a fait pour démontrer la Religion Chrétienne, que Longin s'étoit trompé lors qu'il avoit crû que ces paroles étoient sublimes ? J'ai la satisfaction au moins que [3] des personnes, non moins considerables par leur piété que par leur profonde érudition, qui nous ont donné depuis peu la traduction du livre de la Genèse, n'ont pas été de l'avis de ce savant Homme ; & [4] dans leur Préface, entre plusieurs preuves excellentes qu'ils ont apportées pour faire voir que c'est l'Esprit-saint qui a dicté ce Livre, ont allegué le passage de Longin, pour montrer combien les Chrétiens doivent être persuadez d'une verité si claire, & qu'un Paien même a sentie par les seules lumieres de la raison.

[5] Au reste, dans le tems qu'on travailloit à cette derniere édition de mon Livre, Monsieur Dacier, celui qui nous a depuis peu donné les Odes d'Horace en François, m'a communiqué de petites Notes très-savantes qu'il a faites sur Longin, où il a cherché de nouveaux sens, inconnus jusques ici aux Interprètes. J'en ai suivi quelques-unes. Mais comme dans celles où je ne suis pas de son sentiment, je puis m'être trompé, il est bon d'en faire les Lecteurs juges. C'est dans cette vûë que [6] je les ai mises à la suite de mes Remarques ; Monsieur Dacier n'étant pas seulement un homme de très-grande érudition, & d'une critique très-fine, mais d'une politesse d'autant plus estimable, qu'elle accompagne rarement un grand savoir. Il a
été

REMARQUES.

1. *D'un des plus savans Hommes.*] Monsieur Huet, alors Sous-Précepteur de Monseigneur le Dauphin, & ensuite Evêque d'Avranches.

2. *Dans un Livre qu'il a fait &c.*] Demonstratio Evangelica. Propos. 4. cap. 2. n. 53. pag. 54. Ce livre fut imprimé en 1678. in folio.

3. *Des personnes non moins considerables &c.*] Mrs. de Port-roial, & sur tout Mr. Le Maître de Saci.

4. *Dans leur Préface.*] Seconde partie, §. 3. où il est traité de la simplicité sublime de l'E-

criture Sainte. On y cite avec éloge Mr. Despreaux, Traducteur de Longin.

5. *Au reste, dans le tems qu'on travailloit &c.*] L'Auteur ajouta cette autre Section, à cette Préface, dans la même édition de 1683.

6. *Je les ai mises à la suite de mes Remarques.*] Mr. Despreaux avoit fait imprimer ses Remarques, celles de Monf. Dacier, & celles de Monf. Boivin, séparément, & à la suite de sa Traduction. Dans cette nouvelle édition, l'on a mis les unes & les autres sous le

été difciple du célebre [1] Monfieur le Févrè, Pere de cette favante Fille à qui nous devons la premiere traduction qui ait encore paru d'Anacreon en François; & qui travaille maintenant à nous faire voir Aristophane, Sophocle & Euripide en la même langue. [2]

[3] J'ai laiffé dans toutes mes autres éditions cette Préface, telle qu'elle étoit lorfque je la fis imprimer pour la premiere fois il y a plus de vingt ans, & je n'y ai rien ajoûté. Mais aujourd'hui, comme j'en revoïois les épreuves, & que je les allois renvoïer à l'Imprimeur, il m'a paru qu'il ne feroit peut-être pas mauvais, pour mieux faire connoître ce que Longin entend par ce mot de Sublime, de joindre encore ici au paffage que j'ai rapporté de la Bible, quelque autre exemple pris d'ailleurs. En voici un qui s'eft préfenté affez heureufement à ma mémoire. Il eft tiré de l'Horace de Monfieur Corneille. Dans cette Tragédie, dont les trois premiers Actes font, à mon avis, le chef-d'œuvre de cet illuftre Ecrivain, une Femme qui avoit été préfente au combat des trois Horaces, mais qui s'étoit retirée un peu trop-tôt, & n'en avoit pas vû la fin, vient mal à propos annoncer au vieil Horace leur Pere, que deux de fes Fils ont été tuez, & que le troifieme, ne fe voïant plus en état de réfifter, s'eft enfui. Alors, ce vieux Romain, poffedé de l'amour de fa patrie, fans s'amufer à pleurer la perte de fes deux Fils, morts fi glorieufement, ne s'afflige que de la fuite honteufe du dernier, qui a, dit-il, par une fi lâche action, imprimé un opprobre éternel au nom d'Horace. Et leur Sœur, qui étoit là préfente, lui aiant dit, *Que vouliez-vous qu'il fift contre trois?* Il répond brufquement, *Qu'il mourût.* Voila de fort petites paroles. Cependant

R E M A R Q U E S.

Texte. On y a joint les Remarques Françoifes de Monf. Tollius, qui a donné au public une édition de Longin, avec une Traduction Latine, enrichie de Notes très-favantes. Il avoit inféré dans fon édition la Traduction Françoife de Mr. Defpreaux.

[1]. *Mr. le Févre.*] Tannegui le Févre, Profeffeur de Rhétorique à Saumur; dont Monf. Dacier a époufé la Fille. Monf. Le Févre donna en 1663. une édition de Lon-gin, avec des Notes très-eftimées.

[2]. *En la même langue.*] Outre ces Livres, Madame Dacier en a donné plufieurs autres, & en dernier lieu une Traduction de l'Iliade; Ces Ouvrages font des preuves immortelles de fa fcience & de fon efprit.

[3]. *J'ai laiffé dans toutes mes autres éditions* &c.] Ceci, jufqu'à la fin de la Préface, fut ajoûté par l'Auteur dans l'édition de 1701.

pendant il n'y a personne qui ne sente la grandeur héroïque qui est renfermée dans ce mot, *Qu'il mourût* , qui est d'autant plus sublime qu'il est simple & naturel, & que par là on voit que c'est du fond du cœur que parle ce vieux Heros, & dans les transports d'une colère vraiment Romaine. De fait, la chose auroit beaucoup perdu de sa force, si, au lieu de *Qu'il mourût* , il avoit dit, *Qu'il suivît l'exemple de ses deux freres,* ou, *Qu'il sacrifiât sa vie à l'interêt & à la gloire de son païs.* Ainsi, c'est la simplicité même de ce mot qui en fait la grandeur. Ce sont là de ces choses que Longin appèle sublimes, & qu'il auroit beaucoup plus admirées dans Corneille, s'il avoit vêcu du tems de Corneille, que ces grands mots dont Ptolomée remplit sa bouche au commencement de ¹ *la Mort de Pompée,* pour exagerer les vaines circonstances d'une déroute qu'il n'a point vûë.

REMARQUES.

1. *La Mort de Pompée.*] Autre Tragédie de Mr. Corneille.

B 2

PRE

PRÉFACE

DE

MONSIEUR DACIER.

E tous les Autheurs Grecs il n'y en a point de plus diffi- ciles à traduire que les Rhéteurs , fur tout quand on débroüille le premier leurs Ouvrages. Cela n'a pas empêché que Monſieur Deſpreaux , en nous donnant Longin en François , ne nous ait donné une des plus belles Traductions que nous aions en nôtre Langue. Il a non ſeulement pris la naïveté & la ſimplicité du ſtile Didactique de cet excellent Auteur ; il en a même ſi bien attrapé le Sublime, qu'il fait valoir auſſi heureuſement que lui , toutes les grandes figu- res dont il traite , & qu'il emploie en les expliquant. Comme j'avois étudié ce Rhéteur avec ſoin , je fis quelques découvertes en le reliſant ſur la Traduction ; & je trouvai de nouveaux ſens , dont les Interpretes ne s'eſtoient point aviſez. Je me crûs obligé de les communiquer à Monſieur Deſpreaux. J'allai donc chez lui , qaoique je n'euſſe pas l'avantage de le connoître. Il ne reçût pas mes critiques en Auteur , mais en homme d'eſprit & en galant homme : il convint de quelques endroits ; nous diſputâmes long-tems ſur d'autres ; mais dans ces endroits mêmes dont il ne tomboit pas d'accord , il ne laiſſa pas de faire quelque eſtime de mes Remarques ; & il me temoi-

R E M A R Q U E S.

1. Cette Préface , & les Remarques de | fois dans l'édition de 1683. Monſ. Dacier , parurent pour la premiere |

témoigna que si je voulois, il les feroit imprimer avec les siennes dans une seconde édition. C'est ce qu'il fait aujourd'hui. Mais de peur de grossir son Livre, j'ai abregé le plus qu'il m'a été possible & j'ai tâché de m'expliquer en peu de mots. Il ne s'agit ici que de trouver la verité ; & comme Monsieur Despreaux consent que, si j'ai raison, l'on suive mes Remarques ; je serai ravi que s'il a mieux trouvé le sens de Longin, on laisse mes Remarques pour s'attacher à sa Traduction, que je prendrois moi-même pour modèle, si j'avois entrepris de traduire un ancien Rhéteur.

A V E R-

AVERTISSEMENT.

On a encore ajoûté les Remarques de Mr. Boivin , Garde de la Bibliothèque du Roi ,
Homme d'un très-grand merite, & favant fur
tout dans la Langue Grecque. Ces Remarques font très-judicieufes & très-utiles. Mr.
Defpreaux les avoit inferées dans fes deux
dernières éditions.

TRAI

TRAITÉ
DU
SUBLIME,
OU
DU MERVEILLEUX
DANS LE DISCOURS:

Traduit du Grec de LONGIN. [1]

CHAPITRE PREMIER,

Servant de Préface à tout l'ouvrage.

Ous sçavez bien, [2] mon cher Terentianus, que lorsque nous lûmes ensemble le petit Traité que [3] Cécilius a fait du Sublime, nous trouvâmes que [4] la bassesse de son stile répondoit assez mal à la dignité de son sujet ; que les principaux

points

REMARQUES.

1. LE Roi a dans sa Bibliotèque un Manuscrit (No. 3083.) de sept à huit cens ans, où le Traité du Sublime de Longin se trouve à la suite des Problèmes d'Aristote. Il me seroit aisé de prouver que cet Exemplaire est original par raport à tous ceux qui nous restent aujourd'hui. Mais je n'entre point présentement dans un détail, que je réserve pour une Remarque particulière sur le Chapitre VII. J'avertis seulement ceux qui voudront se donner la peine de lire les Notes suivantes, qu'elles sont pour la plûpart appuiées sur l'ancien Manuscrit. Il fournit lui seul un grand nombre de leçons, que Vossius a autrefois recueillies, & que Tollius a publiées. Il ne me reste à remarquer qu'un petit nombre de choses, auxquelles il me semble qu'on n'a pas encore fait attention.

Chapitre I. Le partage des Chapitres n'est point de Longin. Les chiffres, qui en font la distinction, ont été ajoûtez d'une main récente dans l'ancien Manuscrit. A l'égard des

Argumens ou Sommaires, il n'y en a qu'un très-petit nombre, qui même ne conviennent pas avec ceux que nous avons dans les Imprimez. Après cela il ne faut pas s'étonner si les Imprimez ne s'accordent pas entr'eux, en ce qui regarde la division & les argumens des Chapitres. BOIVIN.

2. *Mon cher Terentianus.*] Le Grec porte, *mon cher Posthumius Terentianus* ; mais j'ai retranché *Posthumius* : le nom de *Terentianus* n'étant déja que trop long. Au reste, on ne sait pas trop bien, qui étoit ce Terentianus. Ce qu'il y a de constant, c'est, que c'étoit un Latin, comme son nom le fait assez connoître, & comme Longin le témoigne lui-même dans le Chapitre x. BOILEAU.

3. *Cécilius.*] C'étoit un Rhéteur Sicilien. Il vivoit sous Auguste, & étoit contemporain de Denis d'Halicarnasse, avec qui il fut lié même d'une amitié assez étroite. BOILEAU.

4. *La bassesse de son stile, &c.*] C'est ainsi qu'il faut entendre ἱαπεινότερον. Je ne me souviens

points de cette matiere n'y étoient pas touchez , & qu'en un mot ,
cet ouvrage ne pouvoit pas apporter un grand profit aux Lecteurs,
qui est néanmoins le but où doit tendre tout homme qui veut
écrire. D'ailleurs , quand on traite d'un art , il y a deux choses à
quoi il se faut toûjours étudier. La premiere est , de bien faire entendre son sujet. La seconde , que je tiens au fond la principale ,
consiste à montrer comment & par quels moïens ce que nous en-
seignons se peut acquerir. Cécilius s'est fort attaché à l'une de ces
deux choses : car il s'efforce de montrer par une infinité de paroles,
ce que c'est que le Grand & le Sublime , comme si c'étoit un point
fort ignoré : mais il ne dit rien des moïens qui peuvent porter
l'esprit à ce Grand & à ce Sublime. Il passe cela , je ne sai pourquoi , comme une chose absolument inutile. Après tout , cet Auteur peut-être n'est-il pas tant à reprendre pour ses fautes , qu'à
loüer pour son travail , & ¹ pour le dessein qu'il a eu de bien faire.

Toute-

REMARQUES.

viens point d'avoir jamais vû ce mot emploïé
dans les sens, que lui veut donner Monsieur
Dacier, & quand il s'en trouveroit quelque exemple , il faudroit toûjours , à mon avis , revenir
au sens le plus naturel , qui est celui , que je lui
ai donné. Car pour ce qui est des paroles , qui
suivent , τῆς ὅλης ἐπωθέσεως , cela veut dire ,
que son stile est par tout inferieur à son sujet : y
aïant beaucoup d'exemples en Grec de ces Adjec-
tifs mis pour l'Adverbe. BOILEAU.

Ibid. La bassesse de son stile répondoit assez mal
à la dignité de son sujet.] C'est le sens , que tous
les Interpretes ont donné à ce passage : mais
comme le Sublime n'est point nécessaire à un
Rhéteur pour nous donner des regles de cet art,
il me semble , que Longin n'a pû parler ici de
cette pretenduë bassesse du stile de Cécilius. Il
lui reproche seulement deux choses ; la premiere , que son Livre est beaucoup plus petit , que
son sujet ; que ce Livre ne contient pas toute sa
matiere : & la seconde , qu'il n'en a pas même
touché les principaux points. Συγγραμμάτιον
ταπεινότερον ἐφάνη τῆς ὅλης ἐπωθέσεως , ne peut
pas signifier , à mon avis , le stile de ce Livre est
trop bas: mais , ce livre est plus petit , que son sujet , ou trop petit pour tout son sujet. Le seul mot
ὅλης le détermine entierement. Et d'ailleurs on
trouvera des exemples de ταπεινότερον pris dans
ce même sens. Longin en disant , que Cécilius
n'avoit exécuté qu'une partie de ce grand dessein , fait voir ce qui l'oblige d'écrire après lui
sur le même sujet. DACIER.

Ibid. La bassesse de son stile.] Encor que
Monsieur Dacier ait ici très-bien compris le sens
de nôtre Auteur , néanmoins je ne trouve pas
toute la netteté nécessaire dans sa traduction.
J'aimerois mieux traduire ces paroles ainsi :
Vous vous souvenex , mon cher Terentianus , que
quand nous lûmes ensemble le petit traité , que Cé-
cile a fait du Sublime , nous le trouvâmes trop maigre à l'egard de toute sa matiere , & que nous ju-
geâmes , que les principaux points n'y étoient pas
même touchez. Mais comme c'est une témérité
à un Etranger de corriger les François naturels ,
& principalement les hommes illustres par leur
grand génie , & par leur érudition , je me contenterai de renvoïer le lecteur à ma traduction
Latine. TOLLIUS.

Ibid. La bassesse de son stile.] Longin se sert
par tout du mot ταπεινὸς , dans le sens que lui
donne M. Despreaux. Ce qu'il dit dans le Chapitre VII. en parlant d'Ajax, κ᾿ γὸ ζῆν ἀγαπᾶι.
ὡ γὸ τὸ αἴτημα τῇ ἥρωϊ ταπεινότερον : Il
ne demande pas la vie ; un Heros n'étoit pas capable de cette bassesse ; est fort semblable , pour
la construction , à ce qu'il dit ici , τὸ συγγραμμάτιον ταπεινότερον ἐφάνη τ᾿ ὅλης ἐπωθέσεως.
Voïez aussi les Chapitres II. VI. XXVII.
XXIX. XXXII. XXXIV. &c. BOIVIN.

1. Pour le dessein , qu'il a eu de bien faire.]
Il faut prendre ici le mot d'ἐπίνοια , comme il
est pris en beaucoup d'endroits pour une simple
pensée. Cécilius n'est pas tant à blâmer pour ses
défauts , qu'à loüer pour la pensée , qu'il a euë :
pour

Toutefois, puisque vous voulez que j'écrive aussi du Sublime, voïons pour l'amour de vous, si nous n'avons point fait, sur cette matiere, quelque observation raisonnable, ¹ dont les Orateurs puissent tirer quelque sorte d'utilité.

Mais c'est à la charge, mon cher Terentianus, que nous reverrons ensemble exactement mon Ouvrage, & que vous m'en direz vôtre sentiment avec cette sincerité que nous devons naturellement à nos amis. Car, comme un Sage * dit fort bien: si nous avons quelque voie pour nous rendre semblables aux Dieux, c'est de *faire du bien* ᵃ, & de *dire la verité*.

Au reste, comme c'est à vous que j'écris, c'est-à-dire, à un homme ² instruit de toutes les belles connoissances, je ne m'arrêteray point sur beaucoup de choses qu'il m'eût fallu établir avant que d'entrer en matiere, pour montrer que le Sublime est en effet

Ptolo-gorée

CHANGEMENS.

a. *De faire du bien*] Dans l'édition de 1683. ces mots furent substituez à ceux-ci, *c'est de faire du bien*, qui étoient dans les éditions précedentes. Mr. Despreaux fit plusieurs changemens à sa traduction, dans cette même édition de 1683. comme on le verra dans la suite.

REMARQUES.

pour le dessein, qu'il a eu de bien faire. Il se prend aussi quelquefois pour Invention; mais il ne s'agit pas d'invention dans un traité de Rhétorique: c'est de la raison, & du bon sens, dont il est besoin. BOILEAU.

Ibid. *Pour le dessein, qu'il a eu de bien faire.*] Dans le texte il y a deux mots ἐπίνοια & σπουδή. Monsieur Despreaux ne s'est attaché qu'à exprimer toute la force du dernier. Mais il me semble, que cela n'explique pas assez la pensée de Longin, qui dit, que Cécilius n'est peut-être pas tant à blâmer pour ses défauts, qu'il est à loüer pour son invention, & pour le dessein, qu'il a eu de bien faire. Ἐπίνοια signifie dessein, invention, &, par ce seul mot, Longin a voulu nous apprendre, que Cécilius étoit le premier, qui eût entrepris d'écrire du Sublime. DACIER.

Ibid. *Pour le dessein*] C'est une chose étonnante, que Monsieur Dacier ait touché justement les mêmes lieux, que j'avois marquez dans mon exemplaire. Car ce mot d'ἐπίνοια m'avoit aussi donné dans la vûë: c'est pourquoi je l'ai interpreté, cogitationem, en me servant d'une transposition, qui fait la cadence plus délicate. Car il est plus doux à l'oreille de dire, curam

cogitationemque susceperit, que cogitationem curamque susceperit. Ἐπίνοια donc signifie ici le dessein, non pas de bien faire, mais de traiter du Sublime. TOLLIUS.

1. *Et dont les Orateurs.*] Le Grec porte ἀνδράσι πολιτικοῖς, viris Politicis : c'est-à-dire les Orateurs, entant qu'ils sont opposez aux Déclamateurs, & à ceux, qui font des discours de simple ostentation. Ceux, qui ont lû Hermogène, savent ce que c'est que πολιτικὸς λόγος, qui veut proprement dire un stile d'usage, & propre aux affaires; à la difference du stile des Déclamateurs, qui n'est qu'un stile d'apparat, où souvent l'on sort de la Nature, pour ébloüir les yeux. L'Auteur donc par viros Politicos entend ceux, qui mettent en pratique sermonem politicum. BOILEAU.

2. *Instruit de toutes les belles connoissances.*] Je n'ai point exprimé φίλτατον: parce qu'il me semble tout à fait inutile en cet endroit. BOILEAU.

Ibid. *Instruit de toutes les belles connoissances*] J'ai changé dans le Grec le mot φίλτατον en φίλτατε, mon cher ami. TOLLIUS.

effet ce qui forme l'excellence & la fouveraine perfection du Difcours : que c'eft par lui que les grands Poëtes & les Ecrivains les plus fameux ont remporté le prix , 1 & rempli toute la pofterité du bruit de leur gloire.

Car il ne perfuade pas proprement , mais il ravit , il tranfporte , & produit en nous une certaine admiration mêlée d'étonnement & de furprife , qui eft toute autre chofe que de plaire feulement , ou de perfuader. Nous pouvons dire à l'égard de la perfuafion , que pour l'ordinaire elle n'a fur nous qu'autant de puiffance que nous voulons. Il n'en eft pas ainfi du Sublime. 2 Il donne au Difcours une certaine vigueur noble , une force invincible qui enlève l'ame de quiconque nous écoute. Il ne fuffit pas d'un endroit ou deux dans un Ouvrage , pour vous faire remarquer la fineffe de l'*Invention* , la beauté de l'*Economie* , & de la *Difpofition* ; c'eft avec peine que cette juftesse se fait remarquer par toute la fuite même du Difcours. Mais 3 quand le Sublime vient à éclater b où il faut , il renverfe tout comme un foudre , & préfente d'abord toutes les forces de l'Orateur ramaffées enfemble.

Mais

C H A N G E M E N S.

b. *Vient à éclater.*] Edition de 1683. Dans les précédentes on lifoit : *Vient à paroître.*

R E M A R Q U E S.

1. *Et rempli toute la pofterité du bruit de leur gloire.*] Gerard Langbaine , qui a fait de petites Notes très-favantes fur Longin , prétend , qu'il y a ici une faute , & qu'au lieu de σειζα-λον εὐκλείαις τὸν αἰῶνα , il faut mettre ὑπερ-ζαλον εὐκλείαις. Ainfi dans fon fens , il faudroit traduire , *ont porté leur gloire au de là de leurs fiécles.* Mais il fe trompe : σειζαλον veut dire , ont embraffé ; ont rempli toute la pofterité de l'étendue de leur gloire. Et quand on voudroit même entendre ce paffage à fa maniere , il ne faudroit point faire cela de correction : puifque σειζαλον fignifie quelquefois ὑπερζα-λον , comme on le voit dans ce vers d'Homère , Il. 32. v. 276. Ἶτε γ᾽ ὅσσον ἐμοὶ ἀρετῇ σειζαλ-λετον ἵπποι. B O I L E A U.

2. *Il donne au Difcours une certaine vigueur noble, &c.*] Je ne fai pourquoi Monfieur le Févre veut changer cet endroit , qui , à mon avis , s'entend fort bien , fans mettre παντὸς au lieu de παντός , furmonte tous ceux , qui l'écoutent ; Se met au deffus de tous ceux , qui l'écou-

tent. B O I L E A U.

Ibid. *Il donne au Difcours une certaine vigueur noble , une force invincible , qui enlève l'ame de quiconque nous écoute.*] Tous les Interprètes ont traduit de même ; mais je crois , qu'ils fe font fort éloignés de la penfée de Longin , & qu'ils n'ont point du tout fuivi la figure , qu'il emploïe fi heureufement. Τὰ ὑπερφυᾶ προσφέ-ρονία βίων , eft-ce , qu'Horace diroit adhibere vim : au lieu de παντὸς , il faut lire παντως avec un omega , comme Monfr. le Févre l'a remarqué. Πάντως ἐπάνω τὰ ἀκροωμένε καθίζαται , eft une métaphore prife du manége , & pareille à celle , dont Anacréon s'eft fervi , σὺ δ᾽ ἂν ἔχεις , ἐν εἰδὼς ὅτι τῆς ἐμῆς ψυχῆς ἡνιοχεύεις. Mais tu n'as point d'oreilles , & tu ne fais point , que tu es le maître de mon cœur. Longin dit donc , il n'en eft pas ainfi du Sublime : par un effort , auquel on ne peut réfifter , il fe rend entierement maître de l'Auditeur. D A C I E R.

3. *Quand le Sublime vient à éclater.*] Nôtre Langue n'a que ce mot *éclater* pour exprimer le

mot

Mais ce que je dis ici, & tout ce que je pourrois dire de semblable, seroit fort inutile pour vous, qui savez ces choses par experience, & qui m'en feriez au besoin à moi même des leçons.

R E M A R Q U E S.

mot ἐξετεχθὲν, qui est emprunté de la | *abrupti nubibus ignes.* Longin a voulu don-
tempête, & qui donne une idée merveilleu- | ner ici une image de la foudre, que l'on voit
se, à peu près comme ce mot de Virgile, | plûtôt tomber que partir. DACIER.

CHAPITRE II.

S'il y a un Art particulier du Sublime; & des trois vices qui lui
sont opposez.

IL faut voir d'abord s'il y a un Art particulier du Sublime. Car
il se trouve des gens qui s'imaginent que c'est une erreur de
le vouloir réduire en Art, & d'en donner des préceptes. Le Sublime, disent-ils, naît avec nous, & ne s'apprend point. Le seul
Art pour y parvenir, c'est d'y être né. Et même, à ce qu'ils prétendent, il y a des Ouvrages que la Nature doit produire toute
seule. La contrainte des préceptes ne fait que les affoiblir, & leur
donner une certaine sécheresse qui les rend maigres & décharnez.
Mais je soûtiens, qu'à bien prendre les choses, on verra clairement tout le contraire.

Et à dire vrai, quoi que la Nature ne se montre jamais
plus libre, que dans les discours sublimes & pathétiques; il est
pourtant aisé de reconnoître qu'elle ne se laisse pas conduire au
hazard †, & qu'elle n'est pas absolument ennemie de l'art & des
règles. J'avouë que dans toutes nos productions il la faut toûjours
supposer comme la base, le principe, & le premier fondement.
Mais aussi il est certain que nôtre esprit a besoin d'une méthode
pour lui enseigner à ne dire que ce qu'il faut, & à le dire en son
lieu; & que cette méthode peut beaucoup contribuer à nous acquerir la parfaite habitude du Sublime. ¹ Car comme les vaisseaux
sont

C H A N G E M E N S.

†. *Qu'elle ne se laisse pas conduire au hazard,*] Ces mots furent ajoûtez dans
l'édition de 1683.

R E M A R Q U E S.

¹. *Car comme les vaisseaux, &c.*] Il faut | ἐπικινδυνότερα αὖ τὰ πλοῖα, &c. & expli-
suppléer au Grec, ou sousentendre πλοῖα, | quer ἀνερμάτιϛα, dans le sens de Monsieur le
qui veut dire des vaisseaux de charge, καὶ ὡς | Févre, & de Suidas, des vaisseaux, qui flot-
C 2 | tent

font en danger de perir, lors qu'on les abandonne à leur feule legereté, & qu'on ne fait pas leur donner la charge & le poids qu'ils doivent avoir : il en eft ainfi du Sublime, fi on l'abandonne à la feule impétuofité d'une nature ignorante & témeraire. Nôtre efprit affez fouvent n'a pas moins befoin de bride que d'éperon. Démofthène dit en quelque endroit, que le plus grand bien qui puiffe nous arriver dans la vie, c'eft *d'être heureux* : mais qu'il y en a encore un autre qui n'eft pas moindre, & fans lequel ce premier ne fauroit fubfifter, qui eft de *favoir fe conduire avec prudence.* [1] Nous en pouvons dire autant à l'égard du Difcours. [2] La nature eft ce qu'il y a de plus néceffaire pour arriver au Grand : Cependant, fi l'art ne prend
soin

REMARQUES.

tent manque de fable, & de gravier dans le fond, qui les foûtienne, & leur donne le poids qu'ils doivent avoir ; aufquels on n'a pas donné le left. Autrement il n'y a point de fens. BOILEAU.

Ibid. *Car comme les vaiffeaux.*] Je fuis d'accord ici avec Monfieur Defpreaux, qu'il y manque le mot πλοῖα, ou, fi on aime mieux, le mot σκάφη, qu'on rencontre dans la même comparaifon dans Theodoret, orat. VIII. de Providentia : Ἐπειδὴ γὰρ ἡ φύσις πρὸς τὸ χεῖρον ἐξώκειλε, καὶ ὁ νῦς τοῖς πάθεσι πεπλύθεὶς, ὑπο-βρύχιός τε γενόμενος, οἷον τι σκάφος ἀνερμάτισον, ἀτάκλως φέρεῦαι τὸ σῶμα κατέλιπεν, ἀναγκαίως ἐθεήθημεν νόμων, καθάπερ τινὸς εἰσηρώς ἱσῶνης τὸ σκάφος, καὶ πλω. ὑπὶ πρόσω φορὰν κωλύσης, καὶ συγχωρήσης ἀναδῦναι τὸν κυβερνήτην, καὶ τῶν οἰάκων ὑπιλαβέῦαι. TOL-ZIUS.

Ibid. *Car comme les Vaiffeaux.*] Les conjonctions ὡς & ὅτω, ufitées dans les comparaifons, le mot ἀνερμάτισα, & quelques autres termes métaphoriques, ont fait croire aux Interpretes, qu'il y avoit une comparaifon en cet endroit. Mr. Defpreaux a bien fenti qu'elle étoit défectueufe. *Il faut*, dit-il, *fuppléer au Grec, ou fous-entendre* πλοῖα, *qui veut dire des vaiffeaux de charge...... Autrement il n'y a point de fens.* Pour moi je crois qu'il ne faut point chercher ici de comparaifon. La conjonction ὅτω, qui en étoit, pour ainfi dire, le caractere, ne fe trouve ni dans l'ancien Manufcrit, ni dans l'édition de Robortellus. L'autre conjonction, qui eft ὡς, ne fignifie pas, *comme*, en cet endroit, mais *que*. Cela pofé, le raifonnement de Longin eft très-clair, fi on veut fe donner la peine de le fuivre. En voici toute la fuite. *Quelques-uns s'imaginent que c'eft une erreur de croire que le Sublime puiffe être réduit en art. Mais je fou-*

tiens *que l'on fera convaincu du contraire, fi on confidere que la Nature, quelque liberté qu'elle fe donne ordinairement dans les paffions, & dans les grands mouvemens, ne marche pas tout-à-fait au hazard ; que dans toutes nos productions il la faut fuppofer comme la bafe, le principe & le premier fondement : mais que nôtre efprit a befoin d'une méthode, pour lui enfeigner à ne dire, que ce qu'il faut, & à le dire en fon lieu : & qu'enfin* (c'eft ici qu'il y a dans le Grec καὶ ὡς, pour καὶ ὅτι, dont Longin s'eft fervi plus haut, & qu'il n'a pas voulu repéter) *le Grand, de foi-même, & par fa propre grandeur, eft gliffant & dangereux, lors qu'il n'eft pas foûtenu & affermi par les regles de l'Art, & qu'on l'abandonne à l'impétuofité d'une nature ignorante.* On fe paffe très-bien de la comparaifon, qui ne fervoit qu'à embrouiller la phrafe. Il faut feulement fous-entendre, εἰ ὑποπέμψαιτό τις, qui eft fix ou fept lignes plus haut, & faire ainfi la conftruction, καὶ [εἰ ὑποπέμψαιτό τις] ὡς ἐπικινδυνότερα ; & fi on confidere, que le Grand, &c. ἐπικινδυνότερα αὐτὰ ἐφ' ἑαυτῶν μέλαλλα, eft précifément la même chofe que, τὰ μέλαλλα ἐπισφαλῆ δὲ αὐτὸ τὸ μέγεθος, qu'on lit dans le Chapitre XXVII. & que Mr. Defpreaux a traduit ainfi : *Le Grand, de foi-même, & par fa propre grandeur, eft gliffant & dangereux.* Ἀνερμάτισα & ἀσθενεῖα, font des termes métaphoriques, qui, dans le fens propre, conviennent à de grands bâtimens ; mais qui, pris figurément, peuvent très-bien s'appliquer à tout ce qui eft grand, même aux ouvrages d'efprit. BOIVIN.

[1] *Nous en pouvons dire autant, &c.*] J'ai fuppléé la reddition de la comparaifon, qui manque en cet endroit dans l'original. BOILEAU.

[2] *La nature eft ce.*] Je traduirai ici ce qu'il

y a

foin de la conduire, c'eſt une aveugle qui ne ſait où elle va. *1*

* * * * * * * * * * *

2 Telles ſont ces penſées : *Les Torrens entortillez de flammes. Vomir contre le Ciel. Faire de Borée ſon joüeur de flûtes ;* & toutes les autres façons de parler dont cette pièce eſt pleine. Car elles ne ſont

pas

R E M A R Q U E S.

y a de plus dans l'original de mon manuſcrit : *Que la Nature tienne pour arriver au Grand la place du bonheur : & l'Art celle de la prudence. Mais ce qu'on doit conſidérer ici ſur toutes choſes, c'eſt, que cette connoiſſance même, qu'il y a dans l'Eloquence quelque choſe qu'on doit à la bonté de la Nature, ne nous vient que de l'Art même, qui nous l'indique. C'eſt pourquoi je ne doute pas, que quand celui qui nous blâme de ce que nous tâchons d'aſſujettir le Sublime aux études & à l'Art, voudra faire ſes réflexions ſur ce que nous venons de débiter ; il ne change bien-tôt d'avis, & qu'il ne condamne plus nos ſoins dans cette matière, comme s'ils étoient ſuperflus, & ſans aucun profit.* TOLLIUS.

Ibid. *La Nature eſt ce qu'il y a.*] Il manque en cet endroit deux feüillets entiers dans l'ancien Manuſcrit : c'eſt ce qui a fait la lacune ſuivante. Je ne ſai par quel hazard les cinq ou ſix lignes que Tollius a eües d'un Manuſcrit du Vatican, & qui ſe trouvent auſſi dans un Manuſcrit du Roi (No. 3171.) tranſpoſées & confondües avec un fragment des Problèmes d'Ariſtote, ont pû être conſervées. Il y a apparence que quelqu'un aiant rencontré un morceau des deux feüillets égarez de l'ancien Manuſcrit, ou les deux feüillets entiers, mais gâtez, n'aura pû copier que ces cinq ou ſix lignes. A la fin de ce petit Supplément, dont le Public eſt redevable à Tollius, je crois qu'il faut lire κομίσαιτο, & non pas κομίσαιτο, qui ne me paroît pas faire un ſens raiſonnable. Le Manuſcrit du Roi, où ſe trouve ce même Supplément, n'a que σαιτο ; de la première main : κομι eſt d'une main plus récente. Cela me fait ſoupçonner, que dans l'ancien Manuſcrit le mot étoit à demi effacé, & que quelques-uns ont crû mal-à-propos qu'il devoit y avoir κομίσαιτο. BOIVIN.

1. **********] L'Auteur avoit parlé du ſtile enflé, & citoit à propos de cela les ſotiſes d'un Poëte tragique dont voici quelques reſtes. BOILEAU.

2. *Telles ſont ces penſées, &c.*] Il y a ici une lacune conſidérable. L'Auteur après avoir montré qu'on peut donner des règles du Sublime,

commençoit à traiter des Vices qui lui ſont oppoſés, & entre autres du ſtile enflé, qui n'eſt autre choſe que le Sublime trop pouſſé. Il en faiſoit voir l'extravagance par le paſſage d'un je ne ſai quel Poëte Tragique, dont il reſte encore ici quatre vers : mais comme ces vers étoient déja fort galimathias d'eux-mêmes, au rapport de Longin, ils le ſont devenus encore bien davantage par la perte de ceux qui les précédoient. J'ai donc crû que le plus court étoit de les paſſer : n'y aiant dans ces quatre vers qu'un des trois mots qne l'Auteur raille dans la ſuite. En voilà pourtant le ſens confuſément. C'eſt quelque Capanée qui parle dans une Tragédie : *Et qu'ils arrêtent la flamme qui ſort à longs flots de la fournaiſe.* * *Car ſi je trouve le Maître de la maiſon ſeul, alors d'un ſeul torrent de flammes entortillé j'embraſerai la maiſon, & la réduirai toute en cendres.* Mais cette noble Muſique ne s'eſt pas encore fait oüir. J'ay ſuivi ici l'interprétation de Langbaine. Comme cette Tragédie eſt perdüe, on peut donner à ce paſſage tel ſens qu'on voudra : mais je doute qu'on attrape le vrai ſens. Voïez les Notes de Mr. Dacier. BOILEAU.

* *Car ſi je trouve le maître.*] Monſieur Deſpreaux me ſemble avoir lû dans le Grec, εἰ γὰρ τὸν ἐντευχον ὄψομαι μόνον, au lieu de τινά ἐντευχον. Mais j'aimerois mieux dire : *Car ſi je trouve ſeulement le maître de la maiſon.* TOLLIUS.

Ibid. *Telles ſont ces penſées, &c.*] Dans la lacune ſuivante Longin rapportoit un paſſage d'un Poëte tragique, dont il ne reſte que cinq vers. Monſieur Deſpreaux les a rejettez dans ſes Remarques, & il les a expliquez comme tous les autres Interprètes. Mais je crois que le dernier vers auroit dû être traduit ainſi : *Ne viens-je pas de vous donner maintenant une agréable Muſique?* Ce n'eſt pas quelque Capanée, mais Borée, qui parle, & qui s'applaudit pour les grands vers qu'il a récitez, DACIER.

Ibid. *Telles ſont ces penſées.*] Il n'eſt pas beſoin qu'on prononce le dernier de ces vers par forme d'interrogation. Je m'imagine que ma traduction Latine eſt aſſez claire, & qu'elle ſuffit pour ſoûtenir ce que j'avance. TOLLIUS.

pas grandes & tragiques, mais enflées & extravagantes. ¹ Toutes ces phrases ainsi embarrassées de vaines imaginations, troublent & gâtent plus un discours qu'elles ne servent à l'élever. De sorte qu'à les regarder de près & au grand jour, ce qui paroissoit d'abord si terrible, devient tout à coup sot & ridicule. Que si c'est un défaut insupportable dans la Tragédie, qui est naturellement pompeuse & magnifique, que de s'enfler mal-à propos ; à plus forte raison doit-il être condamné dans le discours ordinaire. De là vient qu'on s'est raillé de Gorgias, pour avoir appelé Xerxès, *le Jupiter des Perses*, & les Vautours, ² *des Sepulcres animez*. On n'a pas été plus indulgent pour Callisthène, qui en certains endroits de ses Ecrits ³ ne s'élève pas proprement, mais se guinde si haut qu'on le perd de vûë. De tous ceux-là pourtant ⁴ je n'en vois point de si enflé que

REMARQUES.

1. *Toutes ces phrases ainsi embarrassées de vaines imaginations, troublent & gâtent plus un discours.*] Monsieur Despreaux a suivi ici quelques exemplaires, où il y a, τε θόλωσαι γδ τῆ φράσει, du verbe Θολόω, qui signifie *gâter*, *barbouiller*, *obscurcir*; mais cela ne me paroît pas assez fort pour la pensée de Longin, qui avoit écrit sans doute τετύλωται, comme je l'ai vû ailleurs. De cette manière le mot *gâter* me semble trop géneral, & il ne détermine point assez le vice que ces phrases ainsi embarrassées causent, ou apportent au discours, au lieu que Longin, en se servant de ce mot, en marque précisément le défaut : car il dit, que ces phrases, & ces imaginations vaines, bien loin d'élever & d'agrandir un discours, le troublent, & le rendent dur. Et c'est ce que j'aurois voulu faire entendre, puisque l'on ne sauroit être trop scrupuleux, ni trop exact, lorsqu'il s'agit de donner une idée nette & distincte des vices, ou des vertus du discours. DACIER.

Ibid. *Toutes ces phrases.*] Monl. Dacier préfere ici le mot de τετύλωται : mais celui de Θολόωσαι est capable de soutenir le τε θόλωσαι, par la ressemblance qu'il y a entre les expressions obscures & embarrassées du discours, & les pensées confuses & brouillées. Car un discours clair & net coule comme une eau pure, & donne du plaisir à ceux qui l'entendent. Cette confusion dans cette manière de parler, est très-bien remarquée par Plutarque, quand il dit : (*de liberorum educatione.*) Ἡ μὲν ὑπερoχή λέξις ποιλιτικός &c. C'est pourquoi, dit-il, il

faut prendre garde, & τlω θεατρικlώ και τραγικωδον διευλαβεῖσθαι. Je souhaite que l'on jette les yeux sur ma traduction Latine, & on verra sans doute ce qui manque ici. TOLLIUS.

2. *Des sepulchres animés.*] Hermogène va plus loin, & trouve celui qui a dit cette pensée, digne des sepulchres dont il parle. Cependant je doute qu'elle déplût aux Poëtes de nôtre siecle, & elle ne seroit pas en effet si condamnable dans les vers. BOILEAU.

3. *Ne s'élève pas proprement.*] Le mot μετέωρα signifie ici ce que St. Augustin dit en quelque lieu de l'orgueil : *Tumor est, non magnitudo*. J'aimerois donc mieux m'expliquer de cette maniere : *C'est de la même maniere quelquefois qu'on a traité Callisthène, qui, quand il affecte de s'énoncer en termes sublimes & relevez, s'égare alors dans les nuées*. TOLLIUS.

4. *Je n'en vois point de si enflé que Clitarque.*] Ce jugement de Longin est fort juste ; & pour le confirmer il ne faut que rapporter un passage de ce Clitarque, qui dit d'une guespe, καταϊανέμεται τlω ὀρεινlὼ, εἰσιπώταται ᾗ εἰς τὰς κοίλας δρῦς, Elle paît sur les montagnes, & vole dans les creux des chênes. Car en parlant ainsi de ce petit animal, comme s'il parloit du Lion de Némée, ou du Sanglier d'Erymanthe, il donne une image qui est en même tems & desagreable & froide, & il tombe manifestement dans le vice que Longin lui a reproché. DACIER.

Ibid. *Je n'en vois point &c.*] Voilà encore une fois le même exemple cité par Monsieur Dacier, & qu'on trouve dans mes remarques Mais,

que Clitarque. Cet Auteur n'a que du vent & de l'écorce. Il reſſemble à un homme, *qui*, pour me ſervir des termes de Sophocle, [1] *ouvre une grande bouche, pour ſoufler dans une petite flûte*. Il faut faire le même jugement d'Amphicrate, d'Hégéſias, & de Matris. Ceux-ci quelquefois s'imaginent qu'ils ſont épris d'un enthouſiaſme & d'une fureur divine, au lieu de tonner, comme ils penſent; ne font que niaiſer & que badiner comme des enfans.

Et certainement, en matiere d'éloquence, il n'y a rien de plus difficile à éviter que l'*Enflure*. Car comme en toutes choſes naturellement nous cherchons le Grand, & que nous craignons ſurtout d'être accuſez de ſéchereſſe ou de peu de force, il arrive, je ne ſai comment, que la plûpart tombent dans ce vice, fondez ſur cette maxime commune :

[2] *Dans un noble projet on tombe noblement.*

Cependant, il eſt certain que l'*Enflure* n'eſt pas moins vicieuſe dans le diſcours que dans les corps. [3] Elle n'a que de faux dehors

&

REMARQUES.

Mais il a fort bien fait de n'avoir pas nommé ſon auteur. TOLLIUS.

1. *Ouvre une grande bouche pour ſoufler dans une petite flûte.*] J'ai traduit ainſi φορβειᾶς ἄετερ, afin de rendre la choſe intelligible. Pour expliquer ce que veut dire φορβειά, il faut ſavoir que la flûte chez les Anciens, étoit fort differente de la flûte d'aujourd'hui. Car on en tiroit un ſon bien plus éclatant, & pareil au ſon de la trompette, *tubæque æmula*, dit Horace. Il faloit donc pour en joüer employer une bien plus grande force d'haleine, & par conſéquent s'enfler extrêmement les joües, qui étoit une choſe déſagréable à la vuë. Ce fut en effet ce qui en dégouta Minerve & Alcibiade. Pour obvier à cette difformité, ils imaginerent une eſpece de laniere ou courroïe, qui s'appliquoit ſur la bouche, & ſe lioit derrière la teſte, aiant au milieu un petit trou, par où l'on embouchoit la flûte. Plutarque prétend que Marſias en fut l'inventeur. Ils appelloient cette laniere φορβειάν; & elle faiſoit deux differens effets : car outre qu'en ſerrant les joües elle les empêchoit de s'enfler, elle donnoit bien plus de force à l'haleine, qui étant repouſſée ſortoit avec beaucoup plus d'impetuoſité & d'agrément. L'Auteur donc pour exprimer un Poëte enflé, qui ſoufle & ſe démène ſans faire de bruit, le compare à un Homme qui joüe de la flûte ſans cette laniere. Mais comme cela n'a point de rapport à la flûte d'aujourd'hui, puiſqu'à peine on ſerre les lévres quand on en joüe; j'ai crû qu'il valoit mieux mettre une penſée équivalente, pourvû qu'elle ne s'éloignât point trop de la choſe; afin que le Lecteur, qui ne ſe ſoucie pas tant des antiquailles, puiſſe paſſer, ſans être obligé, pour m'entendre, d'avoir recours aux Remarques. BOILEAU.

2. *Dans un noble projet on tombe noblement.*] Il y a dans l'ancien Manuſcrit μεγάλω ὀπολιϸϑαίνειν ὅμως εὐγενὲς ἁμάρτημα. Les Copiſtes ont voulu faire un vers; mais ce vers n'a ni céſure, ni quantité. On ne trouvera point dans les Poëtes Grecs d'exemple d'un Iambe, qui commence par deux anapeſtes. Il y a donc apparence que ce qu'on a pris juſques ici pour un vers, eſt plûtôt un proverbe, ou une Sentence tirée des écrits de quelque Philoſophe. μεγάλω ὀπολιϸϑαίνειν ὅμως εὐγενὲς ἁμάρτημα, eſt la même choſe que s'il y avoit, μεγάλω ὀπολιϸϑαίνειν ἁμάρτημα μὲν, ὅμως δ̕ εὐγενὲς ἁμάρτημα, *tomber eſt une faute; mais une faute noble, à celui qui eſt grand; c'eſt-à-dire, qui ſe montre grand dans ſa chûte même, ou qui ne tombe que parce qu'il eſt grand.* C'eſt à peu près dans ce ſens, que M. Corneille a dit, *Il eſt beau de mourir maître de l'Univers.* BOIVIN.

3. *Elle n'a que de faux dehors.*]. Tous les Interpretes ont ſuivi ici la leçon corrompuë de ἀναληϑεῖς, *faux*, pour ἀναλϑεῖς, comme Mon-

& une apparence trompeuse : mais au dedans elle est creuse &
vuide, & fait quelquefois un effet tout contraire au Grand. Car
comme on dit fort bien :

Il n'y a rien de plus sec qu'un hydropique.

Au reste, le défaut du stile enflé, c'est de vouloir aller au delà
du Grand. Il en est tout au contraire du Pueril. Car il n'y a rien
de si bas, de si petit, ni de si opposé à la noblesse du discours.

Qu'est-ce donc que puerilité ? Ce n'est visiblement autre chose
qu'une pensée d'Ecolier, qui, pour être trop recherchée, devient
froide. C'est le vice où tombent ceux qui veulent toûjours dire
quelque chose d'extraordinaire & de brillant; mais sur tout ceux
qui cherchent avec tant de soin le plaisant & l'agréable : Parce
qu'à la fin, * pour s'attacher trop au stile figuré, ils tombent
dans une sotte affectation.

Il y a encore un troisième défaut opposé au Grand, qui regarde
le Pathétique. Théodore l'appèle une *fureur hors de saison*, lors
qu'on s'échauffe mal-à-propos, ou qu'on s'emporte avec excès, quand
le sujèt ne permet que de s'échauffer médiocrement. En effet, † on
voit très-souvent des Orateurs, qui, comme s'ils étoient yvres,
se laissent emporter à des passions qui ne conviennent point à leur
sujèt, mais qui leur sont propres, & qu'ils ont apportées de l'E-
cole.

CHANGEMENS.

† *En effet, on voit très-souvent &c.*] Avant l'édition de 1683. le Traducteur
avoit mis : *En effet, quelques-uns, ainsi que s'ils étoient yvres, ne disent point les
choses de l'air, dont elles doivent être dites, mais ils sont entraînez de leur propre impétuosité, & tombent sans cesse en des emportemens d'Ecoliers & de Déclamateurs: si
bien que &c.*

REMARQUES.

Monsieur le Févre a corrigé, qui se dit proprement
de ceux qui ne peuvent croitre ; & dans ce dernier sens le passage est tres-difficile à traduire en
nôtre langue. Longin dit : *Cependant il est certain, que l'enflure, dans le discours aussi-bien que
dans le corps, n'est qu'une tumeur vuide, & un
défaut de forces pour s'élever, qui fait quelquefois, &c.* Dans les Anciens on trouvera plusieurs
passages, où ἀναλήθες a été mal pris pour
ἀναλήθες. DACIER.

Ibid. *Elle n'a que de faux dehors.*] Je ne
suis pas ici du même sentiment, comme j'ai

montré dans mes remarques. Car je ne puis
pas comprendre, comment il y auroit un ὄγ-
κος, une *enflure*, ou une *grandeur*, quoique mauvaise, dans un corps qui ne peut
croître, ou qui ne tire point de profit de sa
nourriture. Nous avons le mot contraire ἐνά-
λυθες dans le chap. xv. 15. TOLLIUS.

1. *Pour s'attacher trop au stile figuré, ils tombent dans une sotte affectation.*] Longin dit d'u-
ne manière plus forte, & par une figure, *Ils
échotient dans le stile figuré, & se perdent dans
une affectation ridicule.* DACIER.

1. *Il dit*

côle : si bien que comme on n'est point touché de ce qu'ils disent, ils se rendent à la fin odieux & insupportables. Car c'est ce qui arrive nécessairement à ceux qui s'emportent & se débattent mal-à-propos devant des gens qui ne sont point du tout émûs. Mais nous parlerons en un autre endroit de ce qui concerne les passions.

CHAPITRE III.

Du Stile froid.

POUR ce qui est de ce Froid ou Puéril dont nous parlions, Timée en est tout plein. Cet Auteur est assez habile homme d'ailleurs ; il ne manque pas quelquefois par le Grand & le Sublime : ¹ il sait beaucoup, & dit même les choses d'assez bon sens : si ce n'est qu'il est enclin naturellement à reprendre les vices des autres quoi qu'aveugle pour ses propres défauts, & si curieux au reste d'étaler de nouvelles pensées, que cela le fait tomber assez souvent dans la derniere puerilité. Je me contenterai d'en donner ici un ou deux exemples ; parce que Cécilius en a déja raporté un assez grand nombre. En voulant loüer Alexandre le Grand : *Il a*, dit-il, *conquis toute l'Asie en moins de tems qu'Isocrate n'en a emploié* ² *à composer son Panégy-*

REMARQUES.

1. **Il dit les choses d'assez bon sens.]** Επινοηιικος veut dire un homme qui imagine, qui pense sur toutes choses ce qu'il faut penser, & c'est proprement ce qu'on apèle un homme de bon sens. BOILEAU.

Ibid. *Il sait beaucoup, & dit même les choses d'assez bon sens*] Longin dit de Timée, πολυιστωρ κ̀ επινοηιικος. Mais ce dernier mot ne me paroit pas pouvoir signifier un homme *qui dit les choses d'assez bon sens* : & il me semble qu'il veut bien plûtôt dire un homme *qui a de l'imagination*, &c. Et c'est le caractère de Timée dans ces deux mots. Longin n'a fait que traduire ce que Cicéron a dit de cet Auteur dans le second Livre de son Orateur : *Rerum copia & sententiarum varietate abundantissimus.* Πολυιστωρ répond à *rerum copia*, & επινοηιικος à *sententiarum varietate.* DACIER.

Ibid. *Il sait beaucoup* &c.] Monsieur Dacier est ici encore de mon sentiment. Nous avons vû dans le premier chapitre le mot επινοια. Ici nous en avons un qui en est derivé, επινοηιικος, c'est-à-dire *qui est fort riche*

en pensées & en expressions. Νοησαι εξυς, ce qu'Herodien dit de l'Empereur Sévère, est encor un peu plus, & se dit d'un homme qui sait sur le champ trouver des expédiens pour se tirer d'affaires. TOLLIUS.

2. *A composer son Panegyrique.*] Le Grec porte, *à composer son Panegyrique pour la guerre contre les Perses.* Mais si je l'avois traduit de la sorte, on croiroit qu'il s'agiroit ici d'un autre Panegyrique, que du Panegyrique d'Isocrate, qui est un mot consacré en nôtre langue. BOILEAU.

Ibid. *A composer son Panegyrique.*] J'aurois mieux aimé traduire, *qu'Isocrate n'en a employé à composer le Panegyrique.* Car le mot *son* m'a semblé faire ici une équivoque, comme si c'étoit le Panegyrique d'Alexandre. Ce Panegirique fut fait pour exhorter Philippe à faire la guerre aux Perses ; cependant les Interprètes Latins s'y sont trompez, & ils ont expliqué ce passage, comme si ce discours d'Isocrate avoir été l'éloge de Philippe pour avoir déja vaincu les Perses. DACIER.

Tome II. D 1. *Voilà*

Panégyrique. ¹ Voilà, sans mentir, une comparaison admirable d'A-
lexandre le Grand avec un Rhéteur. Par cette raison, Timée, il
s'ensuivra que les Lacédémoniens le doivent ceder à Isocrate : ² puisqu'ils furent trente ans à prendre la ville de Messène, & que celui-ci
n'en mit que dix à faire son Panégyrique.

Mais à propos des Athéniens qui étoient prisonniers de guerre
dans la Sicile, de quelle exclamation penseriez-vous qu'il se serve ? Il dit, *Que c'étoit une punition du Ciel, à cause de leur impieté
envers le Dieu Hermès, autrement Mercure ; & pour avoir mutilé ses
ſtatuës. Vû principalement ³ qu'il y avoit un des Chefs de l'armée ennemie ⁴
qui tiroit son nom d'Hermès de pere en fils, savoir Hermocrate fils d'Hermon.* Sans mentir, mon cher Terentianus, je m'étonne qu'il n'ait dit
aussi de Denis le Tyran, que les Dieux permirent qu'il fût chassé de
son

REMARQUES.

1. *Voilà, sans mentir, une comparaison admirable d'Alexandre le Grand avec un Rhéteur.*]
Il y a dans le Grec, *du Macédonien, avec un
Sophiſte.* A l'égard *du Macédonien,* il faloit que
ce mot eût quelque grace en Grec, & qu'on
appellât ainsi Alexandre par excellence, comme
nous appellons Ciceron, l'Orateur Romain.
Mais le Macédonien en François, pour Alexandre, seroit ridicule. Pour le mot de Sophiſte, il signifie bien plûtôt en Grec un Rhéteur, qu'un Sophiſte, qui en François ne peut
jamais être pris en bonne part, & signifie toûjours un homme qui trompe par de fausses
raisons, qui fait des Sophiſmes, *Cavillatorem*:
au lieu qu'en Grec c'eſt souvent un nom honorable. B O I L E A U.

2. *Puis qu'ils furent trente ans à prendre la
ville de Messène.*] Longin parle ici de cette ex-
pedition des Lacédémoniens, qui fut la cause
de la naissance des Parthéniens, dont j'ai expliqué l'Histoire dans Horace. Cette guerre ne
dura que vingt ans ; c'eſt pourquoi, comme
Monsieur le Févre l'a fort bien rematqué, il
faut necessairement corriger le texte de Longin
où les Copiſtes ont mis un λ, qui signifie *trente,* pour un *κ,* qui ne marque que *vingt.* Monsieur le Févre ne s'eſt pas amusé à le prouver ;
mais voici un passage de Tyrtée qui confirme
là chose fort clairement :

Ἀμφ' αὐτῷ δ' ἐμάχοντ' ἐνεαχαιδ'εκ' ἔτη.
Νωλεμέως, αἰεὶ ταλασίφρονα θυμὸν ἔχοντες,
Αἰχμηταὶ πατέρων ἡμετέρων πατέρες.
Εἰκοςῷ δ', οἱ μὲν κ'τῷ πίονα ἔργα λιπόντες,
Φεύγον, Ἰθωμαίων ἐκ μεγάλων ὀρέων.

Nos braves ayeux assiegerent pendant dix-neuf ans

sans aucun relâche la ville de Messène, & à la vingtième année les Messéniens quiterent leur citadelle
d'Ithome. Les Lacédémoniens eurent encore
d'autres guerres avec les Messéniens, mais elles
ne furent pas si longues. D A C I E R.

3. *Parce qu'il y avoit* &c.] Cela n'explique
point, à mon avis, la pensée de Timée, qui
dit ; *Parce qu'il y avoit un des Chefs de l'armée
ennemie, savoir Hermocrate fils d'Hermon, qui
descendoit en droite ligne de celui qu'ils avoient si
mal-traité.* Timée avoit pris la généalogie de
ce Géneral des Syracusains, dans les Tables qui
étoient gardées dans le Temple de Jupiter O-
lympien près de Syracuse, & qui furent sur-
prises par les Athéniens au commencement de
cette guerre, comme cela eſt expliqué plus au
long par Plutarque dans la vie de Nicias. Thucydide parle de cette mutilation des ſtatuës de
Mercure, & il dit qu'elles furent toutes mu-
tilées, tant celles qui étoient dans les Temples, que celles qui étoient à l'entrée des mai-
sons des particuliers. D A C I E R.

Ibid. *Parce qu'il y avoit* &c. J'avois ici mis
en marge, *qui tiroit son origine de ce Dieu, dont
il avoit outragé la Majeſté.* Ce mot *maltraiter,*
duquel Monsieur Dacier se sert, ne me semble
pas assez fort : parce qu'il s'agit ici d'une impieté singuliere, & d'un sacrilége, par lequel
on viole le droit des Dieux. De même Monsieur Despréaux peu après en disant, *à cause
de son peu de respect,* ne me donne pas cette
idée que l'impieté de Denis merite. T O L L I U S.

4. *Qui tiroit son nom d'Hermès*] Le Grec porte, *qui tiroit son nom du Dieu qu'on avoit offensé;*
mais j'ai mis *d'Hermès,* afin qu'on y it mieux le
jeu

ſon Roïaume par *Dion* & par *Heraclide*, à cauſe de ſon peu de reſpect à l'égard de *Dios* & d'*Heraclès*, c'eſt-à-dire, de *Jupiter* & d'*Hercule*. Zεὺς, Διὸς, Jupiter, Ἡρακλῆς, Hercule.

Mais pourquoi m'arrêter après Timée ? Ces Heros de l'antiquité, je veux dire Xénophon & Platon, ſortis de l'Ecole de Socrate, s'oublient bien quelquefois eux mêmes, juſqu'à laiſſer échaper dans leurs Ecrits des choſes baſſes & pueriles. Par exemple ce premier, dans le livre qu'il a écrit de la République des Lacédémoniens: *On ne les entend*, dit-il, *non plus parler que ſi c'étoient des pierres. Ils ne tournent non plus les yeux que s'ils étoient de bronze. Enfin vous diriez qu'ils ont plus de pudeur* [1] *que ces parties de l'œil, que nous appelons en Grec du nom de Vierges.* C'étoit à Amphicrate, & non pas à Xénophon, d'appeler les prunelles, *des Vierges pleines de pudeur.* Quelle penſée ! bon Dieu ! parce que le mot de *Coré*, qui ſignifie en Grec la prunelle de l'œil, ſignifie auſſi une Vierge, de vouloir que toutes les prunelles univerſellement ſoient des Vierges pleines de modeſtie : vû qu'il n'y a peut être point d'endroit ſur nous où l'impudence éclate plus que dans les yeux ; & c'eſt pourquoi Homere, pour exprimer un impudent, [2] *Homme chargé de vin*, dit-il, *qui as l'impudence d'un chien dans les yeux.* Cependant, Timée n'a pû voir une ſi froide penſée dans Xénophon, [2] ſans la revendiquer comme un vol qui

CHANGEMENS.

[a]. *Homme chargé de vin* &c.] Premiere maniere, avant l'édition de 1683. *Yvrogne*, dit-il, *avec tes yeux de chien.*

REMARQUES.

jeu de mots. Quoique puiſſe dire Monſr. Dacier je ſuis de l'avis de Langbaine, & ne crois point que ὃς διὰ προνομηθέντος ἦν veuille dire autre choſe que, *qui tiroit ſon nom de pere en fils, du Dieu qu'on avoit offenſé.* BOILEAU.

1. *Que ces parties de l'œil, &c.*] Ce paſſage eſt corrompu dans tous les exemplaires que nous avons de Xénophon, où l'on a mis θαλάμοις pour ὀφθαλμοῖς ; faute d'avoir entendu l'équivoque de κόρη. Cela fait voir qu'il ne faut pas aiſément changer le texte d'un Auteur. BOILEAU.

Ibid. *Que ces parties de l'œil.*] Iſidore de Péluſe dit dans une de ſes lettres, αἱ κόραι, αἱ ἔσω τῶν ὀφθαλμῶν, καθάπερ παρθένοι ἐν θαλάμοις, ἱδρυσθεῖσαι, καὶ τοῖς βλεφάροις καθάπερ παραπετάσμασι κεχαλυμμέναι: les prunelles placées au dedans des yeux, comme des vierges dans la chambre nuptiale, & cachées ſous les paupières, comme ſous des voiles. Ces paroles mettent la penſée de Xénophon dans tout ſon jour. BOIVIN.

2. *Sans la revendiquer comme un vol.*] C'eſt ainſi qu'il faut entendre, ὡς φωρὰς τινὸς ἐφαπλόμενος, & non pas, *ſans lui en faire une eſpèce de vol*, *Tanquam furtum quoddam attingens.* Car cela auroit bien moins de ſel. BOILEAU.

Ibid. *Sans la revendiquer* &c.] Je ne ſai pas ſi cette expreſſion de Monſieur Boileau eſt aſſez nette & exacte ; parce que Timée aiant vécu aſſez long-tems après Xenophon ne pouvoit revendiquer cette penſée de Xenophon, comme un vol qui lui pût avoir été fait : mais il croioit qu'il s'en pouvoit ſervir comme d'une choſe qui étoit expoſée au pillage. TOLLIUS.

D 2 1. S'il

qui lui avoit été fait par cet Auteur. Voici donc comme il l'emploie dans la vie d'Agathocle. *N'est-ce pas une chose étrange, qu'il ait ravi sa propre cousine qui venoit d'être mariée à un autre ; qu'il l'ait, dis-je, ravie le lendemain même de ses nôces ? Car qui est-ce qui eût voulu faire cela,* [1] *s'il eût eu des vierges aux yeux, & non pas des prunelles impudiques ?* Mais que dirons-nous de Platon, quoi-que divin d'ailleurs, qui voulant parler de ces Tablettes de bois de cyprès, où l'on devoit écrire les actes publics, use de cette pensée : [2] *Aiant écrit toutes choses, ils poseront dans les temples ces* [3] *monumens de cyprès* Et ailleurs, à propos des murs : [4] *Pour ce qui est des murs,* dit-il, *Mégillus, je suis de l'avis de Sparte,* [b] *de les laisser dormir à terre, & de ne les point faire lever.* Il y a quelque chose d'aussi ridicule dans Herodote, quand il appèle les belles femmes [5] *le mal des yeux.* Ceci néan-

C H A N G E M E N S.

[b] *De les laisser dormir à terre, &c.*] Avant l'édition de 1683. on lisoit *de les laisser dormir, & de ne les point faire lever, tandis qu'ils sont couchez par terre.*

R E M A R Q U E S.

1. *S'il eût eu des vierges aux yeux, & non pas des prunelles impudiques.*] L'opposition, qui est dans le texte entre κόρας & πόρνας, n'est pas dans la traduction entre *vierges* & *prunelles impudiques.* Cependant comme c'est l'opposition qui fait le ridicule, que Longin a trouvé dans ce passage de Timée, j'aurois voulu la conserver, & traduire, *S'il eût eu des vierges aux yeux, & non pas des courtisanes.* DACIER.

2. *Aiant écrit toutes ces choses ils poseront dans les temples ces monumens de Cyprès.*] De la maniere dont Monsieur Boileau a traduit ce passage je n'y trouve plus le ridicule que Longin a voulu nous y faire remarquer. Car pourquoi *des Tablettes de Cyprès* ne pourroient-elles pas être appellées des *monumens de Cyprès?* Platon dit, *ils poseront dans ces temples ces memoires de Cyprès.* Et ce sont ces memoires de Cyprès, que Longin blâme avec raison ; car en Grec, comme en nôtre langue, on dit fort bien *des memoires,* mais le ridicule est d'y joindre la matiere, & de dire *des memoires de Cyprès.* DACIER.

3. *Monumens de Cyprès.*] J'ai oublié de dire, à propos de ces paroles de Timée, qui sont rapportées dans ce Chapitre, que je ne suis point du sentiment de Monsieur Dacier, & que tout le froid, à mon avis, de ce passage consiste dans le terme de *Monument* mis avec *Cyprès.* C'est

comme qui diroit, à propos des Regîtres du Parlement, *ils poseront dans le Greffe ces monumens de parchemin.* BOILEAU.

4. *Pour ce qui est des murs.*] Il n'y avoit point de *murailles à Sparte.* Tollius a repris cette Note de M. Despréaux, disant que Platon parle ici des murs d'Athènes & du Port de Pirée, que les Lacédémoniens avoient abbatus, depuis la prise d'Athènes. Il y a beaucoup d'apparence que Tollius se trompe : car s'il avoit bien examiné le passage de Platon il auroit reconnu qu'il n'est point question en cet endroit-là des murailles d'Athènes. *Voiez Platon,* L. 5. *des Loix,* p. 778. *de l'édit. d'Henri Estienne.*

5. *Le mal des yeux.*] Ce sont des Ambassadeurs Persans, qui le disent dans Herodote chez le Roi de Macédoine Amyntas. Cependant Plutarque l'attribuë à Alexandre le Grand ; & le met au rang des Apophthegmes de ce Prince. Si cela est il faloit qu'Alexandre l'eût pris à Herodote. Je suis pourtant du sentiment de Longin, & je trouve le mot froid dans la bouche même d'Alexandre. BOILEAU.

Ibid. *Le mal des yeux.*] Ce passage d'Herodote est dans le cinquieme Livre, & si l'on prend la peine de le lire, je m'assûre que l'on trouvera ce jugement de Longin un peu trop sévère. Car les Perses, dont Herodote raporte ce mot, n'ap-

néanmoins semble en quelque façon pardonnable à l'endroit où il est; [1] parce que ce sont des Barbares qui le disent dans le vin & la débauche : [c] mais ces personnes n'excusent pas la bassesse de la chose & il ne faloit pas, pour rapporter un méchant mot, se mette au hazard de déplaire à toute la posterité.

CHANGEMENS.

[c]. *Mais ces personnes* &c.] Editions avant celle de 1683. *Mais, comme ces personnes ne sont pas de fort grande consideration, il ne faloit pas, pour en raporter un méchant mot*, &c.

REMARQUES.

n'appelloient point en général les belles femmes *le mal des yeux*: ils parloient de ces femmes qu'Amyntas avoit fait entrer dans la chambre du festin, & qu'il avoit placées vis-à-vis d'eux, de manière qu'ils ne pouvoient que les regarder. Ces Barbares, qui n'étoient pas gens à se contenter de cela, se plaignirent à Amyntas, & lui dirent, qu'il ne faloit point faire venir ces femmes, ou qu'après les avoir fait venir, il devoit les faire asseoir à leurs côtez, & non pas vis-à-vis pour leur faire mal aux yeux. Il me semble que cela change un peu l'espèce. Dans le reste il est certain que Longin a eu raison de condamner cette figure. Beaucoup de Grecs déclineront pourtant ici sa jurisdiction sur ce que de fort bons Auteurs ont dit beaucoup de choses semblables. Ovide en est plein. Dans Plutarque un homme appèle un beau garçon, *la sievre de son fils*. Terence a dit *suos mores morbum illi esse scio*. Et pour donner des exemples plus conformes à celui dont il s'agit, un Grec a appelé les fleurs ἑορτὴν ὄψεως, *la fête de la vûë* & la verdure πανήγυριν ὀφθαλμῶν. DACIER.

Ibid. *Le mal des yeux*] Comme je l'ai montré dans mes remarques, Herodote trouve dans cette faute, si c'en est une, beaucoup d'imitateurs, *sic ut ipsum numerus defendat, si quid peccaveris*. Quant à moi, je trouve ce trait assez délicat & agréable, & j'opposerai au jugement de Longin celui de Philostrate, qui loüe un semblable trait de l'Orateur Isée: Ἀρχύϊ γὰρ ῥήτορι ἐρομένῳ αὐτὸν, ἤ ἡ δεῖνα ἀυτῷ καλὴ φαίνοιτο. μάλα σωφρόνως ὁ Ἰσαῖος, πέπαυμαι, ἔφην ὀφθαλμῶν. Et puisque ces façons de parler ont plû à tant de monde & à tant de savans, je m'arrêterai à la sentence que Longin même donne à la fin du septiéme chapitre. TOLLIUS.

[1] *Parce que ce sont des Barbares qui le disent dans le vin & dans la débauche.*] Longin rapporte deux choses qui peuvent en quelque façon excuser Herodote d'avoir appelé les belles femmes, *le mal des yeux* : la première, que ce sont des Barbares qui le disent : & la seconde, qu'ils le disent dans le vin & dans la débauche. En les joignant on n'en fait qu'une : & il me semble que cela affoiblit en quelque manière la pensée de Longin, qui a écrit, *parce que ce sont des Barbares qui le disent, & qui le disent même dans le vin & dans la débauche.* DACIER.

CHAPITRE IV.

De l'origine du Stile froid.

TOUTES ces affectations cependant, si basses & si puériles, ne viennent que d'une seule cause, c'est à savoir de ce qu'on cherche trop la nouveauté dans les pensées, qui est la manie sur tout des Ecrivains d'aujourd'hui. Car du même endroit que vient le bien, assez souvent vient aussi le mal. Ainsi voions-nous que ce

D 3 qui

qui contribuë le plus en de certaines occafions à embellir nos Ouvrages: ce qui fait, dis-je, la beauté, la grandeur, les graces de l'Elocution, cela même, en d'autres rencontres, eft quelquefois caufe du contraire; comme on le peut aifément reconnoître dans les *Hyperboles*, & dans ces autres figures qu'on appelle *Pluriels*. En effet, nous montrerons dans la fuite, combien il eft dangereux de s'en fervir. Il faut donc voir maintenant comment nous pourrons éviter ces vices, qui fe gliffent quelquefois dans le Sublime. Or nous en viendrons à bout fans doute, fi nous nous acquerons d'abord une connoiffance nette & diftincte du veritable Sublime, & fi nous apprenons à en bien juger; ce qui n'eft pas une chofe peu difficile; puifqu'enfin, de favoir bien juger du fort & du foible d'un Difcours, ce ne peut être que l'effet d'un long ufage, & le dernier fruit, pour ainfi dire, d'une étude confommée. Mais par avance, voici peut-être un chemin pour y parvenir.

REMARQUES.

1. *Dans les Hyperboles.*] Dans le Grec il y a encore μεταβολαὶ, c'eft-à-dire, *changemens*, de | laquelle figure il parle dans le Chapitre XIX. (*fuivant l'édition de M. Defpréaux.*) TOLLIUS.

CHAPITRE V.

Des moïens en géneral pour connoître le Sublime.

IL faut favoir, mon cher Terentianus, que dans la vie ordinaire, on ne peut point dire qu'une chofe ait rien de grand, quand le mépris qu'on fait de cette chofe tient lui même du grand. Telles font les richeffes, les dignitez, les honneurs, les empires, & tous ces autres biens en apparence, qui n'ont qu'un certain fafte au dehors, & qui ne pafferont jamais pour de veritables biens dans l'efprit d'un Sage: puis qu'au contraire ce n'eft pas un petit avantage que de les pouvoir méprifer. D'où vient auffi qu'on admire beaucoup moins ceux qui les poffedent, que ceux qui les pouvant poffeder, les rejettent par une pure grandeur d'ame.

Nous devons faire le même jugement à l'égard des ouvrages des Poëtes & des Orateurs. Je veux dire, qu'il faut bien fe donner de garde d'y prendre pour Sublime une certaine apparence de grandeur, bâtie ordinairement fur de grands mots affemblez au hazard, & qui n'eft, à la bien examiner, qu'une vaine enflure de paroles, plus digne

en

en effet de mépris que d'admiration. ¹ Car tout ce qui est veritablement Sublime, a cela de propre, quand on l'écoute, qu'il élève l'ame, & lui fait concevoir une plus haute opinion d'elle-même, la remplissant de joie & de je ne sai quel noble orgueil, comme si c'étoit elle qui eût produit les choses qu'elles vient simplement d'entendre.

² Quand donc un homme de bon sens, & habile en ces matieres, ² nous récitera quelque endroit d'un Ouvrage; si après avoir oüi cet endroit plusieurs fois, nous ne sentons point qu'il nous éleve l'ame, & nous laisse dans l'esprit une idée qui soit même au dessus de ce que nous venons d'entendre; mais si au contraire, en le regardant avec attention, nous trouvons qu'il tombe, & ne se soûtienne pas, il n'y a point là de Grand, puis qu'enfin ce n'est qu'un son de paroles, qui frappe simplement l'oreille, & dont il ne demeure rien dans l'esprit. La marque infaillible du Sublime, c'est quand nous sentons qu'un Discours ³ nous laisse beaucoup à penser; qu'il fait d'abord un effet sur nous, auquel il est bien difficile, pour ne pas dire impossible, de résister; & qu'ensuite le souvenir nous en dure, & ne s'efface qu'avec peine. En un mot, figurez-vous qu'une chose est veritablement sublime, quand vous voïez qu'elle plait uni-

C H A N G E M E N S.

ª. *Nous récitera quelque endroit &c.*] Avant l'édition de 1683: il y avoit: *Entendra réciter un ouvrage; si après l'avoir oüi plusieurs fois, il ne sent point qu'il lui éleve l'ame, & lui laisse dans l'esprit une idée qui soit même au dessus de ses paroles; mais si au contraire, en le regardant avec attention, il trouve qu'il tombe, &c.*

R E M A R Q U E S.

1. *Car tout ce qui est veritablement sublime,* &c.] Le Grand Prince de Condé entendant lire cet endroit; *Voilà le Sublime,* s'écria-t-il, *Voilà son veritable caractère !*

2. *Quand donc un homme de bon sens.*] Voïez mes remarques Latines. TOLLIUS.

3. *Nous laisse beaucoup à penser.*] Ου πολ-λὴν μὲν ἀναθεώρησις, *dont la contemplation est fort étenduë, qui nous remplit d'une grande idée.* A l'égard de κατεξανάςησις, il est vrai que ce mot ne se rencontre nulle part dans les Auteurs Grecs; mais le sens que je lui donne est celui, à mon avis, qui lui convient le mieux, & lorsque je puis trouver un sens au mot d'un Auteur,

je n'aime point à corriger le texte. BOILEAU.

Ibid. *Qu'un discours nous laisse beaucoup à penser, &c.*] Si Longin avoit défini de cette maniere le Sublime, il me semble que sa définition seroit vicieuse, parce qu'elle pourroit convenir aussi à d'autres choses qui sont fort éloignées du Sublime. Monsieur Boileau a traduit ce passage comme tous les autres Interpretes; mais je crois qu'ils ont confondu le mot καλεξανάςησις avec καλεξανάςασις. Il y a pourtant bien de la difference entre l'un & l'autre. Il est vrai que le καλεξανάςησις de Longin ne se trouve point ailleurs. Hesychius marque seulement ανάς-ημα, ὕψωμα. Où ανάςημα est la même cho-se

universellement & dans toutes ses parties. ' Car lors qu'en un grand nombre de personnes differentes de profession & d'âge, & qui n'ont aucun rapport ni d'humeur ni d'inclination, tout le monde vient à être frappé également ² de quelque endroit d'un Discours; ce jugement & cette approbation uniforme de tant d'esprits, si discordans d'ailleurs, est une preuve certaine & indubitable qu'il y a là du Merveilleux & du Grand,

REMARQUES.

chose qu'ἀνάςησις, d'où ἐξανάςησις & κατεξανάςησις ont esté formés. Κατεξανάςησις n'est donc ici que αὔξησις, *augmentum* : ce passage est très-important, & il me paroît que Longin a voulu dire : *Le veritable Sublime est celui, auquel, quoique l'on medite, il est difficile, ou plûtôt impossible, de rien ajoûter ; qui se conserve dans nôtre memoire, & qui n'en peut être qu'à peine effacé.* DACIER.

Ibid. *Qu'un discours nous laisse.*] Voïez mes remarques Latines. TOLLIUS.

1. *Car lors qu'en un grand nombre.*] C'est l'explication que tous les Interpretes ont donnée à ce passage ; mais il me semble qu'ils ont beaucoup ôté de la force & du raisonnement de Longin pour avoir joint λόγων ἔν τι, qui doivent être separez. Λόγων n'est point ici *le discours*, mais *le langage.* Longin dit, *car lors qu'en un grand nombre de personnes dont les inclinations, l'âge, l'humeur, la profession, & le langage sont differens, tout le monde vient à être frappé également d'un même endroit, ce juge-*

ment, &c. Je ne doute pas que ce ne soit le veritable sens. En effet, comme chaque nation dans sa langue a une maniere de dire les choses, & même de les imaginer, qui lui est propre ; il est constant qu'en ce genre, ce qui plaira en même tems à des personnes de langage different, aura veritablement ce Merveilleux & ce Sublime. DACIER.

Ibid. *Car lors qu'en un grand nombre &c.*] J'ai de la satisfaction de ce que Monf. Dacier est ici de même sentiment que moi : mais dans le Latin le mot de λόγων n'avoit point de grace. C'est pourquoi je me suis servi d'une autre expression, *ac tota denique vitæ ratione,* au lieu de *ac sermonis varietate.* J'eusse pû dire avec autant de douceur, *atque omni orationis varietate :* mais alors je ne m'en souvins pas. TOLLIUS.

2. *De quelque endroit d'un discours.*] Λόγων ἔν τι, c'est ainsi que tous les Interpretes de Longin ont joint ces mots. Monsieur Dacier les arrange d'une autre sorte ; mais je doute qu'il ait raison. BOILEAU.

CHAPITRE VI.

Des cinq sources du Grand.

IL y a, pour ainsi dire, cinq sources principales du Sublime : ' mais ces cinq sources présupposent, comme pour fondement commun, *une faculté de bien parler* ; sans quoi tout le reste n'est rien.

Cela posé, la premiere & la plus considerable est *une certaine élevation d'esprit, qui nous fait penser heureusement les choses*: comme nous l'avons déja montré dans nos Commentaires sur Xénophon.
La

REMARQUES.

1. **M**ais ces cinq sources présupposent comme pour fondement commun.] Longin dit , mais ces cinq sources présupposent comme pour fond , comme

pour fondement commun , la faculté de bien parler. Monf. Despréaux n'a pas voulu suivre la figure, sans doute de peur de tomber dans l'affectation. DACIER.

La feconde confifte dans le *Pathétique* : j'entends par *Pathétique*, cet Enthoufiafme, cette vehémence naturelle, qui touche & qui émeut. Au refte, à l'égard de ces deux premieres, elles doivent prefque tout à la nature, & il faut qu'elles naiffent en nous; au lieu que les autres dépendent de l'art en partie.

La troifième n'eft autre chofe que *les Figures tournées d'une certaine manière.* Or les Figures font de deux fortes : les Figures de Penfée, & les Figures de Diction.

Nous mettons pour la quatrième, *la nobleffe de l'expreffion*, qui a deux parties ; le choix des mots, & la diction élégante & figurée.

Pour la cinquième, qui eft celle, à proprement parler, qui produit le Grand, & qui renferme en foi toutes les autres, c'eft *la Compofition & l'arrangement des paroles dans toute leur magnificence & leur dignité.*

Examinons maintenant ce qu'il y a de remarquable dans chacune de ces efpeces en particulier : mais nous avertirons en paffant, que Cecilius en a oublié quelques-unes, & entre autres le Pathétique. Et Certainement, s'il l'a fait pour avoir crû que le Sublime & le Pathétique naturellement n'alloient jamais l'un fans l'autre, & ne faifoient qu'un ; il fe trompe : puifqu'il y a des Paffions qui n'ont rien de grand, & qui ont même quelque chofe de bas, comme l'affliction, la peur, la trifteffe ; & qu'au contraire il fe rencontre quantité de chofes grandes & fublimes, où il n'entre point de paffion. Tel eft entre autres ce que dit Homère avec tant de hardieffe, ' en parlant des Aloïdes.

Pour déthrôner les Dieux, leur vafte ambition
Entreprit d'entaffer Offe fur Pélion.

Ce qui fuit eft encore bien plus fort.

Ils l'euffent fait fans doute, &c.

Et

R E M A R Q U E S.

1. *En parlant des Aloïdes.*] C'étoient des Géans, qui croiffoient tous les ans d'une coudée en largeur, & d'une aune en longueur. Ils n'avoient pas encore quinze ans, lors qu'ils fe mirent en état d'efcalader le Ciel. Ils fe tuérent l'un l'autre par l'adreffe de Diane. *Odyff.* L. XI. V. 310. Aloüs étoit fils de Titan & de la Terre. Sa femme s'appelloit Iphimédie,

elle fut violée par Neptune dont elle eut deux enfans, Otus & Ephialte, qui furent appelés Aloïdes ; à caufe qu'ils furent nourris & élevés chez Aloüs, comme fes enfans. Virgile en a parlé dans le 6. de l'Eneïde :
Hic & Aloïdas geminos immania vidi Corpora. BOILEAU.

Et dans la Profe, les Panégyriques, & tous ces Difcours qui ne fe font que pour l'oftentation, ont par tout du Grand & du Subli-me, bien qu'il n'y entre point de paffion pour l'ordinaire. De forte que même entre les Orateurs, ceux-là communément font les moins propres pour le Panégyrique, qui font les plus pathétiques; & au contraire ceux qui réüffiffent le mieux dans le Panégyrique, s'en-tendent affez mal à toucher les paffions.

Que fi Cécilius s'eft imaginé que le Pathétique en géneral ne contribuoit point au Grand, & qu'il étoit par conféquent inutile d'en parler; il ne s'abufe pas moins. Car j'ofe dire qu'il n'y a peut-être rien qui relève davantage un Difcours, qu'un beau mouvement & une paffion pouffée à propos. En effet, c'eft comme une efpèce d'en-thoufiafme & de fureur noble, qui anime l'Oraifon, & qui lui don-ne un feu & une vigueur toute divine.

CHAPITRE VII.

De la fublimité dans les penfées.

Bien que des cinq parties dont j'ai parlé, la premiere & la plus confiderable, je veux dire cette *Elevation d'efprit naturelle*, foit plûtôt un préfent du Ciel, qu'une qualité qui fe puiffe acquerir; nous devons, autant qu'il nous eft poffible, nourrir nôtre efprit au Grand, [1] & le tenir toûjours plein [a] & enflé, pour ainfi dire, d'une certaine fierté noble & genereufe.

Que fi on demande comme il s'y faut prendre, j'ai déja écrit ail-

CHANGEMENS.

[a]. *Toûjours plein & enflé.*] *Et enflé*, addition faite en 1683.

REMARQUES.

1. **E**T le tenir toûjours plein & enflé, pour ain-fi dire, d'une certaine fierté, &c.] Il me femble que le mot *plein* & le mot *enflé* ne de-mandent pas cette modification, *pour ainfi dire*. Nous difons tous les jours, *c'eft un efprit plein de fierté*, cet homme eft enflé d'orgueil; mais la figure dont Longin s'eft fervi la demandoit neceffairement. J'aurois voulu la conferver & eraduire, & le tenir toûjours, pour ainfi dire, gros d'une fierté noble & genereufe. DACIER.

Ibid. *Et le tenir toûjours plein*] Ni l'un ni l'autre des Interprètes François n'a pû trou-ver dans fa langue un mot qui exprimât la for-ce du Grec ἐγκύμονας. Et c'eft pour cela que Monfieur Boileau s'eft fervi de la modification que Monfieur Dacier rejette. On eût pû s'ex-primer de cette maniere: *Nous devons, autant qu'il nous eft poffible, accoûtumer nôtre ame aux penfées fublimes, & la tenir toûjours comme en-ceinte, pour ainfi dire, d'une certaine fierté noble & genereufe.* TOLLIUS.

[1] *Une*

ailleurs, que cette Elevation d'esprit étoit [1] une image de la grandeur d'ame; & c'est pourquoi nous admirons quelquefois la seule pensée d'un homme, encore qu'il ne parle point, à cause de cette grandeur de courage que nous voions. Par exemple, le silence d'Ajax aux Enfers, dans l'Odyssée. * Car ce silence a je ne sai quoi de plus grand que tout ce qu'il auroit pû dire.

La premiere qualité donc qu'il faut supposer en un veritable Orateur, c'est qu'il n'ait point l'esprit rampant. En effet, il n'est pas possible qu'un homme qui n'a toute sa vie que des sentimens & des inclinations basses & serviles, puisse jamais rien produire qui soit merveilleux, ni digne de la Posterité. Il n'y a vraisemblablement que ceux qui ont de hautes & de solides pensées, qui puissent faire des Discours élevez; & c'est particulierement aux grands Hommes qu'il échappe de dire des choses extraordinaires. [2] Voiez par exemple, ce que répondit Alexandre, quand Darius lui offrit la moi-

C'est dans l'onzième Livre de l'Odyssée, V. 551. où Ulysse fait des soumissions à Ajax, mais Ajax ne daigne pas lui répondre.

REMARQUES.

1. *Une image de la grandeur.*] Ce mot d'image n'est pas assez fort, ni assez clair dans cet endroit. C'est toute autre chose dans le Latin. Quant à moi, je me fusse servi du mot écho; ou plûtôt d'une autre similitude, en disant, *que cette Elevation d'esprit étoit la resplendeur de la sublimité d'ame.* TOLLIUS.

2. *Voiez, par exemple, &c.*] Tout ceci jusqu'à cette grandeur qu'il lui donne, &c. est suppléé au texte Grec qui est défectueux en cet endroit. BOILEAU.

Ibid. *Voiez, par exemple, ce que répondit Alexandre, &c.*] Il manque en cet endroit plusieurs feuillets. Cependant, Gabriel de Pétra a crû qu'il n'y manquoit que trois ou quatre lignes. Il les a suppléées. Mr. Le Févre de Saumur approuve fort sa restitution, qui est en effet très-ingénieuse, mais fausse, en ce qu'elle suppose que la réponse d'Alexandre à Parménion doit preceder immédiatement l'endroit d'Homère, dont elle étoit éloignée de douze pages raisonnablement grandes. Il est donc important de savoir précisément combien il manque dans tous les endroits défectueux, pour ne pas faire à l'avenir de pareilles suppositions. Il y a six grandes lacunes dans le Traité du sublime. Les Chapitres, où elles se trouvent, sont le II. le VII. le X. le XVI. le XXV. & le XXXI. *selon l'édition de Mr. Despréaux.* Elles sont non seulement dans tous les Imprimez, mais aussi dans tous les Manuscrits. Les Copistes ont eu soin, pour la plûpart, d'avertir combien il manque dans chaque endroit. Mais jusqu'ici les Commentateurs n'ont eu égard à ces sortes d'avertissemens qu'autant qu'ils l'ont jugé à propos: l'autorité des Copistes n'étant pas d'un grand poids auprès de ceux qui la trouvent opposée à d'heureuses conjectures. L'ancien Manuscrit de la Bibliotèque du Roi a cela de singulier, qu'il nous aprend la mesure juste de ce que nous avons perdu. Les cahiers y sont cottez jusqu'au nombre de trente. Les cottes ou signatures sont de même antiquité que le texte. Les vingt-trois premiers cahiers, qui contiennent les Problèmes d'Aristote, sont tous de huit feuillets chacun. A l'égard des sept derniers, qui apartiennent au Sublime de Longin, le premier, le troisième, le quatrième, & le sixième, cottés * 24. 26. 27. & 19. sont de six feuillets, aiant perdu chacun les deux feuillets du milieu. C'est ce qui a fait la premiere, la troisième, la quatrième, & la sixième lacune des Imprimez, & des autres Manuscrits. Le second cahier manque entièrement; Mais comme il en restoit encore deux feuillets dans le tems que les premieres copies ont été faites, il ne manque en cet endroit, dans les autres Manuscrits, & dans les Imprimez, que la valeur de six feuillets. C'est ce qui a fait la seconde lacune, que Gabriel de Pétra a prétendu remplir de trois ou quatre lignes. Le cinquième cahier, cotté 28. * n'est que de quatre-

* κδ. κς. κζ. κθ.

* κη.

B. 2.

moitié de l'Asie avec sa fille en mariage. *Pour moi*, lui disoit Parménion, *si j'étois Alexandre, j'accepterois ces offres. Et moi aussi*,
repliqua ce Prince, *si j'étois Parménion.* N'est-il pas vrai qu'il falloit être Alexandre pour faire cette réponse?

Et c'est en cette partie qu'a principalement excellé Homère, dont
les pensées sont toutes sublimes: comme on le peut voir dans la description * de la Déesse Discorde, qui a, dit-il,

La tête dans les Cieux, & les piés sur la Terre.

Car on peut dire que cette grandeur qu'il lui donne est moins la
mesure de la Discorde, que de la capacité & de l'élevation de l'esprit d'Homère. Hésiode a mis un Vers bien different de celui-ci, dans
son Bouclier, s'il est vrai que ce Poëme soit de lui, *quand il dit, * à
propos de la Déesse des Ténèbres:

Une puante humeur lui couloit des narines.

En effet, il ne rend pas proprement cette Déesse terrible, mais
odieuse & dégoûtante. Au contraire, voiez quelle majesté Homère
donne aux Dieux.

Autant qu'un homme² assis au rivage des mers
² Voit d'un roc élevé d'espace dans les airs:

Au-

Marginalia: * Iliad. liv. 4. V. 443.   * V. 267.   Iliad. liv. 5. V. 770.

C H A N G E M E N S.

². *Voit d'un roc élevé.*] *Voit du haut d'une tour*, avant l'édition de l'an
1683.

R E M A R Q U E S.

quatre feuillets: les quatre du milieu sont perdus. C'est la cinquième lacune. Le septième
n'est que de trois feuillets continus, & remplis
jusqu'à la dernière ligne de la dernière page.
On examinera ailleurs s'il y a quelque chose de
perdu en cet endroit. De tout cela il s'ensuit
qu'entre les six lacunes spécifiées, les moindres
sont de quatre pages, dont le vuide ne pourra jamais être rempli par de simples conjectures. Il s'ensuit de plus, que le Manuscrit du Roi
est original par raport à tous ceux qui nous
restent aujourdhui, puis qu'on y découvre l'o-
rigine & la veritable cause de leur imperfection.
B O I V I N.

1 *Quand il a dit à propos de la Déesse des té-*
nèbres.] Je ne sai pas pourquoi les Interprètes
d'Hésiode & de Longin ont voulu que A'χλὺς
soit ici la Déesse des ténèbres. C'est sans doute

la Tristesse, comme Mr. le Févre l'a remarqué.
Voici le portrait qu'Hésiode en fait dans le
Bouclier, au vers 264. *La Tristesse se tenoit*
près de là toute baignée de pleurs, pâle, sèche,
défaite, les genoux fort gros, & les ongles fort
longs. Ses narines étoient une fontaine d'humeurs,
le sang couloit de ses joües, elle grinçoit les dents,
& couvroit ses épaules de poussiere. Il seroit bien
difficile que cela pût convenir à la Déesse des
Ténèbres. Lors qu'Hésychius a marqué ἀχλὺ-
μβμος, λυπούμβμΘ-, il a fait assez voir que ἀχλὺς
peut fort bien être prise pour λύπη, tristesse.
Dans ce même chapitre Longin s'est servi de
ἀχλὺς pour dire *les ténèbres*, une épaisse obscurité: & c'est peut-être ce qui a trompé les Interprètes. D A C I E R.

2. *Assis aux rivages des mers.*] Cette expression gâte ici la veritable idée que nous devions

Autant des Immortels les coursiers intrépides
En franchissent d'un saut, &c.

1. Il mesure l'étenduë de leur saut à celle de l'Univers. Qui est-ce donc qui ne s'écrieroit avec raison, en voiant la magnificence de cette Hyperbole, que si les chevaux des Dieux vouloient faire un second saut, ils ne trouveroient pas assez d'espace dans le monde ? Ces peintures aussi qu'il fait du combat des Dieux, ont quelque chose de fort grand, quand il dit :

Le Ciel en retentit, & l'Olympe en trembla :

Et ailleurs :

L'Enfer s'émeut au bruit de Neptune en furie.
Pluton sort de son Thrône, il pâlit, il s'écrie :
Il a peur que ce Dieu, dans cet affreux séjour,
D'un coup de son Trident ne fasse entrer le jour ;
Et par le centre ouvert de la Terre ébranlée ,
Ne fasse voir du Styx la rive desolée ;
Ne découvre aux vivans cet Empire odieux,
Abhorré des Mortels , & craint même des Dieux.

Voïez-vous, mon cher Terentianus, la Terre ouverte jusqu'en son centre, l'Enfer prêt à paroître, & toute la machine du Monde sur le point d'être détruite & renversée, pour montrer que dans ce combat, le Ciel, les Enfers, les choses mortelles & immortelles, tout enfin combattoit avec les Dieux, & qu'il n'y avoit rien dans la Nature qui ne fût en danger ? Mais il faut prendre toutes ces pensées dans un sens allégorique ; 1 autrement elles ont je ne sai quoi d'affreux, d'impie, & de peu convenable à la Majesté des Dieux. Et pour moi, lors que

Iliad. liv.
21. V. 388.

Iliad. liv.
20. V. 61.

REMARQUES.

vions avoir de la hauteur d'un écueil aux bords de la mer : parce que ce mot *assis* ne fait pas monter nos pensées des rivages de la mer au haut d'une tour , qui y vient trop tard , & ne frappe pas l'imagination déja occupée de sa bassesse. TOLLIUS.

1. *Autrement elles ont.*] Monsieur Despréaux n'a pas ici assez bien compris le sens de nôtre Auteur. Il faloit avoir traduit : *Voilà des expressions qui jettent bien de la fraïeur dans nos ames : mais , si on ne les prend pas dans un sens allégorique , elles ne peuvent être que très-impies* ;

& très-injurieuses à la majesté & à la nature très-parfaite des Dieux. C'est une vertu de la Poësie , & c'est son but , de jetter de la fraïeur & de l'étonnement dans les ames des lecteurs; ce que nôtre Longin appelle ἔκπληξις dans le Chap. XV, où il dit, ὅτι τῆς μὲν ἐν ποιήσει φαντασίας, τέλος ἐστὶν ἔκπληξις. Mais il veut dire, encore que ce soit là une perfection de la Poësie , néanmoins ce seroit une horrible impieté d'attribuer aux Dieux des passions qui conviennent si mal à l'excellence & à la perfection de leur nature. TOLLIUS.

que que je vois dans Homère les plaies, les ligues, les fuplices, les larmes, les emprifonnemens des Dieux, & tous ces autres accidens où ils tombent fans ceffe ; il me femble qu'il s'eft efforcé, autant qu'il a pû, de faire des Dieux de ces Hommes qui furent au fiége de Troie ; & qu'au contraire, des Dieux mêmes il en a fait des Hommes. Encore les fait-il de pire condition : car à l'égard de nous, quand nous fommes malheureux, au moins avons-nous la mort, qui eft comme un port affuré pour fortir de nos mifères : au lieu qu'en répréfentant les Dieux de cette forte, il ne les rend pas proprement immortels, mais éternellement miferables.

Il a donc bien mieux réüffi, lors qu'il nous a peint un Dieu tel qu'il eft dans toute fa majefté & fa grandeur, & fans mélange des chofes terreftres ; comme dans cet endroit, qui a été remarqué par plufieurs avant moi, où il dit, en parlant de Neptune :

Iliad. liv. 13. V.18.

Neptune ainfi marchant dans ces vaftes campagnes,
Fait trembler fous fes pieds & forêts & montagnes.

* Ibid. V. 26.

Et dans un autre endroit : *

Il attelle fon char, & montant fièrement,
Lui fait fendre les flots de l'humide Element.
*Dès qu'on le voit marcher fur ces liquides Plaines,
D'aife on entend fauter les pezantes Baleines.
L'Eau * frémit fous le Dieu qui lui donne la Loi,
Et femble avec plaifir reconnoître fon Roi.
Cependant le char vole, &c.

Ainfi

REMARQUES.

1. *Dès qu'on le voit marcher fur ces liquides plaines.*] Ces vers font fort nobles & fort beaux: mais il n'expriment pas la penfée d'Homère, qui dit que lorfque Neptune commence à marcher, les Baleines fautent de tous côtez devant lui, & reconnoiffent leur Roi ; que de joie la mer fe fend pour lui faire place. Monfieur Defpréaux dit de l'eau, ce qu'Homère a dit des Baleines, & il s'eft contenté d'exprimer un petit frémiffement, qui arrive fous les moindres barques comme fous les plus grands vaiffeaux; au lieu de nous répréfenter, après Homère, des flots entr'ouverts & une mer qui fe fépare. DACIER.

Ibid. *Dès qu'on le voit marcher.*] La traduction de ces vers, que j'ai donné au public il y a quelques années, & qui peut-être a été vûe

de Monfieur Dacier, me délivrera du foupcon qu'on pourroit avoir que je me fuis fervi de fes remarques, dans cette édition. Ces mots, *mare difficil undar*, eft juftement en François, *la mer fe fend.* TOLLIUS.

2. *Frémit fous le Dieu qui lui donne la loi.*] Il y a dans le Grec, *que l'eau en voiant Neptune, fe ridoit & fembloit fofrire de joie.* Mais cela feroit trop fort en nôtre langue. Au refte, j'ai crû que, *l'eau reconnoit fon Roi*, feroit quelque chofe de plus fublime que de mettre comme il y a dans le Grec, que *les Baleines reconnoiffent leur Roi.* J'ai tâché, dans les paffages qui font raportez d'Homère, à enchérir fur lui plûtôt que de le fuivre trop fcrupuleufement à la pifte. BOILEAU.

L. Et

Ainſi le Légiſlateur des Juifs, qui n'étoit pas un homme ordinaire, aiant fort bien conçû la grandeur & la puiſſance de Dieu, l'a exprimée dans toute ſa dignité au commencemeut de ſes Loix, par ces paroles, DIEU DIT: QUE LA LUMIERE SE FASSE; ET LA LUMIERE SE FIT: QUE LA TERRE SE FASSE; LA TERRE FUT FAITE.

Je penſe, mon cher Terentianus, que vous ne ſerez pas fâché que je vous raporte encore ici un paſſage de nôtre Poëte, quand il parle des Hommes; afin de vous faire voir, combien Homère eſt heroïque lui-même en peignant le caractère d'un Heros. Une épaiſſe obſcurité avoit couvert tout d'un coup l'armée des Grecs, & les empêchoit de combattre. En cet endroit Ajax, ne ſachant plus quelle réſolution prendre, s'écrie :

> *Grand Dieu, chaſſe la nuit qui nous couvre les yeux :*
> *Et combats contre nous à la clarté des Cieux.*

Iliad. liv. 17. V.645.

Voilà les veritables ſentimens d'un Guerrier tel qu'Ajax. Il ne demande pas la vie; un Heros n'étoit pas capable de cette baſſeſſe : mais comme il ne voit point d'occaſion de ſignaler ſon courage au milieu de l'obſcurité, il ſe fâche de ne point combattre : il demande donc en hâte que le jour paroiſſe, pour faire au moins une fin digne de ſon grand cœur, quand il devroit avoir à combattre Jupiter même. En effet, Homère, en cet endroit, eſt comme un vent favorable, qui ſeconde l'ardeur des combattans. Car il ne ſe remuë pas avec moins de violence, que s'il étoit épris auſſi de fureur.

> *Tel que Mars en courroux au milieu des batailles :*
> *Ou comme on voit un feu, ᵇ jettant par tout l'horreur,*
> *Au travers des forêts promener ſa fureur,*
> *De colère il écume, &c.*

Iliad. liv. 15. V.505.

Mais

C H A N G E M E N S.

ᵇ. *Jettant par tout l'horreur.*] *Dans la nuit & l'horreur.* C'eſt ainſi qu'on liſoit avant l'édition de 1701.

R E M A R Q U E S.

1. *Et combats contre nous, &c.*] Il y a dans Homère: *Et après cela fais nous perir ſi tu veux à la clarté des Cieux.* Mais cela auroit été foible en nôtre Langue, & n'auroit pas ſi bien mis en jour la remarque de Longin, que, *Et com-* bats contre nous, &c. Ajoûtés que de dire à Jupiter, *Combats contre nous*, c'eſt preſque la même choſe que, *fais nous perir*: puiſque dans un combat contre Jupiter on ne ſauroit éviter de perir. BOILEAU.

1. *Ajoû-*

Mais je vous prie de remarquer, pour plufieurs raifons, combien il eft affoibli dans fon Odyffée, où il fait voir en effet, que c'eft le propre d'un grand Efprit, lorſqu'il commence à vieillir & à décliner, de fe plaire aux contes & aux fables. Car, qu'il ait compofé l'Odyffée depuis l'Iliade, j'en pourrois donner plufieurs preuves. Et premierement il eft certain qu'il y a quantité de chofes dans l'Odyffée, qui ne font que la fuite des malheurs qu'on lit dans l'Iliade, & qu'il a tranfportées dans ce dernier Ouvrage, comme autant d'Epifodes ª de la guerre de Troie. ¹ Ajoûtez que les accidens, qui arrivent dans l'Iliade, font déplorez fouvent par les Heros de l'Odyffée, comme des malheurs connus & arrivez il y a déja long-tems. Et c'eft pourquoi l'Odyffée n'eft, à proprement parler, que l'Epilogue de l'Iliade.

Ce font des paroles de Neftor dans l'Odyffée, liv. 3. V. 109.

* *Là gît le grand Ajax, & l'invincible Achille.*
Là de fes ans Patrocle a vû borner le cours.
Là mon fils, mon cher fils, a terminé fes jours.

De là vient, à mon avis, que comme Homère a compofé fon Iliade durant que fon efprit étoit en fa plus grande vigueur, tout le corps de fon Ouvrage eft dramatique, & plein d'action: au lieu que la meilleure partie de l'Odyffée fe paffe en narrations, qui eft le génie de la vieilleffe; tellement qu'on le peut comparer dans ce dernier Ouvrage au Soleil quand il fe couche, qui a toûjours fa même grandeur, mais qui n'a plus tant d'ardeur ni de force. En effet, il ne parle plus du même ton; on n'y voit plus ce Sublime de l'Iliade, qui marche par tout d'un pas égal, fans que jamais il s'arrête ni fe repofe. On n'y remarque point cette foule de mouvemens & de paffions entaffées les unes fur les autres. Il n'a plus cette

CHANGEMENS.

ª. *Comme autant d'Epifodes.*] Premiere maniere, avant l'édition de 1683. *Comme autant d'effets.*

REMARQUES.

1. *Ajoûtez que les accidens &c.*] La remarque de Monfieur Dacier fur cet endroit eft fort favante & fort fubtile: mais je m'en tiens pourtant toûjours à mon fens. BOILEAU.

Ibid. *Ajoûtez que les accidens, &c.*] Je ne croi point que Longin ait voulu dire, que les accidens, qui arrivent dans l'Iliade, font déplorez par les Heros de l'Odyffée. Mais il dit: *Ajoûtez, qu'Homère rapporte dans l'Odyffée des plaintes & des lamentations, comme connües des long-tems à fes Heros.* Longin a égard ici à ces chanfons qu'Homère fait chanter dans l'Odyffée fur

cette même force , & , s'il faut ainfi parler, cette même volubi-
lité de difcours , fi propre pour l'action, & mêlée de tant d'images
naïves des chofes. ' Nous pouvons dire que c'eft le reflux de fon
efprit , qui , comme un grand Océan, fe retire & deferte fes rivages. ² A tout propos il s'égare dans des imaginations & des fables
incroiables. ³ Je n'ai pas oublié pourtant les defcriptions de tempêtes qu'il fait, les avantures qui arriverent à Ulyffe chez Polyphê-
me , & quelque autres endroits , qui font fans doute fort beaux.
Mais cette vieilleffe dans Homère, après tout, c'eft la vieilleffe d'Homère: joint qu'en tous ces endroits-là il y a beaucoup plus de fable &
de narration que d'action.

Je me fuis étendu là-deffus, comme j'ai déja dit, afin de vous faire voir que les génies naturellement les plus élevez tombent quelquefois dans la badinerie , quand la force de leur efprit vient à
s'éteindre. Dans ce rang on doit mettre ce qu'il dit du fac où Eo-
le enferma les Vents, & des compagnons d'Ulyffe changez par
Circé en pourceaux, que Zoïle appèle de *petits cochons larmoians.*

Il

REMARQUES.

fée fur les malheurs des Grecs , & fur toutes
les peines qu'ils avoient euës dans ce long fiége. On n'a qu'à lire le Livre VIII. DACIER.

Ibid. *Ajoutez que les accidens*] On trouvera
la même penfée dans ma traduction. TOLLIUS.

1. *Nous pouvons dire que c'eft le reflux de fon
efprit , &c.*] Les Interpretes n'ont point rendu
toute la penfée de Longin, qui , à mon avis,
n'auroit eu garde de dire d'Homère, qu'il s'é-
gare dans des imaginations & des fables incroiables. Monfieur le Févre eft le premier qui ait
connu la beauté de ce paffage, lui
qui a découvert que le Grec étoit défectueux,
& qu'après ἀμπώτιδ᾽ις , il faloit fupléer , ὕπω-
ὁ παρ' Ὁμήρου. Dans ce fens-là on peut traduire ainfi ce paffage. *Mais comme l'Océan eft
toujours grand, quoi qu'il fe foit retiré de fes rivages , & qu'il fe foit refferré dans fes bornes;
Homère auffi après avoir quitté l'Iliade , ne laiffe
pas d'être grand dans les narrations même incroiables & fabuleufes de l'Odyffée.* DACIER.

Ibid. *Nous pouvons dire*] Je croïois avoir
pleinement fatisfait fur ce paffage , dans ma
traduction , & dans mes remarques Latines:
néanmoins cette nouvelle traduction de Monfieur Dacier me plaît extrêmement. Seulement
ce mot πλάγῳ ne peut pas s'accorder avec le
fens que Monfieur Dacier nous y donne, parce

que ὁ Ὁμήρου πλάγῳ ne peut être que fon de-
bordement. Et quand il s'eft retiré , comme
l'Océan , dans fes bornes , on peut bien reconnoître fa grandeur, mais il ne fe déborde pas
alors. On le verra plus clairement dans la fuite: où néanmoins il me femble que Monfieur
Dacier fe trompe. Que l'on confidère feulement ma traduction Latine: TOLLIUS.

2. *A tout propos il s'égare dans des imaginations , &c.*] Voilà , à mon avis, le veritable
fens de πλάγῳ. Car pour ce qui eft de dire
qu'il n'y a pas d'apparence que Longin ait accufé Homère de tant d'abfurditez , cela n'eft
pas vrai, puis qu'à quelques lignes de là il entre même dans le détail de ces abfurditez.
Au refte quand il dit , *des fables incroiables*,
il n'entend pas des fables qui ne font point
vrai-femblables : mais des fables qui ne font
point vraifemblablement contées , comme la
difete d'Ulyffe qui fut dix jours fans manger ,
&c. BOILEAU.

3. *Je n'ai pas oublié pourtant les defcriptions
de tempêtes.*] De la manière dont Monfieur
Defpréaux a traduit ce paffage, il femble que
Longin en parlant de ces narrations incroiables & fabuleufes de l'Odyffée n'y comprenne
point ces tempêtes & ces avantures d'Ulyffe
avec le Cyclope: & c'eft tout le contraire, fi je

¹ Il en eſt de même des Colombes qui nourrirent Jupiter comme un Pigeon : de la diſette d'Ulyſſe, qui fut dix jours ſans manger après ſon naufrage ; & de toutes ces abſurditez qu'il conte du meurtre des Amans de Pénelope. Car tout ce qu'on peut dire à l'avantage de ces fictions, c'eſt que ce ſont d'aſſez beaux ſonges ; & , ſi vous voulez, des ſonges de Jupiter même. Ce qui m'a encore obligé à parler de l'Odyſſée, c'eſt pour vous montrer que les grands Poëtes & les Ecrivains célèbres, quand leur eſprit manque de vigueur pour le Pathétique, s'amuſent ordinairement à peindre les mœurs. C'eſt ce que fait Homère, quand il décrit la vie que menoient les Amans de Pénelope dans la maiſon d'Ulyſſe. En effet, toute cette deſcription eſt proprement une eſpèce de Comédie, où les differens caractères des hommes ſont peints.

CHAPITRE VIII.

De la ſublimité qui ſe tire des Circonſtances.

VOïons ſi nous n'avons point encore quelque autre moïen, par où nous puiſſions rendre un Diſcours ſublime. Je dis donc, que comme naturellement rien n'arrive au monde qui ne ſoit toûjours accompagné de certaines circonſtances, ce ſera un ſecret infaillible pour arriver au Grand, ſi nous ſavons faire à propos le choix des plus conſiderables ; & ſi en les liant bien enſemble, nous en formons comme un corps. Car d'un côté ce choix, & de l'autre cet amas de circonſtances choiſies attachent fortement l'eſprit.

Ainſi, quand Sapho veut exprimer les fureurs de l'Amour, elle
ramaſſe

ramasse de tous côtez les accidens qui suivent & qui accompagnent
en effet cette passion. Mais, où son adresse paroît principalement,
c'est à choisir de tous ces accidens ceux qui marquent davantage l'excès & la violence de l'amour, & à bien lier tout cela ensemble.

> [1] *Heureux ! qui près de toi, pour toi seule soupire ;*
> *Qui joüit du plaisir de t'entendre parler :*
> *Qui te voit quelquefois doucement lui soûrire.*
> *Les Dieux dans son bonheur peuvent-ils l'égaler ?*
>
> * * * * * *
>
> [2] *Je sens de veine en veine une subtile flame*
> *Courir par tout mon corps, si-tôt que je te vois :*
> *Et dans les doux transports où s'égare mon ame,*
> *Je ne saurois trouver de langue, ni de voix.*
>
> * * * * *
>
> *Un nuage confus se répand sur ma vûë.*
> *Je n'entends plus : je tombe en de douces langueurs ;*

[1] *Et*

REMARQUES.

[1] **Heureux, qui près de toi, &c.**] Cette
Ode, dont Catulle a traduit les trois
premieres strophes, & que Longin nous a con-
servée, étoit sans doute une des plus belles de
Sapho. Mais, comme elle a passé par les mains
des Copistes & des Critiques, elle a beaucoup
souffert des uns & des autres. Il est vrai qu'elle
est très-mal conçûë dans l'ancien Manuscrit du
Roi : il n'y a ni distinction de vers, ni ponctua-
tion, ni orthographe. Cependant, on auroit
peût-être mieux fait de la laisser telle qu'on l'y
avoit trouvée, que de la changer entierement,
comme l'on a fait. On en a ôté presque tous
les Eolismes. On a retranché, ajoûté, changé,
transposé : enfin on s'est donné toutes sortes de
libertez. Isaac Vossius, qui avoit vû les Manuscrits, s'est aperçû le premier du peu d'e-
xactitude de ceux qui avoient avant lui corrigé cette Piéce. Voici comme il en parle dans
ses Notes sur Catulle : *Sed ipsam nunc Lesbiam
Musam loquentem audiamus ; Cujus Odam re-
ctam nobis Longini beneficio, emendatam ascri-
bemus. Nam certè in hac corrigenda viri docti
operam luserè.* Après cela, il donne l'Ode telle
qu'il l'a rétablie. Vossius pouvoit lui-même
s'écarter moins qu'il n'a fait de l'ancien Manuscrit............ Pour moi je crois qu'il est bon

de s'en tenir le plus qu'on pourra à l'ancien
Manuscrit, qui est original par raport à tous
les autres, comme on l'a fait voir ci-devant.
Au reste, il faut avoüer que toutes ces diversitez de leçon ne changent pas beaucoup au sens,
que Mr. Despréaux a admirablement bien exprimé. B O I V I N.

[2] **Je sens de veine en veine &c.**] Lucrèce,
dans le Livre 3. de son Poëme, semble avoir
imité l'Ode de Sapho. Il applique à la Crainte
les mêmes effets que Sapho attribuë à l'Amour.

> *Verùm ubi vehementi magis est commota metu*
> *mens ,*
> *Consentire animam totam per membra vide-*
> *mus.*
> *Sudores itaque, & pallorem existere toto*
> *Corpore, & infringi linguam, vocemque*
> *aboriri ;*
> *Caligare oculos, sonere aureis, succidere*
> *artus :*
> *Denique concidere ex animi terrore vide-*
> *mus*
> *Sæpe homines.*

Catulle, *Ode, ad Lesbiam*, 52. a traduit les
premières strophes de l'Ode de Sapho.

F 2   I. Et

¹ Et pâle, sans haleine, interdite, éperduë,
² Un frisson me saisit, je tremble, je me meurs.

* * * * * *

Mais quand on n'a plus rien, il faut tout hazarder, &c.

N'admirez vous point comment elle ramasse toutes ces choses; l'ame, le corps, l'ouïe, la langue, la vûë, la couleur, ³ comme si c'étoient autant de personnes differentes, & prêtes à expirer? Voïez de combien de mouvemens contraires elle est agitée. ⁴ Elle gèle, elle brûle, elle est folle, elle est sage; ⁵ ou elle est entiérement hors d'elle-même, ou elle va mourir. En un mot, on diroit qu'elle n'est pas éprise d'une simple passion, ⁶ mais que son ame est un rendez-vous de toutes les passions. Et c'est en effet ce qui arrive à ceux qui aiment. Vous voïez donc bien, comme j'ai déja dit, que ce qui fait la principale beauté de son Discours, ce sont toutes ces grandes circonstances marquées à propos, & ramassées avec choix. Ainsi quand Homère veut faire la description d'une tempête, il a soin d'exprimer tout ce qui peut arriver de plus affreux dans une tempête. Car, par exemple, l'Auteur * du Poëme des Arimaspiens †† pense dire des choses fort étonnantes, quand il s'écrie :

* *Aristée.*
†† *C'étoient des Peuples de Scythie.*

O pro-

REMARQUES.

1. *Et pâle.*] Le Grec ajoûte, *comme l'herbe;* mais cela ne se dit point en François. B O I-L R A U.

2. *Un frisson me saisit, &c.*] Il y a dans le Grec, *une sueur froide;* mais le mot de *sueur* en François ne peut jamais être agréable; & laisse une vilaine idée à l'esprit. B O I L E A U.

3. *Comme si c'étoient, &c.*] Lisez plûtôt, *comme si c'étoient des choses empruntées, qu'elle fût obligée d'abandonner.* T O L L I U S.

4. *Elle gèle, elle brûle, elle est folle, elle est sage.*] Ces mots forment un vers: C'est pour cela que Mr. Patru, à qui Mr. Despréaux faisoit revoir tous ses Ouvrages, voulut qu'il changeât cet endroit. Mr. Despreaux, pour se défendre, dit qu'il étoit impossible qu'il n'échapât quelquefois des vers dans la prose. Mais Mr. Patru soûtint avec raison, que c'étoit une faute que l'on devoit éviter: ajoûtant qu'il étoit bien assuré qu'on ne trouveroit aucun vers dans ses Plaidoiez imprimez. *Je parie,* dit Mr. Despréaux, *que j'y en trouverai quelqu'un,*

si je cherche bien; & prenant en même tems le volume des œuvres de Mr. Patru, il tomba à l'ouverture du Livre, sur ces mots qui font un vers: *Onzième Plaidoié, pour un jeune Allemand.*

5. *Elle est entiérement hors d'elle.*] C'est ainsi que j'ai traduit φοβεῖται, & c'est ainsi qu'il le faut entendre; comme je le prouverai aisément s'il est nécessaire. Horace, qui est amoureux des Hellénismes, emploïe le mot de *metus* en ce même sens dans l'Ode *Bacchum in remotis,* quand il dit, *Evoë récenti mens trepidat metu;* car cela veut dire, *Je suis encore plein de la sainte horreur du Dieu qui m'a transporté.* B O I-L E A U.

6 *Mais que son ame est un rendez-vous de toutes les passions.*] Nôtre langue ne sauroit bien dire cela d'une autre manière: cependant il est certain que le mot *rendez-vous* n'exprime pas toute la force du mot Grec σύνοδος, qui ne signifie pas seulement *assemblée,* mais *choc, combat,* & Longin lui donne ici toute cette étenduë; car il dit que Sapho a ramassé & réüni toutes

ces

Ô prodige étonnant ! ô fureur incroïable !
Des hommes insensez, sur de frêles vaisseaux,
S'en vont loin de la terre habiter sur les eaux :
Et suivant sur la mer une route incertaine,
Courent chercher bien loin le travail & la peine.
Ils ne goûtent jamais de paisible repos.
Ils ont les yeux au Ciel, & l'esprit sur les flots :
Et les bras étendus, les entrailles émeûës,
Ils font souvent aux Dieux des prières perdûës.

Cependant il n'y a personne, comme je pense, qui ne voïe bien que ce discours est en effet plus fardé & plus fleuri, que grand & sublime. Voïons donc comment fait Homère, & considerons cet endroit entre plusieurs autres.

Comme l'on voit les flots soûlevez par l'orage,
Fondre sur un vaisseau qui s'oppose à leur rage,
Le vent avec fureur dans les voiles frémit ;
La mer blanchit d'écume, & l'air au loin gémit.
Le Matelot troublé, que son art abandonne,
Croit voir dans chaque flot la mort qui l'environne.

Iliad. liv.
15. v. 624.

Aratus a tâché d'encherir sur ce dernier Vers, en disant :

Un bois mince & léger les deffend de la mort.

Mais en fardant ainsi cette pensée, il l'a rendûë basse & fleurie, de terrible qu'elle étoit. Et puis renfermant tout le peril dans ces mots, *Un bois mince & léger les deffend de la mort*, il l'éloigne & le diminûë plûtôt qu'il ne l'augmente. Mais Homère ne met pas pour une seule fois devant les yeux le danger où se trouvent les Matelots ; il les représente, comme en un tableau, sur le point d'être submergez à tous les flots qui s'élevent ; & [1] imprime jusque dans ses mots & ses

REMARQUES.

ces circonstances, pour faire paroître non pas une seule passion, mais une assemblée de toutes les passions qui s'entrechoquent, &c. DACIER.

1. *Il imprime jusques dans ses mots.*] Il y a dans le Grec, & joignant par force ensemble *des prépositions qui naturellement n'entrent point dans une même composition,* ὑπ' ἐκ θανάτοιο *par cette violence qu'il leur fait, il donne à son vers le mouvement même de la tempête, & exprime admirablement la passion. Car par la ru-*

desse

ſes ſyllabes l'image du peril. ¹ Archiloque ne s'eſt point ſervi d'autre artifice dans la deſcription de ſon naufrage, non plus que Démoſthène dans cet endroit où il décrit le trouble des Athéniens à la
nouvelle de la priſe d'Elatée, quand il dit : ² *Il étoit déja fort tard,*
&c. Car ils n'ont fait tous deux que trier, pour ainſi dire, & ramaſſer ſoigneuſement les grandes circonſtances, prenant garde à ne
point inſerer dans leurs diſcours, des particularitez baſſes & ſuperfluës, ou qui ſentiſſent l'Ecole. En effet, de trop s'arrêter aux petites choſes, cela gâte tout ; & c'eſt comme du moëlon ou des plâtras
qu'on auroit arrangez & comme entaſſez les uns ſur les autres, pour
élever un bâtiment.

REMARQUES.

deſſe de ces Syllabes qui ſe heurtent l'une l'autre, il imprime juſques dans ſes mots l'image du peril, ὑπ᾽ ἐκ θανάτοιο φέρονται. Mais j'ai paſſé tout cela, parce qu'il eſt entierement attaché à la Langue Grecque. BOILEAU

1. *Archiloque ne s'eſt point ſervi d'autre artifice dans la deſcription de ſon naufrage.*] Je ſai bien que par ſon naufrage, Monſieur Deſpréaux a entendu le naufrage qu'Archiloque avoit décrit, &c. Néanmoins, comme le mot ſon fait une équivoque, & que l'on pourroit croire qu'Archiloque lui même auroit fait le naufrage dont il a parlé, j'aurois voulu traduire, *dans la deſcription du naufrage.* Archiloque avoit décrit le naufrage de ſon beau-frère. DACIER.

2. *Il étoit déja fort tard.*] L'Auteur n'a pas rapporté tout le paſſage, parce qu'il eſt un peu long. Il eſt tiré de l'Oraiſon pour Cteſiphon. Le voici. *Il étoit déja fort tard, lorſqu'un Courrier vint apporter au Prytanée la nouvelle que la ville d'Elatée étoit priſe. Les Magiſtrats qui ſoupoient dans ce moment, quittent auſſi-tôt la* table. *Les uns vont dans la place publique, ils en chaſſent les Marchands, & pour les obliger de ſe retirer, ils brûlent les pieux des boutiques où ils étaloient. Les autres envoient avertir les Officiers de l'Armée : on fait venir le Herant public. Toute la ville eſt pleine de tumulte. Le lendemain dès le point du jour, les Magiſtrats aſſemblent le Sénat. Cependant, Meſſieurs, vous courriez de toutes parts dans la place publique, & le Sénat n'avoit pas encore rien ordonné, que tout le peuple étoit déja aſſis. Dès que les Sénateurs furent entrez, les Magiſtrats firent leur raport. On entend le Courrier. Il confirme la nouvelle. Alors le Herant commence à crier : Quelqu'un veut-il haranguer le peuple? mais perſonne ne lui répond. Il a beau répeter la même choſe pluſieurs fois. Aucun ne ſe lève. Tous les Officiers, tous les Orateurs étant préſens, aux yeux de la commune Patrie, dont on entendoit la voix crier : N'y a-t-il perſonne qui ait un conſeil à me donner pour mon ſalut?* BOILEAU.

CHAPITRE IX.

De l'Amplification.

E Ntre les moïens dont nous avons parlé, qui contribuënt au Sublime, il faut auſſi donner rang à ce qu'ils appèlent *Amplification.* Car quand la nature des Sujets qu'on traite, ou des cauſes qu'on plaide, demande des periodes plus étenduës, & compoſées de plus de membres, on peut s'élever par degrez, de telle ſorte qu'un mot enchériſſe toûjours ſur l'autre. Et cette adreſſe peut beaucoup ſervir,

ou

ou pour traiter quelque lieu d'un Discours, ou pour exagerer, ou pour confirmer, ou pour mettre en jour un fait, ou pour manier une passion. En effet, l'Amplification se peut diviser en un nombre infini d'espèces : mais l'Orateur doit savoir que pas-une de ces espèces n'est parfaite de soi, s'il n'y a du Grand & du Sublime : si ce n'est lors qu'on cherche à émouvoir la pitié, ou que l'on veut ravaler le prix de quelque chose. Par tout ailleurs, si vous ôtez à l'Amplification ce qu'il y a de Grand, vous lui arrachez, pour ainsi dire, l'ame du corps. En un mot, dès que cet appui vient à lui manquer, elle languit, & n'a plus ni force ni mouvement. Maintenant, pour plus grande netteté, disons en peu de mots la difference qu'il y a de cette partie à celle dont nous avons parlé dans le Chapitre précedent, & qui, comme j'ai dit, n'est autre chose qu'un amas de circonstances choisies, que l'on réunit ensemble : & voions par où l'Amplification en géneral differe du Grand & du Sublime.

CHAPITRE X.
Ce que c'est qu'Amplification.

JE ne saurois approuver la définition que lui donnent les Maîtres de l'Art. L'Amplification, disent-ils, est un *Discours qui augmente & qui agrandit les choses.* Car cette définition peut convenir tout de même au Sublime, au Pathétique, & aux figures : puisqu'elles donnent toutes au Discours je ne sai quel caractère de grandeur. Il y a pourtant bien de la difference. Et premierement le Sublime consiste dans la hauteur & l'élevation ; au lieu que l'Amplification consiste aussi dans la multitude des paroles. C'est pourquoi le Sublime se trouve quelquefois dans une simple pensée : mais l'Amplification ne subsiste que dans la pompe & dans l'abondance. L'Amplification donc, pour en donner ici une idée génerale, *est un accroissement de paroles, que l'on peut tirer de toutes les circonstances particulieres des choses, & de tous les lieux de l'Oraison, qui remplit le Discours, & le fortifie, en appuiant sur ce qu'on a déja dit.* Ainsi elle differe de la preuve, en ce qu'on emploie celle-ci pour prouver la question, au lieu que l'Amplification ' ne sert qu'à étendre & à exagerer. ✱✱✱✱✱   La

REMARQUES.

1. N E *sert qu'à exagerer,*] Cet endroit est fort défectueux. L'Auteur, après avoir fait quelques remarques encore sur l'*Amplifica-* tion, venoit ensuite à comparer deux Orateurs dont on ne peut pas deviner les noms : il reste même dans le texte trois ou quatre lignes de cette

La même difference, à mon avis, est ¹ entre Démosthène & Ci-ceron pour le Grand & le Sublime., autant que nous autres Grecs. pouvons juger des Ouvrages d'un Auteur Latin. En effet, Dé-mosthène est grand en ce qu'il est serré & concis ; & Ciceron au con-traire, en ce qu'il est diffus & étendu. On peut comparer ce pre-mier, à cause de la violence, de la rapidité, de la force, & de la véhémence avec laquelle il ravage, pour ainsi dire, & emporte tout, à une tempête & à un foudre. ² Pour Ciceron, ᵃ l'on peut dire, à mon avis, que comme un grand embrasement, il devore & consume tout ce qu'il rencontre, avec un feu qui ne s'éteint point, qu'il répand diversement dans ses Ouvrages, & qui, à mesure qu'il s'avance, prend toûjours de nouvelles forces. Mais vous pouvez mieux juger de cela que moi. Au reste, le sublime de Démosthène vaut sans doute bien mieux dans les exagerations.
fortes,

CHANGEMENS.

ᵃ Pour Ciceron, l'on peut dire, &c.] Premiere traduction, avant l'édition de 1683. Pour Ciceron, à mon sens, il ressemble à un grand embrasement qui se répand par tout, & s'élève en l'air, avec un feu dont la violence dure & ne s'éteint point: qui fait de differens effets, selon les differens endroits où il se trouve ; mais qui se nourrit néanmoins & s'entretient toûjours dans la diversité des choses où il s'atta-che. Mais vous pouvez &c.

REMARQUES.

cette comparaison que j'ai supprimées dans la Traduction : parce que cela auroit embarrassé le Lecteur, & auroit été inutile ; puisqu'on ne sait point qui sont ceux dont l'Auteur parle. Voici pourtant les paroles qui en restent : ce-lui-ci est plus abondant & plus riche. On peut com-parer son Eloquence à une grande mer qui occupe beaucoup d'espace, & se répand en plusieurs en-droits. L'un, à mon avis, est plus Pathetique, & a bien plus de feu & d'éclat. L'autre demeurant toûjours dans une certaine gravité pompeuse n'est pas froid à la verité ; mais n'a pas aussi tant d'ac-tivité, ni de mouvement. Le Traducteur Latin a crû que ces paroles regardoient Ciceron & Dé-mosthène : mais il se trompe. BOILEAU.

1. Entre Démosthène & Ciceron] J'ai montré dans mes remarques Latines, que c'est de Pla-ton, & non pas de Ciceron, que notre Au-teur parle ici ⁎. TOLLIUS.

⁎ Tollius se trompe ici doublement, en di-sant que cet endroit regarde Platon, & non pas

Ciceron ; & qu'il l'a montré dans ses remarques Latines. Car 1. Longin fait ici la comparaison de Ciceron &. de Démosthène, qu'il nomme tous deux : Neque alia est, me judice, dit Lon-gin, suivant la traduction même de Tollius, inter Ciceronis & Demosthenis grandicatem, diver-sitas. Καὶ ὁ Κικέρων τῷ Δημοσθένους, &c. 2. Tol-lius a observé dans ses remarques Latines, que l'endroit où Longin fait la comparaison de Démosthène & de Platon, est le passage prece-dent, dont Tollius a traduit ce qui reste ; mais que Mr. Despréaux a supprimé dans sa traduc-tion, parce que cet endroit est mutilé & cor-rompu dans le texte. Tollius devoit donc tour-ner ainsi cette derniere note : J'ai montré dans mes remarques Latines, que c'est de Platon, & non pas de Ciceron, que notre Auteur a parlé dans le passage précedent. On plûtôt, Tollius devoit supprimer sa Remarque.

2. Pour Ciceron, &c.] Longin en conservant l'idée des embrasemens qui semblent quelque-
19x.

fortes, & dans les violentes paſſions, ¹ quand il faut, pour ainſi dire, étonner l'Auditeur. Au contraire, l'abondance eſt meilleure, lors qu'on veut, ſi j'oſe me ſervir de ces termes, ² répandre une roſée agréable dans les eſprits. Et certainement un Diſcours diffus eſt bien plus propre pour les Lieux communs, les Peroraiſons, les Digreſſions, & géneralement pour tous ces Diſcours qui ſe font dans le Genre démonſtratif. Il en eſt de même pour les Hiſtoires, les Traitez de Phyſique, & pluſieurs autres ſemblables matières.

REMARQUES.

fois ne ſe ralentir que pour éclater avec plus de violence, définit tres-bien le caractère de Ciceron, qui conſerve toûjours un certain feu, mais qui le ranime en certains endroits, & lorſqu'il ſemble qu'il va s'éteindre. D A C I E R.

1. *Quand il faut, pour ainſi dire, étonner l'Auditeur.*] Cette modification *pour ainſi dire,* ne me paroît pas neceſſaire ici, & il me ſemble qu'elle affoiblit en quelque manière la penſée de Longin, qui ne ſe contente pas de dire, *que le Sublime de Démoſthène vaut mieux quand il faut étonner l'Auditeur;* mais qui ajoûte, *quand il faut entièrement étonner,* &c. Je ne croi pas que le mot François *étonner,* demande de lui même cette excuſe, puiſqu'il n'eſt pas ſi fort que le Grec ἐκπλῆξαι, quoi qu'il ſerve également à marquer l'effet que produit la foudre dans l'eſprit de ceux qu'elle a preſque touchez. D A C I E R.

2. *Une roſée agréable, &c.*] Monſieur le Févre & Monſieur Dacier donnent à ce paſſage une interprétation fort ſubtile: mais je ne ſuis point de leur avis, & je rens ici le mot de καταντλῆσαι dans ſon ſens le plus naturel, *arroſer, rafraiſhir,* qui eſt le propre du ſtile abondant, oppoſé au ſtile ſec. B O I L E A U.

Ibid. *Répandre une roſée agréable dans les eſprits.*] Outre que cette expreſſion *répandre une roſée,* ne répond pas bien à l'abondance dont il eſt ici queſtion, il me ſemble qu'elle obſcurcit la penſée de Longin, qui oppoſe ici καταντλῆσαι à ἐκπλῆξαι, & qui après avoir dit que *le Sublime concis de Démoſthène doit être employé lorſqu'il faut entièrement étonner l'Auditeur,* ajoûte, *qu'on doit ſe ſervir de cette riche abondance de Ciceron lorſqu'il faut l'adoucir.* Ce καταντλῆσαι eſt emprunté de la Medecine: il ſignifie proprement *fovere, fomenter, adoucir;* & cette idée eſt venuë à Longin du mot ἐκπλῆξαι. Le Sublime concis eſt pour frapper; mais cette heureuſe abondance eſt pour guérir les coups que ce Sublime a portez. De cette manière Longin explique fort bien les deux genres de diſcours que les anciens Rhéteurs ont établis, dont l'un qui eſt pour toucher & pour frapper, eſt appelé proprement *Oratio vehemens,* & l'autre, qui eſt pour adoucir *Oratio lenis.* D A C I E R.

Ibid. *Répandre une roſée*] On verra dans ma traduction Latine, & dans mes remarques, que je ſuis ici du même ſentiment que Monſieur Dacier. T O L L I U S.

C H A P I T R E XI.

De l'Imitation.

POur retourner à nôtre Diſcours, Platon, dont le ſtile ne laiſſe pas d'être fort élevé, bien qu'il coule ſans être rapide, & ſans faire de bruit, nous a donné une idée de ce ſtile, que vous ne pouvez ignorer, ſi vous avez lû les Livres de ſa Republique. * *Ces Hommes malheureux,* dit-il quelque part, *qui ne ſavent ce que c'eſt que de ſageſſe ni de vertu, & qui ſont continuellement plongez*

* Dialog. pag. 585. édit. de H. Etienne.

dans les festins & dans la débauche , vont toûjours de pis en pis , &
errent enfin toute leur vie. La verité n'a point pour eux d'attraits ni
de charmes : Ils n'ont jamais levé les yeux pour la regarder ; en un mot
ils n'ont jamais goûté de pur ni de solide plaisir. Ils sont comme des
bêtes qui regardent toûjours en bas , & qui sont courbées vers la terre.
Ils ne songent qu'à manger & à repaître, qu'à satisfaire leurs passions
brutales ; & dans l'ardeur de les rassasier, ils regimbent , ils égratignent,
ils se battent à coups d'ongles & de cornes de fer, & perissent à la fin
par leur gourmandise insatiable.

Au reste, ce Philosophe nous a encore enseigné un autre chemin , si nous ne voulons point le négliger , qui nous peut conduire
au Sublime. Quel est ce chemin ? c'est l'imitation & l'émulation des
Poëtes & des Ecrivains illustres qui ont vécu avant nous. Car c'est
le but que nous devons toûjours nous mettre devant les yeux.

Et certainement il s'en voit beaucoup que l'esprit d'autrui ravit
hors d'eux-mêmes, comme on dit qu'une sainte fureur saisit la Prê-
tresse d'Apollon sur le sacré Trépié. Car on tient qu'il y a une
ouverture en terre, d'où sort un souffle, une vapeur toute céleste,
qui la remplit sur le champ d'une vertu divine, & lui fait prononcer des oracles. De même, ces grandes beautez, que nous remar-
quons dans les Ouvrages des Anciens, sont comme autant de sources sacrées, d'où il s'éleve des vapeurs heureuses, qui se répandent
dans l'ame de leurs imitateurs, & animent les esprits même naturellement les moins échauffez : si bien que dans ce moment ils sont comme ravis & emportez de l'enthousiasme d'autrui. Ainsi voïons-nous
qu'Herodote, & avant lui Stésichore & Archiloque, ont été grans
imitateurs d'Homère. Platon néanmoins est celui de tous qui l'a le
plus imité : car il a puisé dans ce Poëte, comme dans une vive source , dont il a détourné un nombre infini de ruisseaux : & j'en donnerois des exemples , ' si Ammonius n'en avoit déja rapporté plusieurs.

Au reste, on ne doit point regarder cela comme un larcin, mais
comme une belle idée qu'il a euë, & qu'il s'est formée sur les mœurs,
l'in-

' R E M A R Q U E S.

¥. **S** I *Ammonius n'en avoit déja rapporté plu-*
sieurs.] Il y a dans le Grec *εἰ μὴ τὰ ἰπ'*
Ἰνδὸς χỳ οἱ ἀπὸ Ἀμμώνιον. Mais cet endroit vrai-semblablement est corrompu. Car
quel rapport peuvent avoir les Indiens au sujet dont il s'agit ? BOILEAU.

Ibid. *Si Ammonius n'en avoit déja rappor-*
té plusieurs.] Le Grec dit , *Si Ammonius*
n'en avoit rapporté de singuliers , τὰ ἰπ' εἰδὸς,
comme Monsieur le Févre a corrigé. DA-
CIER.

l'invention, & les Ouvrages d'autrui. [1] En effet, jamais, à mon avis, il n'eût mêlé de fi grandes chofes [a] dans fes Traitez de Philofophie, paffant, comme il fait, du fimple difcours à des expreffions & à des matières Poëtiques, s'il ne fût venu, pour ainfi dire, comme un nouvel Athlète, difputer de toute fa force le prix à Homère, c'eft-à-dire, à celui [b] qui avoit déja reçu les applaudiffemens de tout le monde. Car, bien qu'il ne le faffe peut-être qu'avec un peu trop d'ardeur, &, comme on dit, les armes à la main, cela ne laiffe pas néanmoins de lui fervir beaucoup, puis qu'enfin, felon Héfiode, *

* Opera & Dies, V.25.

> *La noble jaloufie eft utile aux Mortels.*

Et n'eft-ce pas en effet quelque chofe de bien glorieux, & bien digne d'une ame noble, que de combattre pour l'honneur & le prix de la victoire, avec ceux qui nous ont précédé, puifque dans ces fortes de combats on peut même être vaincu fans honte?

CHANGEMENS.

[a] *Il n'eût mêlé tant de fi grandes chofes &c.*] Il ne dit de fi grandes chofes dans fes traitez de Philofophie, que quand, du fimple difcours, paffant à des expreffions & à des matières Poëtiques, il vient, s'il faut ainfi dire, comme un nouvel &c. Premieres éditions.

[b] *Qui avoit déja &c.*] Qui étoit déja l'admiration de tous les fiécles. Editions avant 1683.

REMARQUES.

1. *En effet, jamais, à mon avis.*] Il me femble que cette periode n'exprime pas toutes les beautez de l'original, & qu'elle s'éloigne de l'idée de Longin, qui dit: En effet, Platon femble n'avoir entaffé de fi grandes chofes dans fes traitez de Philofophie, & ne s'être jetté fi furent dans des expreffions & dans des matières Poëtiques, que pour difputer de toute fa force le prix à Homère, comme un nouvel athlète à celui qui a déja reçû toutes les acclamations, & qui a été l'admiration de tout le monde. Cela conferve l'image que Longin a voulu donner des Athlètes, & c'eft cette image qui fait la plus grande beauté de ce paffage. DACIER.

Ibid. *En effet, jamais*] J'avois déja remarqué cet endroit dans la premiere édition de Monfieur Defpréaux, avec intention de l'éclaircir un peu mieux: mais la remarque de Monfieur Dacier m'en épargne la peine. TOLLIUS.

CHAPITRE XII.
De la manière d'imiter.

Toutes les fois donc que nous voulons travailler à un Ouvrage qui demande du Grand & du Sublime, il eft bon de faire

cette réflexion. Comment est-ce qu'Homère auroit dit cela ? Qu'auroient fait Platon, Démosthène, ou Thucydide même, s'il est question d'histoire, pour écrire ceci en stile sublime ? [1] Car ces grans
Hommes que nous nous proposons à imiter, se présentant de la sorte
à nôtre imagination, nous servent comme de flambeaux, & nous
élèvent l'ame presque aussi haut que l'idée que nous avons conçûë
de leur génie; sur tout si nous nous imprimons bien ceci en nous
mêmes : Que penseroient Homère ou Démosthène de ce que je dis,
s'ils m'écoutoient ? quel jugement feroient-ils de moi ? [2] En effet,
nous ne croirons pas [a] avoir un médiocre prix à disputer, si nous
pouvons nous figurer que nous allons, mais sérieusement, rendre
compte de nos Ecrits devant un si célèbre Tribunal, & sur un théatre où nous avons de tels Heros pour Juges & pour témoins. Mais
un motif encore plus puissant pour nous exciter, c'est de songer au
jugement que toute la posterité fera de nos Ecrits. [3] Car si un homme

CHANGEMENS.

[a] *En effet, nous ne croirons pas* &c.] On lisoit dans les premieres éditions[a]
En effet, ce sera un grand avantage pour nous, si nous pouvons nous figurer &c.

REMARQUES.

1. *Car ces grans Hommes que nous nous proposons à imiter.*] Séneque à la fin de
son Epître XI. donne, pour les mœurs, la même règle que Longin propose ici pour l'éloquence.

2. *En effet, nous ne croirons pas*] A mon
avis, Le mot Grec ἀγώνισμα ne signifie point
ici, *prix*, mais *Spectacle*. Longin dit, *En effet,
de nous figurer que nous allons rendre compte de
nos écrits devant un si célèbre tribunal, & sur un
Théatre où nous avons de tels Heros pour juges ou
pour témoins*, ce sera un *spectacle bien propre à
nous animer*. Thucydide s'est servi plus d'une
fois de ce mot dans le même sens. Je ne rapporterai que ce passage du Livre VII. Ὃ γὃ
Γύλιππ' καλὸν τὸ ἀγώνισμα ἐνόμιζεν οἱ εἶ-
ναι ἐπὶ τοῖς ἄλλοις καὶ τὰς σωτηρατήγας κο-
μίτας Λακεδαιμονίοις. Gylippe estimoit que ce seroit un *spectacle bien glorieux pour lui*, de mener
comme en triomphe des deux Generaux des ennemis
qu'il avoit pris dans le combat. Il parle de Nicias & de Démosthène, chefs des Athéniens.
DACIER.

Ibid. En effet nous ne croirons] C'est encore
ici que je ne trouve pas juste la traduction Françoise : & j'ai montré ailleurs la force & la veritable signification de ces mots, ἀγὼν & ἀγώνι-μα.
On n'a qu'à voir ma traduction Latine. TOL-
LIUS.

3. *Car si un homme dans la défiance de ce jugement.*] C'est ainsi qu'il faut entendre ce passage. Le sens que lui donne Monsieur Dacier
s'accomode assez bien au Grec ; mais il fait
dire une chose de mauvais sens à Longin puisqu'il n'est point vrai qu'un Homme qui se défie
que ses ouvrages aillent à la postérité, ne pro-
duira jamais rien qui en soit digne, & qu'au
contraire cette défiance même lui fera faire des
efforts pour mettre ces ouvrages en état d'y passer avec éloge. BOILEAU.

*Ibid. Car si un homme dans la défiance de ce
jugement a peur, pour ainsi dire, d'avoir dit quelque chose qui vive plus que lui,* &c.] A mon
avis, aucun Interprète n'est entré ici dans le
sens de Longin, qui n'a jamais eu cette pensée,
qu'un homme dans la défiance de ce jugement
pourra avoir peur d'avoir dit quelque chose qui
vive plus que lui, ni même qu'il ne se donnera
pas la peine d'achever ses ouvrages. Au contraire, il veut faire entendre que cette crainte

ON

me, dans la défiance [b] de ce jugement, a peur, pour ainsi dire, d'a-
voir dit quelque chose qui vive plus que lui, son esprit ne sauroit
jamais rien produire que des avortons aveugles & imparfaits; &
il ne se donnera jamais la peine d'achever des Ouvrages qu'il ne fait
point pour passer jusqu'à la derniere posterité.

C H A N G E M E N S.

b *Dans la défiance &c.*] *Dans la crainte de ce jugement, ne se soucie pas qu'aucun de ses ouvrages vive plus que lui, son esprit ne sauroit rien produire que &c.*
Avant l'édition de 1683.

R E M A R Q U E S.

ou ce découragement le mettra en état de
ne pouvoir rien faire de beau, ni qui lui survive, quand il travailleroit sans cesse, & qu'il
feroit les plus grans efforts; *car si un homme,
dit-il, après avoir envisagé ce jugement, tombe
d'abord dans la crainte de ne pouvoir rien produire
qui lui survive, il est impossible que les conceptions
de son esprit ne soient aveugles & imparfaites, &
qu'elles n'avortent, pour ainsi dire, sans pouvoir jamais parvenir à la derniere posterité.* Un
homme qui écrit doit avoir une noble hardiesse, ne se contenter pas d'écrire pour son
siècle, mais envisager toute la posterité. Cette idée lui élevera l'ame & animera ses conceptions, au lieu que si dès le moment que cette posterité se présentera à son esprit, il tombe dans la crainte de ne pouvoir rien faire qui
soit digne d'elle, ce découragement & ce de-
sespoir lui feront perdre toute sa force, &
quelque peine qu'il se donne, ses écrits ne

feront jamais que des avortons. C'est manifestement la doctrine de Longin, qui n'a garde pourtant d'autoriser par là une confiance
aveugle & téméraire, comme il seroit facile de
le prouver. DACIER.

Ibid. *Car si un homme*] C'est une chose
assez surprenante, que Monsieur Dacier & moi
nous nous soïons tant de fois rencontrez.
Quand je considère sa traduction dans cet endroit, j'y trouve un parfait raport avec la
mienne, excepté le mot d'ἀνατίθεν, que Monsieur Boileau a aussi bien traduit que Monsieur
Dacier, & que j'ai expliqué par les mots, *ita
protinus*: c'est-à-dire, *aussi tôt, quand il entreprend quelque ouvrage*. On trouve chez Suidas un fragment d'un ancien poëte Grec; où
la Renommée immortelle est appelée, *la Fille de l'Esperance*: Τέκνον dit-il, ἐλπίδος ἀμ-
βρότης φήμη. TOLLIUS.

C H A P I T R E XIII.

Des Images.

CES *Images*, que d'autres appèlent *Peintures*, ou *Fictions*, sont
aussi d'un grand artifice pour donner du poids, de la magnificence, & de la force au Discours. Ce mot d'*Images* se prend en géneral pour toute pensée propre à produire une expression, & qui fait
une peinture à l'esprit de quelque manière que ce soit. Mais il se
prend encore dans un sens plus particulier & plus resserré, pour ces
Discours que l'on fait, *lors que par un enthousiasme & un mouvement
extraordinaire de l'ame, il semble que nous voions les choses dont nous*

par-

parlons, & quand nous les mettons devant les yeux de ceux qui écoutent.

Au reste, vous devez savoir que les *Images*, dans la Rhétorique, ont tout un autre usage que parmi les Poëtes. En effet, le but qu'on s'y propose dans la Poësie, c'est l'étonnement & la surprise: au lieu que dans la Prose, c'est de bien peindre les choses, & de les faire voir clairement. Il y a pourtant cela de commun, qu'on tend à émouvoir ' en l'une & en l'autre rencontre.

Paroles d'Euripide, dans son Oreste, V. 255.

* *Mère cruelle, arrête, éloigne de mes yeux:*
Ces Filles de l'Enfer, ces spectres odieux.
Ils viennent: je les voi : mon supplice s'apprête.
° *Quels horribles serpens leur sislent sur la tête !*

Et ailleurs :

Euripide, Iphigénie en Tauride, V. 290.

Où fuirai-je? Elle vient. Je la voi. Je suis mort.

Le Poëte en cet endroit ne voïoit pas les Furies : cependant il en fait une image si naïve, qu'il les fait presque voir aux Auditeurs. Et veritablement ' je ne saurois pas bien dire si Euripide est aussi heureux à exprimer les autres passions: mais pour ce qui regarde l'amour & la fureur, c'est à quoi il s'est étudié particulierement, & il y a fort bien réüssi. Et même en d'autres rencontres il ne manque pas quelquefois de hardiesse à peindre les choses. Car bien que son esprit de lui-même ne soit pas porté au Grand, il corrige son naturel, & le force d'être tragique & relevé, principalement dans les grans sujets : de sorte qu'on lui peut appliquer ces Vers du Poëte :

Iliad. 20. V. 170.

A l'aspect du peril, au combat il s'anime :

Et

CHANGEMENS.

°*Quels horribles serpens*] *Mille horribles serpens*, avant l'édition de 1694.

REMARQUES

1. EN l'une & l'autre rencontre] Je préférerois, en l'une & l'autre Art. Voïez ce qu'en dit Porphyre de Abstinentia Animalium lib. 11. c. XLI : Τὸ μὲν γὰρ ποιητικὸν, κỳ προσεξέκαυσε τὰς διαλήψεις τῶν ἀνθρώπων τῷ χρῆσθαι φράσει πρὸς ἔκπληξιν, κỳ γοητείαν περιποιῆσαι, κήλησίν τ' ἐμποιῆσαι, κỳ πίς.ιν, περὶ τῶν ἀδυνάτων. TOLLIUS.

2. Je ne saurois pas bien dire.] Monsieur Despréaux s'est ici servi du texte corrompu ; où il y avoit ἔν τισιν ἑτέροις, au lieu d'ες τις ἕτερ@ ς. c'est-à-dire, si Euripide n'est pas plus heureux qu'aucun autre à exprimer les passions de l'amour & de la fureur, à quoi il s'est étudié avec une application très-particulière. TOLLIUS.

1. Les

Et le poil heriſſé , [1] *les yeux étincelans ,*
De ſa queuë il ſe bat les côtez & les flancs.

Comme on le peut remarquer dans cet endroit , où le Soleil parle
ainſi à Phaëton , en lui mettant entre les mains les rênes de ſes Chevaux :

[2] *Prens garde qu'une ardeur trop funeſte à ta vie*
Ne t'emporte au deſſus de l'aride Libye.
Là jamais d'aucune eau le ſillon arroſé
Ne rafraîchit mon char dans ſa courſe embraſé.

Euripide
dans ſon
Phaëton
Tragédie
perduë.

Et dans ces Vers ſuivans :

Auſſi-tôt devant toi s'offriront ſept Etoiles.
Dreſſe par là ta courſe , & ſui le droit chemin.
Phaëton , à ces mots , prend les rênes en main ;
De ſes chevaux aîlez il bat les flancs agiles.
Les courſiers du Soleil à ſa voix ſont dociles.
Ils vont : le char s'éloigne , & plus promt qu'un éclair ,
Pénètre en un moment les vaſtes champs de l'air.
Le Pere cependant , plein d'un trouble funeſte ,
Le voit rouler de loin ſur la plaine céleſte ;
Lui montre encor ſa route , [3] *& du plus haut des Cieux ,*
Le ſuit autant qu'il peut , de la voix & des yeux ,
Va par là , lui dit-il : revien : détourne : arrête.

Ne diriez-vous pas que l'ame du Poëte monte ſur le char avec
Phaëton , qu'elle partage tous ſes perils , & qu'elle vole dans l'air
avec

R E M A R Q U E S.

1. *Les yeux étincelans.*] J'ai ajouté ce vers
que j'ai pris dans le texte d'Homère. B O I L.
2. *Prens garde qu'une ardeur trop funeſte à*
ſa vie.] Je trouve quelque choſe de noble &
de beau dans le tour de ces quatre vers : il
me ſemble pourtant , que lors que le Soleil
dit , *au deſſus de la Libye , le ſillon n'étant point*
arroſé d'eau , n'a jamais rafraîchi mon char , il
parle plûtôt comme un homme qui pouſſe ſon
char à travers champs , que comme un Dieu
qui éclaire la terre. Monſieur Deſpréaux a ſuivi ici tous les autres Interprètes , qui ont expliqué ce paſſage de la même maniere ; mais je

croi qu'ils ſe ſont fort éloignez de la penſée d'Euripide , qui dit : *Marche & ne te laiſſe point em-*
porter dans l'air de Libye , qui n'aiant aucun mé-
lange d'humidité , laiſſera tomber ton char. C'é-
toit l'opinion des Anciens qu'un mélange humide fait la force & la ſolidité de l'air. Mais ce
n'eſt pas ici le lieu de parler de leurs principes
de Phyſique. D A C I E R.
3. *Et du plus haut des Cieux.*] Le Grec porte , *au deſſus de la Canicule ;* ὑπὲρ τε νῶτα Σειρίε
θερμῶς , *ἱππεύε.* Le Soleil à cheval monta au
deſſus de la Canicule. Je ne voi pas pourquoi
Rutgerſius , & Monſieur le Févre , veulent changer

avec les chevaux ? car s'il ne les fuivoit dans les Cieux, s'il n'affiftoit
tout ce qui s'y paffe, pourroit-il peindre la chofe comme il fait ? Il
en eft de même de cet endroit de fa Caffandre *, qui commence par

*Piece per-
dûe.

> *Mais , ô braves Troïens, &c.*

Efchyle a quelquefois auffi des hardieffes & des imaginations tout-à-
fait nobles & heroïques, comme on le peut voir dans fa Tragédie intitulée, *Les Sept devant Thèbes*, où un Courrier venant apporter à
Etéocle la nouvelle de ces fept Chefs, qui avoient tous impitoïable-
ment juré, pour ainfi dire, leur propre mort, s'explique ainfi :

V. 42.

> * *Sur un bouclier noir fept Chefs impitoïables*
> *Epouvantent les Dieux de fermens effroïables :*
> *Près d'un Taureau mourant qu'ils viennent d'égorger ,*
> *Tous la main dans le fang, jurent de fe venger.*
> *Ils en jurent la Peur , le Dieu Mars, & Bellone.*

Au refte, bien que ce Poëte, pour vouloir trop s'élever, tombe affez
fouvent dans des penfées rudes, groffieres & mal polies, Euripide
néanmoins, par une noble émulation, s'expofe quelquefois aux mêmes

REMARQUES.

par cet endroit, puifqu'il eft fort clair, & ne
veut dire autre chofe, finon que le Soleil monta
au deffus de la Canicule, c'eft-à-dire, dans le
centre du Ciel, où les Aftrologues tiennent que
cet Aftre eft placé, & comme j'ai mis, *au plus
haut des Cieux ;* pour voir marcher Phaëton, &
que de là il lui crioit encore : *Va par là, revien,
détourne,* &c. BOILEAU.

Ibid. *Et du plus haut des Cieux.*] Monfieur
Defpréaux dit dans fa Remarque, que le Grec
porte *que le Soleil à cheval monta au deffus de la
Canicule, ὄπισϛε νῶτα Σειρίε βεβώς,* & il ajoûte, qu'il ne voit pas pourquoi Rutgerfius &
Monfieur le Févre veulent changer cet endroit
qui eft fort clair. Premierement ce n'eft point
Monfieur le Févre, qui a voulu changer cet endroit : au contraire il fait voir le ridicule de la
correction de Rutgerfius *, qui lifoit
Σειραῖς, au lieu de Σειρέιε. Il a dit feulement
qu'il faut lire Σειρέιε, & cela eft fans difficulté,
parce que le penultiéme pied de ces vers doit
être un iambe, *eiu.* Mais cela ne change rien
au fens. Au refte, Euripide, à mon avis, n'a
point voulu dire que *le Soleil à cheval monta au
deffus de la Canicule ;* mais plûtôt, que le Soleil

pour fuivre fon fils, monta à cheval fur un aftre
qu'il appelle Σειριον, *Sirium,* qui eft le nom géneral de tous les aftres, & qui n'eft point du
tout ici la Canicule : ὄπιϛε ne doit point être
conftruit avec νῶτα, il faut le joindre avec le
verbe ἵππευε du vers fuivant, de cette maniere :
Πατὴρ δ᾽ ἐ βεβὼς νῶτα Σειρὶε ἵππευε ὄπιϛε, παῖ-
δα νεθετῶν ; *Le Soleil monte fur un aftre, alloit après fon fils, en lui criant, &c.* Et cela eft
beaucoup plus vrai-femblable, que de dire que
le Soleil monta à cheval pour aller feulement
au centre du ciel au deffus de la Canicule, &
pour crier de là à fon fils & lui enfeigner le chemin. Ce centre du ciel eft un peu trop éloigné
de la route que tenoit Phaëton. DACIER.

* *Le ridicule de la correction de Rutgerfius.*]
Saumaife fur Solin, pag. 896. de l'édition de
Paris, a le premier corrigé Rutgerfius.

1. *Efchyle a quelquefois*] Je ne trouve pas
ici la connexion que je voudrois avec ce qui
fuit. Qu'on regarde feulement ma traduction
Latine, & on en verra la difference. TOLLIUS.

2. *s'expofe quelquefois aux mêmes perils.*] Je
me trompe fort, fi un François entend le fens
de ces paroles, fans qu'on leur donne quelque
lumiere

mes perils. Par exemple, dans Efchyle, le Palais de Lycurgue eſt ému, & entre en fureur à la vûë de Bacchus :

> ¹ *Le Palais en fureur mugit à ſon aſpeȼt.*

Euripide emploie cette même penſée d'une autre manière, en l'adouciſſant néanmoins :

> *La Montagne à leurs cris répond en mugiſſant.*

Sophocle n'eſt pas moins excellent à peindre les choſes, comme on le peut voir dans la deſcription qu'il nous a laiſſée d'Oedipe mourant, & s'enſeveliſſant lui-même au milieu d'une tempête prodigieuſe ; & dans cet endroit, où il dépeint l'apparition d'Achille ſur ſon tombeau, dans le moment que les Grecs alloient lever l'ancre. Je doute néanmoins, pour cette apparition, que jamais perſonne en ait fait une deſcription plus vive que Simonide. Mais nous n'aurions jamais fait, ſi nous voulions étaler ici tous les exemples que nous pourrions rapporter à ce propos.

Pour

REMARQUES.

lumière. Car le mot Grec χιϚᵈυϱοι ſignifie ici les penſées & les expreſſions, qui par leur ſublimité aprochent fort de l'enſlure, ou plûtôt de l'enthouſiaſme qui va trop loin, & qui ſelon l'expreſſion de Quintilien, rend le Poëte *grandiloquum uſque ad vitium*. Car c'eſt de lui que Longin a tiré cette belle remarque. Mais je ne trouve pas que Longin ait ici autant de raiſon qu'il croit, de préférer cet *adouciſſement* d'Euripide à l'expreſſion *trop rude* : qu'il appelle, & *mal polie* d'Efchyle. Car c'étoit le ſentiment univerſel de preſque tous les Paiens, que dans les apparitions des Dieux tout ſe mouvoit & trembloit, non ſeulement les édifices & les palais, mais les montagnes même. Et voici ce que Claudien dit à cet égard des temples, *lib.* I. *de raptu Proſerpinæ* :

> *Jam mihi cernuntur trepidis delubra moveri*
> *Sedibus, & clarum diſpergere culmina lumen*
> *Adventum teſtata Dei.*

Virgile dit le même des montagnes ; *libro* VI. *Æn.*

> *Ecce autem primi ſub lumina ſolis & ortus*
> *Sub pedibus mugire ſolum, juga capta moveri*
> *Silvarum ; viſæque canes ululare per umbram,*
> *Adventante Dea.*

De ſorte que cette apparition ne ſe faiſoit ja-

mais ſans quelque prodige, ou, comme les Grecs le nomment, ᵈᵉϚμεία. Mais, comme je l'ai dit dans mes remarques Latines, ce n'eſt ni toute la penſée, ni le mot Ἐνϑυϛιᾷ, comme Monſieur le Féure a crû, mais le ſeul mot βαχχευθες, qui déplaît à Longin ; & cela, parce qu'il n'a pas tant de douceur, & ne nous donne pas une idée ſi delicate que le mot ſυμ⁻ Ϛαχχευθες : qui marque un mouvement libre, agréable, ce qui vient d'une volonté emportée plûtôt par la joïe que lui cauſe la vûë d'un ſi grand Dieu, que par l'effort ou par la préſence de ſa divinité. TOLLIUS.

1. *Le Palais en fureur mugit à ſon aſpeȼt.*] Le mot *mugir* ne me paroît pas aſſez fort pour exprimer ſeul le ὀϑϱυϛιῶν & le βαχχευθες d'Efchyle ; car ils ne ſignifient pas ſeulement *mugir*, mais ſe *remuer avec agitation, avec violence.* Quoique ce ſoit une folie de vouloir faire un vers mieux que Monſieur Deſpréaux, je ne laiſſerai pas de dire que celui d'Efchyle ſeroit peut-être mieux de cette manière pour le ſens.

> *Du Palais en fureur les combles ébranlés*
> *Tremblent en mugiſſant.*

Et celui d'Euripide :

> *La Montagne s'ébranle, & répond à leurs cris.*
> DACIER.

Pour retourner à ce que nous difions, [1] les *Images* dans la Poëfie font pleines ordinairement d'accidens fabuleux, & qui paffent toute forte de croïance ; au lieu que dans la Rhétorique le beau des *Images* c'eft de répréfenter la chofe comme elle s'eft paffée, & telle qu'elle eft dans la verité. Car une invention Poëtique & fabuleufe, dans une Oraifon, traîne néceffairement avec foi [2] des digreffions groffieres & hors de propos, & tombe dans une extrème abfurdité. C'eft pourtant ce que cherchent aujourd'hui nos Orateurs ; ils voïent quelquefois les Furies, ces grans Orateurs, auffi bien que les Poëtes tragiques ; & les bonnes gens ne prennent pas garde que lors qu'Orefte dit dans Euripide :

Orefte, Tragédie, V. 264.

> *Toi qui dans les Enfers me veux précipiter,*
> *Déeffe, ceffe enfin de me perfécuter.*

il ne s'imagine voir toutes ces chofes, que parce qu'il n'eft pas dans fon bon fens. Quel eft donc l'effet des *Images* dans la Rhétorique ? C'eft qu'outre plufieurs autres propriétez, elles ont cela qu'elles animent & échauffent le Difcours. Si bien qu'étant mêlées avec art dans les preuves, elles ne perfuadent pas feulement, mais elles domptent, pour ainfi dire, elles foumettent l'Auditeur. [3] *Si un homme,* dit un Orateur, *a entendu un grand bruit devant le Palais, & qu'un autre à même tems vienne annoncer que les prifonniers de guerre fe fauvent ; il n'y a point de vieillard fi chargé d'années, ni de jeune homme fi indifferent, qui ne coure de toute fa force au fecours. Que fi quelqu'un, fur ces entrefaites, leur montre l'auteur de ce defordre, c'eft fait de ce malheureux ; il faut qu'il periffe fur le champ, & on ne lui donne pas le tems de parler.*

Hyperide

R E M A R Q U E S.

1. *Les images dans la Poëfie font pleines ordinairement d'accidens fabuleux.*] C'eft le fens que tous les Interprètes ont donné à ce paffage : mais je ne croi pas que ç'ait été la penfée de Longin ; car il n'eft pas vrai que dans la Poëfie les images foient ordinairement pleines d'accidens, elles n'ont en cela rien qui ne leur foit commun avec les images de la Rhétorique. Longin dit fimplement, *que dans la Poëfie les images font pouffées à un excès fabuleux & qui paffe toute forte de créance.* D A C I E R.

2. *Des digreffions groffieres.*] Ce n'eft pas tout-à-fait le fentiment de Longin. Si je ne me trompe, il auroit falu le traduire de cette ma-

nière : *Car c'eft une terrible faute, & tout à fait extravagante, de fe fervir dans celle-là des images & des fictions Poëtiques & fabuleufes, qui font tout-à-fait impoffibles.* Quand on prendra la peine de regarder mes remarques Latines, & de les conferer avec ma traduction, on y verra plus de jour. T O L L I U S.

3. *Si un homme &c.*] Ciceron s'eft très-bien fervi de cet endroit, quand il dit (l. IV. contra Verrem c. XLIII.) *Interea ex clamore fama tota urbe percrebuit, expugnari Deos patrios, non hoftium adventu, inopinato prædonum impetu fed ex domo, atque cohorte prætoriâ manum fugitivorum inftructam armatamque veniffe. Nemo Agri-*

Hyperide s'est servi de cet artifice dans l'Oraison, où il rend compte de l'ordonnance qu'il fit faire, après la défaite de Cheronée, qu'on donneroit la liberté aux esclaves. *Ce n'est point*, dit-il, *un Orateur qui a fait passer cette loi ; c'est la défaite de Cheronée.* Au même tems qu'il prouve la chose par raison, il fait une *Image* ; & *par* cette proposition qu'il avance, il fait plus que persuader & que prouver. Car comme en toutes choses on s'arrête naturellement à ce qui brille & éclate davantage, l'esprit de l'Auditeur est aisément entraîné par cette Image qu'on lui présente au milieu d'un raisonnement, & qui lui frappant l'imagination, l'empêche d'examiner de si près la force des preuves, à cause de ce grand éclat dont elle couvre & environne le Discours. Au reste, il n'est pas extraordinaire que cela fasse cet effet en nous, puisqu'il est certain que de deux corps mêlez ensemble, celui qui a le plus de force attire toujours à soi la vertu & la puissance de l'autre. Mais c'est assez parlé de cette Sublimité, qui consiste dans les pensées & qui vient, comme j'ai dit ou de *la Grandeur d'ame*, ou de *l'Imitation*, ou de *l'Imagination*.

CHA-

Agrigenti neque ætate tam affectâ, neque viribus tam infirmis fuit, qui non illa nocte eo nuntio excitatus surrexerit, telumque, quod cuique fors offerebat, arripuerit. Itaque brevi tempore ad fanum ex tota urbe concurritur. TOLLIUS.

1. *Ce n'est point*, dit-il, *un Orateur qui a fait passer cette Loi, c'est la bataille, c'est la défaite de Cheronée.*] Pour conserver l'image que Longin a voulu faire remarquer dans ce passage d'Hyperide il faut traduire : *Ce n'est point*, dit-il, *un Orateur qui a écrit cette Loi, c'est la bataille, c'est la défaite de Cheronée.* Car c'est en cela que consiste l'image. *La bataille a écrit cette Loi.* Au lieu qu'en disant, *la bataille a fait passer cette Loi*, on ne conserve plus l'image, ou elle est du moins fort peu sensible. C'étoit même chez les Grecs le terme propre *écrire une Loi*, *une Ordonnance*, *un Edit*, &c. Monsieur Despréaux a évité cette expression *écrire une Loi*, parce qu'elle n'est pas Françoise dans ce sens-là ; mais il auroit pû mettre, *ce n'est pas un Orateur qui a fait cette Loi*, &c. Hyperide avoit ordonné qu'on donneroit le droit de bourgeoisie à tous les habitans d'Athènes indifferemment, la liberté aux esclaves ; & qu'on envoïeroit au Pyrée les

femmes & les enfans. Plutarque parle de cette Ordonnance, dans la vie d'Hyperide, & il cite même un passage, qui n'est pourtant pas celui dont il est ici question. Il est vrai que le même passage rapporté par Longin, est cité fort differemment par Démétrius Phaleréus, *Ce n'est pas*, dit-il, *un Orateur qui a écrit cette Loi, c'est la guerre qui l'a écrite avec l'épée d'Alexandre.* Mais pour moi je suis persuadé que ces derniers mots *qui l'a écrite avec l'épée d'Alexandre*, Ἀλεξάνδρου δ'ὁράτι γράφων, ne sont point d'Hyperide ; elles sont apparemment de quelqu'un qui aura crû ajoûter quelque chose à la pensée de cet Orateur, & l'embellir même, en expliquant par une espèce de pointe, le mot πόλεμῷ ἔγραψεν, *la guerre a écrit* & je m'assure que cela paroîtra à tous ceux qui ne se laissent point éblouïr par de faux brillans, DACIER.

Ibid. Ce n'est point, dit-il, *un Orateur &c.*] On eût pû traduire : *Ce n'est point*, dit-il, *l'Orateur.* Cela seroit un peu plus fort. TOLLIUS.

2. *Par cette proposition.*] J'aimerois mieux dire, & *par ce tour d'adresse il fait plus &c.* TOLLIUS.

CHAPITRE XIV.

Des Figures ; & premièrement de l'Apostrophe,

IL faut maintenant parler des Figures, pour suivre l'ordre que nous nous sommes prescrit. Car, comme j'ai dit, elles ne font pas une des moindres parties du Sublime, lors qu'on leur donne le tour qu'elles doivent avoir. Mais ce seroit un Ouvrage de trop longue haleine, pour ne pas dire infini, si nous voulions faire ici une exacte recherche de toutes les figures qui peuvent avoir place dans le Discours. C'est pourquoi nous nous contenterons d'en parcourir quelques-unes des principales, je veux dire celles qui contribuënt le plus au Sublime : seulement afin de faire voir que nous n'avançons rien que de vrai. Démosthène veut justifier sa conduite, & prouver aux Athéniens qu'ils n'ont point failli en livrant bataille à Philippe. Quel étoit l'air naturel d'énoncer la chose ? *Vous n'avez point failli, pouvoit-il dire, Messieurs, en combattant au peril de vos vies pour la liberté & le salut de toute la Grèce ; & vous en avez des exemples qu'on ne sauroit démentir. Car on ne peut pas dire que ces grans Hommes aïent failli, qui ont combattu pour la même cause dans les plaines de Marathon, à Salamine, & devant Platées.* Mais il en use bien d'une autre sorte, & tout d'un coup, comme s'il étoit inspiré d'un Dieu, & possedé de l'esprit d'Apollon même, il s'écrie en jurant par ces vaillans défenseurs de la Grèce : *Non, Messieurs, non, vous n'avez point failli : j'en jure par les manes de ces grans Hommes qui ont combattu pour la même cause dans les plaines de Marathon.* Par cette seule forme de serment, que j'appellerai ici *Apostrophe*, il déïfie ces Anciens Citoïens dont il parle, & montre en effet, qu'il faut regarder tous ceux qui meurent de la sorte, comme autant de Dieux, par le nom desquels on doit jurer. Il inspire à ses Juges l'esprit & les sentimens de ces illustres Morts ; & changeant l'air naturel de la preuve en cette grande & pathétique manière d'affirmer par des sermens si extraordinaires, si nouveaux, & si dignes de foi, il fait entrer dans l'ame de ses Auditeurs comme une espèce de contrepoison & d'antidote, qui en chasse toutes les mauvaises impressions. Il leur élève le courage par des loüanges. En un mot il leur fait concevoir, qu'ils ne doivent pas moins s'estimer de la bataille qu'ils ont perduë contre Philippe, que des victoires qu'ils ont remportées à Marathon & à Salamine ; & par tous ces differens moïens, renfermez dans une seule figure, il les entraîne

* De Coro-
na, pag.
343. edit.
Basil.

traîne dans son parti. Il y en a pourtant qui prétendent que l'original de ce serment se trouve dans Eupolis, quand il dit :

On ne me verra plus affligé de leur joie.

J'en jure mon combat aux champs de Marathon.

[1] Mais il n'y a pas grande finesse à jurer simplement. Il faut voir où , comment, en quelle occasion, & pourquoi on le fait. Or dans le passage de ce Poëte il n'y a rien autre chose qu'un simple serment. Car il parle aux Athéniens heureux , & dans un tems où ils n'avoient pas besoin de consolation. Ajoûtez, [a] que dans ce serment il ne jure pas , comme Démosthène, par des Hommes qu'il rende immortels, & ne songe point à faire naître dans l'ame des Athéniens des sentimens dignes de la vertu de leurs Ancêtres : vû qu'au lieu de jurer par le nom de ceux qui avoient combattu, il s'amuse à jurer par une chose inanimée, telle qu'est un combat. Au contraire, dans Démosthène ce serment est fait directement pour rendre le courage aux Athéniens vaincus, & pour empêcher qu'ils ne regardassent dorênavant, comme un malheur, la bataille de Cheronée. De sorte que , comme j'ai déja dit , dans cette seule figure , il leur prouve par raison qu'ils n'ont point failli ; il leur en fournit un exemple ; il le leur confirme par des sermens ; il fait leur éloge ; il les exhorte à la guerre [b].

Mais comme on pouvoit répondre à nôtre Orateur : il s'agit de la bataille que nous avons perduë contre Philippe , durant que vous maniiez les affaires de la Republique , & vous jurez par les victoires que nos Ancêtres ont remportées. Afin donc de marcher sûrement, il a soin
de

CHANGEMENS.

[a] *Ajoûtez , que dans ce serment &c.*] Première traduction, avant l'édition de 1683 : *Ajoûtez , que par ce serment il ne traite pas , comme Démosthène , ces grans hommes d'immortels, & ne songe point &c.*

[b] *Il les exhorte à la guerre contre Philippe.*] Ces deux mots furent ajoûtez dans l'édition de 1683.

[c] En

REMARQUES.

[1.] *Mais il n'y a pas grande finesse*] Ce jugement est admirable, & Longin dit plus lui seul que tous les autres Rhéteurs qui ont examiné le passage de Démosthène. Quintilien avoit pourtant bien vû que les sermens sont ridicules, si l'on n'a l'adresse de les emploïer aussi heureusement que l'Orateur ; mais il n'avoit point fait sentir tous les défauts que Longin nous explique clairement dans le seul examen qu'il fait de ce serment d'Eupolis. On peut voir deux endroits de Quintilien dans le Chap. 2. du Livre I X. DACIER.

de règler ſes paroles, & n'emploie que celles qui lui ſont avantageuſes, faiſant voir que même dans les plus grans emportemens il faut
être ſobre & retenu. En parlant donc ᵉ de ces victoires de leurs
ancêtres, il dit : *Ceux qui ont combattu par terre à Marathon, & par
mer à Salamine ; ceux qui ont donné bataille près d'Artemiſe & de Platées.* Il ſe garde bien de dire, *ceux qui ont vaincu.* Il a ſoin de taire
l'évenement, qui avoit été auſſi heureux en toutes ces batailles,
que funeſte à Cheronée, & prévient même l'Auditeur, en pourſui-
vant ainſi : *Tous ceux, ô Eſchine, qui ſont peris en ces rencontres, ont
été enterrez aux dépens de la République, & non pas ſeulement ceux
dont la fortune a ſecondé la valeur.*

CHANGEMENS.

ᵉEn parlant donc de ces victoires &c.] Premières éditions : *En diſant donc que
leurs ancêtres avoient combattu par terre à Marathon, & par mer à Salamine, avoient
donné bataille p ès d'Artémiſe & de Pla ées ; il ſe ga de bien de dire qu'ils en fuſſent
ſortis victorieux. Il a ſoin de taire &c.*

CHAPITRE XV.

Que les Figures ont beſoin du Sublime pour les ſoûtenir.

IL ne faut pas oublier ici une réflèxion que j'ai faite, & que je vais
vous expliquer en peu de mots. C'eſt que ſi les Figures naturellement
ſoûtiennent le Sublime, le Sublime de ſon côté ſoûtient merveilleuſe-
ment les Figures : mais où, & comment ; c'eſt ce qu'il faut dire.

En premier lieu, il eſt certain qu'un Diſcours où les Figures ſont emploïées toutes ſeules, eſt de ſoi-même ſuſpect d'adreſſe, d'artifice, &
de tromperie ; principalement lors qu'on parle devant un Juge ſouverain, & ſur tout ſi ce Juge eſt un grand Seigneur, comme un Tiran,
un Roi, ou un Général d'Armée. Car il conçoit en lui-même une certaine indignation contre l'Orateur, ' & ne ſauroit ſouffrir qu'un
chetif

REMARQUES.

Y . **ET** *ne ſauroit ſouffrir qu'un chetif*] Il me
ſemble que ces deux expreſſions *chetif
Rhetoricien* & *fineſſes groſſieres* ne peuvent s'accorder avec ces charmes du diſcours dont il eſt parlé ſix lignes plus bas. Longin dit, *& ne ſauroit*

ſouffrir qu'un ſimple Rhétoricien, τεχνίτης ῥήτωρ,
*entreprenne de le tromper comme un enfant par de
petites fineſſes,* χηματίοις. DACIER.
Ibid. *Et ne ſauroit ſouffrir*] Τεχνίτης ῥήτωρ
eſt ici un Orateur qui ſe ſert de tous les artifices
de

chetif Rhétoricien entreprenne de le tromper, comme un enfant, par
de grossières finesses. Il est même à craindre quelquefois, que prenant tout cet artifice pour une espèce de mépris, il ne s'effarouche entièrement : & bien qu'il retienne sa colère, ' & se laisse un peu amolir
aux charmes du discours, il a toûjours une forte répugnance à croire ce qu'on lui dit. C'est pourquoi il n'y a point de Figure plus
excellente que celle qui est tout-à-fait cachée, & lors qu'on ne
reconnoit point que c'est une Figure. Or il n'y a point de secours
ni de remède plus merveilleux pour l'empêcher de paroître, que
le Sublime & le Pathétique ; parce que l'Art ainsi renfermé au
milieu de quelque chose de grand & d'éclatant, a tout ce qui lui
manquoit, & n'est plus suspect d'aucune tromperie. Je ne vous
en saurois donner un meilleur exemple que celui que j'ai déja rapporté : *J'en jure par les mânes de ces grans Hommes, &c.* Comment est-ce que l'Orateur a caché la Figure dont il se sert ? N'est-il
pas aisé de reconnoître que c'est par l'éclat même de sa pensée ? Car
comme les moindres lumieres s'évanouïssent quand le Soleil vient à
éclairer ; de même, toutes ces subtilitez de Rhétorique disparoissent
à la vuë de cette grandeur qui les environne de tous côtez. La même
chose, à peu près, arrive dans la Peinture. En effet, * que l'on colore plusieurs choses également tracées sur un même plan, & qu'on
y mette le jour & les ombres ; il est certain que ce qui se présentera
d'abord à la vuë, ce sera le lumineux, à cause de son grand éclat,

qui

CHANGEMENS.

* *En effet, que l'on colore &c.*] Première maniere : *En effet, qu'on tire plusieurs lignes parallèles sur un même plan, avec les jours & les ombres ; il est certain &c.*

REMARQUES.

de son art, pour duper ses Juges, ou pour les
attirer au moins dans ses sentimens. Et quand
cela se fait un peu trop ouvertement, & qu'un
Juge habile s'en apperçoit, il s'en offense. C'est
pourquoi Philostrate dans la vie d'Apollonius
l. VIII, ch. II : le dissuade sérieusement.
Δεινότης γδ, dit-il, ἐν δικαςηείοις ἡ μὴ φαινε-
ρα, κἂν διαϐάλλοι τινὰ ὡς ἐπιϐελεύονla τοῖς
ψηϑιζομϑμοις. Ἡ δ' ἀφρνὴς κἂν ἀπέλθοι κρα-

τῦσα. Τὸ γδ λα ϑεῖν τὸς διαζονlας ὁ δεινὸ
ἐςιν, ἀληϑεςέρα δεινότης. TOLLIUS.

1. *Et se laisse un peu amolir aux charmes du discours*] Tout cela ne se trouve pas dans le Grec.
Je pense que nôtre Auteur veut dire, que quand
le juge auroit même assez de force & de prudence pour retenir sa colère, & ne la pas faire éclater, il s'opiniâtreroit néanmoins à rejetter tout
ce que l'Orateur lui pourroit dire. TOLLIUS.

I. Qu'il

qui fait ¹ qu'il femble fortir hors du Tableau, & s'approcher en quelque façon de nous. Ainfi le Sublime & le Pathétique, foit par une affinité naturelle qu'ils ont avec les mouvemens de nôtre ame, foit à caufe de leur brillant, paroiffent davantage, & femble toucher de plus près nôtre efprit, que les Figures dont ils cachent l'Art, & qu'ils mettent comme à couvert.

REMARQUES.

1. *Qu'il femble fortir hors du tableau.*] Καιό-μβμον έξοχον, κ, έ᾿γυτέρω πℨϼᾳ πολύ φαίνεται. Καιόμβμον ne fignifie rien en cet endroit. Longin avoit fans doute écrit κᵾ ἐ μόνον έξοχον ἀλλά κ, έ᾿γυτέρω &c. *ac non modò eminens, fed & propius multò videtur: Et paroît non feulement*

relevé, mais même plus proche. Il y a dans l'ancien Manufcrit, κᵾ όμβμον έξοχον ἀλλά κ, έ᾿γυτέρω &c. Le changement de ΚΑΙΟΤΜΟ-ΝΟΝ en ΚΑΙΟΜΕΝΟΝ, eft fort aifé à comprendre. BOIVIN.

CHAPITRE XVI.

Des Interrogations.

QUe dirai-je des demandes & des interrogations? Car qui peut nier que ces fortes de Figures ne donnent beaucoup plus de mouvement, d'action, & de force au difcours? * *Ne voulez-vous jamais faire autre chofe*, dit Démofthène aux Athéniens *qu'aller par la Ville vous demander les uns aux autres: Que dit-on de nouveau? Et que peut-on vous apprendre de plus nouveau que ce que vous voïez? Un homme de Macédoine fe rend Maître des Athéniens, & fait la loi à toute la Grèce. Philippe eft-il mort? dira à l'un: Non, répondra l'autre, il n'eft que malade. Hé que vous importe, Meffieurs, qu'il vive: ou qu'il meure? Quand le Ciel vous en auroit délivrez, vous vous feriez bien-tôt vous-mêmes un autre Philippe.* Et ailleurs: *Embarquons-nous pour la Macédoine. Mais où aborderons-nous, dira quelqu'un, malgré Philippe? La guerre même, Meffieurs, nous découvrira ¹ par où Philippe eft facile à vaincre.* S'il eût dit la chofe fimplement, fon difcours n'eût point répondu à la majefté de l'affaire dont il parloit: au lieu que par cette divine & violente manière de fe répondre fur le champ à foi-même, comme fi c'étoit une autre perfonne, non feulement il rend ce qu'il dit plus grand & plus fort, mais plus

Premiere Philippique p. 15. edit. de Bafle.

REMARQUES.

1. *Par où Philippe eft facile à vaincre*] Le Grec porte, *la guerre même nous découvrira le foible de l'état*, ou *des affaires de Philippe.*

Tacite a égard à ce paffage de Démofthène, quand il dit l. 2. hiftor. *Aperiet & recludet contecta & tumefcentia victricium partium vulnera bellum.*

plus plaufible & plus vrai-femblable. Le Pathétique ne fait jamais plus d'effet, que lors qu'il femble que l'Orateur ne le recherche pas, mais que c'eft l'occafion qui le fait naître ; Or il n'y a rien qui imite mieux la paffion que ces fortes d'interrogations & de réponfes. Car ceux qu'on interroge, ᵃ fentent naturellement une certaine émotion, qui fait que fur le champ ils fe précipitent de répondre, ᵇ & de dire ce qu'ils favent de vrai, avant même qu'on ait achevé de les interroger. Si bien que par cette Figure l'Auditeur eft adroitement trompé, & prend les difcours les plus méditez pour des chofes dites fur l'heure ᶜ & dans la chaleur **** ᵈ Il n'y a rien encore qui donne plus de mouvement au difcours, que d'en ôter les liaifons. En effet, un difcours que rien ne lie & n'embaraffe, marche & coule de foi-même, & il s'en faut peu qu'il n'aille quelquefois plus vîte, que la penfée même de l'Orateur. * Aiant approché leurs boucliers les uns des autres, dit Xenophon, ils reculoient, ils combattoient, ils tuoient, ils mouroient enfemble. Il en eft de même de ces paroles d'Euryloque à Ulyffe dans Homère :

Nous avons, par ton ordre, à pas précipitez,
Parcouru des ces Bois les fentiers écartez :
ᵉ *Nous avons, dans le fond d'une fombre vallée,*
Découvert de Circé la maifon reculée.

* Xenoph. Hift. Gr. liv. 4. pag. 519. edit. de Leunla.

Odyff. le 10. V. 251.

Car

CHANGEMENS.

ᵃ *Car ceux qu'on interroge, fentent &c.*] Première manière : *Car ceux qu'on interroge fur une chofe dont ils favent la verité, fentent naturellement une certaine émotion, qui fait que fur le champ ils fe précipitent de répondre. Si bien que &c.*

REMARQUES.

pfum. Où j'aimerois mieux lire, *ulcera*; bien-que je fache que le mot *vulnera* fe trouve quelquefois dans cette fignification. TOLLIUS.

1. *Et de dire ce qu'ils favent de vrai.*] J'avois déja confidéré cette période dans la première édition, comme ne s'accordant pas tout-à-fait avec le texte Grec : mais Monfieur Boileau l'a un peu changée, de forte qu'on n'y trouve rien à dire. je l'expliquai ainfi : *Car comme d'ordinaire ceux qu'on interroge, s'irritent, & répondent fur le champ à ce qu'on leur demande, avec quelque émotion de cœur, & avec un ton qui nous exprime & nous fait voir les veritables fentimens de leur ame, il arrive le plus fouvent que l'auditeur fe laiffe duper & tromper par cette figure, & qu'il prend le difcours, &c.* TOLLIUS.

2. *Et dans la chaleur.*] Le Grec ajoûte : *Il y a encore un autre moïen ; car on la peut voir dans ce paffage d'Herodote, qui eft extrèmement fublime.* Mais je n'ai pas crû devoir mettre ces paroles en cet endroit qui eft fort défectueux : puifqu'elles ne forment aucun fens, & ne ferviroient qu'à embarraffer le Lecteur. BOILEAU.

3. *Il n'y a rien encore qui donne plus de mouvement au difcours que d'en ôter les liaifons.*] J'ai fuppléé cela au texte : parce que le fens y conduit de lui même. BOILEAU.

4. *Nous avons dans le fond.*] Tous les exemplaires de Longin mettent ici des étoiles, comme fi l'endroit étoit défectueux ; mais ils fe trompent. La remarque de Longin eft fort jufte, & ne regardé que ces deux périodes

Car ces periodes ainſi coupées, & prononcées néanmoins avec précipitation, ſont les marques d'une vive douleur, qui l'empêche en même tems ¹ & le force de parler. C'eſt ainſi qu'Homère ſait ôter, où il
faut, les liaiſons du diſcours.

REMARQUES.

ſans conjonction : *Nous avons par ton ordre*, &c. & enſuite: *Nous avons dans le fond* &c. Boileau. 1. *Et le force de parler.*] La reſtitution de	Monſieur le Févre eſt fort bonne, συιδλωξι-συς, & non pas συνδιοιμισις. J'en avois fait la remarque avant lui. Boileau.

Chapitre XVII.

Du mélange des Figures.

IL n'y a encore rien de plus fort pour émouvoir, que de ramaſſer enſemble pluſieurs Figures. Car deux ou trois Figures ainſi mêlées, ſe
communiquent les unes aux autres de la force, des graces & de l'ornement : comme on le peut voir dans ce paſſage de l'Oraiſon de De-
moſthène contre Midias, où en même tems il ôte les liaiſons de ſon
diſcours, & mêle enſemble les Figures de Répétition & de Deſcription. * *Car tout homme*, dit cet Orateur, *qui en outrage un autre, fait
beaucoup de choſes du geſte, des yeux, de la voix, que celui qui a été
outragé ne ſauroit peindre dans un récit*. Et de peur que dans la ſuite ſon diſcours ne vint à ſe relâcher, ſachant bien que l'ordre
appartient à un eſprit raſſis, & qu'au contraire le deſordre eſt la marque de la paſſion, qui n'eſt en effet elle-même qu'un trouble & une
émotion de l'ame ; il pourſuit dans la même diverſité de Figures.
*Tantôt il le frappe comme ennemi, tantôt pour lui faire inſulte, tantôt
avec les poings, tantôt au viſage*. Par cette violence de paroles ainſi entaſ-
ſées les unes ſur les autres, l'Orateur ne touche & ne remuë pas moins
puiſſamment ſes Juges, que s'ils le voïoient frapper en leur préſence. Il revient à la charge, & pourſuit, comme une tempête :
*Ces affronts émeuvent., ces affronts transportent un homme de
cœur, & qui n'eſt point accoûtumé aux injures. On ne ſauroit exprimer par des paroles l'énormité d'une telle action*. Par ce changement
continuel, il conſerve par tout le caractère de ces Figures turbulentes :
tellement que dans ſon ordre il y a un deſordre ; & au contraire, dans
ſon deſordre il y a un ordre merveilleux. * Pour preuve de ce que je
dis,

*Contre Mi-
dias, pag.
395. edit. de
Baſle.*

Ibid.

Ibid.

CHANGEMENS.

* *Pour preuve de ce que je dis*] Au lieu de ces mots on liſoit: *Qu'ainſi ne ſoit*
dans les premières éditions.

dis, mettez, par plaisir, les conjonctions à ce passage, comme font les disciples d'Isocrate : *Et certainement il ne faut pas oublier que celui qui en outrage un autre, fait beaucoup de choses, premierement par le geste, ensuite par les yeux, & enfin par la voix même, &c. . . . . .* Car en égalant & applanissant ainsi toutes choses par le moïen des liaisons, vous verrez que d'un Pathétique fort & violent vous tomberez dans une petite afféterie de langage, qui n'aura ni pointe ni aiguillon ; & que toute la force de vôtre discours s'éteindra aussi-tôt d'elle-même. Et comme il est certain que si on lioit le corps d'un homme qui court, on lui feroit perdre toute sa force, de même, si vous allez embarrasser une passion de ces liaisons & de ces particules inutiles, elle les souffre avec peine ; [1] vous lui ôtez la liberté de sa course, & cette impétuosité qui la faisoit marcher avec la même violence qu'un trait lancé par une machine.

R E M A R Q U E S.

1. *Vous lui ôtez.*] *Parce que vous lui ôtez.* TOLLIUS.

CHAPITRE XVIII.

Des Hyperbates.

1. **I**L faut donner rang aux Hyperbates. L'Hyperbate n'est autre chose que *la transposition des pensées ou des paroles dans l'ordre & la suite d'un Discours.* Et cette Figure porte avec soi le caractère veritable d'une passion forte & violente. En effet, voïez tous ceux qui sont émûs de colere, de dépit, de jalousie, ou de quelque autre passion que ce soit ; car il y en a tant que l'on n'en sait pas le nombre ; leur esprit est dans une agitation continuelle. [2] A peine ont-ils formé un dessein qu'ils en conçoivent aussi-tôt un autre ; & au milieu de celui-ci, s'en proposant encore de nouveaux, où il n'y a ni raison ni rapport, ils reviennent souvent à leur première résolution. La passion en eux est comme un vent léger & inconstant, qui les entraîne.

R E M A R Q U E S.

1. *Il faut donner rang*] *Il faut considerer d'une même air les Hyperbates.* TOLLIUS.

2. *A peine ont-ils formé un dessein*] J'aime mieux, *à peine ont-ils commencé à former un discours, qu'ils se jettent fort souvent sur une autre* pensée, & comme s'ils avoient oublié ce qu'ils commençoient de dire, ils y entremêlent hors de propos ce qui leur vient dans la fantaisie, & après cela ils reviennent à leur première démarche. TOLLIUS.

J. 2.

traîne, & les fait tourner fans ceffe de côté & d'autre : fi bien que dans ce flux & ce reflux perpetuel de fentimens oppofez, ils changent à tous momens de penfée & de langage, & ne gardent ni ordre ni fuite dans leurs difcours.

Les habiles Ecrivains, pour imiter ces mouvemens de la Nature, fe fervent des Hyperbates. Et à dire vrai, l'Art n'eft jamais dans un plus haut degré de perfection, que lors qu'il reffemble fi fort à la Nature, qu'on le prend pour la Nature même ; & au contraire la Nature ne réüffit jamais mieux que quand l'Art eft caché.

Herodote, liv. 6. pag. 338 edit. de Francfort.

Nous voïons un bel exemple de cette tranfpofition dans Herodote, où Denys Phocéen parle ainfi aux Ioniens : *En effet, nos affaires font réduites à la dernière extrémité, Meffieurs. Il faut néceffairement que nous foions libres, ou efclaves, & efclaves miferables.* ¹ *Si donc vous voulez éviter les malheurs qui vous menacent, il faut, fans differer embraffer le travail & la fatigue, & acheter vôtre liberté par la défaite de vos ennemis.* S'il eût voulu fuivre l'ordre naturel, voici comme il eût parlé : *Meffieurs il eft maintenant tems d'embraffer le travail & la fatigue. Car enfin nos affaires font réduites à la dernière extrémité, &c.* Premièrement donc il tranfpofe ce mot, *Meffieurs*, & ne l'infere qu'immédiatement après leur avoir jetté la fraïeur dans l'ame, comme fi la grandeur du peril lui avoit fait oublier la civilité, qu'on doit à ceux à qui l'on parle en commençant un difcours. Enfuite il renverfe l'ordre des penfées. Car avant que de les exhorter au travail, qui eft pourtant fon but, il leur donne la raifon qui les y doit porter : *En effet nos affaires font reduites à la dernière extrémité* ; afin qu'il ne femble pas que ce foit un difcours étudié qu'il leur apporte ; mais que c'eft la paffion qui le force à parler fur le champ. Thucydide a auffi des Hyperbates fort remarquables, & s'entend admirablement a tranfpofer les chofes qui femblent unies du lien le plus naturel, & qu'on diroit ne pouvoir être féparées.

ª Dé-

REMARQUES.

1. *Si donc vous voulez.*] Tous les Interprètes d'Herodote & ceux de Longin, ont expliqué ce paffage comme Monfieur Defpréaux. Mais ils n'ont pas pris garde que le verbe Grec ἐνδέχεθαι ne peut pas fignifier *éviter*, mais *prendre*, & que ταλαιπωρία n'eft pas plus fouvent employé pour *mifère*, *calamité*, que pour *travail*, *peine*. Herodote oppofe manifeftement

ταλαιπωρίας ἐνδέχεθαι, prendre de la peine, n'appréhender point la fatigue, à μαλακίῃ ἐγχρῆθαι, être lâche, pareffeux : & il dit, *fi donc vous ne voulez point appréhender la peine & la fatigue, commencez dès ce moment à travailler, & après la défaite de vos ennemis vous ferez libres.* Ce que je dis paroîtra plus clairement, fi on prend la peine de lire le paffage dans le fixième Livre d'Hero-

ᵃ Démosthène est en cela bien plus retenu que lui. ¹ En effet, pour Thucydide, jamais personne ne les a répanduës avec plus de profusion, & on peut dire qu'il en soûle ses Lecteurs. Car dans la passion qu'il a de faire paroître que tout ce qu'il dit, est dit sur le champ, il traîne sans cesse l'Auditeur par les dangereux détours de ses longues transpositions. Assez souvent donc il suspend sa première pensée, comme s'il affectoit tout exprès le desordre : & entremêlant au milieu de son discours plusieurs choses differentes, qu'il va quelquefois chercher, même hors de son sujet ; il met la fraïeur dans l'ame de l'Auditeur, qui croit que tout ce discours va tomber, & l'interesse malgré lui dans le peril où il pense voir l'Orateur. Puis tout d'un coup, & lors qu'on ne s'y attendoit plus, disant à propos ce qu'il y avoit si long-tems qu'on cherchoit ; par cette transposition également hardie & dangereuse, il touche bien davantage que s'il eût gardé un ordre dans ses paroles. Il y a tant d'exemples de ce que je dis, que je me dispenserai d'en rapporter.

C H A N G E M E N S.

ᵃ *Démosthène est en cela* &c.] Dans les premières éditions: *Pour Démosthène, qui est d'ailleurs bien plus retenu que Thucydide, il ne l'est pas en cela; & jamais personne n'a plus aimé les Hyperbates. Car dans la passion* &c.

R E M A R Q U E S.

d'Herodote, à la Section XI. D A C I E R.

Ibid. Si donc vous voulez] Je pense qu'on exprimeroit mieux la force de cette pensée en disant : *Si donc vous voulez à present vous résoudre à souffrir un peu de travail & de fatigue, cela vous donnera bien au commencement quelque embarras & quelque fâcherie, mais vous en tirerez aussi ce profit, de voir vos ennemis défaits par vôtre courage, & vôtre liberté recouvrée & mise en sûreté.* Monsieur Dacier a vû le foible de la traduction dans cet endroit, aussi-bien que moi : & l'on peut confronter ses paroles avec ma traduction Latine. T O L L I U S.

1. *En effet, pour Thucydide*] Monsieur Despréaux a fait bien du changement ici dans sa seconde édition. Mais je ne puis pas comprendre, pourquoi il a attribué dans celle-ci à Thu-

cydide ce qui appartient à Démosthène. Car ce πολὺ τὸ ἀγωνιστικὸν, καὶ τὸ ἐξ ὑπογυίου λέγειν, & tout ce qui suit, ne peut être entendu que de Démosthène, qui est proprement le modèle d'un Orateur parfaitement sublime. Même je ne trouve pas la traduction ici trop juste. J'eusse dit : *Démosthène est en cela bien plus retenu que lui, mais il surpasse néanmoins de beaucoup tous les autres ; & par ces transpositions, & par cette maniere de dire ce qu'il dit sur le champ, il nous fait paroître la force d'un discours vigoureux, & qui ébranle les ames. Et, comme si cela n'étoit pas assez, il jette les Auditeurs dans le même embarras, & les traîne par les mêmes détours de ses longues transpositions, où il leur semble qu'il s'égare.* T O L L I U S.

CHAPITRE XIX.
Du changement de Nombre.

IL ne faut pas moins dire de ce qu'on appelle *Diversitez de cas, Collections, Renversemens, Gradations,* & de toutes ces autres Figures,

I 3

qui

qui étant, comme vous savez, extrèmement fortes & vehémentes ;
peuvent beaucoup servir par conséquent à orner le discours, & contribuënt en toutes manières au Grand & au Pathétique. Que dirai-je
des changemens de cas, de tems, de personnes, de nombre, & de
genre ? En effet, qui ne voit combien toutes ces choses sont propres
à diversifier & à ranimer l'expression ? ' Par exemple, pour ce qui regarde le changement de nombre, ces Singuliers, dont la terminaison
est singuliere, mais qui ont pourtant, à les bien prendre, la force
& la vertu des Pluriels :

> ² *Aussi-tôt un grand Peuple accourant sur le Port,*
> *Ils firent de leurs cris retentir le rivage.*

Et ces Singuliers sont d'autant plus dignes de remarque, qu'il n'y a
rien quelquefois de plus magnifique que les Pluriels. Car la multitude qu'ils renferment, leur donne du son & de l'Emphâse. Tels sont
ces Pluriels qui sortent de la bouche d'Œpide dans Sophocle :

Oed'p. Ty.
ran, V.
1417.

> *Hymen, funeste hymen, tu m'as donné la vie :*
> *Mais dans ces mêmes flancs, où je fus enfermé,*
> *Tu fais rentrer ce sang dont tu m'avois formé.*
> *Et par là tu produis & des fils, & des peres,*
> *Des freres, des maris, des femmes, & des meres :*
> *Et tout ce que du Sort la maligne fureur*
> *Fit jamais voir au jour & de honte & d'horreur.*

Tous ces differens noms ne veulent dire qu'une seule personne, c'est
à savoir, Oedipe d'une part, & sa mere Jocaste de l'autre. Cependant, par le moïen de ce nombre ainsi répandu & multiplié en divers pluriels, il multiplie en quelque façon les infortunes d'Oepide.
C'est par un même pléonasme, qu'un Poëte a dit :

On.

REMARQUES.

1. **Par exemple, pour ce qui regarde]** Je ne
trouve pas ici ce que le Grec me dit. Tâchons de le suivre : *Ici ma pensée n'est pas de di-*
re, que la seule sorte de changement de Nom-
bre, qui donne du lustre & de l'ornement à un
discours, soit celle qui dans une terminaison Sin-
guliere a pourtant toute la force & toute la vertu
des Pluriels ; comme par exemple ; Aussi-tôt &c.
Je regarde plus ici les pluriels, que j'estime d'au-
tant plus dignes de remarque, &c. TOLLIUS.

2. **Aussi-tôt un grand peuple, &c.**] Quoi-
qu'en veuille dire Monsieur le Févre, il y a ici
deux Vers ; & la Remarque de Langbaine est
fort juste. Car je ne voi pas pourquoi, en mettant Θύων, il est absolument nécessaire de mettre ᾔδη. BOILEAU.

Ibid. *Aussi-tôt un grand peuple accourant sur*
le port.] Voici le passage Grec, αὐτίκα λαὸς
ἀπείρων

On vit les Sarpédons & les Hectors paroître.

Il en faut dire autant de ce passage de Platon, à propos des Athéniens, que j'ai rapporté ailleurs. * *Ce ne sont point des Pélops, des Cad-
mus, des Egyptes, des Danaüs, ni des hommes nez barbares, qui demeu-
rent avec nous. Nous sommes tous Grecs, éloignez du commerce & de
la fréquentation des Nations étrangeres, qui habitons une même Ville,
&c.*

* Platon.
Menexenus.
tom. 2. pag.
245. edit. de
H. Estienne.

En effet tous ces Pluriels, ainsi ramassez ensemble, nous font concevoir une bien plus grande idée des choses. Mais il faut prendre garde à ne faire cela que bien à propos, & dans les endroits où il faut
amplifier, ou multiplier, ou exagerer; & dans la passion, c'est-à-dire,
quand le sujet est susceptible d'une de ces choses, ou de plusieurs.
Car d'attacher par tout ces cymbales & ces sonnettes, cela sentiroit
trop son Sophiste.

REMARQUES.

Ἀπείρων θῦνον ἐπ' ἠϊόνεσσι δυσάρμοι κελάδε-
σαν. Langbaine corrige θῦνον pour θῦνον, &
il fait une fin de vers avec un vers entier,

— αὐτίκα λαὸς ἀπείρων

Θῦνον ἐπ' ἠϊόνεσσι δυσάρμοι κελάδησαν.
Mais Monsieur le Févre soûtient que c'est de la
prose, qu'il n'y faut rien changer & que si l'on
mettoit θῦνον, il faudroit aussi ajoûter un καὶ,
καὶ δυσάρμοι. Monsieur Despréaux se détermine sur cela, & il suit la remarque de Langbaine, qui lui a paru plus juste; parce, dit-il,
qu'il ne voit pas pourquoi, en mettant θῦνον,
on est obligé de mettre la liaison καὶ. Il veut
dire sans doute, & cela est vrai, que deux verbes se trouvent très-souvent sans liaison, comme dans le passage d'Homère que Longin rapporte dans le Chap. XVI: mais il devoit prendre garde que dans ce passage, chaque verbe
occupe un vers, au lieu qu'ici il n'y auroit
qu'un seul vers pour les deux verbes, ce

qui est entierement opposé au génie de la
langue Grecque, qui ne souffre pas qu'un seul
vers renferme deux verbes de même tems, & un
participe, sans aucune liaison. Cela est certain.
D'ailleurs on pourroit faire voir que cet asynde-
ton, que l'on veut faire dans ce prétendu vers, au
lieu de lui donner de la force & de la vîtesse,
l'énerve, & le rend languissant. DACIER.

I. *Car d'attacher par tout ces cymbales.*] Les
Anciens avoient accoûtumé de mettre des sonnettes aux harnois de leurs chevaux dans les
occasions extraordinaires, c'est-à-dire, les jours
où l'on faisoit des revûës ou des tournois: il
paroît même par un passage d'Eschyle, qu'on
en garnissoit les boucliers tout au tour. C'est de
cette coûtume que dépend l'intelligence de ce
passage de Longin, qui veut dire que, comme
un homme, qui mettroit ces sonnettes tous les
jours, seroit pris pour un charlatan: l'Orateur
qui employeroit par tout ces pluriels, passeroit
pour un Sophiste. DACIER.

CHAPITRE XX.

Des Pluriels réduits en Singuliers.

ON peut aussi tout au contraire réduire les Pluriels en Singuliers;
& cela a quelque chose de fort grand. *Tout le Péloponese*, dit Démosthène, * *étoit alors divisé en factions.* Il en est de même de ce
passage

* De Coro-
na, p. 315.
edit. Basil.

** Herodo-
te , liv. 6.
p. 341. edit.
de Franc-
fort.

paſſage d'Herodote : ** *Phrynichus faiſant répréſenter ſa Tragédie inti-*
tulée , La priſe de Milet , *tout* [1] *le Théatre ſe fondit en larmes.* Car , de
ramaſſer ainſi pluſieurs choſes en une , cela donne plus de corps au
diſcours. Au reſte , je tiens que pour l'ordinaire c'eſt une même raiſon
qui fait valoir ces deux differentes Figures. En effet , ſoit qu'en changeant les Singuliers en Pluriels , d'une ſeule choſe vous en faſſiez
pluſieurs ; ſoit qu'en ramaſſant des Pluriels , dans un ſeul nom ſingu-
lier , qui ſonne agréablement à l'oreille , de pluſieurs choſes vous n'en
faſſiez qu'une , ce changement imprévû marque la paſſion.

R E M A R Q U E S.

1. *Le Theatre ſe fondit en larmes.*] Il y a
dans le Grec οἱ Θέατρον. C'eſt une faute. Il faut mettre comme il y a dans Herodote , Θέατρον. Autrement Longin n'auroit ſû
ce qu'il vouloit dire. B o i l e a u.

C H A P I T R E XXI.

Du Changement de Tems.

* Inſtitut.
de Cyrus ,
liv. 7. pag.
178. edit.
Leuncl.

IL en eſt de même du changement de tems : lors qu'on parle d'u-
ne choſe paſſée , comme ſi elle ſe faiſoit préſentement ; parce qu'a-
lors ce n'eſt plus une narration que vous faites , c'eſt une action qui
ſe paſſe à l'heure même. *Un Soldat* , dit Xenophon , * *étant tombé ſous*
le cheval de Cyrus , & étant foulé aux pieds de ce cheval, il lui donne un
coup d'épée dans le ventre. Le cheval bleſſé ſe demene & ſecouë ſon Maî-
tre. Cyrus tombe. Cette Figure eſt fort fréquente dans Thucydide.

C H A P I T R E XXII.

Du changement de Perſonnes.

LE changement de Perſonnes n'eſt pas moins pathétique. Car il
fait que l'Auditeur aſſez ſouvent ſe croit voir lui-même au milieu du peril.

Iliad. liv.
15. V. 697.

Vous diriez , à les voir pleins d'une ardeur ſi belle ,
Qu'ils retrouvent toûjours une vigueur nouvelle ;
Que rien ne les ſauroit ni vaincre , ni laſſer ,
Et que leur long combat ne fait que commencer.

Et dans Aratus :

No

Ne t'embarque jamais durant ce triste mois.

Cela se voit encore dans Herodote. * *A la sortie de la ville d'Eléphan-* * Liv. 2. p.
tique, dit cet Historien, *du côté qui va en montant, vous rencontrez* 100. edit.
d'abord une colline, &c. De là vous descendez dans une plaine. Quand vous de Franc-fort.
l'avez traversée, vous pouvez vous embarquer tout de nouveau, & en douze
jours arriver à une grande ville qu'on appelle Meroé. Voïez vous, mon
cher Terentianus, comme il prend vostre esprit avec lui, & le conduit dans tous ces differens païs, vous faisant plûtôt voir qu'entendre.
Toutes ces choses, ainsi pratiquées, à propos, arrêtent l'Auditeur, &
lui tiennent l'esprit attaché sur l'action présente, principalement lors
qu'on ne s'adresse pas à plusieurs en géneral, mais à un seul en particulier.

> *Tu ne saurois connoître au fort de la mêlée,*
> *Quel parti suit le fils du courageux Tydée.*

Iliad. liv. 5.
V. 85.

Car en réveillant ainsi l'Auditeur par ces apostrophes, vous le rendez
plus émû, plus attentif, & plus plein de la chose dont vous parlez.

CHAPITRE XXIII.

Des Transitions imprévûës.

IL arrive aussi quelquefois, qu'un Ecrivain parlant de quelqu'un,
tout d'un coup se met à sa place, & joüe son personnage. Et cette
Figure marque l'impétuosité de la passion.

> a *Mais Hector, de ses cris remplissant le rivage,*
> *Commande à ses Soldats de quitter le pillage :*

Iliad. liv.
15. V. 3 45.

De

C H A N G E M E N S.

a *Mais Hector de ses cris.*] On a conservé ces cinq vers, tels qu'ils étoient
dans les premières éditions. Dans celle de 1694. Mr. Despréaux les changea de
cette manière :
> *Mais Hector, qui les voit épars sur le rivage,*
> *Leur commande à grans cris de quitter le pillage :*
> *De courir aux vaisseaux avec rapidité.*
> *Car quiconque ces bords m'offriront écarté,*
> *Moi-même dans son sang j'irai laver sa honte.*

Enfin, dans l'édition de 1701. il refit ainsi le troisième & le quatrième Vers:
> *D'aller droit aux vaisseaux sur les Grecs se jetter.*
> *Car quiconq.e mes yeux verront s'en écarter,* &c.

De courir aux vaisseaux. Car j'atteste les Dieux,
Que quiconque osera s'écarter à mes yeux,
Moi-même dans son sang j'irai laver sa honte.

Le Poëte retient la narration pour soi, comme celle qui lui est propre; & met tout d'un coup & sans en avertir, cette menace précipitée dans la bouche de ce Guerrier boüillant & furieux. En effet, son discours auroit langui, s'il y eût entremêlé: *Hector dit alors de telles ou semblables paroles.* Au lieu que par cette Transition imprévûë il prévient le Lecteur, & la Transition est faite ᵇ avant que le Poëte même ait songé qu'il la faisoit. Le veritable lieu donc où l'on doit user de cette Figure, c'est quand le tems presse, & que l'occasion qui se présente, ne permet pas de differer: lors que sur le champ il faut passer d'une personne à une autre, comme dans Hécatée *: *Ce heraut ¹ aiant assez pezé la conséquence de toutes ces choses, il commande aux descendans des Heraclides de se retirer. Je ne puis plus rien pour vous, non plus que si je n'étois plus au monde. Vous êtes perdus, & vous me forcerez bien-tôt moi-même d'aller chercher une retraite chez quelque autre Peuple.* Démosthène, dans son Oraison contre Aristogiton, † a encore emploié cette Figure d'une manière differente de celle-ci, mais extrèmement forte & pathétique. *Et il ne se trouvera personne entre vous,* dit cet Orateur, *qui ait du ressentiment & de l'indignation de voir un impudent*

* *Livre perdu.*

† *Pag. 494. edit. de Basle.*

C H A N G E M E N S.

ᵇ *Avant que le Poëte même* &c.] Première manière, avant l'édition de 1683: *Avant qu'on s'en soit aperçû.*

R E M A R Q U E S.

1. *CE Herant aiant pesé, &c.*] Monsieur le Févre & Monsieur Dacier donnent un autre sens à ce passage d'Hécatée, & font même une restitution sur ὡς μὴ ὤν, dont ils changent ainsi l'accent ὡς μὴ ὤν: pretendant que c'est un Ionisme, pour ὡς μὴ ἐν. Peut-être ont-ils raison, mais peut-être aussi qu'ils se trompent, puisqu'on ne sait dequoi il s'agit en cet endroit, le livre d'Hécatée étant perdu. En attendant donc que ce Livre soit retrouvé, j'ai crû que le plus sûr étoit de suivre le sens de Gabriel de Petra, & des autres Interprètes sans y changer ni accent ni virgule. B O I L E A U.

Ibid. *Ce Herant aiant.*] Ce passage d'Hécatée a été expliqué de la même manière par tous les Interprètes; mais ce n'est guere la coûtume qu'un Heraut pése la conséquence des ordres qu'il a reçus: ce n'est point aussi la pensée de cet Historien. Monsieur le Févre avoit fort bien vû que ταῦτα δ'ἐστὶ ποιησάμενος ne signifie point du tout *pesant la conséquence de ces choses*; mais, *étant bien fâché de ces choses*, comme mille exemples en font foi, & que ὤν n'est point ici un participe; mais ὤν pour ὦν dans le stile d'Ionie, qui étoit celui de cet Auteur; c'est-à-dire, que ὡς μὴ ὦν ne signifie point *comme si je n'étois point au monde*; mais *afin donc*, & cela dépend de la suite. Voici le passage entier: *Le Heraut bien fâché de l'ordre qu'il avoit reçû, fait commandement aux descendans des Heraclides.*

dent, un infame violer insolemment les choses les plus saintes? [1] Un scélérat, dis-je, qui... O le plus méchant de tous les hommes! rien n'aura pû arrêter ton audace effrénée? Je ne dis pas ces portes, je ne dis pas ces barreaux, qu'un autre pouvoit rompre comme toi. Il laisse là sa pensée imparfaite, la colère le tenant comme suspendu & partagé sur un mot, entre deux differentes personnes. Qui... O le plus méchant de tous les hommes! Et ensuite tournant tout d'un coup contre Aristogiton ce même discours, [2] qu'il sembloit avoir laissé là, il touche bien davantage, & fait une plus forte impression. Il en est de même de cet emportement de Penelope dans Homère, quand elle voit entrer chez elle un Heraut de la part de ses Amans :

De mes fâcheux Amans ministre injurieux,
Heraut, que cherches-tu? Qui t'amène en ces lieux?
Y viens-tu de la part de cette troupe avare,
Ordonner qu'à l'instant le festin se prépare?
Fasse le juste Ciel, avançant leur trépas,
Que ce repas pour eux soit le dernier repas.
Lâches, qui pleins d'orgueil, & foibles de courage,
Consumez de son Fils le fertile heritage,
Vos peres autrefois ne vous ont-ils point dit
Quel homme étoit Ulysse, &c.

Odyss. liv. 4. V. 681.

REMARQUES.

elider de se retirer. Je ne saurois vous aider. Afin donc que vous ne perissiez entierement, & que vous ne m'enveloppiez dans votre ruine en me faisant exiler; partez, retirez-vous chez quelqu'autre peuple. DACIER.

Ibid. Ce Heraut.] J'ai si bonne opinion de la franchise de Monsieur Boileau, & de Monsieur Dacier, que je ne doute pas, qu'ils n'approuvent ma traduction Latine que j'exprimerai, comme je pourrai, en François: Le Roi Ceyx étant fort troublé de cette déclaration de guerre, commande incontinent aux descendans des Heraclides de quitter son roïaume. Car je ne suis pas assez puissant pour vous proteger. Allez-vous-en donc, & retirez-vous dans un autre païs: afin que vous ne vous mettiez pas en danger de perdre

la vie, & moi, d'être à cause de vous, chassé de mon roïaume. TOLLIUS.

1. Un scélérat, dis-je.] J'aimerois mieux tourner: De voir cet impudent, cet infame, forcer insolemment les droits sacrez de cette ville. Ce scélérat, dis-je, qui... (ô le plus méchant des tous les hommes) voians qu'on avoit réprimé l'audace effrénée de tes discours, non par ces barreaux, ni par ces portes, qu'un autre pouvoit aussi-bien rompre que toi, &c. TOLLIUS.

2. Qu'il sembloit.] J'eusse dit; lors qu'il sembloit avoir abandonné les Juges, il les touche bien d'avantage par la chaleur de son emportement, & fait une bien plus forte impression dans leurs esprits, que s'il avoit simplement poursuivi le fil de son discours. TOLLIUS.

CHAPITRE XII.
De la Periphrase.

IL n'y a personne, comme je crôi, qui puisse douter que la Periphrase ne soit encore d'un grand usage dans le Sublime. Car, com-

K 2   me

me dans la Mufique ¹ le fon principal devient plus agréable à l'oreille, lors qu'il eft accompagné ² des differentes parties qui lui répondent : de même, la Periphrafe tournant autour du mot propre, forme fouvent, par rapport avec lui, une confonance & une harmonie fort belle dans le difcours; fur tout lors qu'elle n'a rien de difcordant ou d'enflé, mais que toutes chofes y font dans un jufte temperament.

Platon * nous en fournit un bel exemple au commencement de fon Oraifon funèbre. *Enfin*, dit-il, *nous leur avons rendu les derniers devoirs, & maintenant ils achèvent ce fatal voïage, & ils s'en vont tout glorieux de la magnificence avec laquelle toute la Ville en général, & leurs Parens en particulier, les ont conduits hors de ce monde.* Premièrement il appèle la mort *ce fatal voïage.* Enfuite il parle des derniers devoirs qu'on avoit rendus aux morts, comme d'une pompe publique, que leur Païs leur avoit préparée exprès pour les conduire hors de cette vie. Dirons-nous que toutes ces chofes ne contribuënt que médiocrement à relever cette penfée ? Avouöns plûtôt que par le moïen de cette Periphrafe, mélodieufement répanduë dans le difcours, d'une diction toute fimple, il a fait une efpèce de concert & d'harmonie. De même Xénophon † : *Vous regardez le travail comme le feul guide qui vous peut conduire à une vie heureufe & plaifante. Au refte vôtre ame eft ornée de la plus belle qualité que puiffent jamais poffeder des hommes nez pour la guerre ; c'eft qu'il n'y a rien qui vous touche plus fenfiblement que la loüange.* Au lieu de dire : *Vous vous adonnez au travail comme le feul guide qui vous peut conduire à une vie heureufe.* Et étendant ainfi toutes chofes, il rend fa penfée plus grande, & relève beaucoup cet éloge. Cette periphrafe d'Herodote ‡ me femble

encore

* *Menexe-*
nus. pag.
236. edit. de
H. Eftienne.

† *Inftit. de*
Cyrus, liv.
I. pag. 24.
edit. de
Leftacl.

‡ *Liv. I. p.*
45. fect.
105. edit.
de Franc-
fort.

R E M A R Q U E S.

1. *LE fon principal.*] La Partie principale, ou le Sujet, en termes de Mufique. *Par la manière dont j'ai traduit*, dit Monfieur Defpréaux dans une Lettre qu'il m'écrivit au Mois de Janvier, 1709. *Tout le monde m'entend: au lieu que fi j'avois mis les termes de l'Art il n'y auroit eu que les Muficiens proprement qui m'euffent bien entendu.* Voïez la Remarque fuivante.

2. *Des differentes parties qui lui répondent.*] φθόγγοι ἀντιφώνων. Ces mots φθόγγοι ἀντιφώνων. ne voulant dire autre chofe que les parties faites fur le fujet, & il n'y a rien qui convienne mieux à la Periphrafe, qui n'eft autre chofe qu'un affemblage de mots qui répondent differemment au mot propre, & par le moïen defquels, comme l'Auteur le dit dans la fuite, d'une diction toute fimple on fait une efpèce de concert & d'harmonie. Voilà le fens le plus naturel qu'on puiffe donner à ce paffage. Car je ne fuis pas de l'avis de ces Modernes, qui ne veulent pas, que dans la Mufique des Anciens, dont on nous raconte des effets fi prodigieux, il y ait eu des parties: puifque fans parties il ne peut y avoir d'harmonie. Je m'en raporte pourtant aux Savans en Mufique: & je n'ai pas affez de connoiffance de cet Art, pour décider fouverainement là-deffus. BOILEAU.

1. *Une*

encore inimitable : *La Deeſſe Vénus, pour châtier l'inſolence des Scythes,
qui avoient pillé ſon Temple, leur envoia [1] une maladie [a] qui les rendoit
Femmes ***.

[* Les fit devenir impuiſſans.]

[2] Au reſte il n'y a rien dont l'uſage s'étende plus loin que la Periphraſe, pourvû qu'on ne la répande pas par tout ſans choix & ſans meſure. Car auſſi-tôt elle languit, & a je ne ſai quoi de niais & de groſſier. Et c'eſt pourquoi Platon, qui eſt toûjours figuré dans ſes expreſſions, & quelquefois même un peu mal à propos, au jugement de quelques-uns, a été raillé, pour avoir dit [b] dans ſes Loix † : *Il
ne*

[† Liv. 5. p. 141. & 42. edit. de H. Eſtienne.]

C H A N G E M E N S.

[a] *Une maladie qui les rendoit Femmes*] Dans toutes les éditions avant celle
de 1701 : *La maladie des Femmes.* Voïez les remarques.

[b] *Dans ſes Loix*] *Dans ſa République :* On liſoit ainſi dans toutes les éditions
excepté la derniere de 1713.

R E M A R Q U E S.

1. *Une maladie qui les rendoit Femmes.*] Les
fit devenir impuiſſans. „Ce paſſage, *dit Mr. Deſpréaux dans une Remarque*, a ſort exercé juſques ici les Savans, & entr'autres Mr. Coſtar & Mr. de Girac : l'un prétendant que θη-
λεια νᾶςΘ ſignifioit une maladie qui rendit
les Scythes efféminez ; l'autre que cela vouloit dire que Vénus leur envoïa des Hémor-
rhoïdes. Mais il paroît inconteſtablement,
par un paſſage d'Hippocrate, que le vrai
ſens eſt, qu'elle les rendit impuiſſans, puiſqu'en
l'expliquant des deux autres manières, la periphraſe d'Herodote ſeroit plûtôt une obſcure
énigme, qu'une agréable circonlocution.

Dans les premières éditions Mr. Deſpréaux
avoit traduit : *Leur envoïa la maladie des Femmes :* ce qu'il expliquoit *des Hemorroïdes,* dans
une note marginale. C'eſt à cette dernière traduction que conviennent les trois Remarques
ſuivantes de Mr. Deſpréaux, de Mr. Dacier,
& de Mr. Tollius.

Ibid. *La maladie des Femmes.*] Ce paſſage
a fort exercé juſqu'ici les Savans, & entr'autres
Mr. Coſtar & Mr. de Girac. C'eſt ce dernier
dont j'ai ſuivi le ſens qui m'a paru le meilleur :
y aiant un fort grand raport de la maladie naturelle qu'ont les Femmes, avec les Hémor-
rhoïdes. Je ne blâme pourtant pas le ſeus de
Mr. Dacier. B O I L E A U.

‡ Ibid. *La maladie des femmes.*] Par cette
maladie des femmes tous les Interprètes ont entendu les Hémorroïdes ; mais il me ſemble

qu'Herodote auroit eu tort de n'attribuer qu'aux
femmes ce qui eſt auſſi commun aux hommes,
& que la periphraſe dont il s'eſt ſervi, ne ſeroit
pas fort juſte. Ce paſſage a embarraſſé beaucoup de gens, & Voiture n'en a pas été ſeul
en peine. Pour moi je ſuis perſuadé que la plûpart, pour avoir voulu trop fineſſer, ne ſont
point entrez dans la penſée d'Herodote, qui
n'entend point d'autre maladie que celle qui
eſt particuliere aux femmes. C'eſt en cela auſſi que ſa periphraſe paroît admirable à Longin,
parce que cet Auteur avoit pluſieurs autres
manières de circonlocution, mais qui auroient
été toutes ou rudes, ou mal-honnêtes, au lieu
que celle qu'il a choiſie eſt très-propre & ne
choque point. En effet, le mot νᾶςΘ *maladie*
n'a rien de groſſier, & ne donne aucune idée
ſale ; on peut encore ajoûter pour faire paroître davantage la délicateſſe d'Hérodote en cet
endroit, qu'il n'a pas dit νᾶσον γυναικίων, *la
maladie des femmes* ; mais par l'Adjectif θη-
λειαν νᾶσον, *la maladie féminine,* ce qui eſt beaucoup plus doux dans le Grec, & n'a point dit
tout de grace dans nôtre langue, où il ne peut-
être ſouffert. D A C I E R.

Ibid. *La maladie des femmer.*] Voïez mes
remarques Latines, où je montre, que ce n'eſt
ni l'une ni l'autre ; mais une maladie plus abominable. T O L L I U S.

2. *Au reſte, il n'y a rien.*] Le mot Grec
επιλαιϸον ſignifie une choſe qui eſt fort com-
mode pour l'uſage. T O L L I U S.

K 3   I. Le

ne faut point souffrir que les richesses d'or & d'argent prennent pié, ni habitent dans une Ville. S'il eût voulu, poursuivent-ils, ᶜ interdire la possession du bétail, assurément qu'il auroit dit par la même raison, *les richesses de Bœufs & de Moutons.*

Mais ce que nous avons dit en général, suffit pour faire voir l'usage des Figures, à l'égard du Grand & du Sublime. Car il est certain qu'elles rendent toutes le discours plus animé & plus pathétique. Or le Pathétique participe du Sublime autant que le Sublime participe du Beau & de l'Agréable.

CHANGEMENS.

ᶜ *Interdire la possession.*] Dans toutes les éditions qui ont précédé celle-ci, on lisoit, *introduire*, au lieu d'*interdire.* La ressemblance de ces deux mots est apparemment cause que l'on a pris l'un pour l'autre. Mais il faut mettre, *interdire.* Ce qui précède le fait assez connoître : outre que c'est le sens de ces mots ἐπώλυε κεκτῆσθαι, qui sont dans le Texte de Longin, & qui doivent être traduits par *vetuisset comparari.*

REMARQUES.

1. *Le Sublime.*] Le *Moral,* selon l'ancien Manuscrit. BOILEAU.

Ibid. *Le Sublime.*] Que l'*Ethique* participe du *Doux* & de l'*agréable.* TOLLIUS.

CHAPITRE XXV.

Du choix des Mots.

PUisque la Pensée & la Phrase s'expliquent ordinairement l'une par l'autre, voïons si nous n'avons point encore quelque chose à remarquer dans cette partie du discours qui regarde l'expression. Or, que le choix des grans mots & des termes propres soit d'une merveilleuse vertu pour attacher & pour émouvoir, c'est ce que personne n'ignore, & sur quoi par conséquent il seroit inutile de s'arrêter. En effet, il n'y a peut-être rien d'où les Orateurs, & tous les Ecrivains en général qui s'étudient au Sublime, tirent plus de grandeur, d'élegance, de nétteté, de poids, de force & de vigueur pour leurs Ouvrages, que du choix des paroles. C'est par elles que toutes ces beautez éclatent dans le discours, comme dans un riche tableau ; & elles donnent aux choses une espèce d'ame & de vie. Enfin les beaux mots sont, à vrai dire, la lumiere propre & naturelle de nos pensées. Il faut prendre garde néanmoins à ne pas faire parade par tout d'une vaine enflure

de

de paroles. Car d'exprimer une chose basse en termes grans & magnifiques, c'est tout de même que si vous appliquiez un grand masque de Théatre sur le visage d'un petit enfant: si ce n'est à la verité [1] dans la Poësie * . * . * . [2] Cela se peut voir encore dans un passage de Théopompus, que Cécilius blâme, je ne sai pourquoi, & qui me semble au contraire fort à loüer pour sa justesse, & parce qu'il dit beaucoup. *Philippe*, dit cet Historien, *boit sans peine les affronts que la nécessité de ses affaires l'oblige de souffrir.* En effet, un discours tout simple exprimera quelquefois mieux la chose que toute la pompe & tout l'ornement, comme on le voit tous les jours dans les affaires de la vie. Ajoûtez, qu'une chose énoncée d'une façon ordinaire, se fait aussi plus aisément croire. Ainsi en parlant d'un homme, qui pour s'agrandir souffre sans peine, & même avec plaisir, des indignitez; ces termes, *boire des affronts*, me semblent signifier beaucoup. Il en

REMARQUES.

1. *Dans la Poësie.*] L'Auteur, après avoir montré combien les grans mots sont impertinens dans le stile simple, faisoit voir que les termes simples avoient place quelquefois dans le stile noble. BOILEAU.

2. *Cela se peut voir encore dans un passage*, &c.] Il y a avant ceci dans le Grec, ὑψηλότατον καὶ γόνιμον τὸ δ᾿ Ἀνακρέοντος ἐκέτι Θρηίκης ἐπιστρέφομαι. Mais je n'ai point exprimé ces paroles où il y a assurément de l'erreur; le mot ὑψηλότατον n'étant point Grec: & du reste, que peuvent dire ces mots, *Cette féconde dit d'Anacréon? Je ne me soucie plus de la Thracienne.* BOILEAU.

Ibid. *Cela se peut voir encore dans un passage*, &c.] Mons. Despréaux a fort bien vû, que dans la lacune suivante Longin faisoit voir que les mots simples avoient place quelquefois dans le stile noble, & que pour le prouver il rapportoit ce passage d'Anacréon, ἐκέτι Θρηίκης ἐπιστρέφομαι. Il a vû encore que dans le texte de Longin, ὑψηλότατον καὶ γόνιμον τὸ δ᾿ Ἀνακρέοντος, le mot ὑψηλότατον est corrompu & qu'il ne peut-être Grec. Je n'ajoûterai que deux mots à ce qu'il a dit, c'est qu'au lieu d'ὑψηλότατον Longin avoit écrit ὑψηλώτατον, & qu'il l'avoit rapporté au passage d'Anacréon, ὑψηλώτατον, τὸ δ᾿ Ἀνακρέοντος [ἐκέτι Θρηίκης ἐπιστρέφομαι] il falloit traduire, cet endroit d'Anacréon est très-simple, quoi-que pur, je ne me soucie plus de la Thra-

cienne. Γόνιμον ne signifie point ici *fécond*, comme Monsieur Despréaux l'a cru avec tous les autres Interprétes; mais *pur*, comme quelquefois le *Geminum* des Latins. La restitution de ὑψηλώτατον est très-certaine, & on pourroit le prouver par Hermogène, qui a aussi appelé ὑψηλότητα λόγε, cette simplicité du discours. Dans le passage d'Anacréon cette simplicité consiste dans le mot ἐπιστρέφομαι, qui est fort simple & du stile ordinaire. Au reste, par cette Thracienne il faut entendre cette fille de Thrace dont Anacréon avoit été amoureux, & pour laquelle il avoit fait l'Ode LXIII: Πῶλε Θρηικίη, *jeune cavale de Thrace*, &c. DACIER.

Ibid. *Cela se peut voir.*] Je ne dirai pas ici ce que disoit cet impatient, *Pereant, qui ante nos nostra dixerunt.* Mais je veux bien que le lecteur se persuade, que cette remarque de Monsieur Dacier m'a fâché, parce qu'elle ressemble trop à ma remarque Latine, pour ne donner pas quelque soupçon, que je me suis servi de son industrie. Mais ce seroit être trop effronté de le faire si ouvertement, & de joindre après cela ces remarques aux siennes dans la même édition, comme pour faire voir à tout le monde, qu'on fait aussi impudemment usurper le travail d'autrui, que les grans Guerriers savent s'emparer des terres de leurs voisins. TOLLIUS.

1. *Vendu*

* L. 6. pag.
358. edit. de
Francfort.

† L. 7. pag.
444.

en est de même de cette expression d'Herodote : * *Cléomène étant devenu furieux, il prit un couteau, dont il se hacha la chair en petits morceaux ; & s'étant ainsi déchiqueté lui-même, il mourut.* Et ailleurs † :
*Pythès, demeurant toûjours dans le Vaisseau, ne cessa point de combatre
qu'il n'eût été haché en pièces.* Car ces expressi..ns marquent un homme
qui dit bonnement les choses, & qui n'y entend point de finesse ; &
renferment neanmoins en elles un sens qui n'a rien de grossier ni
de trivial.

CHAPITRE XXVI.

Des Métaphores.

‡ De Coronâ
pag. 354.
edit. de Ba-
sle.

POur ce qui est du nombre des Métaphores, Cécilius semble être
de l'avis de ceux qui n'en souffrent pas plus de deux ou de trois
au plus, pour exprimer une seule chose. ‡ Démosthène nous doit encore ici servir de règle. Cet Orateur nous fait voir, qu'il y a des occasions où l'on en peut emploïer plusieurs à la fois : quand les passions,
comme un torrent rapide les entraînent avec elles nécessairement, &
en foule. *Ces hommes malheureux*, dit-il quelque part, *ces lâches
Flateurs, ces Furies de la République ont cruellement déchiré leur patrie.
Ce sont eux qui dans la débauche ont autrefois* ¹ *vendu à Philippe nôtre
liberté, & qui la vendent encore aujourd'hui à Alexandre : qui mesurant,
dis-je, tout leur bonheur aux sales plaisirs de leur ventre, à leurs infâmes dé-
bordemens, ont renversé toutes les bornes de l'honneur, & détruit parmi nous
cette règle, où les anciens Grecs faisoient consister toute leur félicité, de ne
souffrir point de Maître.* Par cette foule de Métaphores ² prononcées
dans la colère, l'Orateur ferme entierement la bouche à ces Traîtres.
Néanmoins Aristote & Théophraste, pour excuser l'audace de ces
Figures, pensent qu'il est bon d'y apporter ces adoucissemens, *pour ainsi
dire ;*

CHANGEMENS.

ᵃ *Prononcées dans la colère*, &c.] Ce changement fut fait dans l'edition de
1683. Auparavant on lisoit : *Par cette foule de Métaphores, l'Orateur décharge
ouvertement sa colère contre ces Traîtres.*

REMARQUES.

1. **Vendu à Philippe nôtre liberté.**] Il y a dans
le Grec απποτεπωκότες, comme qui di-
soit, ont bû nôtre liberté à la santé de Philippe. Chacun sait ce que veut dire απποτιναιν en Grec,
mais on ne le peut pas exprimer par un mot
François. BOILEAU.

1. Mais

diré ; pour parler ainfi ; fi j'ofe me fervir de ces termes ; pour m'expliquer un peu plus hardiment. En effet ajoûtent - ils, l'excufe eft un remède contre les hardieffes du difcours ; & je fuis bien de leur avis. [1] Mais je foûtiens pourtant toûjours ce que j'ai déja dit, que le remède le plus naturel contre l'abondance & la hardieffe, foit des Métaphores, foit des autres Figures, c'eft de ne les emploïer qu'à propos : je veux dire, dans les grandes paffions, & dans le Sublime. Car comme le Sublime & le Pathétique, par leur violence & leur impétuofité, emportent naturellement & entraînent tout avec eux ; ils demandent néceffairement des expreffions fortes, & ne laiffent pas le tems à l'Auditeur de s'amufer a chicaner le nombre des Métaphores, parce qu'en ce moment il eft épris d'une commune fureur avec celui qui parle.

Et même pour les lieux communs & les defcriptions, il n'y a rien quelquefois qui exprime mieux les chofes, qu'une foule de Métaphores continuées. C'eft par elles que nous voïons dans Xénophon une defcription fi pompeufe de l'édifice du corps humain. Platon * néanmoins en a fait la peinture d'une manière encore plus divine. Ce dernier appèle la tête *une Citadelle.* Il dit que le cou eft *un Ifthme, qui a été mis entre elle & la poitrine.* Que les vertèbres font *comme des gonds fur lefquels elle tourne.* Que la Volupté eft *l'amorce de tous les malheurs qui arrivent aux hommes.* Que la langue eft *le Juge des faveurs.* Que le cœur eft *la fource des veines, la fontaine du fang, qui de là fe porte avec rapidité dans toutes les autres parties, & qu'il eft difpofé comme une fortereffe gardée de tous côtez.* Il appelle les pores, *des rües étroites.* Les Dieux, pourfuit-il, *voulant foûtenir le battement du cœur, que la vüe inopinée des chofes terribles, ou le mouvement de la colère, qui eft de feu, lui caufent ordinairement ; ils ont mis fous lui le Poûmon, dont la* fub-

* Dans le Timée, pag. 69. & fuiv. edit. de H. Eftienne.

REMARQUES.

1. *Mais je foûtiens &c.*] J'aimerois mieux traduire, *mais je foûtiens toûjours que l'abondance & la hardieffe des métaphores, comme je l'ai déja dit, les figures employées à propos, les paffions véhémentes, & le grand, font les plus naturels adouciffemens du Sublime.* Longin veut dire, que pour excufer la hardieffe du difcours dans le Sublime, on n'a pas befoin de ces conditions, *pour ainfi dire, fi je l'ofe dire, &c.*

& qu'il fuffit que les métaphores foient fréquentes & hardies, que les figures foient emploïées à propos, que les paffions foient fortes, & que tout enfin foit noble & grand. DACIER.

Ibid. *Mais je foûtiens.*] Monfieur Dacier n'a pas bien compris ici le fens de nôtre Auteur. Voïez ma traduction Latine. TOLLIVS.

substance est molle , & n'a point de sang : mais aiant par dedans
de petits trous en forme d'éponge , il sert au cœur comme d'oreil-
ler , afin que quand la colère est enflamée, il ne soit point troublé
dans ses fonctions. Il appèle la partie concupiscible *l'appartement de*
la Femme ; & la partie irascible, *l'appartement de l'Homme.* [1] Il
dit que la rate est *la cuisine des intestins ; & qu'étant pleine des*
ordures du foie , elle s'enfle, & devient bousie. Ensuite, continuë-
t-il, *les Dieux couvrirent toutes ces parties de chair, qui leur sert*
comme de rempart & de défense contre les injures du chaud & du
froid, [2] *& contre tous les autres accidens. Et elle est* ajoûte-t-il,
comme une laine molle & ramassée, qui entoure doucement le corps.
Il dit que le sang est *la pâture de la chair. Et afin que toutes les*
parties pûssent recevoir l'aliment, ils y ont creusé, comme dans un jar-
din , plusieurs canaux, afin que les ruisseaux des veines sortant du
cœur comme de leur source, pûssent couler dans ces étroits conduits du
corps humain. Au reste, quand la mort arrive, il dit , *que les*
organes se dénouent comme les cordages d'un Vaisseau, & qu'ils lais-
sent aller l'ame en liberté. Il y en a encore une infinité d'autres
ensuite de la même force : mais ce que nous avons dit suffit pour
faire

R E M A R Q U E S.

1. *Il dit que la rate est la cuisine des intestins.*]
Le passage de Longin est corrompu , & ceux
qui le liront avec attention en tomberont sans
doute d'accord ; car la rate ne peut jamais
être appelée raisonnablement *la cuisine des in-*
testins , & ce qui suit détruit manifestement
cette métaphore. Longin avoit écrit comme
Platon ἐκμαγεῖον , & non pas μαγειρεῖον. On
peut voir ie passage tout du long dans le Timée
à la page 72. du Tome III. de l'édition de Serra-
nus ; ἐκμαγεῖον signifie proprement χειρόμακ-
τρον , une serviete à essuier les mains. Platon dit ,
que Dieu a placé la rate au voisinage du foie,
afin qu'elle lui serve comme de torchon , si j'ose
me servir de ce terme , & qu'elle le tienne tou-
jours propre & net ; c'est pourquoi lorsque dans
une maladie le foie est environné d'ordure , la ra-
te, qui est une substance creuse , molle , & qui
n'a point de sang , le netsie & prend elle-même
toutes ces ordures, d'où vient qu'elle s'enfle & de-
vient bousie ; comme au contraire, après que le
corps est purgé, elle se desenfle , & retourne à son
premier état. Je m'étonne que personne ne se
soit apperçû de cette faute dans Longin , &
qu'on ne l'ait corrigée sur le texte même du

Platon , & sur le témoignage de Pollux , qui
cite ce passage dans le chap. 4. du Livre II.
D A C I E R.

Ibid. *Il dit que la rate.*] Monsieur Dacier
a fort bien remarqué , qu'il faut lire ici ἐκμαγεῖον , comme j'ai fait dans le texte , suivant
en cela l'avis de Monsieur Vossius. Julien l'Empereur se sert aussi de ce mot orat. v. p. 305 :
ἡ ψυχὴ ὥσπερ ἐκμαγεῖον τι τῶν ὀνύλων εἰδῶν,
ᾗ εἰκὼν ἐςί. Mais il signifie ici un modèle, un
ἀνΰπωμα . καὶ ἐκσφράγισμα comme l'explique Suidas : qui y joint μαγνια τὸν ἀπομασονΐα.
Τὸντε μαγνια σπάζον ὑπὸ ςιβαρᾷ κεκλιμενον
κοπίσἰ. Et ce passage-ci est très-propre pour
confirmer l'explication de Monsieur Dacier.
Car la rate est vraiement *l'éponge des intestins.*
T O L L I U S.

2. *Et contre tous les autres accidens.*] Je ne
me saurois pas ici aussi-bien expliquer en François , que j'ai fait en Latin. Le mot πλωμάτων
ne signifie pas dans cet endroit *les autres ac-*
cidens , mais *les chûtes* : car la chair nous sert
alors comme d'un rempart contre les blessures.
T O L L I U S.

faire voir combien toutes ces Figures font fublimes d'elles-mêmes ; combien, dis-je, les Métaphores fervent au Grand, & de quel ufage elles peuvent être dans les endroits pathétiques, & dans les defcriptions.

Or, que ces Figures, ainfi que toutes les autres elegances du difcours, portent toûjours les chofes dans l'excès ; c'eft ce que l'on remarque affez fans que je le dife. Et c'eft pourquoi Platon même * n'a pas été peu blâmé, de ce que fouvent, comme par une fureur de difcours, il fe laiffe emporter à des Métaphores dures & exceffives, & à une vaine pompe allégorique. ¹ On ne concevra pas aifément, dit-il en un endroit, qu'il en doit être de même d'une Ville comme d'un vafe, où le vin qu'on verfe, & qui eft d'abord boüillant & furieux, tout d'un coup entrant en focieté avec une autre Divinité fobre, qui le châtie, devient doux & bon à boire. D'appeler l'eau une Divinité fobre, & de fe fervir du terme de châtier pour temperer : en un mot, de s'étudier fi fort à ces petites fineffes, cela fent, difent-ils, fon Poëte qui n'eft pas lui-même trop fobre. Et c'eft peut-être ce qui a donné fujet à Cécilius de décider fi hardiment dans fes Commentaires fur Lyfias, que Lyfias valoit mieux en tout que Platon, pouffé par deux fentimens auffi peu raifonnables l'un que l'autre. Car bien qu'il aimât Lyfias plus que foi-même, il haïffoit encore plus Platon qu'il n'aimoit Lyfias, fi-bien que porté de ces deux mouvemens, & par un efprit de contradiction, il a avancé plufieurs chofes de ces deux Auteurs, qui ne font pas des décifions fi fouveraines qu'il s'imagine. ² De fait, accufant Platon d'être tombé en plufieurs endroits, il parle de l'autre comme d'un Auteur achevé, & qui n'a point de défauts ; ce qui, bien loin d'être vrai, n'a pas même une ombre de vraifemblance. ³ Et en effet, où trouverons-nous un Ecrivain qui ne pèche jamais, & où il n'y ait rien à reprendre ?

* Des Loix, liv. 6. pag. 773. edit. de H. Eftienn.

REMARQUES.

1. On ne concevra &c.] Ce n'eft pas Platon qui dit ceci, mais ce font ceux qui le blâment. J'ai montré dans mes Remarques Latines, qu'il falloit lire ici φασὶν, au lieu de φησὶν : c'eft-à-dire, difent-ils. TOLLIUS.

2. De fait accufant Platon &c.] Il me femble que cela n'explique pas affez la penfée de Longin, qui dit : En effet il préfere à Platon, qui eft tombé en beaucoup d'endroits, il lui préfere, dis-je, Lyfias, comme un Orateur achevé, & qui n'a point de défauts, &c. DACIER.

3. Et en effet.] Cette periode appartient au chapitre fuivant, & y doit être jointe, de cette manière : Mais pofons qu'on puiffe trouver un Ecrivain qui ne pèche jamais, & où il n'y ait rien à reprendre : un fujet fi noble ne merite-t-il pas, qu'on examine ici cette queftion en général, &c. TOLLIUS.

L 2

1. Je

CHAPITRE XXVII.

Si l'on doit préferer le Médiocre parfait, au Sublime qui a quelques défauts.

PEut-être ne fera-t-il pas hors de propos d'examiner ici cette queſtion en géneral, ſavoir, lequel vaut mieux ſoit dans la Proſe, ſoit dans la Poëſie, d'un Sublime qui a quelques dé-fauts, ou d'une Médiocrité parfaite, & ſaine en toutes ſes par-ties, qui ne tombe & ne ſe dément point : & enſuite lequel, à juger équitablement des choſes, doit emporter le prix de deux Ouvrages, dont l'un a un plus grand nombre de beautez, mais l'autre va plus au Grand & au Sublime. Car ces queſtions étant naturelles à nôtre ſujet, il faut néceſſairement les réſoudre. Premierement donc je tiens pour moi, qu'une Grandeur au deſſus de l'ordinaire, n'a point naturellement la pureté du Mé-diocre. En effet, dans un diſcours ſi poli & ſi limé, il faut craindre la baſſeſſe : & il en eſt de même du Sublime que d'u-ne richeſſe immenſe, où l'on ne peut pas prendre garde à tout de ſi près, & où il faut, malgré qu'on en ait, négliger quelque choſe. Au contraire, il eſt preſque impoſſible, pour l'ordinaire, qu'un eſprit bas & médiocre faſſe des fautes. Car, comme il ne ſe hazarde & ne s'élève jamais, il demeure toûjours en ſûre-té ; au lieu que le Grand de ſoi-même, & par ſa propre gran-deur, eſt gliſſant & dangereux. [1] Je n'ignore pas pourtant ce qu'on me peut objecter d'ailleurs, que naturellement nous jugeons des Ouvrages des hommes par ce qu'ils ont de pire, & que le ſouvenir des fautes qu'on y remarque, dure toûjours, & ne s'efface jamais : au lieu que ce qui eſt beau, paſſe vite, & s'é-coule bien-tôt de nôtre eſprit. Mais bien que j'aie remarqué pluſieurs fautes dans Homère, & dans tous les plus célèbres Au-teurs, & que je ſois peut-être l'homme du monde à qui elles plaiſent le moins ; j'eſtime, après tout, que ce ſont des fautes

dont

REMARQUES.

1. *JE n'ignore pas pourtant.*] J'aimerois mieux traduire ainſi cette periode : *Mais auſſi ſai-je très-bien ce qu'il faut auſſi-bien remar-quer que le premier, que naturellement les fautes nous donnent beaucoup plus fortement dans* la vûë, que les vertus ; & que le ſouvenir &c. Ou ; que naturellement nous nous appercevons plus vîte & plus facilement des vices d'un autre, que de ſes vertus. TOLLIUS.

I. Et

dont ils ne se sont pas souciez, & qu'on ne peut appeler proprement fautes, mais qu'on doit simplement regarder comme des méprises, & de petites négligences, qui leur sont échapées, parce que leur esprit, qui ne s'étudioit qu'au Grand, ne pouvoit pas s'arrêter aux petites choses.   En un mot, je maintiens que le Sublime, bien qu'il ne se soûtienne pas également par tout, quand ce ne seroit qu'à cause de sa grandeur, l'emporte sur tout le reste.   En effet, Apollonius, par exemple, celui qui a composé le Poëme des Argonautes, ne tombe jamais; [1] & dans Théocrite, ôté [a] quelques endroits, où il sort un peu du caractère de l'Eglogue, il n'y a rien qui ne soit heureusement imaginé.   Cependant aimeriez-vous mieux être Apollonius, ou Théocrite, qu'Homère ?   L'Erigone d'Eratosthène est un Poëme où il n'y a rien à reprendre.   Direz-vous pour cela qu'Eratosthène est plus grand Poëte qu'Archiloque, qui se broüille à la verité, & manque d'ordre & d'économie en plusieurs endroits de ses Ecrits; [2] mais qui ne tombe dans ce défaut, qu'à cause de cet esprit divin dont il est entraîné, & qu'il ne sauroit règler comme il veut ?   Et même pour le Lyrique, choisiriez-vous plûtôt d'être Bacchylide que Pindare ? ou pour la Tragédie, Ion, ce Poëte de Chio, que Sophocle ?   En effet, ceux-là ne font jamais de faux pas, & n'ont rien qui ne soit écrit avec beaucoup d'élegance & d'agrément.   Il n'en est pas ainsi de Pindare & de Sophocle : car au milieu de leur plus grande violence, durant qu'ils tonnent & foudroient, pour ainsi dire, souvent leur ardeur vient mal à propos à s'éteindre, & ils tombent malheureusement. Et toutefois y a-t-il un homme

me

C H A N G E M E N S.

[a] *Quelques endroits, où il sort un peu du caractère de l'Eglogue.*] *Quelques ouvrages qui ne sont pas de lui :* C'est ainsi qu'on lisoit avant l'édition de 1683.

R E M A R Q U E S.

1. *Et dans Théocrite.*]   Les Anciens ont remarqué, que la simplicité de Théocrite étoit très-heureuse dans les Bucoliques; cependant il est certain, comme Longin l'a fort bien vû, qu'il y a quelques endroits qui ne suivent pas bien la même idée, & qui s'éloignent fort de cette simplicité. On verra un jour dans les Commentaires que j'ai faits sur ce Poëte, les

endroits que Longin me paroît avoir entendus. DACIER.

2. *Mais qui ne tombe dans ce défaut.*] Longin dit en géneral, *mais qui ne tombe dans ce défaut qu'à cause de cet esprit divin dont il est entraîné, & qu'il est bien difficile de régler.* DACIER.

L 3   1. Qui

me de bon fens , ¹ qui daignât comparer tous les Ouvrages d'Ion
enfemble au feul Oedipe de Sophocle ?

REMARQVES.

. 1. *Qui daignât comparer*] Monfieur Def- | ἀντιλιμήσαιλο ἐξ ἴσης , au lieu d'ἀντιλιμήσαιλο:
préaux a très-bien exprimé le fens de Longin , | ἐξῆς. Ce qui m'eſt échappé dans mes remarques.
bien que je croie qu'il faille lire en cet endroit , | Latines. TOLLIUS.

CHAPITRE XXVIII.

Comparaiſon d'Hyperide & de Démoſthène.

QUe ſi au reſte l'on doit juger du merite d'un Ouvrage par le
nombre plûtôt que par la qualité & l'excellence de ſes beautez ; il s'enſuivra qu'Hyperide doit être entierement préferé à Démoſthène. En effet , ¹ outre qu'il eſt plus harmonieux , il a bien
plus de parties d'Orateur, qu'il poſſède preſque toutes en un degré éminent ; ² ſemblable à ces Athlètes , qui réüſſiſſent aux cinq
ſortes d'Exercices , & qui n'étant les premiers en pas-un de ces
Exercices , paſſent en tous l'ordinaire & le commun. En effet ,
il a imité Démoſthène en tout çe que Démoſthène a de beau , excepté

REMARQVES.

1. Outre qu'il eſt plus harmonieux.] Longin, à mon avis , n'a garde de dire
d'Hyperide qu'il poſſède preſque toutes les parties d'Orateur en un degré éminent : il dit ſeulement qu'il a plus de parties d'Orateur que
Démoſthène ; & que dans toutes ces parties,
il eſt preſque éminent, qu'il les poſſède toutes en
un degré preſque éminent, καὶ χεδὸν ὕπακρῷ
ἐκ πᾶσιν. DACIER.
2. Semblable à ces Athlètes.] De la manière que ce paſſage eſt traduit , Longin ne
place Hyperide qu'au deſſus de l'ordinaire,& du
commun ; ce qui eſt fort éloigné de ſa penſée. A mon avis , Monſieur Deſpréaux & les
autres Interprètes n'ont pas bien pris ni le ſens
ni les paroles de ce Rhéteur. Ἰδιώται ne ſignifie point ici des gens du vulgaire & du commun , comme ils ont crû , mais des gens qui
ſe mêlent des mêmes exercices ; d'où vient
qu'Héſychius a fort bien marqué ἰδιώτας,
ἀπλίτας. Je traduirois , Semblable à un Athlète que l'on appèle Pentathle , qui veritablement
eſt vaincu par tous les autres Athlètes dans tous

les combats qu'il entreprend , mais qui eſt au deſſus de tous ceux qui s'attachent comme lui à cinq
ſortes d'exercices. Ainſi la penſée de Longin
eſt fort belle de dire , que ſi l'on doit juger
du merite par le nombre des vertus , plûtôt
que par leur excellence , & que l'on commette
Hyperide avec Démoſthène , comme deux
Pentathles , qui combattent dans cinq ſortes
d'exercices , le premier ſera beaucoup au deſſus
de l'autre : au lieu que ſi l'on juge des deux
par un ſeul endroit, celui-ci l'emportera de bien
loin ſur le premier ; comme un Athlète , qui
ne ſe mêle que de la courſe ou de la lutte , vient
facilement à bout d'un Pentathle qui a quitté
ſes compagnons pour courir , ou pour lutter
contre lui. C'eſt tout ce que je puis dire ſur ce
paſſage , qui étoit aſſurément très-difficile , &
qui n'avoit peut-être point encore été entendu.
Monſieur le Févre avoit bien vû , que c'étoit
une imitation d'un paſſage de Platon dans le
Dialogue intitulé ἐραςαὶ , mais il ne s'étoit
pas donné la peine de l'expliquer. DA-
CIER.

Ibid.

cepté pourtant dans la .compofition & l'arrangement des paroles.
¹ Il joint à cela les douceurs & les graces de Lyfias. Il fait adoucir , où il faut , ² la rudeffe & la fimplicité du difcours , & ne dit
pas toutes les chofes d'un même air , comme Démofthène. Il excelle à peindre les mœurs. Son ftile a , dans fa naïveté , une certaine douceur agréable & fleurie. Il y a dans fes Ouvrages un
nombre infini de chofes plaifamment dites. Sa manière de rire
& de fe mocquer eft fine , & a quelque chofe de noble. Il a une
facilité merveilleufe à manier l'ironie. Ses railleries ne font point
froides ni recherchées , ³ comme celles de ces faux imitateurs du
ftile Attique , mais vives & preffantes. Il eft adroit à éluder les
objections qu'on lui fait , & à les rendre ridicules en les amplifiant.
Il a beaucoup de plaifant & de comique , & eft tout plein de jeux
& de certaines pointes d'efprit , qui frappent toûjours où il vife.
Au refte , il affaifonne toutes ces chofes d'un tour & d'une grace
inimitable. Il eft né pour toucher & émouvoir la pitié. Il eft
étendu dans fes narrations fabuleufes. Il a une flexibilité admirable pour les digreffions ; il fe détourne, ⁴ il reprend haleine où
il veut , comme on le peut voir dans ces Fables qu'il conte de Latone. Il a fait une Oraifon funèbre , qui eft écrite avec tant de
pom-

REMARQUES.

Ibid. *Semblable à ces Athlètes.*] Il y a ici
tant de reffemblance entre la remarque & la
traduction Françoife de Monfieur Dacier, & la
mienne Latine , que j'en fuis furpris. Néanmoins on trouvera , comme je m'imagine , que
je. me fuis expliqué en peu de mots auffi
clairement que lui dans cette longue remarque. Car Longin compare Démofthène à un
Athlète , qui fe mêle feulement d'une forte
d'exercice, & qui y excelle: mais Hyperide à un
Pentathle , qui furpaffe bien tous ceux qui font de
fon mêtier , mais doit céder le prix à l'autre ,
qui dans le fien eft le maître. TOLLIUS.

1. *Il joint à cela les douceurs & les graces
de Lyfias.*] Pour ne fe tromper pas à ce paffage , il faut favoir qu'il y a deux fortes de
graces , les unes majeftueufes & graves , qui
font propres aux Poëtes , & les autres fimples ,
& femblables aux railleries de la Comédie.
Ces dernières entrent dans la compofition du
ftile poli , que les Rhéteurs ont appelé γλαφυ-
ρὸν λόγον ; & c'étoit là les Graces de Lyfias ,
qui , au jugement de Denys d'Halicarnaffe , ex-

celloit dans ce ftile poli ; c'eft pourquoi Cicéron l'appèle *venuftiffimum Oratorem.* Voici un
exemple des graces de ce charmant Orateur.
En parlant un jour contre Efchine , il étoit
amoureux d'une vieille , *il aime*, dit-il , *une
femme dont il eft plus facile de compter les dents
que les doigts.* C'eft par cette raifon que Déme-
trius a mis les Graces de Lyfias dans le même
rang que celles de Sophron , qui faifoit des
mimes. DACIER.

2. *La rudeffe & la fimplicité.*] Monfieur Defpréaux a pris ici le mot ἀφελείας , comme s'il
fe devoit joindre avec le mot μαλακιζεῖαι :
mais la mauvaife diftinction l'a trompé. Lifez
donc : *Il fait adoucir & abaiffer le haut ton
du difcours , quand la matiere a befoin de fimplicité.* TOLLIUS.

3. *Comme celles de ces faux imitateurs.*] Voïez
mes remarques Latines. TOLLIUS.

4. *Il reprend haleine où il veut.*] Il fe remet en chemin quand il le trouve à propos , comme il fait voir dans cette digreffion de Latone ,
qui a toutes les beautez de la Poéfie. TOLLIUS.

I. On

pompe & d'ornement, que je ne sai si pas-un autre l'a jamais égalé en cela.

Au contraire, Démosthène ne s'entend pas fort bien à peindre les mœurs. Il n'est point étendu dans son stile. Il a quelque chose de dur, & n'a ni pompe ni ostentation. En un mot, il n'a presque aucune des parties dont nous venons de parler. S'il s'efforce d'être plaisant, il se rend ridicule, plûtôt qu'il ne fait rire ; & s'éloigne d'autant plus du plaisant, qu'il tâche d'en approcher. Cependant, parce qu'à mon avis, toutes ces beautez, qui sont en foule dans Hyperide, n'ont rien de grand ; ¹ qu'on y voit, pour ainsi dire, un Orateur toûjours à jeun, & une langueur d'esprit, qui n'échauffe, qui ne remuë point l'ame ; personne n'a jamais été fort transporté de la lecture de ses Ouvrages. ² Au lieu que Démosthène aiant ramassé en soi toutes les qualitez d'un Orateur veritablement né au Sublime, & entierement perfectionné par l'étude, ce ton de majesté & de grandeur, ces mouvemens animez, cette fertilité, cette adresse, cette promptitude, & ce qu'on doit sur tout estimer en lui, cette vehémence, dont jamais personne n'a sû approcher : Par toutes ces divines qualitez, que je regarde en effet comme autant de rares présens qu'il avoit reçus des Dieux & qu'il ne m'est pas permis d'appeler des qualitez humaines ; il a effacé tout ce qu'il y a eû d'Orateurs célèbres dans tous les siècles, les laissant comme abbatus & éblouïs, pour ainsi dire, de ses tonnerres & de ses éclairs. Car dans les parties où il excelle, il est tellement élevé au dessus d'eux, qu'il répare entierement par là celles qui lui manquent. Et certainement il est plus aisé d'envisager fixement, & les yeux ouverts, les foudres qui tombent du Ciel, que de n'être point ému des violentes passions qui regnent en foule dans ses Ouvrages.

CHA-

REMARQUES.

1. On y voit, pour ainsi dire, un Orateur toûjours à jeun.] Je ne sai si cette expression exprime bien la pensée de Longin. Il y a dans le Grec καρδίη νήφοντι, & par là ce Rhéteur a entendu un Orateur, toûjours égal & moderé ; car νήφειν est opposé à μαίνεσθαι, être furieux. Monsieur Despréaux a crû conserver la même idée, parce qu'un Orateur veritablement sublime, ressemble en quel-

que manière à un homme qui est échauffé par le vin. DACIER.

Ibid. On y voit.] Mes remarques Latines montrent, que j'ai été encor ici de même sentiment que Monsieur Dacier. TOLLIUS.

2. Au lieu que Démosthène.] Je n'ai point exprimé ἐνθεν & ἐνθεν : De peur de trop embarasser la periode. BOILEAU.

I. De.

CHAPITRE XXIX.

* De Platon, & de Lysias; & de l'excellence de l'esprit humain.

POur ce qui est de Platon, comme j'ai dit , il y a bien de la difference. Car il surpasse Lysias , non seulement par l'excellence , mais aussi par le nombre de ses beautez. Je dis plus., * c'est que Platon n'est pas tant au dessus de Lysias par un plus grand nombre de beautez , * que Lysias est au dessous de Platon par un plus grand nombre de fautes.

Qu'est-ce donc qui a porté ces Esprits divins à mépriser cette exacte & scrupuleuse délicatesse, pour ne chercher que le Sublime dans leurs Ecrits? En voici une raison. C'est que la Nature n'a point regardé l'homme comme un animal de basse & de vile condition ; mais elle lui a donné la vie, & l'a fait venir au monde comme dans une grande Assemblée, pour être spectateur de toutes les choses qui s'y passent ; elle l'a, dis-je, introduit dans cette lice, comme un courageux Athlète, qui ne doit respirer que la gloire. C'est pourquoi elle a engendré d'abord en nos ames une passion invincible pour tout ce qui nous paroît de plus grand & de plus divin. Aussi voïons-nous que le monde entier ne suffit pas.

CHANGEMENS.

* *C'est que Platon n'est pas tant* &c.]. Ce changement est encore de l'édition de 1683. Les éditions précedentes portoient : *C'est que Platon est au-dessus de Lysias , moins pour les qualités qui manquent à ce dernier , que pour les fautes dont il est rempli.*

REMARQUES.

1. DE *Platon, & de Lysias.*] Le titre de cette Section suppose qu'elle roule entièrement sur Platon & sur Lysias: & cependant il n'y est parlé de Lysias qu'à la seconde ligne ; & le reste de la Section ne regarde pas plus Lysias ou Platon , qu'Homère, Démosthène, & les autres Ecrivains du premier ordre. La division du Livre en Sections , comme on l'a déja remarqué, n'est pas de Longin, mais de quelque Moderne, qui a aussi fabriqué les argumens des Chapitres. Dans l'ancien Manuscrit , au lieu de ὁ Λυσίας, qui se lit ici dans le texte à la seconde ligne de la section , on lit ὁπουσίας. Mais ὁπουσίας ne fait aucun sens : & je croi qu'en effet Longin avoit écrit ὁ Λυσίας. BOIVIN.

2. *Que Lysias est au dessous.*] Le jugement que Longin fait ici de Lysias s'accorde fort bien avec ce qu'il a dit à la fin du Chapitre XXXII, pour faire voir que Cécilius avoit tort de croire que Lysias fut sans défaut ; mais il s'accorde fort bien aussi avec tout ce que les Anciens ont écrit de cet Orateur. On n'a qu'à voir un passage remarquable dans le

pas à la vaſte étenduë de l'eſprit de l'Homme. Nos penſées vont
ſouvent plus loin que les Cieux, & pénètrent au delà de ces bornes qui environnent & qui terminent toutes choſes.

[1] Et certainement ſi quelqu'un fait un peu de réflexion ſur un
Homme dont la vie n'ait rien eu dans tout ſon cours que de
grand & d'illuſtre, il peut connoître par là à quoi nous ſommez
nez. Ainſi nous n'admirons pas naturellement de petits ruiſſeaux,
bien que l'eau en ſoit claire & tranſparente, & utile même pour
nôtre uſage : mais nous ſommes veritablement ſurpris quand nous
regardons le Danube, le Nil, le Rhin, & l'Océan ſur tout. Nous
ne ſommes pas fort étonnez de voir une petite flamme, que nous
avons allumée, conſerver long-tems ſa lumiere pure : mais nous
ſommes frappez d'admiration, quand nous contemplons [2] ces feux
qui s'allument quelquefois dans le Ciel, bien que pour l'ordinaire ils s'évanouïſſent en naiſſant : & nous ne trouvons rien de
plus étonnant dans la Nature, que ces fournaiſes du mont Etna,
qui quelquefois jette du profond de ſes abîmes

Pind. Pyth.
1. p. 254.
edition de
Benoiſt.

Des pierres, des rochers, & des fleuves de flammes.

De tout cela il faut conclure, que ce qui eſt utile, & même
néceſſaire aux hommes, ſouvent n'a rien de merveilleux, comme
étant aiſé à acquerir : mais que tout ce qui eſt extraordinaire,
eſt admirable & ſurprenant,

CHA

REMARQUES

Livre *De optimo genere Oratorum*, où Ciceron
parle & juge en même tems des Orateurs qu'on
doit ſe propoſer pour modèle. DACIER.

1. *Et certainement.*] Le texte Grec a été ici
corrompu : & c'eſt la cauſe pourquoi Monſieur
Boileau n'a pas bien réüſſi dans la traduction
de ce paſſage. Il eût dû dire : *Et certainement
ſi quelqu'un conſidère de toutes parts la vie humaine, & fait réflexion qu'on préfère toûjours ou
toutes choſes le ſurprenant & le grand, au mignon
& au beau, il pourra auſſi-tôt connoître par là,*

à quoi nous ſommes nez. TOLLIUS.

2. *Ces feux, qui s'allument.*] Ce ſont ici
le Soleil & la Lune, dont nôtre Auteur parle,
qui s'obſcurciſſent quelquefois par des Éclipſes. * TOLLIUS.

* Ainſi, ſelon Tollius, il faloit traduire :
*Mais nous ſommes frapex d'admiration, quand
nous contemplons ces deux grandes lumieres du
Ciel, quoi qu'elles s'obſcurciſſent quelquefois par
des Éclipſes.*

1. A l'é.

CHAPITRE XXX.

Que les fautes dans le Sublime se peuvent excuser.

A L'égard donc [1] des grans Orateurs, en qui le Sublime & le Merveilleux se rencontre joint avec l'Utile & le Nécessaire; il faut avoüer qu'encore que ceux dont nous parlions, n'aient point été exempts de fautes, ils avoient néanmoins quelque chose de surnaturel & de divin. En effet, d'exceller dans toutes les autres parties, cela n'a rien qui passe la portée de l'homme : mais le Sublime nous élève presque aussi haut que Dieu. Tout ce qu'on gagne à ne point faire des fautes, c'est qu'on ne peut être repris : mais le Grand se fait admirer. Que vous dirai-je enfin ? un seul de ces beaux traits & de ces pensées sublimes, qui sont dans les Ouvrages de ces excellens Auteurs, peut paier tous leurs défauts. Je dis bien plus; c'est que si quelqu'un ramassoit ensemble toutes les fautes qui sont dans Homère, dans Démosthène, dans Platon, & dans tous ces autres célèbres Heros, elles ne feroient pas la moindre ni la millième partie des bonnes choses qu'ils ont dites. C'est pourquoi l'Envie n'a pas empêché qu'on ne leur ait donné le prix dans tous les siècles, & personne jusqu'ici n'a été en état de leur enlever ce prix, qu'ils conservent encore aujourd'hui, & que vraisemblablement ils conserveront toûjours,

* Tant qu'on verra les eaux dans les plaines courir,
Et les bois dépoüillez au Printems refleurir.

* Epitaphe pour Midias, pag. 534. 2. vol. d'Homère Edition des Elzev.

On

REMARQUES.

1. A l'égard donc des grans Orateurs.] Le texte Grec est entierement corrompu en cet endroit, comme Monsieur le Févre l'a fort bien remarqué. Il me semble pourtant que le sens que Monsieur Despréaux en a tiré ne s'accorde pas bien avec celui de Longin. En effet, ce Rhéteur venant de dire à la fin du Chapitre précedent, qu'il est aisé d'acquérir l'utile & le nécessaire, qui n'ont rien du grand ni de merveilleux, il me paroît pas possible, qu'il joigne ici ce merveilleux avec ce nécessaire & cet utile. Cela étant, je croi que la restitution de ce passage n'est pas si difficile que l'a crû Monsieur le Févre; & quoique ce savant homme ait desesperé d'y arriver sans le secours de quelque Manuscrit,

je ne laisserai pas de dire ici ma pensée. Il y a dans le texte, ἐφ' ὧν ἂν ἔτι ἔξω τῆς χρείας, &c. Et je ne doute point que Longin n'eût écrit, ἐφ' ὧν ὁ δῆτ' ἴσω τῆς χρείας καὶ ὠφελείας πίωσες τὸ μέγεθ@, C'est-à-dire : *A l'égard donc des grans Orateurs, en qui se trouve ce Sublime & ce merveilleux, qui n'est point resserré dans les bornes de l'utile & du nécessaire, il faut avüer*, &c. Si l'on prend la peine de lire ce Chapitre & le precedent, j'espère que l'on trouvera cette restitution très-vraisemblable & très-bien fondée. DACIER.

Ibid. A l'égard donc]. On verra dans mes remarques Latines, que Monsieur Dacier n'a pas si bien compris le sens de nôtre Auteur, que Monsieur Despreaux : & qu'il ne faut rien ici changer

M 2

On me dira peut-être qu'un Coloſſe, qui a quelques défauts, n'eſt pas plus à eſtimer qu'une petite ſtatuë achevée ; comme, par exemple, le Soldat de Polyclète. * A cela je réponds, que dans les Ouvrages de l'Art, c'eſt le travail & l'achèvement que l'on conſidère : au lieu que dans les Ouvrages de la Nature, c'eſt le Sublime & le Prodigieux. Or diſcourir, c'eſt une operation naturelle à l'Homme. Ajoûtez, que dans une ſtatuë on ne cherche que le rapport & la reſſemblance : mais dans le diſcours, on veut, comme j'ai dit, le ſurnaturel & le divin. Cependant, pour ne nous point éloigner de ce que nous avons établi d'abord, ¹ comme c'eſt le devoir de l'Art d'empêcher que l'on ne tombe, & qu'il eſt bien difficile qu'une haute élevation à la longue ſe ſoûtienne, & garde toûjours un ton égal ; il faut que l'Art vienne au ſecours de la Nature ; parce qu'en effet c'eſt leur parfaite alliance qui fait la ſouveraine perfection. Voilà ce que nous avons crû être obligez de dire ſur les queſtions qui ſe ſont préſentées. Nous laiſſons pourtant à chacun ſon jugement libre & entier.

*le Dory-
phore, peti-
te ſtatuë,
faite par
Polyclète,
célèbre Scul-
pteur.

REMARQUES.

changer dans le texte Grec. Dans ma traduction Latine on a oublié de mettre ces deux paroles *apud illos* entre *quidem* & *ratio* : ſi on les y remet, tout ſera clair & net *DACIER.

* Voici la traduction de Tollius : *Ego igitur de hujuſcemodi Viris, quorum tam excellens inſcribendo eſt ſublimitas, (quanquam ne hujus quidem apud illos ratio ab utilitate, atque commodo ſeparata eſt) ita colligendum, pronuntiandumque eſt.*

1. *Comme c'eſt le devoir de l'Art d'empêcher &c.*]

Au lieu de τὸ δ'ἐν ὑπεροχῇ πολλῇ ἐχ ὁμότονον, on liſoit dans l'ancien Manuſcrit τὸ δ'ἐν ὑπεροχῇ πολλῇ, πλὺυ ἐχ ὁμότονον, &c. La conſtruction eſt beaucoup plus nette en liſant ainſi, & le ſens très-clair : *Puiſque de ne jamais tomber, c'eſt l'avantage de l'Art ; & que d'être très-élevé, mais inégal, eſt le partage d'un Eſprit ſublime ; il faut que l'Art vienne au ſecours de la Nature.* BOIVIN.

CHAPITRE XXXI.

Des Paraboles, des Comparaiſons, & des Hyperboles.

POur retourner à nôtre diſcours, ¹ les Paraboles & les Comparaiſons approchent fort des Métaphores, & ne diffèrent d'elles qu'en

REMARQUES.

1. LEs paraboles & les comparaiſons.] Ce que Longin diſoit ici de la différence qu'il y a des comparaiſons aux métaphores eſt entièrement perdu ; mais on en peut fort bien ſuppléer

* qu'en un seul point ***********************
****

² Telle eſt cette Hyperbole : * *Suppoſé que vôtre eſprit ſoit dans vô-*   * *Dèmoſth.*
tre tête , & que vous ne le fouliez pas ſous vos talons. C'eſt pourquoi il   *un Hègèſi-*
faut bien prendre garde juſqu'où toutes ces Figures peuvent être pouſ-   *pe, de Halo-*
fées ; parce qu'aſſez ſouvent , pour vouloir porter trop haut une Hy-   *èdit. de*
perbole , on la détruit. C'eſt comme une corde d'arc , qui , pour être   *taſle.*
trop tenduë, ſe relâche ; & cela fait quelquefois un effet tout contraire à ce que nous cherchons.

Ainſi Iſocrate dans ſon Panégyrique *, par une ſotte ambition de ne   * *Pag. 92.*
vouloir rien dire ³ qu'avec emphaſe , eſt tombé , je ne ſai comment ,   *èdit. de H.*
dans une faute de petit Ecolier.   Son deſſein , dans ce Panégyrique ,   *Eſtienne.*
c'eſt de faire voir que les Athéniens ont rendu plus de ſervice à la Grèce , que ceux de Lacédémone : & voici par où il débute : *Puiſque le*
Diſcours a naturellement la vertu de rendre les choſes grandes , petites ,
& les petites , grandes ; qu'il fait donner les graces de la nouveauté aux
choſes les plus vieilles , & qu'il fait paroître vieilles celles qui ſont
nouvellement faites. Eſt-ce ainſi , dira quelqu'un , ô Iſocrate , que
vous allez changer toutes choſes à l'égard des Lacédémoniens & des
Athéniens ? En faiſant de cette ſorte l'éloge du Diſcours , il fait
proprement un exordé pour exhorter ſes Auditeurs à ne rien croire
de ce qu'il leur va dire.

C'eſt pourquoi il faut ſuppoſer , à l'égard des Hyperboles , ce que
nous avons dit pour toutes les Figures en géneral ; que celles-là ſont
entiè-

REMARQUES.

pléer le ſens par Ariſtote , qui dit comme Longin , qu'elles ne différent qu'en une choſe ,
c'eſt en la ſeule énonciation : par exemple ,
quand Platon dit , *que la tête eſt une citadelle ,*
c'eſt une métaphore , dont de l'eau feroit
une comparaiſon , en diſant , *que la tête eſt*
comme une citadelle. Il manque encore après
cela quelque choſe de ce que Longin diſoit de
la juſte borne des hyperboles , & juſqu'où il
eſt permis de les pouſſer. La ſuite & le paſſage
de Démoſthène , ou plûtôt d'Hégéſippe ſon
Collègue , font aſſez comprendre quelle étoit
ſa penſée. Il eſt certain que les hyperboles
ſont dangereuſes ; & comme Ariſtote l'a fort
bien remarqué , elles ne ſont preſque jamais
ſupportables que dans la paſſion. DACIER.

1º *Qu'en un ſeul point*] Cet endroit eſt
fort défectueux , & ce que l'Auteur avoit dit

de ces Figures , manque tout entier. BOI-
LEAU.

2. Telle eſt cette hyperbole : *Suppoſé que*
vôtre eſprit ſoit dans vôtre tête , & que vous ne
le fouliez pas ſous vos talons.] C'eſt dans l'O-
raiſon de Haloneſo que l'on attribuë vulgairement à Démoſthène , quoi qu'elle ſoit d'Hégéſippe ſon Collègue. Longin cite ce paſſage
ſans doute pour en condamner l'hyperbole qui
eſt en effet très-vicieuſe ; car *un eſprit foulé ſous*
les talons , eſt une choſe bien étrange. Cependant Hermogène n'a pas laiſſé de la loüer.
Mais ce n'eſt pas ſeulement par ce paſſage , que
l'on peut voir que le jugement de Longin eſt
ſouvent plus ſûr que célui d'Hermogène & de
tous les autres Rhéteurs. DACIER.

3. *Qu'avec emphaſe*] *Qu'en exagerant.*
TOLLIUS.

entièrement cachées, & qu'on ne prend point pour des Hyperboles.
Pour cela donc, il faut avoir soin que ce soit toûjours la passion
qui les fasse produire au milieu de quelque grande circonstance.　Comme, par exemple, l'Hyperbole de Thucydide, * à propos
des Atheniens qui perirent dans la Sicile. ¹ *Les Siciliens étant descendus en ce lieu, ils y firent un grand carnage, de ceux sur tout qui
s'étoient jettez dans le fleuve. L'eau fut en un moment corrompuë du
sang de ces Miserables ; & néanmoins toute bourbeuse & toute sanglan-
te qu'elle étoit, ils se battoient pour en boire.* Il est assez peu croïa-
ble que des hommes boivent du sang & de la boüe, & se battent
même pour en boire ; & toutefois la grandeur de la passion, au
milieu de cette étrange circonstance, ne laisse pas de donner une
apparence de raison à la chose.　Il en est de même de ce que dit
Herodote* de ces Lacédémoniens, qui combattirent au Pas des Thermopyles. ² *Ils se deffendirent encore quelque tems en ce lieu avec les
armes qui leur restoient, & avec les mains & les dents ; jusqu'à ce
que les Barbares, tirant toûjours, les eussent comme ensevelis sous leurs
traits.* Que dites-vous de cette Hyperbole ? Quelle apparence que
des hommes se deffendent avec les mains & les dents contre des
gens

Marginal notes:
* Liv. 7. p.
555. edit. de
H. Estienne.

* Liv. 7. p.
458. edit. de
Francfort.

R E M A R Q U E S.

1. *Les Siciliens étant descendus en ce lieu,*
&c.] Ce passage est pris du septième Livre.
Thucydide parle ici des Atheniens qui en se
retirant sous la conduite de Nicias furent attra-
pez par l'armée de Gylippe & par les troupes
des Siciliens près du fleuve Afinarus aux envi-
rons de la ville *Neetum* ; mais dans le texte,
au lieu de dire *les Lacedemoniens étant descendus,*
Thucydide écrit, οἱ Πελοποννήσιοι ἐπικαλά-
ξαντες, & non pas οἱ τε ᾧ Συρακύσιοι,
comme il y a dans Longin. Par ces *Peloponesiens*
Thucydide entend les troupes de Lacédémone
conduites par Gylippe, & il est certain que dans
cette occasion les Siciliens tiroient sur Nicias de
dessus les bords du fleuve, qui étoient hauts &
escarpez, les seules troupes de Gylippe descen-
dirent dans le fleuve, & y firent tout ce carnage des Athéniens. D A C I E R.

2. *Ils se deffendirent encore quelque tems.*] Ce
passage est fort clair. Cependant c'est une chose surprenante qu'il n'ait été entendu ni de Lau-
rent Valle, qui a traduit Herodote, ni des Traducteurs de Longin, ni de ceux qui ont fait des
notes sur cet Auteur. Tout cela, faute d'avoir
pris garde que le verbe κατάχομεν veut quel-

fois dire *enterrer.* Il faut voir les peines que se
donne Monsieur le Févre, pour restituer ce passage, auquel, après bien du changement, il ne
sauroit trouver de sens qui s'accommode à
Longin, prétendant que le texte d'Herodote
étoit corrompu dès le tems de nôtre Rhéteur,
& que cette beauté qu'un si savant Critique y
remarque, est l'ouvrage d'un mauvais Copiste,
qui y a mêlé des paroles qui n'y étoient point.
Je ne m'arrêterai point à refuter un discours
si peu vrai-semblable. Le sens que j'ai trouvé, est si clair & si infaillible, qu'il dit tout.
B O I L E A U.

Ibid. *Ils se deffendirent encore quelque tems.*]
Monsieur Despréaux a expliqué ce passage au
pied de la lettre, comme il est dans Longin,
& Il assûre dans sa remarque, qu'il n'a point
été entendu, ni par les Interprétes d'Herodote, ni par ceux de Longin ; & que Monsieur
le Févre, après bien du changement, n'y a
sû trouver de sens. Nous allons voir si l'explication qu'il lui a donnée lui-même, est aussi
sûre & aussi infaillible qu'il l'a crû. Herodote
parle de ceux qui, au détroit des Thermopyles,
après s'être retranchez sur un petit poste élevé,
où

gens armez ; ¹ & que tant de personnes soient enfevelies fous les traits

REMARQUES.

foûtinrent tout l'effort des Perfes , jufques à ce qu'ils furent accablez & comme enfevelis fous leurs traits. Comment peut-on donc concevoir que des gens poftez & retranchez fur une hauteur fe deffendent avec les dents contre des ennemis qui tirent toûjours , & qui ne les attaquent que de loin ? Monfieur le Févre , à qui cela n'a pas paru poffible , a mieux aimé fuivre toutes les éditions de cet Hiftorien , où ce paffage eft ponctué d'une autre manière , & comme je le mets ici : ἐν τὐτῳ σφέας τῳ χώρῳ ἀλεξομϛνες μαχαίρῃσι τῇσιν αυτέων, ταῖς ἐτύγχανον ἔτι σϖζεσαι, καὶ χερσὶ καὶ στόμασι κατέχωσαν οι βάρβαροι βάλλοντες. Et au lieu de χερσὶ ᾳὴ στόμασι , il a crû qu'il faloit corriger χερμαδίοις ᾳὴ ξίφασι , en le raportant à κατέχωσαν ; comme ils fe deffendoient encore dans le même lieu avec les épées qui leur reftoient , les Barbares les accablèrent de pierres & de traits. Je trouve pourtant plus vrai-femblable qu'Herodote avoit écrit λάεσι ᾳὴ ξίφασι. Il avoit fans doute en vûë ce vers d'Homère du III. de l'Iliade :

Τ᾽οἴσιν τε τιτυσκόμϛνοι λάεσσι τ᾽ἔϐαλλον.

Ils les chargeoient à coups de pierres & de traits.

La corruption de λάεσι en χερσὶ étant tres-facile. Quoi qu'il en foit , on ne peut pas douter que ce ne foit le veritable fens. Et ce qu'Herodote ajoûte le prouve vifiblement. On peut voir l'endroit dans la Section 125. du Liv. VII. D'ailleurs Diodore , qui a décrit ce combat , dit que les Perfes environnèrent les Lacédémoniens , & qu'on les attaquant de loin ils les percèrent tous à coups de flèches & de traits. A toutes ces raifons Monfieur Defpréaux ne fauroit oppofer que l'autôrité de Longin , qui a écrit & entendu ce paffage de la même manière dont il l'a traduit ; mais je répons , que dès le tems même de Longin ce paffage pouvoit être corrompu : que Longin étoit homme , & que par conféquent il a pû faillir auffi-bien que Démofthène , Platon , & tous ces grans Heros de l'antiquité , qui ne nous ont donné des marques qu'ils étoient hommes , que par quelques faures , & par leur mort. Si on veut encore fe donner la peine d'examiner ce paffage , on cherchera , fi je l'ofe dire , Longin dans Longin même. En effet , il ne raporte ce paffage que pour faire voir la beauté de cette Hyperbole , des

hommes fe deffendent avec les dents contre des gens, armez , & cependant cette Hyperbole eft puerile , puifque lors qu'un homme a approché fon ennemi , & qu'il l'a faifi au corps , comme il faut néceffairement en venir aux prifes, pour emploïer les dents , il lui a rendu les armes inutiles , ou même plûtôt incommodes. De plus , ceci , *des hommes fe deffendent avec les dents contre des gens armez*, ne préfuppofe pas que les uns ne puiffent être armez comme les autres , & ainfi la penfée de Longin eft froide , parce qu'il n'y a point d'oppofition fenfible entre des gens qui fe deffendent avec les dents & des hommes qui combatent armez. Je n'ajoûterai plus que cette feule raifon , c'eft que fi l'on fuit la penfée de Longin , il y aura encore une fauffeté dans Herodote , puifque les Hiftoriens remarquent que les Barbares étoient armez à la légère avec de petits boucliers, & qu'ils étoient par conféquent expofez aux coups des Lacédémoniens, quand ils approchoient des retranchemens , au lieu que ceux-ci étoient bien armez , ferrez en peloton , & tous couverts de leurs larges boucliers. DACIER.

Ibid. *Ils fe défendirent*] Je me fuis fervi dans ma traduction Latine du mot *sumulaverunt* , pour expliquer le Grec κατέχωσαν. Je fuis néanmoins du même fentiment que Monfieur Dacier : hormis que je n'aprouve pas le mot χερμαδίοισι , ni auffi l'autre λάεσι : mais au lieu de ᾳὴ χερσὶ , ᾳὴ στόμασι , je remets τοῖσι ὑςεύμασι , ον τοξεύμασι. Philoftrate dans la vie d'Apollonius de Thyano , lib. IV. ch. VII : Ἐπὶ δὲ τὸν κολωνὸν βαδίζων , ἐφ᾽ ῷ λέγονται οἱ Λακεδαιμόνιοι ᾳρχωθῆναι τοῖς τοξεύμασιν , ᾖκασε , &c. on pourroit auffi lire βέλεσι , καὶ τοξεύμασι. TOLLIUS.

1. *Et que tant de perfonnes foient enfevelies.*] Les Grecs dont parle ici Herodote étoient en fort petit nombre , Longin n'a donc pû écrire *& que tant de perfonnes*, &c. D'ailleurs de la manière que cela eft écrit , il femble que Longin trouve cette métaphore exceffive , plûtôt à caufe du nombre des perfonnes qui font enfevelies fous les traits , qu'à caufe de la chofe même , & cela n'eft point ; car au contraire Longin dit clairement , *quelle hyperbole !* combatre avec les dents contre des gens armez? *& celle-ci encore* , être accablé fous les traits? *cela ne laiffe pas néanmoins* , &c. DACIER.

1. Qui

traits de leurs Ennemis ? Cela ne laiſſe pas néanmoins d'avoir
de la vraiſemblance ; parce que la choſe ne ſemble pas recherchée
pour l'Hyperbole ; mais que l'Hyperbole ſemble naître du ſujet
même. En effet, pour ne me point départir de ce que j'ai dit,
un remède infaillible pour empêcher que les hardieſſes ne choquent ; c'eſt de ne les emploïer que dans la paſſion, & aux endroits à peu près qui ſemblent les demander. Cela eſt ſi vrai,
que dans le Comique on dit des choſes qui ſont abſurdes d'elles-
mêmes, & qui ne laiſſent pas toutefois de paſſer pour vraiſem-
blables, à cauſe qu'elles émeuvent la paſſion, je veux dire, qu'elles excitent à rire. En effet, le Rire eſt une paſſion de l'ame,
caußée par le plaiſir. Tel eſt ce trait d'un Poëte Comique : * *Il
poſſedoit une Terre à la campagne,* [1] *qui n'étoit pas plus grande
qu'une Epître de Lacédémonien.*

Au reſte, on ſe peut ſervir de l'Hyperbole, auſſi-bien pour diminuer les choſes que pour les agrandir : car l'exageration eſt propre à ces deux differens effets ; & le *Diaſyrme* †, qui eſt une eſpèce d'Hyperbole, n'eſt, à le bien prendre, que l'exageration
d'une choſe baſſe & ridicule.

R E M A R Q V E S.

1. *Qui n'étoit pas plus grande qu'une Epître | Caſaubon. B O I L E A V.*
de Lacédémonien.] J'ai ſuivi la reſtitution de |

CHAPITRE XXXII.

De l'arrangement des Paroles.

DEs cinq parties qui produiſent le Grand, comme nous avons
ſuppoſé d'abord, il reſte encore la cinquième à examiner ;
c'eſt à ſavoir, la Compoſition & l'Arrangement des Paroles.
Mais, comme nous avons déja donné deux volumes de cette matière, où nous avons ſuffiſamment expliqué tout ce qu'une longue
ſpéculation nous en a pû apprendre ; nous nous contenterons de
dire ici ce que nous jugeons abſolument néceſſaire à nôtre ſujet ;
comme par exemple, que l'Harmonie [1] n'eſt pas ſimplement un
agré-

R E M A R Q V E S.

1. N'Eſt pas ſimplement un agrément] Les | ſage, qui ſûrement doit être entendu dans
Traducteurs n'ont point conçu ce paſ- | mon ſens, comme la ſuite du Chapitre le fait
aſſez.

Marginal notes:
* *v. Stra-*
bon, l. 1, p.
36. édit. de
Paris.

†Διασυρμός.

agrément que la Nature a mis dans la voix de l'homme, pour perfuader & pour infpirer le plaifir : ' mais que dans les inftrumens même inanimez, c'eft un moïen merveilleux ² pour élever le courage, & pour émouvoir les paffions.

Et de vrai, ne voïons-nous pas que le fon des flûtes émeut l'ame de ceux qui l'écoutent, & les remplit de fureur, comme s'ils étoient hors d'eux-mêmes ? Que leur imprimant dans l'oreille le mouvement de fa cadence, il les contraint de la fuivre, & d'y conformer en quelque forte le mouvement de leur corps. Et non feulement le fon des flûtes, ³ mais prefque tout ce qu'il y a de differens fons au monde, comme par exemple, ceux de la Lyre, font cet effet. Car bien qu'ils ne fignifient rien d'eux-mêmes, néanmoins, par ces changemens de tons, qui s'entrechoquent les uns les autres, & par le mélange de leurs accords, fouvent, comme nous voïons, ils causent

REMARQUES.

affez connoître. Ενέργημα veut dire un *effet* & *non pas un moïen*, *n'eft pas fimplement un effet de la nature de l'homme* BOILEAU.

Ibid. *N'eft pas fimplement &c.*] Monfieur Defpréaux affûre dans fes Remarques, que ce paffage doit être entendu comme il l'a expliqué; mais je ne fuis pas de fon avis, & je trouve qu'il s'eft éloigné de la penfée de Longin, en prenant le mot Grec *organum* pour un inftrument, comme une flûte, une lyre, au lieu de le prendre dans le fens de Longin pour un *organe*, comme nous difons pour une *caufe*, un *moïen*. Longin dit clairement, *l'harmonie n'eft pas feulement un moïen naturel à l'homme pour perfuader & pour lifpirer le plaifir, mais encore un organe, un inftrument merveilleux pour élever le courage & pour émouvoir les paffions*. C'eft, à mon avis, la veritable fens de ce paffage. Longin vient enfuite aux exemples de l'harmonie de la flûte & de la lyre, quoy que ces organes, pour émouvoir & pour perfuader, n'approchent point des moïens qui font propres & naturels à l'homme, &c. DACIER.

Ibid. *N'eft pas fimplement.*] Monfieur Dacier a raifon ici de rejetter le fentiment de Monfieur Defpréaux. Qu'on regarde ma traduction, & mes remarques Latines : & on verra que ma conjecture a beaucoup de vraifemblance. Même Monfieur Defpréaux a très-bien exprimé le mot μεγαληγορίας, que je préfere au μίθ ελευθερίας. TOLLIUS.

2. *Mais que dans &c.*] Cela ne fe trouve

pas dans le Grec. Lifez donc : *Mais que c'eft un moïen merveilleux pour rendre le difcours fublime, & pour émouvoir les paffions. Car ce n'eft pas la flûte feulement qui émeut, &c. mais prefque tout &c.* TOLLIUS.

2. *Pour élever le courage & pour émouvoir les paffions.*] Il y a dans le Grec μεθ ελευθερίας : ×, πάθυς : c'eft ainfi qu'il faut lire & non point ἐπι ελευθερίας, &c. Ces paroles veulent dire, *Qu'il eft merveilleux de voir des inftrumens inanimez avoir en eux un charme pour émouvoir les paffions, & pour infpirer la nobleffe de courage*. Car c'eft ainfi qu'il faut entendre ελευθερίας. En effet, il eft certain que la trompette, qui eft un pen obfcure en cet endroit, fert à réveiller le courage dans la guerre. J'ai ajoûté le mot d'*inanimez*, pour éclaircir la penfée de l'Auteur, qui eft un peu obfcure en cet endroit. Όργανον, abfolument pris, veut dire toutes fortes d'inftrumens muficaux & animés, comme le prouve fort bien Henri Etienne. BOILEAU.

3. *Mais prefque tout ce qu'il y a de Sons au monde*] Καν άλλοις όσοι παντάπασι : Tollius veut qu'on life, αλλά κỳ όσοι παντάπασι. Mr. Le Févre lifoit, άλλως τε κỳ ἐπει, &c. Certainement il y a faute dans le texte, & il eft impoffible d'y faire un fens raifonnable fans corriger. Je fuis perfuadé que Longin avoit écrit καν παντάπασι, ou, *licet imperitis fit omnino*, ou, *licet à Mufis omnino alienus fit*. La flûte, dit Longin, force celuy qui l'entend

Tome. I. L.   N.

causent à l'ame un transport & un ravissement admirable. ' Cependant ce ne sont que des images & de simples imitations de la voix, qui ne disent & ne persuadent rien; n'étant, s'il faut parler ainsi, que des sons bâtards; & non point, comme j'ai dit, des effets de la nature de l'homme. Que ne dirons-nous donc point de la Composition, qui est en effet comme l'harmonie du discours, dont l'usage est naturel à l'homme, qui ne frappe pas simplement l'oreille, mais l'esprit; qui remuë tout à la fois tant de differentes sortes de noms, de pensées, de choses; tant de beautez & d'elegances, avec lesquelles nôtre ame a une espèce de liaison & d'affinité; qui par le mélange & la diversité des sons, insinuë dans les esprits, inspire à ceux qui écoutent, les passions mêmes de l'Orateur, & qui bâtit sur ce sublime amas de paroles, ce Grand & ce Merveilleux que nous cherchons? Pouvons-nous, dis-je, nier qu'elle ne contribuë beaucoup à la grandeur, à la majesté, à la magnificence du discours & à toutes ces autres beautez qu'elle renferme en soi; & qu'aiant un empire absolu sur les esprits, elle ne puisse en tout tems les ravir & les enlever? Il y auroit de la folie à douter d'une verité si universellement reconnuë ² & l'experience en fait foi.

Au reste, il en est de même des discours que des corps, qui doivent ordinairement leur principale excellence à l'assemblage & à la juste proportion de leurs membres : de sorte même qu'encore qu'un membre séparé de l'autre n'ait rien en soi de remarquable,

tous

l'entend, fût-il ignorant & grossier, n'eût-il aucune connoissance de la Musique, & de se mouvoir en cadence, & de se conformer au son mélodieux de l'instrument. L'ancien Manuscrit, quoique fautif en cet endroit, autorise la nouvelle correction : Car on y lit, καὶ ἀλλουϛότη, Ce qui ressemble fort à καὶ ἀμουϛο ῆ, sur-tout si on écrit en majuscules, sans accent, sans esprit, & sans distinction de mots, comme on écrivoit autrefois, & comme il est certain que Longin avoit écrit, KANAMOY-COCH. Entre KANAMOYCOCH & KANAAOYCOCH, il n'y a de difference que de la lettre M aux deux Λ: difference très-légere, où les Copistes se peuvent aisément tromper. BOIVIN.

1. Cependant ce ne sont que des images] Longin, à mon sens, n'a garde de dire que les instrumens, comme la trompette, la lyre, la flûte, ne disent & ne persuadent rien, Il dit,

Cependant ces images & ces imitations ne sont que des organes bâtards pour persuader, & n'approchent point du tons de ces moiens qui, comme j'ai déja d's, sont propres & naturels à l'homme. Longin veut dire, que l'harmonie qui se tire des differens sons d'un instrument, comme de la lyre ou de la flûte, n'est qu'une foible image de celle qui se forme par les differens sons, & par la differente flexion de la voix; & que cette dernière harmonie, qui est naturelle à l'homme, a beaucoup plus de force que l'autre, pour persuader & pour émouvoir. C'est ce qu'il seroit fort aisé de prouver par des exemples. DACIER.

2. Et l'experience en fait foi.] L'Auteur justifie ici sa pensée par une periode de Démosthène, † dont il fait voir l'harmonie & la beauté. Mais, comme ce qu'il en dit, est entiè-

† De Corona p. 340. Edit. de Bâle.

tous ensemble ne laissent pas de faire un corps parfait. Ainsi les parties du Sublime étant divisées, le Sublime se dissipe entièrement: au lieu que venant à ne former qu'un corps par l'assemblage

REMARQUES.

entièrement attaché à la langue Grecque, j'ai crû qu'il valoit mieux le passer dans la Traduction, & le renvoïer aux Remarques, pour ne point effraïer ceux qui ne savent point le Grec. En voici donc l'explication. *Ainsi cette pensée que Démosthène ajoûte, après la lecture de son Decret, paroît fort sublime, & est en effet merveilleuse. Ce Decret, dit-il, a fait évanoüir le peril qui environnoit cette ville, comme un nuage qui se dissipe lui-même.* Τοῦτο τὸ ψήφισμα τὸν τότε τῇ πόλει περιςάντα κίνδυνον παρελθεῖν ἐποίησεν, ὥσπερ νέφος. *Mais il faut avoüer que l'harmonie de la periode ne cède point à la beauté de la pensée. Car elle va toûjours de trois tems en trois tems, comme si c'étoient tous Dactyles, qui sont les piés les plus nobles & les plus propres au Sublime: & c'est pourquoi le vers Heroïque, qui est le plus beau de tous les vers, en est composé. En effet, si vous ôtez un mot de sa place, comme si vous mettiez* Τοῦτο τὸ ψήφισμα *ὥσπερ νέφος* ἐποίησε τὸν τότε κίνδυνον παρελθεῖν, *ou si vous en retranchez une seule syllabe, comme* ἐποίησε παρελθεῖν ὡς νέφος, *vous connoîtrez aisément combien l'harmonie contribuë au Sublime. En effet, ces paroles,* ὥσπερ νέφος, *s'appuïant sur la premiere syllabe qui est longue, se prononcent à quatre reprises: De sorte que, si vous en ôtez une syllabe, ce retranchement fait que la periode est tronquée. Que si au contraire vous en ajoûtez une, comme* παρελθεῖν ἐποίησεν ὥσπερ τε νέφος, *c'est bien le même sens; mais ce n'est plus la même cadence: parce que la periode s'arrêtant trop long-tems sur les dernieres syllabes, le Sublime, qui suivoit serré auparavant, se relâche & s'affoiblit. Au reste, j'ai suivi, dans ces derniers mots, l'explication de Monsieur le Févre, & j'ajoûte comme lui,* τε ἐν ὥσπερ. BOILEAU.

Ibid. Et l'experience en fait foi ****.] Longin rapporte après ceci un passage de Démosthène que Monsieur Despréaux a rejetté dans ses Remarques, parce qu'il est entièrement attaché à la langue Grecque. Le voici: τοῦτο τὸ ψήφισμα τὸν τότε τῇ πόλει περιςάντα κίνδυνον παρελθεῖν ἐποίησεν ὥσπερ νέφος. Comme ce Rhéteur assure que l'harmonie de la periode ne cède point à la beauté de la pensée, parce qu'elle est toute composée de nombres dactyliques; je crois qu'il ne sera

pas inutile d'expliquer ici cette harmonie & ces nombres, vû même que le passage de Longin est un de ceux que l'on peut traduire fort bien au pié de la lettre, sans entendre la pensée de Longin, & sans connoître la beauté du passage de Démosthène. Je vais donc tâcher d'en donner au lecteur une intelligence nette & distincte; & pour cet effet je distribuerai d'abord la periode de Démosthène dans ces nombres dactyliques, comme Longin les a entendus.

$$- \cup \cup \quad - \cup \cup \quad - \cup \cup \quad - \cup \cup$$
[τοῦτο τὸ] ψήφισμα] τὸν τότε] τῇ πόλει
$$\cup \cup - \cup \cup \quad - \cup \cup \quad - \cup \cup - \cup$$
περιςάν] τα] κίνδυνον] παρελθεῖν] ἐποίησεν].
$$- \cup \cup$$
[ὥσπερ νέφος.] Voilà neuf nombres dactyliques en tout. Avant que de passer plus avant, il est bon de remarquer que beaucoup de gens ont fort mal entendu les nombres dactyliques, pour les avoir confondus avec les mètres ou les piés que l'on appelle Dactyles. Il y a pourtant bien de la différence. Pour le nombre dactylique, on n'a égard qu'au tems & à la prononciation; & pour le dactyle, on a égard à l'ordre & à la position des lettres, de sorte qu'un même mot peut faire un nombre dactylique sans être pourtant un Dactyle, comme cela paroît par [ψήφισμα] τῇ πόλει] παρελθεῖν.] Mais revenons à nôtre passage. Il n'y a plus que trois difficultez qui se présentent: la première: que ces nombres devant être de quatre tems, d'un long qui en vaut deux, & de deux courts; le second nombre de cette periode ψήφισμα, le quatrième, le cinquième & quelques autres paroissent en avoir cinq; parce que dans ψήφισμα la première syllabe étant longue, en vaut deux, la seconde étant aussi longue en vaut deux autres, & la troisième brève, un, &c. A cela je répons, que dans les Rythmes, ou nombres, comme je l'ai déja dit, on n'a égard qu'au tems & à la voïelle, & qu'ainsi φις est aussi bref que μα. C'est ce qui paroîtra clairement par ce seul exemple de Quintilien, qui dit, que la seconde syllabe d'*agrestis* est brève. La seconde difficulté naît de ce précepte de Quintilien, qui dit dans le Chapitre IV, du Livre IX: *Que quand la periode commence*

.blage qu'on en fait, & par cette liaiſon harmonieuſe qui les joint, le ſeul tour de la periode leur donne du ſon & de l'emphaſe. C'eſt pourquoi on peut comparer le Sublime dans les periodes, à un feſtin par écot, auquel pluſieurs ont contribué. Juſques-là qu'on voit beaucoup de Poëtes & d'Ecrivains, qui n'étant point nez au Sublime, n'en ont jamais manqué neanmoins ; bien que pour l'ordinaire ils ſe ſerviſſent de façons de parler baſſes, communes, & fort peu élegantes. En effet, ils ſe ſoûtiennent par ce ſeul arrangement de paroles, qui leur enfle & groſſit en quelque ſorte la voix : ſi bien qu'on ne remarque point leur baſſeſſe. * Philiſte eſt de ce nombre. Tel eſt auſſi Ariſtophane en quelques endroits, & Euripide en pluſieurs, comme nous l'avons déja ſuffiſamment montré. Ainſi quand Hercule dans cet Auteur * après avoir tué ſes enfans, dit :

* Hercule
furieux, V.
1245.

> *Tant de maux à la fois* a *ſont entrez dans mon ame,*
> *Que je n'y puis loger de nouvelles douleurs :*

Cette penſée eſt fort triviale. Cependant il la rend noble par le moïen de ce tour, qui a quelque choſe de muſical & d'harmonieux. Et certainement, pour peu que vous renverſiez l'ordre de ſa

CHANGEMENS.

a *Sont entrez dans mon ame*] Edition de 1683. Les éditions precedentes portoient, *Ont aſſiégé mon ame.*

REMARQUES.

par une ſorte de rythme ou de nombre, elle doit continuer dans le même rythme juſques à la fin. Or dans cette periode de Démoſthene le nombre ſemble changer, puiſque tantôt les longues & tantôt les brèves ſont les premières. Mais le même Quintilien ne laiſſe aucun doute là-deſſus, ſi l'on prend garde à ce qu'il a dit auparavant : *Qu'il eſt indifferent au rithme dactylique d'avoir les deux premières ou les deux dernières brèves, parce que l'on n'a égard qu'aux tems, & à ce que ſon élevation fait de même nombre que ſa poſition.* Enfin, la troiſième & dernière difficulté vient du dernier rythme ὥσπερ ἴρ϶϶, que Longin fait de quatre ſillabes, & par conſequent de cinq tems, quoique Longin aſſûre qu'il ſe meſure par quatre. Je répons, que ce nombre ne laiſſe pas d'être dactylique comme les autres, parce que le tems de la dernière ſyllabe eſt ſuperflu & conté pour rien, comme les ſillabes

qu'on trouve de trop dans les vers qui de là ſont appellez hypermètres. On n'a qu'à écouter Quintilien : *Les rythmes reçoivent plus facilement des tems ſuperflus, quoique la même choſe arrive auſſi quelquefois aux mètres.* Cela ſuffit pour éclaircir la periode de Démoſthene, & la penſée de Longin. J'ajoûterai pourtant encore, que Démétrius Phaleréus cite ce même paſſage de Démoſthene, & qu'au lieu de ὥρϛ δ̔ν̔α, il a la ὅϑοϊα, ce qui fait le même effet pour le nombre. DACIER.

1. *Philiſte eſt de ce nombre.*] Le nom de ce Poëte eſt corrompu dans Longin, il faut lire *Philiſcus*, & non pas *Philiſtus.* C'étoit un Poëte Comique, mais on ne ſauroit dire préciſément, en quel tems il a vécu. DACIER.

Ibid. *Philiſte eſt de ce nombre*] Monſieur Dacier a raiſon de préferer ici *Philiſcus* à *Philiſtus.*

fa periode, vous verrez manifeftement combien Euripide eft plus heureux dans l'arrangement de fes paroles, que dans le fens de fes penfées. De même, dans fa Tragédie intitulée, ' *Dircé* ᵇ *traînée par un Taureau* †,

> *Il tourne aux environs dans fa route incertaine :*
> *Et courant en tous lieux où fa rage le meine,*
> *Traîne après foi la femme, & l'arbre & le rocher.*

† *Dircé, ou Antiope, Tragédie perduë. V. les Fragm. de M. Bar- nès, p. 519.*

Cette penfée eft fort noble à la verité ; mais il faut avoüer que ce qui lui donne plus de force, c'eft cette harmonie qui n'eft point précipitée, ni emportée comme une maffe pefante, mais dont les paroles fe foûtiennent les unes les autres, & où il y a plufieurs paufes. En effet, ces paufes font comme autant de fondemens foli- des, fur lefquels fon difcours s'appuie & s'élève.

CHANGEMENS.

ᵇ *Dircé traînée par un Taureau.*] Cette correction fut faite dans l'édition de 1701. Il y avoit dans les autres : *Dircé emportée par* &c. Voïez les Remarques.

REMARQUES.

l'Ifus. Mais ce pourroit bien être auffi ce Phi- lifcus de Corfou, un des fept Tragiques du fecond rang, qui a vécu fous Philadelphe, & a été Prêtre de Bacchus. TOLLIUS.

1. *Dircé traînée par un Taureau.*] Mr. D. fpréaux avoit traduit dans fes premières éditions : *Dircé emportée* &c. Surquoi Mr. Dacier fit cette Remarque, que Mr. Def-

préaux a fuivie : „ Longin dit, *traînée par un* „ *Taureau* ; & il faloit conferver ce mot, „ parce qu'il explique l'hiftoire de Dircé, que „ Zéthus & Amphion attachèrent par les che- „ veux à la queuë d'un Taureau, pour fe „ vanger des maux qu'elle & fon mari Lycus „ avoient faits à Antiope leur mere.

„ 1. *Du*

CHAPITRE XXXIII.

De la mefure des Periodes.

AU contraire, il n'y a rien qui rabaiffe davantage le Sublime que ces nombres rompus, & qui fe prononcent vite tels que font les Pyrrhiques, les Trochées & les Dichorées, qui ne font bons que pour la danfe. En effet, toutes ces fortes de pieds & de mefures n'ont qu'une certaine mignardife & un petit agré- ment, qui a toûjours le même tour, & qui n'émeut point l'ame. Ce que j'y trouve de pire, c'eft que comme nous voïons que natu- rellement ceux à qui l'on chante un air ne s'arrêtent point au fens

N 3 des

des paroles , & font entraînez par le chant : [1] de même , ces paroles mefurées n'infpirent point à l'efprit les paffions qui doivent
naître du difcours , & impriment fimplement dans l'oreille le mouvement de la cadence. Si bien que comme l'Auditeur prévoit d'ordinaire cette chûte qui doit arriver , il va au devant de celui qui
parle , & le prévient , marquant, comme en une danfe , [a] la chûte
avant qu'elle arrive.

C'eft encore un vice qui affoiblit beaucoup le difcours , quand
les periodes font arrangées avec trop de foin , ou quand les membres en font trop courts , & ont trop de fillabes brèves , étant
d'ailleurs comme joints & attachez enfemble avec des cloux aux
endroits où ils fe défuniffent. Il n'en faut pas moins dire des
periodes qui font trop coupées. Car il n'y a rien qui eftropie
davantage le Sublime , que de le vouloir comprendre dans un
trop petit efpace. Quand je deffends néanmoins de trop couper
les periodes , je n'entends pas parler de celles [2] qui ont leur jufte étenduë , mais de celles qui font trop petites , & comme muti-
lées. En effet , de trop couper fon ftile , cela arrête l'efprit ; au
lieu [3] que de le divifer en periodes , cela conduit le Lecteur. Mais
le

REMARQUES.

[1] DE même , ces paroles mefurées, &c.] Longin dit , De même , quand les periodes font
fi mefurées , l'Auditeur n'eft point touché du difcours , il n'eft attentif qu'au nombre & à l'har-
manie : jufques-là que prévoïant les cadences qui
doivent fuivre , & batant toûjours la mefure comme en une danfe , il prévient même l'Orateur , &
marque la chûte avant qu'elle arrive. Au refte ,
ce que Longin dit ici , eft pris tout entier de la
Rhétorique d'Ariftote , & il peut nous fervir
fort utilement à corriger l'endroit même d'où
il a été tiré. Ariftote , après avoir parlé des
periodes mefurées , ajoûte , τὸ μὲν γὸ ἀπίθα-
νον , πεπλάϲϑαι γὸ δοκεῖ καὶ ἅμα * * * ἔξίϲη-
ϲι , προϲέχειν γὸ ποιεῖ τῷ ὁμοίῳ πότε πάλιν
ἥξει. * * * * ὥϲπερ ᵹ τῶν κηρύκων προλαμβάνε-
ϲι τὰ παιδία τό , τίνα αἱρεῖται Ͻιάϲοϲιν ὁ
ἀπελευϑερεϝόμυος ; Κλέωνα. Dans la première lacune il faut fuppléer affurément , καὶ ἅμα
τὰς ἀκούϲας Ͻιένϲι ; & dans la feconde , après

ταῦτ᾽ ajoûter , ὁ καὶ φϑάνοντες προαποδιδόαϲι
ὥϲπερ ἓν &c. & après ἀπελευϑεριϝόμυος, il faut
un point interrogatif. Mais c'eft ce qui paroîtra
beaucoup mieux par cette traduction: ces periodes mefurées ne perfuadent point , car outre
qu'elles paroïffent étudiées , elles detournent l'Auditeur , & le rendent attentif feulement au nombre & aux chûtes , qu'il marque même par avance : comme on voit les enfans fe hâter de repan-
dre Cléon , avant que les Huiffiers aient achevé
de crier , qui eft le Patron que veut prendre l'affranchi ? Le favant Victorius eft le feul qui
ait foupçonné que ce paffage d'Ariftote étoit
corrompu , mais il n'a pas voulu chercher les
moïens de le corriger. DACIER.

2. Qui ont leur jufte étenduë.] Qui n'ont
pas leur jufte étenduë périodique. TOLLIUS.

3. Que de le divifer en periodes] Au lieu
qu'une louable briéveté le conduit & l'éclaire.
TOLLIUS.

le contraire en même tems apparoît des periodes trop longues.
Et toutes ces paroles recherchées pour alonger mal-à-propos un
difcours, font mortes & languiffantes.

CHAPITRE XXXIV

De la baffeffe des termes.

UNe des chofes encore qui avilit autant le difcours, c'eſt la
baffeffe des termes. Ainfi nous voïons dans Herodote † une
defcription de tempête, qui eſt divine pour le fens : mais il y a
mêlé des mots extrèmement bas ; comme quand il dit, ¹ *La Mer*
commençant à bruire. Le mauvais fon de ce mot, *bruire*, fait perdre à fa penfée une partie de ce qu'elle avoit de grand. *Le vent,*
dit-il en un autre endroit, *les balotta fort, & ceux qui furent dif-*
perféz par la tempête, firent une fin peu agréable. Ce mot *balotter*
eſt bas ; & l'epithète de *peu agréable* n'eſt point propre pour exprimer un accident comme celui-là.

De même, l'Hiſtorien Théopompus * a fait une peinture de la
defcente du Roi de Perfe dans l'Egypte, qui eſt miraculeufe d'ailleurs ; mais il a tout gâté par la baffeffe des mots qu'il y mêle.
Y a-t-il une Ville, dit cet Hiſtorien, *& une Nation dans l'Afie,*
qui n'ait envoïé des Ambaffadeurs au Roi ? Y a-t-il rien de beau &
de précieux qui croiſſe, ou qui fe fabrique en ces Païs, dont on ne
lui ait fait des préfens ? Combien de tapis & de veſtes magnifiques,
les unes rouges, les autres blanches, & les autres hiſtoriées de cou-
leurs ? Combien de tentes dorées, & garnies de toutes les chofes
néceſſaires pour la vie ? Combien de robes & de lits fomptueux ?
Combien de vafes d'or & d'argent enrichis de pierres précieufes, ou ar-
tiſtement travaillez ? Ajoûtez à cela un nombre infini d'armes étran-
geres & à la Grècque : une foule incroiable de bêtes de voiture, &
d'animaux deſtinez pour les facrifices : des boiffeaux remplis de toutes*
les chofes propres pour réjouir le goût : ² *des armoires & des facs*
                                                    pleins

† *Liv. 7ᵉ*
pag. 446.
& 448. édi-
tion de
Francfort.

* *Livre*
perdu.

† *p. Athe-*
née, liv. 2.
pag. 67.
édition de
Lion.

REMARQUES.

1. *La mer commençant à bruire.*] Il y a dans
le Grec, *commençant à boüillonner*, ζε-
σάσης : mais le mot de *boüillonner* n'a point
de mauvais fon en nôtre Langue, & eſt au-
contraire agréable à l'oreille. Je me fuis donc

fervi du mot *bruire*, qui eſt bas, & qui exprime le bruit que fait l'eau quand elle commence à boüillonner. BOILEAU.

2. *Des armoires & des facs pleins de papier.*]
Théopompus n'a point dit *des facs pleins de*
                                           papier,

pleins de papier, & de plusieurs autres ustenciles ; & une si grande quantité de viandes salées de toutes sortes d'animaux, que ceux qui les voïoient de loin, pensoient que ce fussent des collines qui s'élevassent de terre.

¹ De la plus haute élevation il tombe dans la dernière bassesse, à l'endroit justement où il devoit le plus s'élever. Car mêlant mal à propos dans la pompeuse description de cet appareil, des boisseaux, des ragoûts & des sacs, il semble qu'il fasse la peinture d'une cuisine. Et comme si quelqu'un avoit toutes ces choses à arranger, & que parmi des tentes & des vases d'or, au milieu de l'argent & des diamans, il mît en parade des sacs & des boisseaux, cela seroit un vilain effet à la vûe. Il en est de même des mots bas dans le discours, & ce sont comme autant de taches & de marques honteuses, qui flétrissent l'expression. Il n'avoit qu'à détourner un peu la chose, & dire en géneral, à propos de ces montagnes de viandes salées, & du reste de cet appareil : qu'on envoïa au Roi des chameaux & plusieurs bêtes de voiture chargées de toutes les choses nécessaires pour la bonne chère & pour le plaisir : ou des monceaux de viandes les plus exquises, & tout ce qu'on sauroit s'imaginer de plus ragoûtant & de plus délicieux : ou, si vous voulez, tout ce que les Officiers de table & de cuisine pouvoient souhaiter de meilleur pour la bouche de leur Maître. Car il ne faut pas d'un discours fort élevé passer à des choses basses & de nulle considération, à moins qu'on n'y soit forcé par une nécessité bien pressante. Il faut que les paroles répondent à la majesté des choses dont on traite, & il est bon en cela d'imiter la Nature, qui, en formant l'homme, n'a point exposé à la vûë ces parties qu'il n'est pas honnête de nommer, & par où le corps se purge : mais, pour me servir des termes de Xénophon *, a ² caché & détourné ces égoûts le plus loin qu'il.

Liv. 1. des Mémora-bles, pag. 726. édition de Leun-clav.

REMARQUES.

papier, car ce papier n'étoit point dans les sacs ; mais il a dit, *des armoires, des sacs, des rames de papier*, &c. & par ce papier il entend de gros papier pour enveloper les drogues & les épiceries dont il a parlé. DACIER.

1. *De la plus haute.*] Je préférerois, *Des hautes pensées il descend aux basses : tout au contraire des préceptes de l'Art, qui nous enseigne d'élever toûjours le discours de plus en plus.* TOLLIUS.

2. *A caché & détourné ces égoûts.*] La Nature savoit fort bien, que si elle exposoit en vûë ces parties qu'il n'est pas honnête de nommer, la beauté de l'homme en seroit souillée ; mais de la manière que Monsieur Boileau a traduit ce passage, il semble que la Nature ait eu quelque espèce de doute, si cette beauté en seroit souillée, ou si elle ne le seroit point ; car, c'est à mon avis l'idée que donnent ces mots.

qu'il lui a été poſſible , de peur que la beauté de l'animal n'en fût ſoüillée. Mais il n'eſt pas beſoin d'examiner de ſi près toutes les choſes qui rabaiſſent le diſcours. En effet , puiſque nous avons montré ce qui ſert à l'élever & à l'annoblir , il eſt aiſé de juger qu'ordinairement le contraire eſt ce qui l'avilit & le fait ramper.

R E M A R Q U E S.

mots , *de peur que, &c.* & cela déguiſe en quelque manière la penſée de Xénophon , qui dit , La Nature a caché & détourné ces égoûts le plus loin qu'il lui a été poſſible, pour ne point ſoüiller la beauté de l'animal. DACIER.

Ibid. *A caché, & détourné ces égoûts.*] Ciceron a fort bien ſuivi Xénophon , *lib.* I. *de Officiis : Principio , corporis noſtri magnam na-*

tura ipſa videtur habuiſſe rationem , quæ formam noſtram , reliquamque figuram , in qua eſſet ſpecies honeſta , eam poſuit in promtu : quæ partes autem corporis ad naturæ neceſſitatem datæ, adſpectum eſſent deformem habituræ , atque turpem , eas contexit atque abdidit. Hanc natura tam diligentem fabricam imitata eſt hominum verecundia , &c. TOLLIUS.

CHAPITRE XXXV.

Des cauſes de la décadence des Eſprits.

IL ne reſte plus , mon cher Terentianus , qu'une choſe à examiner. C'eſt la queſtion que me fit il y a quelques jours un Philoſophe. Car il eſt bon de l'éclaircir ; & je veux bien , pour vôtre [a] ſatisfaction particulière , l'ajoûter encore à ce Traité.

Je ne ſaurois aſſez m'étonner , me diſoit ce Philoſophe , non plus que beaucoup d'autres , d'où vient que dans nôtre ſiècle il ſe trouve aſſez d'Orateurs qui ſavent manier un raiſonnement , & qui ont même le ſtile oratoire : qu'il s'en voit , dis-je , pluſieurs, qui ont de la vivacité , de la netteté , & ſur tout de l'agrément dans leurs diſcours : mais qu'il s'en rencontre ſi peu qui puiſſent s'élever fort haut dans le Sublime : tant la ſterilité maintenant eſt grande parmi les eſprits. N'eſt-ce point , pourſuivoit-il, ce qu'on dit ordinairement , que c'eſt le Gouvernement populaire qui nourrit & forme les grans génies : puiſqu'enfin juſqu'ici tout ce qu'il y a preſque eu d'Orateurs habiles , ont fleuri , & ſont morts avec lui ? En effet , ajoûtoit-il, il n'y a peut-être rien qui élève davantage l'ame des grans Hommes que la liberté , ni qui

C H A N G E M E N S.

a. *Pour vôtre ſatisfaction.*] *Pour vôtre inſtruction &c.* on liſoit ainſi avant l'édition de 1683.

qui excite & réveille plus puiffamment en nous ce fentiment naturel qui nous porte à l'émulation , & cette noble ardeur de fe voir élevé au deffus des autres. Ajoûtez que les prix qui fe propo-fent dans les Républiques , aiguifent , pour ainfi dire , & achèvent de polir l'efprit des Orateurs , leur faifant cultiver avec foin les talens qu'ils ont reçûs de la Nature. [1] Tellement qu'on voit bril-ler dans leurs difcours la liberté de leur païs.

Mais nous , continuoit-il , qui avons appris dès nos premières années à fouffrir le joug d'une domination légitime , [2] qui avons été comme enveloppez par les coûtumes & les façons-de-faire de la Monarchie , lors que nous avions encore l'imagination tendre , & capable de toutes fortes d'impreffions ; en un mot , qui n'avons jamais goûté de cette vive & féconde fource de l'éloquence , je veux dire , de la liberté : ce qui arrive ordinairement de nous , c'eft que nous nous rendons de grans & magnifiques flatteurs. C'eft pourquoi il eftimoit , difoit-il , qu'un homme même né dans la fervitude étoit capable des autres fiences : mais que nul Efclave ne pouvoit jamais être Orateur. Car un efprit , conti-nua-t-il , abbatu & comme dompté par l'accoûtumance au joug , n'oferoit plus s'enhardir à rien. Tout ce qu'il avoit de vigueur s'évapore de foi-même , & il demeure toûjours comme en prifon.

* Odyff. liv. 17. V. 322.

En un mot , pour me fervir des termes d'Homère , *

*Le même jour qui met un homme libre aux fers ,
Lui ravit la moitié de fa vertu première.*

De même donc que , fi ce qu'on dit eft vrai , ces boîtes où l'on enferme les Pygmées , vulgairement appelez Nains , les empêchent non feulement de croître , [3] mais les rendent même plus petits , par

REMARQUES.

1. **Tellement qu'on voit briller dans leurs dis-cours la liberté de leur païs.**] Longin dit, *tellement qu'on voit briller dans leurs difcours la même liberté que dans leurs actions.* Il veut di-re, que comme ces gens-là font les maîtres d'eux-mêmes, leur efprit accoûtumé à cet em-pire & à cette indépendance ne produit rien qui ne porte des marques de cette liberté, qui eft le but principal de toutes leurs actions, & qui les entretient toûjours dans le mouvement. Ce-la meritoit d'être bien éclairci ; car c'eft ce qui fonde en partie la réponfe de Longin, comme

nous l'allons voit dans la feconde Remarque après celle-ci. D A C I E R.

2. **Qui avons été comme enveloppez.**] *Etre enveloppé par les coûtumes,* me paroît obfcur. Il femble même que cette expreffion dit tout autre chofe que ce que Longin a prétendu. Il y a dans le Grec , *qui avons été comme emmail-lotez,* &c. Mais comme cela n'eft pas François, j'aurois voulu traduire pour approcher de l'idée de Longin, *qui avons comme fuccé avec le lait les coûtumes,* &c. D A C I E R.

3. **Les rendent mêmes plus petits.**] Par cette bande

par le moïen de cette bande dont on leur entoure le corps. Ainſi la ſervitude, je dis la ſervitude [1] la plus juſtement établie, eſt une eſpèce de priſon, où l'ame décroît & ſe rapetiſſe en quelque ſorte. [2] Je ſai bien qu'il eſt fort aiſé à l'homme, & que c'eſt ſon naturel, de blâmer toûjours les choſes préſentes : [3] mais prenez garde que *:
Et

REMARQUES.

bande Longin entend ſans doute des bandelettes dont on emmaillottoit les Pygmées depuis la tête juſques aux pieds. Ces bandelettes étoient à peu près comme celles dont les filles ſe ſerveient pour empécher leur gorge de croître. C'eſt pourquoi Terence appelle ces filles, *vinclo pectore*, ce qui répond fort bien au mot Grec δεσμὸς, que Longin emploïe ici : & qui ſignifie *bande*, *ligature*. Encore aujourd'hui, en beaucoup d'endroits de l'Europe, les femmes mettent en uſage ces bandes pour avoir les piés petits. DACIER.

Ibid. *Les rendent même plus petits.*] La remarque de Monſieur Dacier eſt très-belle : car ces γλωττόκομα n'étoient autre choſe que des bandes, dont on entouroit les Nains. Suidas *in* εἰληπόν. φαινόλης, dit-il, εἰληπόν τομάριον, μεμβράνιον, γλωττόκομον. Cet εἰληπόν τομάριον, eſt juſtement le *volumen* des Romains. Neanmoins le même Suidas *in* γλωττόκομον l'explique comme je l'ai fait dans ma traduction Latine, Γλωττόκομον Θήκη λειψάνων ξυλίνη. TOLLIUS.

1. *La plus juſtement établie.*] Le mot Δικαιοτάτη ne ſignifie pas ici une ſervitude la plus juſtement établie, mais une très-douce, * *clemens & juſta ſervitus*, comme Térence l'appelle. TOLLIUS.

* C'eſt auſſi le ſentiment de Madame Dacier : Voïez ſa Remarque ſur le Vers 9. de la Scène I. de l'Andrienne : *Ut Semper tibi apud me juſta & clemens fuerit ſervitus.*

2. *Je ſai bien qu'il eſt fort aiſé à l'homme,* &c.] Mr. Deſpréaux ſuit ici tous les Interprètes, qui attribuent encore ceci au Philoſophe qui parle à Longin. Mais je ſuis perſuadé que ce ſont les paroles de Longin, qui interrompt en cet endroit le Philoſophe & commence à lui répondre. Je croi même que dans la lacune ſuivante il ne manque pas tant de choſes qu'on a crû, & peut-être n'eſt-il pas ſi difficile de ſuppléer le ſens. Je ne doute pas que Longin n'ait écrit. *Je ſai bien*, lui *répondis-je alors, qu'il eſt fort aiſé à l'homme,*

& que c'eſt même ſon naturel de blâmer les choſes préſentes. *Mais prenez y bien garde, ce n'eſt* point la Monarchie qui eſt cauſe de la décadence des eſprits, & les délices d'une longue paix ne contribuent pas tant à corrompre les grandes ames, que cette guerre ſans fin qui trouble depuis ſi longtems toute la terre, & qui oppoſe des obſtacles inſurmontables à nos plus genereuſes inclinations. C'eſt aſſurément le veritable ſens de ce paſſage : & il ſeroit aiſé de le prouver par l'hiſtoire même du ſiècle de Longin. De cette manière ce Rhéteur répond fort bien aux deux objections du Philoſophe, dont l'une eſt, que le gouvernement Monarchique cauſoit la grande ſterilité qui étoit alors dans les eſprits ; & l'autre, que dans les Républiques, l'émulation & l'amour de la liberté entretenoient les Républiquains dans un mouvement continuel, qui élevoit leur courage, qui aiguiſoit leur eſprit, & qui leur inſpiroit cette grandeur & cette nobleſſe dont les hommes veritablement libres ſont ſeuls capables. DACIER.

Ibid. *Je ſai bien* &c.] Monſieur Dacier a eu ici les yeux aſſez pénétrans pour voir la verité. Voïez ma traduction, & mes remarques Latines. Pour peu qu'on y défère, on croira aiſément qu'il faut traduire ; *Alors prenant la parole :* Il eſt fort aiſé, mon Ami, dis-je, & c'eſt le naturel de l'homme, de blâmer toûjours les choſes préſentes : mais conſidérez, je vous prie, ſi on n'aura pas plus de raiſon d'attribuer ce manquement des grans-eſprits aux délices d'une trop longue paix ; ou plûtôt à cette guerre ſans fin, qui ravageant tout, bride & retient nos plus nobles deſirs. TOLLIUS.

3. *Mais prenez garde que.*] Il y a beaucoup de choſes qui manquent en cet endroit. Après pluſieurs autres raiſons de la décadence des eſprits, qu'aportoit ce Philoſophe introduit ici par Longin : Nôtre Auteur vrai-ſemblablement reprenoit la parole & en établiſſoit de nouvelles cauſes, c'eſt à ſavoir la guerre qui étoit alors par toute là

O. 2.   Terre,

Et certainement, pourfuivis-je, fi les délices d'une trop longue paix font capables de corrompre ^b les plus belles ames, cette guerre fans fin, qui trouble depuis fi long-tems toute la terre, n'eft pas un moindre obftacle à nos defirs.

Ajoûtez à cela ces paffions qui affiègent continuellement nôtre vie, & qui portent dans nôtre ame la confufion & le défordre. En effet, continuai-je, c'eft le defir des Richeffes, dont nous fommes tous malades par excès; c'eft l'amour des plaifirs, qui, à bien parler, nous jette dans la fervitude, & pour mieux dire, nous traîne dans le précipice, où tous nos talens font comme engloutis. Il n'y a point de paffion plus baffe que l'Avarice; il n'y a point de vice plus infame que la Volupté. Je ne voi donc pas comment ceux qui font fi grand cas des richeffes, & qui s'en font comme une efpèce de Divinité, pourroient être atteints de cette maladie, fans recevoir en même tems avec elle tous les maux dont elle eft naturellement accompagnée? Et certainement la profufion ¹ & les autres mauvaifes habitudes, fuivent de près les richeffes exceffives : elles marchent, pour ainfi dire, fur leurs pas, & par leur moïen elles s'ouvrent les portes des villes & des maifons, elles y entrent, & elles s'y établiffent. Mais à peine y ont-elles féjourné quelque tems, qu'elles y *font leur nid*, fuivant la penfée des Sages, & travaillent à fe multiplier. Voïez donc ce qu'elles y produifent. Elles y engendrent le Fafte & ² la Molleffe, qui ne font point des enfans bâtards, mais leurs vraies & légitimes productions. Que fi nous laiffons une fois croître en nous ces dignes enfans des Richeffes, ils y auront bien-tôt fait éclorre l'Infolence, le Dérèglement, l'Effronterie, & tous ces autres impitoïables Tirans de l'ame.

Si-tôt

C H A N G E M E N S.

^b *Les plus belles ames.*] Après ces mots le Traducteur avoit ajoûté ceux-ci : *A plus forte raifon*; qu'il retrancha dans l'édition de 1683.

R E M A R Q U E S.

Terre, & l'amour du luxe, comme la fuite le fait affez connoître. BOILEAU.
1. *Et les autres mauvaifes habitudes.*] Et

la Molleffe. TOLLIUS.
2. *La Molleffe.*] L'Arrogance. TOLLIUS.

I. O④

Si-tôt donc qu'un homme, oubliant le foin de la Vertu, n'a plus d'admiration que pour les chofes frivoles & périffables; il faut de néceffité que tout ce que nous avons dit, arrive en lui: il ne fauroit plus lever les yeux pour regarder au deffus de foi, ni rien dire qui paffe le commun: il fe fait en peu de tems une corruption générale dans toute fon ame. Tout ce qu'il avoit de noble & de grand fe flétrit & fe feche de foi-même, & n'attire plus que le mépris.

Et comme il n'eft pas poffible qu'un Juge, qu'on a corrompu, juge fainement & fans paffion de ce qui eft jufte & honnête; parce qu'un efprit qui s'eft laiffé gagner aux préfens, ne connoît de jufte & d'honnête que ce qui lui eft utile: comment voudrions-nous que dans ce tems, où la corruption regne fur les mœurs & fur les efprits de tous les hommes; [1] où nous ne fongeons qu'à attraper la fucceffion de celui-ci; qu'à tendre des pièges à cet autre, pour nous faire écrire dans fon teftament; qu'à tirer un infame gain de toutes chofes, vendant pour cela jufqu'à nô-tre ame, miferables efclaves de nos propres paffions: comment, dis-je, fe pourroit-il faire, que dans cette contagion générale, il fe trouvât un homme fain de jugement, & libre de paffion; qui n'étant point aveuglé ni féduit par l'amour du gain, pût difcerner ce qui eft véritablement grand & digne de la poftérité? En un mot, étant tous faits de la manière que j'ai dit, ne vaut-il pas mieux qu'un autre nous commande, que de demeu-rer en nôtre propre puiffance: de peur que cette rage infatiable d'acquerir, comme un Furieux qui a rompu fes fers, & qui fe jette fur ceux qui l'environnent, n'aille porter le feu aux quatre coins de la terre? Enfin, lui dis-je, c'eft l'amour du luxe qui eft caufe de cette faineantife, où tous les Efprits, excepté un petit nombre, croupiffent aujourd'hui. En effet, fi nous étudions quelquefois, on peut dire que c'eft comme des gens qui relèvent de maladie, pour le plaifir, & pour avoir lieu de nous vanter;

REMARQUES.

1. *Où nous ne fongeons qu'à attraper la fucceffion de celui-ci.*] Le Grec dit quelque chofe de plus atroce: *où l'on ne fonge qu'à hâter la mort de celui-ci*, &c. ἀλλότριαι θηραι θανάτων. Il a égard aux moiens dont on fe fervoit alors pour avancer la mort de ceux dont on attendoit la fucceffion; on voit affez d'exemples de cette horrible coûtume dans les Satires des Anciens. DACIER.

O 3

ter ; & non point par une noble émulation , & pour en
tirer quelque profit loüable & folide. Mais c'eſt aſſez parlé
là - deſſus. Venons maintenant aux paſſions , dont nous avons
promis de faire un Traité à part. Car , à mon avis , elles
ne font pas un des moindres ornemens du diſcours , ſur tout
pour ce qui regarde le Sublime.

REFLE-

RÉFLÉXIONS
CRITIQUES
SUR QUELQUES PASSAGES
DU RHÉTEUR
LONGIN,

Où, par occasion, on répond à plusieurs objections de Monsieur P** contre Homère &
contre Pindare ; & tout nouvellement à la
Dissertation de Monsieur le Clerc contre Longin , & à quelques Critiques faites contre
Monsieur Racine.

RÉFLÉXIONS
CRITIQUES
SUR QUELQUES PASSAGES
DE LONGIN.

RÉFLEXION PREMIERE.

Mais c'est à la charge, mon cher Terentianus, que nous reverrons en-
semble exactement mon Ouvrage, & que vous m'en direz vôtre Paroles de
sentiment avec cette sincerité que nous devons naturellement à nos Longin,
Amis. Chap. I.

ONGIN nous donne ici par son exemple un des
plus importans préceptes de la Rhétorique ; qui est
de consulter nos Amis sur nos Ouvrages, & de les
accoûtumer de bonne-heure à ne nous point flater.
Horace & Quintilien nous donnent le même conseil
en plusieurs endroits ; & Vaugelas, le plus sage, à
mon avis, des Ecrivains de nôtre Langue, confesse que c'est à
cette

REMARQUES.

MR. Perrault, de l'Académie Françoise,
avoit fort mal-traité tous les meilleurs Ecrivains de l'antiquité, dans
son *Parallèle des Anciens & des Modernes.*
Quoique M. Despréaux n'y eût pas été beaucoup ménagé, il ne s'étoit vangé d'abord que
par quelques Epigrammes contre l'Auteur de
ces Dialogues, & n'avoit aucun dessein d'y
répondre dans les formes. Cependant, bien
des gens le sollicitoient de prendre en main
la défense des Anciens, dont il étoit grand admirateur, & aux ouvrages desquels il recon-
noissoit avoir de très-grandes obligations. M.
Racine étoit un de ceux qui l'animoient le
plus. Il étoit un peu piqué contre M. Perrault,
& ce n'étoit pas sans raison, puisque ce dernier avoit affecté de ne le point nommer dans
ses Dialogues, en parlant de la Tragédie, quelque avantage qu'il eût pû tirer contre les Anciens, de l'exemple de cet illustre Moderne.

cette falutaire pratique qu'il doit ce qu'il y a de meilleur dans fes Ecrits. Nous avons beau être éclairez par nous-mêmes : les yeux d'autrui voient toûjours plus loin que nous dans nos défauts ; & un Efprit mediocre fera quelquefois apercevoir le plus habile hom-me d'une méprife qu'il ne voïoit pas. On dit que Malherbe con-fultoit fur fes Vers jufqu'à l'oreille de fa Servante ; & je me fou-viens que Moliere m'a montré auffi plufieurs fois [1] une vieille Ser-vante qu'il avoit chez lui , à qui il lifoit , difoit-il , quelquefois fes Comédies ; & il m'affûroit que lorfque des endroits de plai-fanterie ne l'avoient point frappée , il les corrigeoit : parcequ'il avoit plufieurs fois éprouvé fur fon Théatre , que ces endroits n'y réuffiffoient point. Ces exemples font un peu finguliers ; & je ne voudrois pas confeiller à tout le monde de les imiter. Ce qui eft de certain , c'eft que nous ne faurions trop confulter nos Amis.

Il paroît néanmoins que Monfieur P. n'eft pas de ce fenti-ment. S'il croïoit fes Amis , on ne les verroit pas tous les „ jours dans le monde nous dire , comme ils font. [Monfieur P. „ eft de mes amis , & c'eft un fort honnête Homme : je ne fai „ pas comment il s'eft allé mettre en tête de heurter fi lourde-„ ment la Raifon , en attaquant dans fes Parallèles tout ce qu'il „ y a de Livres anciens eftimez & eftimables. Veut-il perfuader „ à tous les hommes , que depuis deux mille ans ils n'ont pas „ eu le fens commun ? Cela fait pitié. Auffi fe garde-t-il bien „ de nous montrer fes Ouvrages. Je fouhaiterois qu'il fe trouvât „ quelque honnête homme , qui lui voulût fur cela charitablement „ ouvrir les yeux.]

Je

R E M A R Q U E S.

Mais ce qui acheva de déterminer M. Defpréaux à prendre la plume , fut un mot de M. le Prince de Conti , fur le filence de nôtre Au-teur. Ce grand Prince voïant qu'il ne répon-doit point au livre des Parallèles , dit un jour qu'il vouloit aller à l'Académie Françoife écri-re fur la place de M. Defpréaux : TU DORS, BRUTUS!

M. Defpréaux aiant donc réfolu d'écrire con-tre M. Perrault , prit le parti d'emploïer quel-ques paffages de Longin pour fervir de Texte à fes Réfléxions critiques: voulant faire paroî-tre qu'il ne répondoit à fon Adverfaire que par occafion. Il les compofa en 1693. étant âgé de 57. ans , & les publia l'année fuivante. Charles Perrault mourut au mois de Mai, 1703. âgé de 77. ans.

Il faut joindre aux Réfléxions critiques de nôtre Auteur , une Differtation en forme de Lettre, que M. Huet, ancien Evêque d'Avran-ches, écrivit à M. Perrault , au mois d'Octo-bre , 1692. & dans laquelle ce favant & illuftre Prélat réfute , d'une manière également vive & judicieufe , le Livre des Parallèles. Cette Lettre a été inferée dans un Recueil de differtations , imprimé à Paris , en 1712.

1. Une vieille Servante.] Nommée La Foreft. Un jour Moliere , pour éprouver le goût de cette Servante , lui lut quelques Scènes d'une Comédie qu'il difoit être de lui, mais qui étoit de Brécourt, Comédien. La Servante ne prit point le change; & après en avoir oüi quelques mots , elle fou-tint que fon Maître n'avoit pas fait cette Pièce,

I. Son

Je veux bien être cet homme charitable. Monſieur P. m'a prié de ſi bonne grace lui-même de lui montrer ſes erreurs, qu'en vérité je ferois conſience de ne lui pas donner ſur cela quelque ſatisfaction. J'eſpère donc de lui en faire voir plus d'une dans le cours de ces Remarques. C'eſt la moindre choſe que je lui dois, pour reconnoître les grans ſervices que feu Monſieur [1] ſon frere le Médecin m'a, dit-il, rendus, en me guériſſant de deux grandes maladies. [a] Il eſt certain pourtant que Monſieur ſon frere ne fut jamais mon Médecin. [b] Il eſt vrai que, lors que j'étois encore tout jeune, étant tombé malade d'une fièvre aſſez peu dangereuſe, [2] une de mes Parentes chez qui je logeois, & dont il étoit Médecin, me l'amena, & qu'il fut appelé deux ou trois fois en conſultation par le Médecin qui avoit ſoin de moi. Depuis, c'eſt-à-dire, trois ans après, cette même Parente me l'amena une ſeconde fois, & me força de le conſulter ſur une difficulté de reſpirer, que j'avois alors, & que j'ai encore. Il me tâta le pouls, & me trouva la fièvre, que ſûrement je n'avois point. Cependant il me conſeilla de me faire ſaigner du pié, remède aſſez bizarre pour l'aſthme dont j'étois menacé. Je fus toutefois aſſez fou pour faire ſon ordonnance dès le ſoir même. Ce qui arriva de cela, c'eſt que ma difficulté de reſpirer [c] ne diminua point ; & que le lendemain aiant marché mal-à-propos, le pié m'enfla de telle ſorte, que j'en fus trois ſemaines dans le lit. C'eſt-là toute la cure qu'il m'a jamais faite, que je prie Dieu de lui pardonner en l'autre Monde.

Je n'entendis plus parler de lui depuis cette belle conſultation, ſinon lors que mes Satires parurent, qu'il me revint de tous côtez, que ,,

CHANGEMENS.

a. *Il eſt certain pourtant.*] Première édition de 1694 : *La verité eſt pourtant.*

b. *Il eſt vrai que, lorſque &c.*] Même édition : *Il eſt vrai, qu'étant encore tout jeune, une de mes Parentes chez qui je logeois, & dont il étoit Médecin, me l'amena malgré moi, & me força de le conſulter ſur une difficulté &c.*

c. *Ne diminua point.*] Même édition : *Augmenta conſidérablement.*

REMARQUES.

1. *Son frere le Médecin.*] Claude Perrault, de l'Academie des Siences.

2. *Une de mes Parentes.*] La belle-Sœur de nôtre Auteur, veuve de Jérome Boileau, ſon frere aîné.

que , [d] fans . que j'en aie jamais pû favoir la raifon , il fe déchaî-
noit à outrance contre moi ; ne m'accufant pas fimplement d'a-
voir écrit contre des Auteurs , mais d'avoir gliffé dans mes Ouvrages des chofes dangereufes , & qui regardoient l'Etat. Je n'ap-
préhendois guères ces calomnies , mes Satires n'attaquant que les
méchans Livres , & étant toutes pleines des loüanges du Roi ,
& ces loüanges même en faifant le plus bel ornement. Je fis néanmoins avertir Monfieur le Médecin , qu'il prît garde à parler
avec un peu plus de retenuë : mais cela ne fervit qu'à l'aigrir
encore davantage. Je m'en plaignis même alors à Monfieur fon
frere l'Académicien , qui ne me jugea pas digne de réponfe. J'a-
voüe que c'eft ce qui me fit faire dans mon Art Poëtique la métamorphofe du Médecin de Florence en Architecte ; vengeance
affez médiocre de toutes les infamies que ce Medecin avoit dites
de moi. Je ne nierai pas cependant qu'il ne fût Homme de tres-
grand merite, [e] fort favant , fur tout dans les matières de Phyfique. Meffieurs de l'Académie des Siences néanmoins ne conviennent pas tous de l'excellence de fa traduction de Vitruve , ni
de toutes les chofes avantageufes que Monfieur fon frere rapporte
de lui. Je puis même nommer [1] un des plus célèbres de l'Académie d'Architecture , qui s'offre de lui faire voir , [f] quand il voudra , papier fur table , que c'eft le deffein du fameux [2] Monfieur
le Vau , qu'on a fuivi dans la façade du Louvre ; & qu'il n'eft
point vrai que ni ce grand Quvrage d'Architecture , ni l'Obfervatoire , ni l'Arc de Triomphe , foient des Oüvrages d'un Médecin de la Faculté. C'eft une querelle que je leur laiffe démêler
en-

CHANGEMENS.

[d] *Sans que j'en aie jamais pû favoir la raifon.*] Ces mots furent ajoûtez dans
la feconde édition en 1701.

[e] *Et fort favant , fur tout dans les matières de Phyfique.*] Addition faite
en 1701.

[f] *Quand il voudra.*] Après ces mots , il y avoit , *démonftrativement , &* ; dans
l'édition de 1694.

REMARQUES.

[1]. *Un des plus célèbres &c.*] Mr. d'Orbay ,
Parifien , qui mourut en 1689. Il étoit élève de
M. Le Vau , dont il eft parlé dans la Remarque
fuivante

[2]. *Monfieur le Vau.*] Loüis Le Vau , Parifien , Premier Architecte du Roi. Il a eu la di-
rection des Bâtimens roïaux depuis l'an ce 1653.
jufqu'en 1670. qu'il mourut âgé de 58. ans ,
pendant qu'on travailloit à la façade du
Louvre.

1. D'un

entr'eux, **g** & où je déclare que je ne prens aucun interêt ; mes vœux même , si j'en fais quelques-uns , étant pour le Médecin. Ce qu'il y a de vrai , c'est que ce Médecin étoit de même goût que Monsieur son Frere sur les Anciens , & qu'il avoit pris en haine , aussi-bien que lui , tout ce qu'il y a de grans Personnages dans l'Antiquité. On assûre que ce fut lui qui composa cette belle deffense de l'Opera d'Alceste, où voulant tourner Euripide en ridicule , il fit ces étranges bévûes , que Monsieur Racine a si bien relevées dans la Préface de son Iphigenie. C'est donc de lui , & **I** d'un autre Frere encore qu'ils avoient , grand ennemi comme eux de Platon , d'Euripide , & de tous les autres bons Auteurs , que j'ai voulu parler , quand j'ai dit , qu'il y avoit de la bizarrerie d'esprit dans leur famille , que je reconnois d'ailleurs pour une famille pleine d'honnêtes gens , & où il y en a même plusieurs , je croi , qui souffrent Homère & Virgile.

On me pardonnera , si je prens encore ici l'occasion de défabuser le Public d'une autre fausseté, que Mr. P** a avancée dans la Lettre bourgeoise qu'il m'a écrite , & qu'il a fait imprimer ; où il prétend qu'il a autrefois beaucoup servi à **2** un de mes Freres auprès de Monsieur Colbert , pour lui faire avoir l'agrément de la Charge de Controlleur de l'Argenterie. Il allègue pour preuve, que mon Frere, depuis qu'il eut cette Charge , venoit tous les ans lui rendre une visite, qu'il appeloit de devoir , & non pas d'amitié. C'est une vanité, dont il est aisé de faire voir le mensonge ; puisque mon Frere mourut dans l'année qu'il obtint cette Charge, qu'il n'a possedée , comme tout le monde sait, que quatre mois ; & que même , en consideration de ce qu'il n'en avoit point joüi, **3** mon autre Frere , pour qui nous obtinmes l'agrément de la même

me

CHANGEMENS.

g *Et où je déclare que je ne prens &c.*] Ces mots , & ceux qui suivent, jusqu'à la fin de la phrase, furent ajoûtez dans l'édition de 1701.

REMARQUES.

1. *D'un autre frere qu'ils avoient.*] Pierre Perrault Receveur Général des Finances , en la Généralité de Paris ; qui a traduit en François le Poëme de la *Secchia rapita.* Il a aussi composé un Traité de l'origine des Fontaines , &c. C'est lui , dit on , qui avoit composé la défense de l'Opera d'Alceste, dont nôtre Auteur vient de parler , & qu'il attribuë à M. Perrault le Médecin.

2. *Un de mes freres.*] Gilles Boileau , de l'Académie Françoise. Il mourut en 1669.

3. *Mon autre frere.*] Pierre Boileau de Puimorin, mort en 1683, âgé de 58. ans.

me Charge ; ne païa point le marc d'or, qui montoit à une somme affez confiderable. Je suis honteux de conter de si petites chofes au Public : mais mes Amis m'ont fait entendre que ces reproches de Monfieur P** regardant l'honneur, j'étois obligé d'en faire voir la fauffeté.

RÉFLEXION II.

Paroles de Longin, Chapitre II. *Nôtre efprit, même dans le Sublime, a befoin d'une méthode, pour lui enfeigner à ne dire que ce qu'il faut, & à le dire en fon lieu.*

CEla eft fi vrai, que le Sublime hors de fon lieu, non feulement n'eft pas une belle chofe, mais devient quelquefois une grande puérilité. C'eft ce qui eft arrivé à Scuderi dès le commencement de fon Poëme d'Alaric, lors qu'il dit :

Je chante le Vainqueur des Vainqueurs de la Terre.

Ce Vers eft affez noble, & eft peut-être le mieux tourné de tout fon Ouvrage : mais il eft ridicule de crier fi haut, & de promettre de fi grandes chofes dès le premier Vers. Virgile auroit bien pû dire, en commençant fon Enéïde : *Je chante ce fameux Heros, fondateur d'un Empire qui s'eft rendu maître de toute la Terre.* On peut croire qu'un auffi grand Maître que lui auroit aifément trouvé des expreffions, pour mettre cette penfée en fon jour. Mais cela auroit fenti fon Déclamateur. Il s'eft contenté de dire : *Je chante cet Homme rempli de piété, qui, après bien des travaux, aborda en Italie.* Un exorde doit être fimple & fans affectation. Cela eft auffi vrai dans la Poëfie que dans les Difcours oratoires : parce que c'eft une règle fondée fur la Nature, qui eft la même par tout ; & la comparaifon du frontifpice d'un Palais, [1] que Monfieur P** allègue pour deffendre ce Vers de l'Alaric, n'eft point jufte. Le frontifpice d'un Palais doit être orné, je l'avoüe ; mais l'exorde n'eft point le frontifpice d'un Poëme. C'eft plûtôt une avenuë, une avant-court qui y conduit, & d'où on le découvre. Le frontifpice fait une partie effentielle du Palais, & on ne le fauroit ôter qu'on n'en détruife toute la fymmetrie. Mais un Poëme.

REMARQUES.

[1] *Que Mr. P.....allègue.*] Tome 3. de fes Parallèles, pag. 267. & fuivantes.

me subsistera fort bien sans exorde; & même nos Romans, qui font des espèces de Poëmes, n'ont point d'exorde.

Il est donc certain qu'un exorde ne doit point trop promettre; & c'est sur quoi j'ai attaqué le Vers d'Alaric, à l'exemple d'Horace, qui a aussi attaqué dans le même sens le début du Poëme d'un Scuderi de son tems, qui commençoit par,

Fortunam Priami cantabo, & nobile bellum :

Je chanterai les diverses fortunes de Priam, & toute la noble guerre de Troie. Car le Poëte, par ce début, promettoit plus que l'Iliade & l'Odyssée ensemble. Il est vrai que par occasion Horace se moque aussi fort plaisamment de l'épouvantable ouverture de bouche, qui se fait en prononçant ce futur *cantabo* : mais au fond c'est de trop promettre qu'il accuse ce Vers. On voit donc où se réduit la critique de Monsieur P**, qui suppose que j'ai accusé le Vers d'Alaric d'être mal tourné, & qui n'a entendu ni Horace, ni moi. Au reste, avant que de finir cette Remarque, il trouvera bon que je lui apprenne qu'il n'est pas vrai que l'a de *cano* dans *Arma virumque cano*, se doive prononcer comme l'a de *cantabo* ; & que c'est une erreur qu'il a sucée dans le Collège, où l'on a cette mauvaise méthode de prononcer les brèves dans les Dissillabes Latins, comme si c'étoient des longues. Mais c'est un abus qui n'empêche pas le bon mot d'Horace. Car il a écrit pour des Latins, qui savoient prononcer leur Langue, & non pas pour des François.

REFLEXION III.

Il étoit enclin naturellement à reprendre les vices des autres, quoi qu'aveugle pour ses propres défauts.

Paroles de Longin Chapitre III.

IL n'y a rien de plus insupportable qu'un Auteur médiocre, qui ne voïant point ses propres défauts, veut trouver des défauts dans tous les plus habiles Ecrivains. Mais c'est encore bien pis, lors qu'accusant ces Ecrivains de fautes qu'ils n'ont point faites, il fait lui-même des fautes, & tombe dans des ignorances grossières. C'est ce qui étoit arrivé quelquefois à Timée, & ce qui ar-

arrive toûjours à Monfieur P**. [1] Il commence la cenfure qu'il
fait d'Homère par la chofe du monde la plus fauffe, qui eft, que
beaucoup d'excellens Critiques foûtiennent, qu'il n'y a jamais
eu au monde un homme nommé Homère, qui ait compofé l'Iliade & l'Odyffée ; & que ces deux Poëmes ne font qu'une collection
de plufieurs petits Poëmes de differens Auteurs, qu'on a joints
enfemble. Il n'eft point vrai que jamais perfonne ait avancé, au
moins fur le papier, une pareille extravagance : & Elien, que
Monfieur P** cite pour fon garant, dit pofitivement le contraire,
comme nous ferons voir dans la fuite de cette Remarque.

Tous ces excellens Critiques donc fe réduifent à feu Monfieur
[2] l'Abbé d'Aubignac, qui avoit, à ce que prétend Monfieur P**,
préparé des Mémoires pour prouver ce beau paradoxe. J'ai connu Monfieur l'Abbé d'Aubignac. Il étoit homme de beaucoup de
mérite, & fort habile en matière de Poëtique, bien qu'il fût
médiocrement le Grec. Je fuis fûr qu'il n'a jamais conçû un fi
étrange deffein, à moins qu'il ne l'ait conçû les dernières années de fa vie, où l'on fait qu'il étoit tombé en une efpèce d'enfance. Il favoit trop qu'il n'y eut jamais deux Poëmes fi bien
fuivis & fi bien liez, que l'Iliade & l'Odyffée, ni où le même
génie éclate davantage par tout, comme tous ceux qui les ont
lûs en conviennent. Monfieur P** prétend néanmoins qu'il y a
de fortes conjectures pour appuïer le prétendu paradoxe de cet
Abbé ; & ces fortes conjectures fe réduifent à deux ; dont l'une
eft, qu'on ne fait point la Ville qui a donné naiffance à Homère. L'autre eft, que fes Ouvrages s'appèlent Rapfodies, mot
qui veut dire un amas de chanfons coufuës enfemble : d'où il
conclut, que les Ouvrages d'Homère font des pièces ramaffées
de différens Auteurs ; jamais aucun Poëte n'aiant intitulé, dit-il,
fes Ouvrages, Rapfodies. Voilà d'étranges preuves. Car pour le
premier point, combien n'avons-nous pas d'Ecrits fort célèbres,
qu'on ne foupçonne point d'être faits par plufieurs Ecrivains différens ; bien qu'on ne fache point les Villes où font nez [a] les

Auteurs,

CHANGEMENS.

[a] *Les Auteurs*] *Leurs Auteurs*, dans la première édition faite en 1694.

REMARQUES.

1. *Il commence la cenfure .... d'Homère.*] Pa- | 2. *L'Abbé d'Aubignac.*] Auteur de la Pra-
rallèles de Mr. Perrault, Tome III. pag. 33. | tique du Théatre.

[a] *Les*

Auteurs, ni même le tems où ils vivoient? témoin Quinte-Cur-
ce, Pétrone, &c. A l'égard du mot de Rapſodies, on éton-
neroit peut-être bien Monſieur P** ſi on lui faiſoit voir que ce
mot ne vient point de ῥάπτειν, qui ſignifie joindre, coudre enſemble: mais de ῥάβδος, qui veut dire une branche; & que les Livres de l'Iliade & de l'Odyſſée ont été ainſi appelez, parce qu'il
y avoit autrefois des gens qui les chantoient, une branche de
Laurier à la main, & qu'on appeloit, à cauſe de cela les *Chan-
tres de la branche.* *

* ῥάβδα-
δοις.

La plus commune opinion pourtant eſt que ce mot vient de
ῥάπτειν ᾠδάς, & que Rapſodie veut dire un amas de Vers d'Homère qu'on chantoit, y aiant des gens qui gagnoient leur vie à
les chanter, & non pas à les compoſer, comme nôtre Cenſeur
ſe le veut bizarrement perſuader. Il n'y a qu'à lire ſur cela
Euſtathius. Il n'eſt donc pas ſurprenant, qu'aucun autre Poëte
qu'Homère n'ait intitulé ſes Vers Rapſodies, parce qu'il n'y a jamais eu b proprement, que les Vers d'Homère qu'on ait chantez
de la ſorte. Il paroît néanmoins que ceux qui dans la ſuite ont
fait de ces Parodies, qu'on appeloit Centons d'Homère, ont auſſi nommé ces Centons *Rapſodies*: & c'eſt peut-être ce qui a ren-

Ὅμηροκέν-
τρα.

du le mot de Rapſodie odieux en François, où il veut dire un
amas de méchantes pièces recouſuës. Je viens maintenant au paſſage d'Elien, que cite Monſieur P**: & afin qu'en faiſant voir ſa
mépriſe & ſa mauvaiſe foi ſur ce paſſage, il ne m'accuſe pas, à
ſon ordinaire, de lui impoſer, je vais rapporter ſes propres mots.
¹ Les voici: *Elien, dont le témoignage n'eſt pas frivole, dit for-*
mellement, que l'opinion des anciens Critiques étoit, qu'Homère n'a-
voit jamais compoſé l'Iliade & l'Odyſſée que par morceaux, ſans uni-
té de deſſein; & qu'il n'avoit point donné d'autres noms à ces di-
verſes parties, qu'il avoit compoſées ſans ordre & ſans arrange-
ment, dans la chaleur de ſon imagination, que les noms des matiè-

res

CHANGEMENS.

b. *Proprement.*] Mot ajoûté dans l'édition de 1701.

REMARQUES.

P. *Les voici. Elien*, &c.] Paralièles de M.
Perrault, Tome III. pag. 36. M. Perrault a
copié ce paſſage dans le Tome V. pag. 76. des
Jugemens des Savans, par Mr. Baillet; & celui-ci avoit copié le P. Rapin, dans ſa Comparaiſon d'Homère & de Virgile, ch. 14.

res dont il traitoit : *qu'il avoit intitulé* , la Colère d'Achille ; *le Chant qui a depuis été le premier Livre de l'Iliade* : le Dénombrement des Vaisseaux , *celui qui est devenu le second Livre* : Le Combat de Pâris & de Ménélas , *celui dont on a fait le troisième* ; *& ainsi des autres.* Il ajoûte *que Lycurgue de Lacédémone fut le premier qui apporta d'Ionie dans la Grèce ces diverses parties séparées les unes des autres* ; *& que ce fut Pisistrate qui les arrangea comme je viens de dire, & qui fit les deux Poëmes de l'Iliade & de l'Odyssée, en la manière que nous les voïons aujourd'hui , de vingt-quatre Livres chacune, en l'honneur des vingt-quatre lettres de l'Alphabet.*

A en juger par la hauteur dont Monsieur P** étale ici toute cette belle érudition , pourroit-on soupçonner qu'il n'y a rien de tout cela dans Elien ? Cependant il est très veritable qu'il n'y en a pas un mot: Elien ne disant autre chose , sinon que les Oeuvres d'Homère, qu'on avoit complètes en Ionie , aiant couru d'abord par pièces détachées dans la Grèce , où on les chantoit sous differens titres , elles furent enfin apportées toutes entieres d'Ionie par Lycurgue , & données au Public par Pisistrate qui les revit. Mais pour faire voir que je dis vrai , il faut rapporter ici les propres termes d.Elien [1] : *Les Poësies d'Homère* , dit cet Auteur , *courant d'abord en Grèce par pièces détachées, étoient chantées chez les anciens Grecs sous de certains titres qu'ils leur donnoient. L'une s'appeloit,* Le Combat proche des Vaisseaux : *l'autre,* Dolon surpris : *l'autre* , La Valeur d'Agamemnon : *l'autre* , le Dénombrement des Vaisseaux : *l'autre,* la Patroclée : *l'autre,* le Corps d'Hector racheté : *l'autre,* les Combats faits en l'honneur de Patrocle : *l'autre* , les Sermens violez. *C'est ainsi à peu près que se distribuoit l'Iliade. Il en étoit de même des parties de l'Odyssée: l'une s'appeloit,* le Voïage à Pyle : *l'autre* , le Passage à Lacédémone , l'Antre de Calypso , le Vaisseau , la Fable d'Alcinoüs , le Cyclope, la Descente aux Enfers , les Bains de Circé , le Meurtre des Amans de Pénélope , la Visite renduë à Laërte dans son champ, *&c. Lycurgue Lacédémonien fut le premier, qui venant d'Ionie apporta assez tard en Grèce toutes les Oeuvres complètes d'Homère;* & *Pisistrate*
les

R E M A R Q U E S.

[1]. *Les propres termes d'Elien.*] Livre XIII. des diverses Histoires , ch. 14.

les aiant ramaffées enfemble dans un volume, fut celui qui donna au Public l'Iliade & l'Odyffée en l'état que nous les avons. Y a-t-il là un feul mot dans le fens que lui donne Monfieur P** ? Où Elien dit-il formellement, que l'opinion des anciens Critiques étoit qu'Homère n'avoit compofé l'Iliade & l'Odyffée que par morceaux ; & qu'il n'avoit point donné d'autres noms à ces diverfes parties, qu'il avoit compofées fans ordre & fans arrangement, dans la chaleur de fon imagination, que les noms des matières dont il traitoit ? Eft-il feulement parlé là de ce qu'a fait ou penfé Homère en compofant fes Ouvrages ? Et tout ce qu'Elien avance ne regarde-t-il pas fimplement ceux qui chantoient en Grèce les Poëfies de ce divin Poëte, & qui en favoient par cœur beaucoup de pièces détachées, aufquelles ils donnoient les noms qu'il leur plaifoit ; ces pièces y étant toutes, long-tems même avant l'arrivée de Lycurgue ? Où eft-il parlé que Pififtrate fit l'Iliade & l'Odyffée ? Il eft vrai que le Traducteur Latin a mis *confecit*. Mais outre que *confecit* en cet endroit ne veut point dire *fit*, mais *ramaffa* ; cela eft fort mal traduit ; & il y a dans le Grec ἀπίφηνε, qui fignifie, *les montra, les fit voir au Public*. Enfin, bien loin de faire tort à la gloire d'Homère, y a-t-il rien de plus honorable pour lui que ce paffage d'Elien, où l'on voit que les Ouvrages de ce grand Poëte avoient d'abord couru en Grèce dans la bouche de tous les Hommes, qui en faifoient leurs délices, & fe les apprenoient les uns aux autres ; & qu'enfuite ils furent donnez complets au Public par un des plus galans hommes de fon fiècle, je veux dire par Pififtrate, celui qui fe rendit maitre ᶜ d'Athènes ? Euftathius cite encore, outre Pififtrate, ᵈ deux des plus ¹ fameux Grammairiens d'alors, qui contribuèrent, dit-il, à ce travail ; de forte qu'il n'y a peut-être point d'Ouvrages de l'Antiquité qu'on foit fi fûr d'avoir complets & en bon ordre, que

l'Ilia-

CHANGEMENS.

c *D'Athènes.*] *De la ville d'Athènes*, dans l'édition de 1694.
d *Deux des plus fameux,*] Editions de 1694. & de 1701 : *Trois des plus* &c.

REMARQUES.

x. *Deux des plus fameux Grammairiens.*] Ariftarque & Zénodote. *Euftath. Pref. pag. 5.*

O 2

l'Iliade & l'Odyffée.   Ainfi voilà plus de vingt bévuës que Mr. P**
a faites fur le feul paffage d'Elien.   Cependant c'eft fur ce paffage
qu'il fonde toutes les abfurditez qu'il dit d'Homère ; prenant de
là occafion de traiter de haut en bas l'un des meilleurs Livres de
Poëtique, qui du confentement de tous les habiles gens, ait été
fait en nôtre Langue ; c'eft à favoir, le Traité du Poëme Epique
du Pere le Boffu ; & où ce favant Religieux fait fi bien voir l'u-
nité, la beauté, & l'admirable conftruction des Poëmes de l'Iliade, de l'Odyffée, & de l'Enéïde.   Monfieur P** fans fe donner
la peine de réfuter toutes les chofes folides que ce Pere a écrites
fur ce fujet, fe contente de le traiter d'homme à chimères & à
vifions creufes.   On me permettra d'interrompre ici ma Remarque,
pour lui demander de quel droit il parle avec ce mépris d'un Auteur approuvé de tout le monde ; lui qui trouve fi mauvais que
je me fois moqué de Chapelain & de Cotin, c'eft-à-dire, de deux
Auteurs univerfellement décriez ?   Ne fe fouvient-il point que le
Pere le Boffu eft un Auteur moderne, & un Auteur moderne excellent ?   Affurément il s'en fouvient, & c'eft vrai-femblablement
ce qui le lui rend infupportable. Car ce n'eft pas fimplement aux
Anciens qu'en veut Monfieur P** ; c'eft à tout ce qu'il y a jamais eu d'Ecrivains d'un merite élevé dans tous les fiècles, & même dans le nôtre ; n'aiant d'autre but que de placer, s'il lui étoit
poffible, fur le Thrône des belles Lettres, fes chers amis les Auteurs médiocres, afin d'y trouver fa place avec eux.   C'eft dans
cette vuë, ¹ qu'en fon dernier Dialogue, il a fait cette belle apologie de Chapelain, Poëte à la verité un peu dur dans fes expreffions, & dont il ne fait point, dit-il, fon Heros ; mais qu'il
trouve pourtant beaucoup plus fenfé qu'Homère & que Virgile, &
qu'il met du moins en même rang que le Taffe ; affectant de parler de la *Jérufalem délivrée* & de *la Pucelle*, comme de deux Ouvrages modernes, qui ont la même caufe à foûtenir contre les Poëmes anciens.

Que s'il louë en quelques endroits Malherbe, Racan, Moliere,
& Corneille, & s'il les met au deffus de tous les Anciens ; qui ne
voit que ce n'eft qu'afin de les mieux avilir dans la fuite, & pour
rendre plus complet le triomphe de Monfieur Quinaut, qu'il met
                                                              beau-

R E M A R Q U E S.

1. *Qu'en fon dernier Dialogue.*] Parallèles | Quatre années après il en parut un quatrième
de Mr. Perrault, Tome III. publié en 1692. | volume.

                                                        1. *Pour*

beaucoup au deſſus d'eux ; & *qui eſt*, dit-il en propres termes, *le plus grand Poëte que la France ait jamais eû pour le Lyrique, & pour le Dramatique ?* Je ne veux point ici offenſer la mémoire de Monſieur Quinaut, qui, malgré tous nos demêlez Poëtiques, eſt mort mon Ami. Il avoit, je l'avouë, beaucoup d'eſprit, & un talent tout particulier pour faire des Vers bons à mettre en chant. Mais ces Vers n'étoient pas d'une grande force, ni d'une grande élévation ; & c'étoit leur foibleſſe même qui les rendoit d'autant plus propres [1] pour le Muſicien, auquel ils doivent leur principale gloire ; puiſqu'il n'y a en effet de tous ſes Ouvrages que les Opera qui ſoient recherchez. Encore eſt-il bon que les Notes de Muſique les acccompagnent. Car pour [2] les autres Pièces de Théatre qu'il a faites en fort grand nombre, il y a long-tems qu'on ne les joüe plus, & on ne ſe ſouvient pas même qu'elles aïent été faites.

Du reſte, il eſt certain que Monſieur Quinaut étoit un très-honnête homme, & ſi modeſte, que je ſuis perſuadé que s'il étoit encore en vie, il ne feroit guères moins choqué des loüanges outrées que lui donne ici Monſieur P** , que des traits qui ſont contre lui dans mes Satires. Mais pour revenir à Homère, on trouvera bon, puiſque je ſuis en train, qu'avant que de finir cette Remarque, je faſſe encore voir ici cinq énormes bévüës, que nôtre Cenſeur a faites en ſept ou huit pages, voulant reprendre ce grand Poëte.

La première eſt à la page 72. où il le raille d'avoir, par une ridicule obſervation anatomique, écrit, dit-il, dans le quatrième Livre de l'Iliade, [*] que Ménélas avoit les talons à l'extrémité des jambes. C'eſt ainſi qu'avec ſon agrément ordinaire, il traduit un endroit très-ſenſé & très-naturel d'Homère, où le Poëte, à propos du ſang qui ſortoit de la bleſſure de Ménélas, aiant apporté la comparaiſon de l'yvoire, qu'une femme de Carie a teint en couleur de pourpre, *De même*, dit-il, *Ménélas, ta cuiſſe & ta jambe, juſqu'à l'extremité du talon, furent alors teintes de ton ſang.*

[*] *Vers 146*

Τοῖοί τοι, Μενέλαε, μιανθlω αἵματι μηροὶ
Εὔφυέες, κνῆμαί τ', ἠδ'ε ςφυρά ; κάλ' ὑπένερθε.

Talia

R E M A R Q U E S.

1. *Pour le Muſicien.*] M. de Lulli.
2. *Les autres Pièces de Théatre.*] Elles ſont imprimées en deux Volumes ; & M. Quinaut les avoit faites avant ſes Opera.

Talia tibi, Menelae, fœdata sunt cruore femora
Solida, tibiæ, talique pulchri infrà.

Eft-ce là dire anatomiquement, que Ménélas avoit les talons
à l'extremité des jambes ? Et le Cenfeur eft-il excufable de n'a-
voir pas au moins vû dans la verfion Latine, que l'adverbe *infrà*
ne fe conftruifoit pas avec *talus*, mais avec *fœdata funt* ? Si Monfieur P** veut voir de ces ridicules obfervations anatomiques, il
ne faut pas qu'il aille feüilleter l'Iliade : il faut qu'il relife la Pucelle. C'eft là qu'il en pourra trouver un bon nombre, & entr'autres celle-ci, où fon cher Monfieur Chapelain met au rang des
agrémens de la belle Agnès, qu'elle avoit les doigts inégaux :
ce qu'il exprime en ces jolis termes :

> *On voit hors des deux bouts de fes deux courtes manches*
> *Sortir à découvert deux mains longues & blanches,*
> *Dont les doigts inégaux, mais tout ronds & menus,*
> *Imitent l'embonpoint des bras ronds & charnus.*

La feconde bévuë eft à la page fuivante, où nôtre Cenfeur
accufe Homère de n'avoir point lû les Arts. Et cela, pour avoir
dit dans le troifième de l'Odyffée *, que le Fondeur, que Neftor
fit venir pour dorer les cornes du Taureau qu'il vouloit facrifier,
vint avec fon enclume, fon marteau & fes tenailles. A-t-on befoin, dit Monfieur P** d'enclume ni de marteau pour dorer ? Il eft
bon premièrement de lui apprendre, qu'il n'eft point parlé là d'un
Fondeur, mais d'un Forgeron * ; & que ce Forgeron, qui étoit
en même tems & le Fondeur & le Batteur d'or de ᵉ la ville de
Pyle, ne venoit pas feulement pour dorer les cornes du Taureau, mais pour battre l'or dont il les devoit dorer ; & que c'eft
pour cela qu'il avoit apporté fes inftrumens, comme le Poëte le
dit en propres termes, οἷσίν τε χρυσὸν εἰργάζετο, *inftrumenta quibus au-*
rum ᶠ *elaborabat.* Il paroît même que ce fut Neftor qui lui fournit l'or qu'il battit. Il eft vrai qu'il n'avoit pas befoin pour cela
d'une fort groffe enclume : auffi celle qu'il apporta étoit-elle fi
petite,

* V. 425.
& fuiv.

* χαλκεὺς.

C H A N G E M E N S.

ᵉ *La ville de Pyle.*] *La petite ville de* &c. dans les éditions de 1694.
& 1701.

ᶠ *Elaborabat.*] *Fabricabat*, dans les mêmes éditions.

I. *Elle*.

petite, qu'Homère affure qu'il la ᵍ tenoit entre fes mains. Ainfi
on voit qu'Homère a parfaitement entendu l'Art dont il parloit.
Mais comment juftifierons-nous Monfieur P**, cet homme d'un fi
grand goût, & fi habile en toute forte d'Arts, ainfi qu'il s'en
vante lui-même dans la Lettre qu'il m'a écrite? comment, dis-je,
l'excuferons-nous d'être encore à apprendre que les feüilles d'or,
dont on fe fert pour dorer, ne font que de l'or extrèmement
battu?

La troifième bévûë eft encore plus ridicule. ¹ Elle eft à la même page, où il traite nôtre Poëte de groffier, d'avoir fait dire
à Ulyffe par la Princeffe Nauficaa, dans l'Odyffée *, *qu'elle n'ap-*   * Liv. Z.
prouvoit point qu'une fille couchât avec un homme avant que de l'a-   vers 288.
voir époufé. Si le mot Grec, qu'il explique de la forte, vouloit
dire en cet endroit, *coucher*, la chofe feroit encore bien plus ridicule que ne dit nôtre Critique, puifque ce mot eft joint, en cet
endroit, à un pluriel; & qu'ainfi la Princeffe Nauficaa diroit,
qu'elle n'approuve point qu'une fille couche avec plufieurs hommes avant
que d'être mariée. Cependant c'eft une chofe très-honnête & pleine de pudeur qu'elle dit ici à Ulyffe. Car dans le deffein qu'elle
a de l'introduire à la Cour du Roi fon pere, elle lui fait entendre qu'elle va devant préparer toutes chofes; mais qu'il ne faut
pas qu'on la voie entrer avec lui dans la Ville, à caufe des
ʰ Phéaques, peuple fort médifant, qui ne manqueroient pas d'en
faire de mauvais difcours: ajoûtant qu'elle n'approuveroit pas
elle-même la conduite d'une fille, qui, fans le congé de fon pere & de fa mere, fréquenteroit des hommes avant que d'être mariée. C'eft ainfi que tous les Interprètes ont expliqué en cet endroit les mots, ἀνδράσι μίσγεσθαι, *mifceri hominibus*; y en aiant même qui ont mis à la marge du texte Grec, pour prévenir les P**,
Gardez-vous bien de croire que μίσγεσθαι *en cet endroit, veüille dire*
coucher. En effet, ce mot eft prefque emploié par tout dans l'I-
liade, & dans l'Odyffée, pour dire fréquenter; & il ne veut dire

cou-

CHANGEMENS.

ᵍ *Tenoit entre fes mains.*] Edition de 1694. *Tenoit à la main.*
ʰ *Phéaques.*] *Phéaciens*, Edition de 1694.

REMARQUES.

1. *Elle eft à la même Page.*] C'eft à la page 79.

1. Syros.

coucher avec quelqu'un , que lors que la suite naturelle du difcours , quelqu'autre mot qu'on y joint , & la qualité de la perfonne qui parle , ou dont on parle , le déterminent infailliblement à cette fignification, qu'il ne peut jamais avoir dans la bouche d'une Princeffe auffi fage & auffi honnête qu'eft répréfentée
Naufîcaa.

Ajoûtez l'étrange abfurdité qui s'enfuivroit de fon difcours ,
s'il pouvoit être pris ici dans ce fens ; puifqu'elle conviendroit en
quelque forte par fon raifonnement , qu'une femme mariée peut
coucher honnêtement avec tous les hommes qu'il lui plaira. Il en
eft de même de μίσγεσθαι en Grec , que des mots *cognofcere* & *com-
mifceri* dans le langage de l'Ecriture ; qui ne fignifient d'eux-mêmes que *connoître* , & *fe mêler* , & qui ne veulent dire figurément
coucher , que felon l'endroit où on les applique : fi bien que toute
la groffiéreté prétenduë du mot d'Homère appartient entièrement à
nôtre Cenfeur, qui falit tout ce qu'il touche , & qui n'attaque les
Auteurs anciens que fur des interprétations fauffes , qu'il fe forge
à fa fantaifie , fans favoir leur Langue , & que perfonne ne leur a
jamais données.

La quatrième bévüe eft auffi fur un paffage de l'Odyffée. Eu-
mée , dans le quinzième [1] Livre de ce Poëme , raconte qu'il eft né
dans une petite Ile appelée [1] Syros, qui eft au couchant de l'Ile
d'Ortygie [2]. Ce qu'il explique par ces mots ,

Ορτυγίας καθύπερθεν, όθι τροπαὶ ἠελίοιο.

Ortygiâ defuper , quâ parte funt converfiones Solis.

petite Ile fituée au deffus de l'Ile d'Ortygie , *du côté que le Soleil
fe couche.* Il n'y a jamais eu de difficulté fur ce paffage : tous les
Interprètes l'expliquent de la forte ; & Euftathius même apporte des exemples , où il fait voir que le verbe τρέπεσθαι , d'où vient
τροπαί, eft emploïé dans Homère pour dire que le Soleil fe couche.
                                                            Cela

C H A N G E M E N S.

[1] *Quinzième Livre.*] Dans toutes les éditions on avoit mis , *neuvième* ;
Mais c'eft par erreur. Vers 403.

R E M A R Q U E S.

1. *Syros.*] Ile de l'Archipel , du nombre des Cyclades. M. Perrault la nomme Syrie . Tome III. p. 90.

2. *Ortygie.*] Une des Cyclades , nommée depuis Délos.

L. Un

Cela eſt confirmé par Héſychius, qui explique le terme de πρoπάι par celui de δύσεις, mot qui ſignifie inconteſtablement le Couchant. Il eſt vrai qu'il y a [1] un vieux Commentateur, qui a mis dans une petite note, qu'Homère, par ces mots, a voulu auſſi marquer, *qu'il y avoit dans cette Ile un antre, où l'on faiſoit voir les tours ou converſions du Soleil.* On ne ſait pas trop bien ce qu'a voulu dire par là ce Commentateur, auſſi obſcur qu'Homère eſt clair. Mais ce qu'il y a de certain, c'eſt que ni lui, ni pas un autre, n'ont jamais prétendu qu'Homère ait voulu dire que l'Ile de Syros étoit ſituée ſous le Tropique : & que l'on n'a jamais attaqué ni deffendu ce grand Poëte ſur cette erreur ; parce qu'on ne la lui a jamais imputée. Le ſeul Monſieur P**, qui, comme je l'ai montré par tant de preuves, ne ſait point le Grec, & qui ſait ſi peu la Géographie, que dans un de ſes Ouvrages il a mis le fleuve de Méandre, [2] & par conſéquent la Phrygie & Troie, dans la Grèce ; le ſeul Monſieur P**, dis-je, vient, ſur l'idée chimerique qu'il s'eſt miſe dans l'eſprit, & peut-être ſur quelque miſerable Note d'un Pédant, accuſer un Poëte, regardé par tous les anciens Géographes comme le Père de la Géographie, d'avoir mis l'Ile de Syros, & la Mer Méditerranée, ſous le Tropique ; faute qu'un petit Ecolier n'auroit pas faite : & non ſeulement il l'en accuſe, mais il ſuppoſe que c'eſt une choſe reconnuë de tout le monde, & que les Interprètes ont tâché en vain de ſauver, en expliquant, dit-il, ce paſſage du Quadran que Phérecydès, qui vivoit trois cens ans depuis Homère, avoit fait dans l'Ile de Syros : quoi qu'Euſtathius, le ſeul Commentateur qui a bien entendu Homère, ne diſe rien de cette interprétation ; qui ne peut avoir été donnée à Homère que par quelque Commentateur de Diogène [3] Laërce, lequel [k] Commentateur je ne connois point. Voilà

CHANGEMENS.

[k] *Lequel Commentateur je ne connois point.*] Au lieu de ces mots, dans les Editions de 1694. & de 1701. on liſoit : *Que je ne connois point.*

REMARQUES.

1. *Un vieux Commentateur.*] Didymus.

2. *Il a mis le fleuve de Méandre . . . . dans la Grèce.*] Le Méandre eſt un fleuve de Phrygie, dans l'Aſie mineure. Mr. Perrault avoit dit dans une Note de ſon Poëme intitulé, *Le Siècle de Louïs le Grand*, que le Méandre étoit un fleuve de la Grèce. Mais il s'eſt juſtifié dans

la ſuite, en diſant que cette partie de l'Aſie mineure où paſſe le Méandre, s'appèle la Grèce Aſiatique.

3. *Diogène Laërce.*] Voïez Diogène Laërce de l'Edition de Mr. Ménage, pag. 67. du Texte, & pag. 68. des Obſervations.

Voilà les belles preuves, par où nôtre Censeur prétend faire voir qu'Homère ne savoit point les Arts; & qui ne font voir autre chose, sinon que Monsieur P** ne sait point de Grec, ¹ qu'il entend médiocrement le Latin, & ne connoît lui-même en aucune sorte les Arts.

Il a fait les autres bévûës, pour n'avoir pas entendu le Grec; mais il est tombé dans la cinquième erreur, pour n'avoir pas entendu le Latin. La voici. *Ulysse dans l'Odyssée* * *est*, dit-il, *reconnu par son Chien, qui ne l'avoit point vû depuis vingt ans. Cependant Pline assure que les Chiens ne passent jamais quinze ans.* Monsieur P** sur cela fait le procès à Homère, comme aiant infailliblement tort d'avoir fait vivre un Chien vingt ans : Pline asseurant que les Chiens n'en peuvent vivre que quinze. Il me permettra de lui dire que c'est condamner un peu légèrement Homère; puisque non seulement Aristote, ainsi qu'il l'avouë lui-même, mais tous les Naturalistes modernes; comme Jonston, Aldroand, &c. assûrent qu'il y a des Chiens qui vivent vingt années: que même je pourrois lui citer des exemples dans nôtre siècle, ¹ de Chiens qui en ont vêcu jusqu'à vingt-deux; & qu'enfin Pline, quoi qu'Ecrivain admirable, a été convaincu, comme chacun sait, de s'être trompé plus d'une fois sur les choses de la Nature; au lieu qu'Homère, avant les Dialogues de Mr. P**, n'a jamais été même accusé sur ce point d'aucune erreur. Mais quoi? Monsieur P** est résolu de ne croire aujourd'hui que Pline, pour lequel il est, dit-il, prêt à parier. Il faut donc le satisfaire, & lui apporter l'autôrité de Pline lui-même, qu'il n'a point

lû

* Liv. 17.
v. 300. &
suiv.

C H A N G E M E N S.

1 *Qu'il entend.*] Ce mot, *qu'il*, n'étoit point dans les mêmes éditions.

R E M A R Q U E S.

1. *De Chiens qui ont vêcu &c.*] C'est le Roi lui-même qui a fourni cet exemple à nôtre Auteur. Sa Majesté s'informant du sujet de la dispute de M. Despréaux avec M. Perraut; Mr. le Marquis de Termes en expliqua les principaux chefs au Roi, & lui dit entr'autres que Mr. Perraut soûtenoit, contre le témoignage d'Homère, que les Chiens ne vivoient pas jusqu'à vingt ans. *Perraut se trompe*, dit le Roi: *j'ai eû un Chien qui a vêcu vingt & trois ans.* Tout ce que Mr. Perraut pourra dire, ajoûte ,, Mr. Despréaux dans une Lettre du 29. Décembre 1701. ,, C'est que ce Prince est accoûtumé aux miracles, & à des évènemens qui n'arrivent qu'à lui seul ; & qu'ainsi, ce qui lui est arrivé ne peut pas être tiré à conséquence pour les autres hommes. Mais je n'aurai pas de peine à lui prouver que dans nôtre famille même, j'ai eû un Oncle qui n'étoit pas un homme fort-miraculeux, lequel a nourri vingt & quatre années une espèce de Bichon qu'il avoit. &c.

fû, ou qu'il n'a point entendu, & qui dit positivement la même chose qu'Aristote & tous les autres Naturalistes : c'est à savoir ; que les Chiens ne vivent ordinairement que quinze ans , mais qu'il y en a quelquefois qui vont jusques à vingt. Voici ses termes : * *Cette espèce de Chiens , qu'on appele Chiens de Laconie ,* *ne vivent que dix ans : Toutes les autres espèces de Chiens vivent* *ordinairement quinze ans , & vont quelquefois jusques à vingt. Ca-* *nes Laconi vivunt annis denis , cætera genera quindecim annos ,* *aliquando viginti.* Qui pourroit croire que nôtre Censeur vou-lant , sur l'autorité de Pline , accuser d'erreur un aussi grand per-sonnage qu'Homère , ne se donne pas la peine de lire le passage de Pline , ou de se le faire expliquer ; & qu'ensuite de tout ce grand nombre de bévûës , entassées les unes sur les autres dans un si petit nombre de pages , il ait la hardiesse de conclure, comme il a fait : *qu'il ne trouve point d'inconvénient* (ce sont ses termes) *qu'Homère, qui est mauvais Astronome & mauvais Géographe, ne soit* *pas bon Naturaliste ?* Y a-t-il un homme sensé, qui lisant ces ab-surditez, dites avec tant de hauteur dans les Dialogues de Mon-sieur P**, puisse s'empêcher de jetter de colère le livre , & de dire comme Démiphon * dans Terence, ᵐ *Ipsum gestio Dari mî in* *conspectum ?*

 Je ferois un gros volume, si je voulois lui montrer toutes les autres bévûës qui sont dans les sept ou huit pages que je viens d'examiner, y en aiant presque encore un aussi grand nom-bre que je passe , & que peut-être je lui ferai voir dans la pre-mière édition de mon Livre ; si je vois que les hommes daignent jetter les yeux sur ces eruditions Grecques , & lire des Remarques faites sur un Livre que personne ne lit.

R E

*Pline ,
Hist. nat.
liv. X.*

*Paralléles ,
Tom. III.
pag. 97.*

* *Phorm.
act. I.
Scène 5.
v. 30.*

C H A N G E M E N S.

 m *Ipsum gestio &c.*] Dans les deux premières éditions on lisoit ainsi ce passage, que Mr. Despréaux avoit cité de mémoire : *Cuperem mihi dari in conspectum hunc hominem.*

REFLEXION IV.

Paroles de
Longin,
Chap. VII.
Iliad. liv.4.
v. 443.
C'est ce qu'on peut voir dans la description de la Déesse Discor-
de, qui a, dit-il, La tête dans les Cieux, & les piés sur la terre.

VIRGILE a traduit ce Vers presque mot pour mot dans le
quatrième Livre de l'Eneïde, appliquant à la Renommée ce
qu'Homère dit de la Discorde :

Ingrediturque solo, & caput inter nubila condit.

Un si beau Vers imité par Virgile, & admiré par Longin,
n'a pas été néanmoins à couvert de la critique de Monsieur P**
[1] qui trouve cette hyperbole outrée, & la met au rang des contes
de peau-d'âne. Il n'a pas pris garde, que même dans le discours ordinaire, il nous échape tous les jours des hyperboles plus
fortes que celle-là, qui ne dit au fond que ce qui est très-veritable ; c'est à savoir que la Discorde regne par tout sur la Terre, & même dans le Ciel entre les Dieux ; c'est-à-dire, entre les
Dieux d'Homère. Ce n'est donc point la description d'un Géant,
comme le prétend nôtre Censeur, que fait ici Homère ; c'est une
allégorie très-juste : & bien qu'il fasse de la Discorde un personnage, c'est un personnage allégorique qui ne choque point, de
quelque taille qu'il le fasse ; parce qu'on le regarde comme une
idée & une imagination de l'esprit, & non point comme un être
materiel subsistant dans la Nature. Ainsi cette expression du
Pseaume, [2] *J'ai vû l'Impie élevé comme un cèdre du Liban,* ne
veut pas dire que l'Impie étoit un Géant, grand comme un
cèdre du Liban. Cela signifie que l'Impie étoit au faîte des gran-
deurs humaines ; & Monsieur Racine est fort bien entré dans
la pensée du Psalmiste, par ces deux Vers de son Esther, qui
ont du rapport au Vers d'Homère.

> *Pareil au cèdre, il cachoit dans les Cieux*
> *Son front audacieux.*

Il est

REMARQUES.

[1]. *Qui trouve cette hyperbole* &c.] Paralleles, Tome III. p. 118. & suiv.
[2]. *J'ai vû l'Impie élevé.*] Psal. 36. v. 35.

*Vidi impium superexaltatum & elevatum sicut
Cedros Libani.*

Il eſt donc aiſé de juſtifier les paroles avantageuſes, que Longin dit du Vers d'Homère ſur la Diſcorde. La vérité eſt pourtant, que ces paroles ne ſont point de Longin : puiſque c'eſt moi, qui, à l'imitation de Gabriel de Pétra, les lui ai en partie prêtées : le Grec en cet endroit étant fort défectueux, & même le Vers d'Homère n'y étant point raporté. C'eſt ce que Monſieur P** n'a eu garde de voir ; parce qu'il n'a jamais lû Longin, ſelon toutes les apparences, que dans ma traduction. Ainſi penſant contredire Longin, il a fait mieux qu'il ne penſoit, puiſque c'eſt moi qu'il a contredit. Mais en m'attaquant, il ne ſauroit nier qu'il n'ait auſſi attaqué Homère, & ſur tout Virgile, qu'il avoit tellement dans l'eſprit, quand il a blâmé ce Vers ſur la Diſcorde, que dans ſon Diſcours, au lieu de la Diſcorde, il a écrit, ſans y penſer, la Renommée.

C'eſt donc d'elle qu'il fait cette belle critique. *Que l'exage-* *ration du Poëte en cet endroit ne ſauroit faire une idée bien nette.* *Pourquoi ? C'eſt,* ajoûte-t-il, *que tant qu'on pourra voir la tête de* *la Renommée, ſa tête ne ſera point dans le Ciel ; & que ſi ſa tête* *eſt dans le Ciel, on ne ſait pas trop bien ce que l'on voit.* O l'admirable raiſonnement ! Mais où eſt-ce qu'Homère & Virgile diſent qu'on voit la tête de la Diſcorde, ou de la Renommée ? Et afin qu'elle ait la tête dans le Ciel, qu'importe qu'on l'y voie ou qu'on ne l'y voie pas ? N'eſt-ce pas ici le Poëte qui parle, & qui eſt ſuppoſé voir tout ce qui ſe paſſe même dans le Ciel, ſans que pour cela les yeux des autres hommes le découvrent ? En verité, j'ai peur que les Lecteurs ne rougiſſent pour moi, de me voir réfuter de ſi étranges raiſonnemens. Nôtre Cenſeur attaque enſuite une autre hyperbole d'Homère à propos des chevaux des Dieux. Mais comme ce qu'il dit contre cette hyperbole n'eſt qu'une fade plaiſanterie, le peu que je viens de dire contre l'objection précedente, ſuffira, je croi, pour répondre à toutes les deux.

Paralleles ; Tom. III. pag. 119.

REFLEXION V.

Il en eſt de même de ces compagnons d'Ulyſſe changez en pourceaux, *que Zoïle appèle de petits cochons larmoïans.*

Paroles de Longin, Chap. VII. Odyſſ. liv. 10. v. 239. & ſuiv.

IL paroît par ce paſſage de Longin, que Zoïle, auſſi bien que Monſieur P** s'étoit égaïé à faire des railleries ſur Homère. Car cette plaiſanterie, *de petits cochons larmoïans,* a aſſez de rapport

avec

avec *les comparaifons à longue queuë*, que nôtre Critique moderne reproche à ce grand Poëte. Et puifque [1] dans nôtre fiècle, la liberté que Zoïle s'étoit donnée, de parler fans refpect des plus grans Ecrivains de l'Antiquité, fe met aujourd'hui à la mode parmi beaucoup de petits Efprits, auffi ignorans qu'orgueilleux & pleins d'eux-mêmes ; il ne fera pas hors de propos de leur faire voir ici, de quelle manière cette liberté a réüffi autrefois à ce Rhéteur, homme fort favant, ainfi que le témoigne Denys d'Halicarnaffe, & à qui je ne voi pas qu'on puiffe rien reprocher, fur les mœurs : [2] puifqu'il fut toute fa vie très-pauvre ;. & que malgré l'animofité que fes critiques fur Homère & fur Platon avoient excitée contre lui, on ne l'a jamais accufé d'autre crime que de ces critiques mêmes, & d'un peu de mifanthropie.

Il faut donc premièrement voir ce que dit de lui Vitruve, le célèbre Architecte : car c'eft lui qui en parle le plus au long ; & afin que Monfieur P** ne m'accufe pas d'altérer le texte de cet Auteur, je mettrai ici les mots mêmes de Monfieur fon Frere le Médecin, qui nous a donné Vitruve en François. *Quelques années après*, (c'eft Vitruve qui parle dans la Traduction de ce Médecin.) *Zoïle, qui fe faifoit appeler le fléau d'Homère, vint de Macédoine à Alexandrie, & préfenta au Roi les livres qu'il avoit compofez contre l'Iliade & contre l'Odyffée. Ptolémée indigné que l'on attaquât fi infolemment le Pere de tous les Poëtes, & que l'on maltraitât ainfi celui que tous les Savans reconnoiffent pour leur Maître, dont toute la Terre admiroit les écrits, & qui n'étoit pas là préfent pour fe deffendre, ne fit point de réponfe. Cependant Zoïle, aïant long-tems attendu, & étant preffé de la néceffité, fit fupplier le Roi de lui faire donner quelque chofe. A quoi l'on dit qu'il fit cette réponfe ; que puis qu'Homère, depuis mille ans qu'il y avoit qu'il étoit mort, avoit nourri plufieurs milliers de perfonnes, Zoïle devoit bien avoir l'induftrie de fe nourrir non feulement lui, mais plufieurs autres encore, lui qui faifoit profeffion d'être beaucoup plus favant qu'Homère. Sa mort fe raconte diverfement. Les uns difent que Ptolémée le fit mettre en*

croix ;

REMARQUES.

1. *Dans nôtre Siècle.*] Cès trois mots paroiffent fuperflus.

2. *Puifqu'il fut toute fa vie très-pauvre.*] Il femble auffi que ces mots devroient être re-tranchez. Car on peut être mal-honnête homme, & très-pauvre. On pourroit donc mettre ici… rien reprocher fur les mœurs ; puifque, malgré l'animofité. &c.

1. Re-

*croix ; d'autres , qu'il fut lapidé ; & d'autres , qu'il fut brûlé tout
vif à Smirne. Mais de quelque façon que cela soit , il est certain
qu'il a bien mérité cette punition : puisqu'on ne la peut pas mériter
pour un crime plus odieux qu'est celui de reprendre un Ecrivain , qui
n'est pas en état de rendre raison de ce qu'il a écrit.*

Je ne conçoi pas comment Monsieur P** le Médecin , qui pen-
soit d'Homère & de Platon à peu près les mêmes choses que Monsieur son Frere & que Zoïle , a pû aller jusqu'au bout , en traduisant ce passage. La vérité est qu'il l'a adouci , autant qu'il lui a
été possible, tâchant d'insinuer que ce n'étoit que les Savans , c'est
à dire , au langage de Messieurs P** les Pédans , qui admiroient
les Ouvrages d'Homère. Car dans le texte Latin il n'y a pas un
seul mot qui revienne au mot de Savant , & à l'endroit où Monsieur le Médecin traduit : *Celui que tous les Savans reconnoissent
pour leur Maître,* il y a , *celui que tous ceux qui aiment les belles
lettres ,* [1] *reconnoissent pour leur Chef.* En effet , bien qu'Homère
ait sû beaucoup de choses , il n'a jamais passé pour le Maître des
Savans. Ptolémée ne dit point non plus à Zoïle dans le texte
Latin , *qu'il devoit bien avoir l'industrie de se nourrir , lui qui faisoit profession d'être beaucoup plus savant qu'Homère.* Il y a , [2] *lui
qui se vantoit d'avoir plus d'esprit qu'Homère.* D'ailleurs , Vitruve ne dit pas simplement , que Zoïle *présenta ses livres contre
Homère à Ptolémée :* mais [3] *qu'il les lui récita.* Ce qui est bien
plus fort , & qui fait voir que ce Prince les blâmoit avec connoissance de cause.

Monsieur le Médecin ne s'est pas contenté de ces adoucissemens ; il a fait une note , où il s'efforce d'insinuer qu'on a prêté ici beaucoup de choses à Vitruve ; & cela fondé, sur ce que
c'est un raisonnement indigne de Vitruve , de dire , qu'on ne puisse
reprendre un Ecrivain qui n'est pas en état de rendre raison de ce
qu'il a écrit ; & que par cette raison ce seroit un crime digne du
feu, que de reprendre quelque chose dans les écrits que Zoïle a
faits contre Homère , si on les avoit à présent. Je répons premièrement, que dans le Latin il n'y a pas simplement , reprendre
un

REMARQUES.

1. *Reconnoissent pour leur Chef.*] Philologiæ
omnis Ducem.

2. *Lui qui se vantoit &c.*] *Qui meliori inge-*

nio se proferetur.

3. *Qu'il les lui récita.*] *Regi recitavit.*

1. *Ap.*

un Ecrivain ; mais citer , [2] appeler en jugement des Ecrivains ; c'est-
à-dire , les attaquer dans les formes fur tous leurs Ouvrages. Que
d'ailleurs , par ces Ecrivains , Vitruve n'entend pas des Ecrivains
ordinaires ; mais des Ecrivains qui ont été l'admiration de tous
les siècles , tels que Platon & Homère , & dont nous devons pré-
fumer , quand nous trouvons quelque chofe à redire dans leurs
écrits , que , s'ils étoient là préfens pour fe deffendre , nous ferions
tout étonnez , que c'eft nous qui nous trompons. Qu'ainfi il n'y
a point de parité avec Zoïle , homme décrié dans tous les fiècles ,
& dont les Ouvrages n'ont pas même eû la gloire que , grace à
mes Remarques , vont avoir les écrits de Monfieur P** qui eft ,
qu'on leur ait répondu quelque chofe.

Mais pour achever le Portrait de cet Homme , il eft bon de
mettre auffi en cet endroit ce qu'en a écrit l'Auteur que Monfieur P** cite le plus volontiers , c'eft à favoir Elien. C'eft au Livre onzième de fes Hiftoires diverfes. *Zoïle , celui qui a écrit contre Homère , contre Platon , & contre plufieurs autres grans perfonnages , [2] étoit d'Amphipolis , & fut difciple de ce Polycrate qui a
fait un Difcours en forme d'accufation contre Socrate. Il fut appelé
le Chien de la Rhétorique. Voici à peu près fa figure. Il avoit une
grande barbe qui lui defcendoit fur le menton , mais nul poil à la tête
qu'il fe rafoit jufqu'au cuir. Son manteau lui pendoit ordinairement
fur les genoux. Il aimoit à mal parler de tout , & ne fe plaifoit qu'à
contredire. En un mot , il n'y eut jamais d'homme fi hargneux que
ce Miférable. Un très-favant homme lui aiant demandé un jour ,
pourquoi il s'acharnoit de la forte à dire du mal de tous les grans
Ecrivains : C'eft , repliqua-t-il , que je voudrois bien leur en faire ,
mais je n'en puis venir à bout.*

Je n'aurois jamais fait , fi je voulois ramaffer ici toutes les injures qui lui ont été dites dans l'Antiquité , où il étoit par tout connu fous le nom du *vil Efclave de Thrace.* On prétend que ce fut
l'Envie , qui l'engagea à écrire contre Homère , & que c'eft ce qui
a fait que tous les Envieux ont été depuis appelez du nom de
Zoïles , témoin ces deux Vers d'Ovide ,

Ingenium magni livor detrectat Homeri :
    Quifquis es , ex illo , Zoïle , nomen habes.

Je

REMARQUES.

Je raporte ici tout exprès ce paſſage , afin de faire voir à Monſieur P** qu'il peut fort bien arriver , quoi qu'il en puiſſe dire , qu'un Auteur vivant ſoit jaloux , d'un Ecrivain mort pluſieurs ſiècles avant lui.   Et en effet, je connois [1] plus d'un Demi-ſavant qui rongit lors qu'on louë devant lui avec un peu d'excès ou Ciceron, ou Démoſthène, prétendant qu'on lui fait tort.

Mais   pour ne me point écarter de Zoïle , j'ai cherché pluſieurs fois en moi-même ce qui a pû attirer contre lui cette animoſité & ce déluge d'injures.   Car il n'eſt pas le ſeul qui ait fait des Critiques ſur Homère & ſur Platon.   Longin dans ce Traité même , comme nous le voïons, en a fait pluſieurs ; & [2] Denis d'Halicarnaſſe n'a pas plus épargné Platon que lui.   Cependant on ne voit point que ces critiques aient excité contre eux l'indignation des hommes.   D'où vient cela?   En voici la raiſon, ſi je ne me trompe.   C'eſt qu'outre que leurs critiques ſont fort ſenſées, il paroît viſiblement qu'ils ne les font point pour rabaiſſer la gloire de ces grans Hommes ; mais pour établir la vérité de quelque précepte important.   Qu'au fond, bien loin de diſconvenir du mérite de ces Heros , c'eſt ainſi qu'ils les appèlent , ils nous font par tout comprendre , même en les critiquant , qu'ils les reconnoiſſent pour leurs Maîtres en l'art de parler, & pour les ſeuls modèles que doit ſuivre tout homme qui veut écrire : Que s'ils nous y découvrent quelques taches, ils nous y font voir en même tems un nombre infini de beautez ; tellement qu'on ſort de la lecture de leurs critiques , convaincu de la juſteſſe d'eſprit du Cenſeur, & encore plus de la grandeur du génie de l'Ecrivain cenſuré.   Ajoûtez, qu'en faiſant ces critiques , ils s'énoncent toûjours avec tant d'égards , de modeſtie , & de circonſpection, qu'il n'eſt pas poſſible de leur en vouloir du mal.

Il n'en étoit pas ainſi de Zoïle , homme fort atrabilaire , & extrèmement rempli de la bonne opinion de lui-même.   Car, autant que nous en pouvons juger par quelques fragmens qui nous reſtent

Tome I I.   S   1. Un

reſtent de ſes critiques, & parce que les Auteurs nous en diſent, il avoit directement entrepris de rabaiſſer les Ouvrages d'Homère & de Platon, en les mettant l'un & l'autre, au deſſous des plus vulgaires Ecrivains. Il traitoit les fables de l'Iliade & de l'Odyſ- ſée, de contes de Vieille, appelant Homère, [1] un diſeur de ſor- nètes. Il faiſoit de fades plaiſanteries des plus beaux endroits de ces deux Poëmes, & tout cela avec une hauteur ſi pédanteſque, qu'elle révoltoit tout le monde contre lui. Ce fut, à mon avis, ce qui lui attira cette horrible diffamation, & qui lui fit faire une fin ſi tragique.

Mais à propos de hauteur pédanteſque, peut-être ne ſera-t-il pas mauvais d'expliquer ici ce que j'ai voulu dire par là, & ce que c'eſt proprement qu'un Pédant. Car il me ſemble que Mon- ſieur P** ne conçoit pas trop bien toute l'étenduë de ce mot. En effet, ſi l'on en doit juger par tout ce qu'il inſinuë dans ſes Dialogues, un Pédant, ſelon lui, eſt un Savant nourri dans un Collége, & rempli de Grec & de Latin; qui admire aveuglément tous les Auteurs anciens; qui ne croit pas qu'on puiſſe faire de nouvelles découvertes dans la Nature, ni aller plus loin qu'Ariſ- tote, Epicure, Hyppocrate, Pline; qui croiroit faire une eſpèce d'impiété, s'il avoit trouvé quelque choſe à redire dans Virgile: qui ne trouve pas ſimplement Terence un joli Auteur, mais le comble de toute perfection: qui ne ſe pique point de politeſſe: qui non ſeulement ne blâme jamais aucun Auteur ancien; mais qui reſpecte ſur tout les Auteurs que peu de gens liſent, comme Ja- ſon, Bartole, Lycophron, Macrobe, &c.

Voilà l'idée du Pédant qu'il paroît que Monſieur P** s'eſt for- mée. Il ſeroit donc bien ſurpris ſi on lui diſoit : qu'un Pédant eſt preſque tout le contraire de ce tableau : qu'un Pédant eſt un homme plein de lui-même, qui avec un médiocre ſavoir décide hardiment de toutes choſes : qui ſe vante ſans ceſſe d'avoir fait de nouvelles découvertes : qui traite de haut en bas Ariſtote, Epicure, Hypocrate, Pline; qui blâme tous les Auteurs anciens: qui publie que Jaſon & Bartole étoient deux ignorans, Macrobe un Ecolier: qui trouve, à la vérité, quelques endroits paſſables

dans

R E M A R Q U E S.

1. *Un diſeur de Sornètes.*] Φιλόμυθον,

dans Virgile ; mais qui y trouve auſſi beaucoup d'endroits dignes d'être ſiflez : qui croit à peine Terence digne du nom de joli : qui au milieu de tout cela ſe pique ſur tout de politeſſe : qui tient que la plûpart des Anciens n'ont ni ordre, ni économie dans leurs diſcours : En un mot, qui conte pour rien de heurter ſur cela le ſentiment de tous les hommes.

Monſieur P** me dira peut-être que ce n'eſt point là le véritable caractère d'un Pédant. Il faut pourtant lui montrer que c'eſt le portrait qu'en fait le célèbre Regnier ; c'eſt-à-dire, le Poëte François, qui, du conſentement de tout le monde, a le mieux connu, avant Molière, les mœurs & le caractère des hommes. C'eſt dans ſa dixième Satire, où décrivant cet énorme Pédant, qui, dit-il,

> Faiſoit par ſon ſavoir, comme il faiſoit entendre,
> La figue ſur le nez au Pédant d'Alexandre.

Il lui donne enſuite ces ſentimens,

> Qu'il a, pour enſeigner, une belle manière :
> Qu'en ſon globe il a vu la matiere première :
> Qu'Epicure eſt yvrogne, Hyppocrate un bourreau :
> Que Barthole & Jaſon ignorent le Barreau :
> Que Virgile eſt paſſable, encor qu'en quelques pages
> Il meritât au Louvre être ſiflé des Pages :
> Que Pline eſt inégal ; Terence un peu joli :
> Mais ſur tout il eſtime un langage poli.
> Ainſi ſur chaque Auteur il trouve de quoi mordre.
> L'un n'a point de raiſon, & l'autre n'a point d'ordre :
> L'un avorte avant tems les œuvres qu'il conçoit :
> Souvent il prend Macrobe, & lui donne le foüet, &c.

Je laiſſe à Monſieur P** le ſoin de faire l'application de cette peinture, & de juger qui Regnier a décrit par ces Vers : ou un homme de l'Univerſité, qui a un ſincère reſpect pour tous les grans Ecrivains de l'Antiquité, & qui en inſpire, autant qu'il peut, l'eſtime à la Jeuneſſe qu'il inſtruit ; ou un Auteur préſomptueux qui traite tous les Anciens d'ignorans, de groſſiers, de viſionnaires, d'inſenſez ; & qui étant déja avancé en âge, emploie le reſte de ſes jours, & s'occupe uniquement à contredire le ſentiment de tous les hommes.　　　　　S 2　　　　　RE-

REFLEXION VI.

Paroles de
Longin,
ch. VIII.

En effet, de trop s'arrêter aux petites choses, cela gâte tout.

IL n'y a rien de plus vrai, sur tout dans les Vers : & c'est un des grans défauts de Saint Amand. Ce Poëte avoit assez de génie pour les Ouvrages de débauche, & de Satire outrée, & il a même quelquefois des boutades assez heureuses dans le sérieux : mais il gâte tout par les basses circonstances qu'il y mêle. C'est ce qu'on peut voir dans son Ode intitulée *la Solitude*, qui est son meilleur Ouvrage, où parmi un fort grand nombre d'images très-agréables, il vient présenter mal-à-propos aux yeux les choses du monde les plus affreuses, des crapaux, & des limaçons qui bavent; le squelète d'un Pendu, &c.

> *Là branle, le squelète horrible*
> *D'un pauvre Amant qui se pendit.*

Il est sur tout bizarrement tombé dans ce défaut en son *Moïse sauvé*, à l'endroit du passage de la mer rouge ; au lieu de s'étendre sur tant de grandes circonstances qu'un sujet si majestueux lui présentoit, il perd le tems à peindre le petit Enfant, qui va, saute, revient, & ramassant une coquille, la va montrer à sa Mere, & met en quelque sorte, comme j'ai dit dans ma Poëtique, [1] les poissons aux fenêtres par ces deux Vers,

> *Et là, près des rempars que l'œil peut transpercer,*
> *Les poissons ébahis les regardent passer.*

Il n'y a que Monsieur P** au monde qui puisse ne pas sentir le comique qu'il y a dans ces deux Vers, où il semble en effet que les poissons aient loüé des fenêtres pour voir passer le peuple Hébreu. Cela est d'autant plus ridicule que les poissons ne voient presque rien au travers de l'eau, & ont les yeux placez d'une telle manière, qu'il étoit bien difficile, quand ils auroient eu la tête hors de ces rempars, qu'ils pussent bien découvrir cette marche. Monsieur P** prétend néanmoins justifier ces deux Vers : mais c'est par des raisons si peu sensées, qu'en verité je croirois abuser du papier,

REMARQUES.

1. *Dans ma Poëtique.*] Chant. III. v. 264.

papier, fi je l'emploiois à y répondre. Je me contenterai donc de
le renvoïer à la comparaison que Longin raporte ici d'Homère.
Il y pourra voir l'adreffe de ce grand Poëte à choifir, & à ramaffer les grandes circonftances. Je doute pourtant qu'il convienne
de cette vérité. Car il en veut fur tout aux comparaifons d'Homère, & il en fait le principal objet de fes plaifanteries [1] dans fon
dernier Dialogue. On me demandera peut-être ce que c'eft que
ces plaifanteries : Monfieur P** n'étant pas en réputation d'être
fort plaifant ; & comme vraifemblablement on n'ira pas les chercher dans l'original, je veux bien, pour la curiofité des Lecteurs, en raporter ici quelque trait. Mais pour cela il faut commencer par faire entendre ce que c'eft que les Dialogues de Monfieur P**.

C'eft une converfation qui fe paffe entre trois Perfonnages,
dont le premier, grand ennemi des Anciens, & fur tout de Platon, eft Monfieur P** lui même, comme il le déclare dans fa Préface. Il s'y donne le nom d'Abbé ; & je ne fai pas trop pourquoi il a pris ce titre Ecléfiaftique, puis qu'il n'eft parlé dans ce
Dialogue que de chofes très profânes ; que les Romans y font
loüez par excès, & que l'Opera y eft regardé comme le comble
de la perfection, où la Poëfie pouvoit arriver en nôtre Langue.
Le fecond de ces Perfonnages eft un Chevalier, admirateur de
Monfieur l'Abbé ; qui eft là comme fon Tabarin pour appüier
fes décifions, & qui le contredit même quelquefois à deffein,
pour le faire mieux valoir. Monfieur P** ne s'offenfera pas fans
doute de ce nom de Tabarin, que je donne ici à fon Chevalier : puifque ce Chevalier lui-même déclare en un endroit, [2] qu'il
eftime plus les Dialogues de Mondor & de Tabarin, que ceux de
Platon. Enfin le troifième de ces Perfonnages, qui eft beaucoup
le plus fot des trois, eft un Préfident, protecteur des Anciens,
qui les entend encore moins que l'Abbé, ni que le Chevalier ;
qui ne fauroit fouvent répondre aux objections du monde les plus
frivoles, & qui deffend quelque-fois fi fottement la raifon, qu'elle

REMARQUES.

1. *Dans fon dernier Dialogue.*] Parallèles de Mr. Perraut, Tome III.
2. *Qu'il eftime plus les Dialogues de Mondor & de Tabarin.*] Parallèles de M. Perrault, Tome II. pag. 116. Voïez la Remarque fur le Vers 86 du premier Chant de l'Art poëtique, où il eft parlé des Dialogues de Mondor & de Tabarin.

le devient plus ridicule dans fa bouche que le mauvais fens. En
un mot, il eft là comme le Faquin de la Comédie, pour recevoir
toutes les nazardes. Ce font là les Acteurs de la Pièce. Il faut
maintenant les voir en action.

Monfieur l'Abbé, par exemple, [1] déclare en un endroit qu'il
n'approuve point ces comparaifons d'Homère, où le Poëte non
content de dire précifément ce qui fert à la comparaifon, s'étend
fur quelque circonftance hiftorique de la chofe, dont il eft parlé:
comme lors qu'il compare la cuiffe de Menélas bleffé, à de l'y-
voire teint en pourpre par une femme de Méonie & de Carie, &c.
Cette femme de Méonie ou de Carie déplaît à Monfieur l'Abbé,
& il ne fauroit fouffrir ces fortes de *comparaifons à longue queuë*;
mot agréable, qui eft d'abord admiré par Monfieur le Chevalier,
lequel prend de là occafion de raconter quantité de jolies chofes
qu'il dit auffi à la campagne l'année dernière, à propos de ces
comparaifons à longue queuë.

Ces plaifanteries étonnent un peu Monfieur le Préfident, qui
fent bien la fineffe qu'il y a dans ce mot de *longue queuë*. Il fe
met pourtant à la fin en devoir de répondre. La chofe n'étoit
pas fans doute fort mal-aifée, puifqu'il n'avoit qu'à dire, ce que
tout homme qui fait les élemens de la Rhétorique auroit dit d'a-
bord: Que les comparaifons, dans les Odes & dans les Poëmes
Epiques, ne font pas fimplement mifes pour éclaircir, & pour
orner le difcours; mais pour amufer & pour délaffer l'efprit du
Lecteur, en le détachant de tems en tems du principal fujet, &
le promenant fur d'autres images agréables à l'efprit: Que c'eft
en cela qu'a principalement excellé Homère, dont non feulement
toutes les comparaifons, mais tous les difcours font pleins d'images de la nature, fi vraies & fi variées, qu'étant toûjours le
même, il eft néanmoins toûjours different: inftruifant fans ceffe
le Lecteur, & lui faifant obferver dans les objets mêmes, qu'il
a tous les jours devant les yeux, des chofes qu'il ne s'avifoit pas
d'y remarquer. Que c'eft une verité univerfellement reconnuë,
qu'il n'eft point néceffaire, en matière de Poëfie, que les points
de la comparaifon fe répondent fi jufte les uns aux autres: qu'il
fuffit.

1. *Déclare en un endroit.*] Parallèles, Tome III. pag. 58.

suffit d'un rapport général ; & qu'une trop grande exactitude sentiroit son Rhéteur.

C'est ce qu'un homme sensé auroit pû dire sans peine à Monsieur l'Abbé, & à Monsieur le Chevalier : mais ce n'est pas ainsi que raisonne Monsieur le Président. Il commence par avoüer sincèrement que nos Poëtes se feroient moquer d'eux, s'ils mettoient dans leurs Poëmes de ces comparaisons étenduës ; & n'excuse Homère, que parce qu'il avoit le goût Oriental, qui étoit, dit-il, le goût de sa nation. Là-dessus il explique ce que c'est que le goût des Orientaux, qui, à cause du feu de leur imagination, & la vivacité de leur esprit, veulent toûjours, poursuit-il, qu'on leur dise deux choses à la fois, & ne sauroient souffrir un seul sens dans un discours : Au lieu que nous autres Européans, nous nous contentons d'un seul sens, & sommes bien aises qu'on ne nous dise qu'une seule chose à la fois. Belles observations que Monsieur le Président a faites dans la Nature, & qu'il a faites tout seul ! puisqu'il est très-faux que les Orientaux aient plus de vivacité d'esprit que les Européans, & sur tout que les François, qui sont fameux par tout païs, pour leur conception vive & promte : le stile figuré, qui regne aujourd'hui dans l'Asie mineure & dans les païs voisins, & qui n'y regnoit point autrefois, ne venant que de l'irruption des Arabes, & des autres nations Barbares, qui peu de tems après Heraclius inondèrent ces païs, & y portèrent avec leur Langue & avec leur Religion, ces manières de parler empoulées. En effet, on ne voit point les Peres Grecs de l'Orient, comme Saint Justin, Saint Basile, Saint Chrysostome, Saint Grégoire de Nazianze, & tant d'autres, aient jamais pris ce stile dans leurs Ecrits : & ni Herodote, ni Denis d'Halicarnasse, ni Lucien, ni Josephe, ni Philon le Juif, ni aucun Auteur Grec, n'a jamais parlé ce langage.

Mais pour revenir aux *comparaisons à longue queuë* : Monsieur le Président rappèle toutes ses forces, pour renverser ce mot, qui fait tout le fort de l'argument de Monsieur l'Abbé, & répond enfin : Que comme dans les cerémonies on trouveroit à redire aux queuës des Princesses, si elles ne trainoient jusqu'à terre ; de même les comparaisons dans le Poëme Epique seroient blâmables, si elles n'avoient des queuës fort traînantes. Voilà peut-être une des plus extravagantes réponses qui aient jamais été faites. Car quel rapport ont les comparaisons à des Princesses ? Cependant

Mon-

Monſieur le Chevalier, qui juſqu'àlors n'avoit rien approuvé de tout ce que le Préſident avoit dit, eſt ébloüi de la ſolidité de cette réponſe, & commence à avoir peur pour Monſieur l'Abbé, qui frappé auſſi du grand ſens de ce diſcours, s'en tire pourtant avec aſſez de peine, en avoüant contre ſon premier ſentiment, qu'à la vérité on peut donner de longues queuës aux comparaiſons ; mais ſoûtenant qu'il faut, ainſi qu'aux robes des Princeſſes, que ces queuës ſoient de même étoffe que la robe. Ce qui manque, dit-il, aux comparaiſons d'Homère, où les queuës ſont de deux étoffes differentes ; de ſorte que s'il arrivoit qu'en France, comme cela peut fort bien arriver, la mode vînt de coudre des queuës de differente étoffe aux robes des Princeſſes, voilà le Préſident qui auroit entièrement cauſe gagnée ſur les comparaiſons. C'eſt ainſi que ces trois Meſſieurs manient entre eux la raiſon humaine ; l'un faiſant toûjours l'objection qu'il ne doit point faire ; l'autre approuvant ce qu'il ne doit point approuver ; & l'autre répondant ce qu'il ne doit point répondre.

* V. 420.
& ſuiv.

Que ſi le Préſident a eu ici quelque avantage ſur l'Abbé, celui-ci a bien-tôt ſa revanche à propos d'un autre endroit d'Homère. Cet endroit eſt dans le douzième Livre de l'Odyſſée, * où Homère, ſelon la traduction de Monſieur P** raconte : *Qu'Ulyſſe étant porté ſur ſon mât briſé, vers la Charybde, juſtement dans le tems que l'eau s'élevoit ; & craignant de tomber au fond, quand l'eau viendroit à redeſcendre, il ſe prit à un figuier ſauvage qui ſortoit du haut du rocher, où il s'attacha comme une chauve-ſouris, & où il attendit, ainſi ſuſpendu, que ſon mât qui étoit allé à fond, revînt ſur l'eau ; ajoûtant que lors qu'il le vit revenir, il fut auſſi aiſe qu'un Juge qui ſe leve de deſſus ſon Siège pour aller dîner, après avoir jugé pluſieurs procès.* Monſieur l'Abbé inſulte fort à Monſieur le Préſident ſur cette comparaiſon bizarre du Juge qui va dîner ; & voïant le Préſident embarraſſé, *Eſt-ce,* ajoûte-t-il, *que je ne traduis pas fidèlement le Texte d'Homère ?* Ce que ce grand Déffenſeur des Anciens n'oſeroit nier. Auſſi-tôt Monſieur le Chevalier revient à la charge ; & ſur ce que le Préſident répond : que le Poëte donne à tout cela un tour ſi agréable, qu'on ne peut pas n'en être point charmé : *Vous vous moquez,* pourſuit le Chevalier : *Dès le moment qu'Homère, tout Homère qu'il eſt, veut trouver de la reſſemblance entre un homme qui ſe réjoüit de voir ſon mât revenir ſur l'eau, & un Juge qui ſe leve pour aller dîner, après*
avoir

avoir jugé plusieurs procès , il ne sauroit dire qu'une imperti-
nence.

Voilà donc le pauvre Préfident fort accablé ; & cela faute
d'avoir sû , que Monfieur l'Abbé fait ici une des plus énormes
bévûës qui aient jamais été faites , prenant une date pour une
comparaifon. Car il n'y a en effet aucune comparaifon en cet endroit d'Homère. Ulyffe raconte que voïant le mât , & la quille
de fon vaiffeau , fur lefquels il s'étoit fauvé , qui s'engloutiffoient
dans la Charybde ; il s'acrocha , comme un oifeau de nuit , à un
grand figuier qui pendoit là d'un rocher , & qu'il y demeura long-
tems attaché , dans l'efpérance que le reflux venant , la Charybde pourroit enfin revomir le débris de fon vaiffeau : Qu'en effet
ce qu'il avoit prévû arriva ; & qu'environ vers l'heure qu'un Magiftrat , aiant rendu la juftice , quitte fa féance pour aller prendre
fa réfection , c'eft-à-dire , environ fur les trois heures après-midi ,
ces débris parurent hors de la Charybde , & qu'il fe remit deffus. Cette date eft d'autant plus jufte qu'Euftathius affure , que
c'eft le tems d'un des reflux de la Charybde , qui en a trois en
vingt-quatre heures ; & qu'autrefois en Grèce on datoit ordinairement les heures de la journée par le tems où les Magiftrats en-
troient au Confeil ; par celui où ils y demeuroient ; & par celui
où ils en fortoient. Cet endroit n'a jamais été entendu autrement
par aucun Interprète , & le Traducteur Latin l'a fort bien rendu.
Par là on peut voir à qui appartient l'impertinence de la comparaifon prétenduë , ou à Homère qui ne l'a point faite , ou à Monfieur l'Abbé qui la lui fait faire fi mal-à-propos.

Mais avant que de quitter la converfation de ces trois Meffieurs , Monfieur l'Abbé trouvera bon , que je ne donne pas les
mains à la réponfe décifive qu'il fait à Monfieur le Chevalier ,
qui lui avoit dit : *Mais à propos de comparaifons , on dit qu'Ho-*
mère compare Ulyffe , qui fe tourne dans fon lit , au boudin qu'on rô-
tit fur le gril. A quoi Monfieur l'Abbé répond : *Cela eft vrai ;*
& à quoi je réponds : Cela eft fi faux , que même le mot Grec ,
qui veut dire boudin , n'étoit point encore inventé du tems d'Homère , où il n'y avoit ni boudins , ni ragoûts. La vérité eft que
dans le vingtième Livre de l'Odyffée , * il compare Ulyffe qui fe
tourne çà & là dans fon lit , brûlant d'impatience de fe foûler ,
comme dit Euftathius , du fang des Amans de Pénélope , à un homme affamé , qui s'agite pour faire cuire fur un grand feu le ven-

Tome. II. T tre

tre fanglant, & plein de graiffe, d'un animal, dont il brûle de fe raffazier, le tournant fans ceffe de côté & d'autre.

En effet, tout le monde fait que le ventre de certains animaux chez les Anciens étoit un de leurs plus délicieux mets : que le *fumen*, c'eft-à-dire, le ventre de la truïe parmi les Romains, étoit vanté par excellence, [1] & défendu même par une ancienne Loi Cenforienne, comme trop voluptueux. Ces mots, *plein de fang & de graiffe*, qu'Homère a mis en parlant du ventre des animaux, & qui font fi vrais de cette partie du corps, ont donné occafion à un miferable Traducteur, qui a mis autrefois l'Odyffée en François, de fe figurer qu'Homère parloit là du boudin : parce que le boudin de pourceau fe fait communément avec du fang & de la graiffe ; & il l'a ainfi fottement rendu dans fa traduction. C'eft fur la foi de ce Traducteur, que quelques Ignorans, & Monfieur l'Abbé du Dialogue, ont crû qu'Homère comparoit Ulyffe à un boudin : quoique ni le Grec ni le Latin n'en difent rien, & que jamais aucun Commentateur n'ait fait cette ridicule bévüë. Cela montre bien les étranges inconvéniens, qui arrivent à ceux qui veulent parler d'une Langue qu'ils ne favent point.

REMARQUES.

1. *Et défendu par une ancienne Loi cenforienne.*] Pline, Livre XI. de fon Hiftoire naturelle, ch. 84. *Hujus (fuis fœminæ) fumen optimum, fi modò fœ-* | *tus non hauferit.* Et Liv. VIII. ch. 77. *Hinc Cenforiarum Legum paginæ, interdictaque caniç abdomina.*

REFLEXION VII.

Paroles de Longin, ch. XII.

Il faut fonger au jugement que toute la Pofterité fera de nos Ecrits.

IL n'y a en effet que l'approbation de la Pofterité, qui puiffe établir le vrai mérite des Ouvrages. Quelque éclat qu'ait fait un Ecrivain durant fa vie, quelques éloges qu'il ait reçûs, on ne peut pas pour cela infailliblement conclurre que fes Ouvrages foient excellens. De faux brillans, la nouveauté du ftile, un tour d'efprit qui étoit à la mode, peuvent les avoir fait valoir ; & il arrivera peut-être que dans le fiècle fuivant on ouvrira les yeux, & que l'on méprifera ce que l'on a admiré. Nous en avons un bel exemple dans Ronfard, & dans fes imitateurs, comme Du-Bellay,

Iay, Du-Bartas, Des-Portes, qui dans le siècle précédent ont été l'admiration de tout le monde, & qui aujourd'hui ne trouvent pas même de Lecteurs.

La même chose étoit arrivée chez les Romains à Nævius, à Livius, & à Ennius, qui du tems d'Horace, comme nous l'apprenons de ce Poëte, trouvoient encore beaucoup de gens qui les admiroient; mais qui à la fin furent entièrement décriez. Et il ne faut point s'imaginer que la chûte de ces Auteurs, tant les François que les Latins, soit venuë de ce que les Langues de leurs païs ont changé. Elle n'est venuë, que de ce qu'ils n'avoient point attrapé dans ces Langues le point de solidité & de perfection, qui est nécessaire pour faire durer, & pour faire à jamais priser des Ouvrages. En effet, la Langue Latine, par exemple, qu'ont écrite Ciceron & Virgile, étoit déja fort changée du tems de Quintilien, & encore plus du tems d'Aulugelle. Cependant Ciceron & Virgile y étoient encore plus estimez que de leur tems même; parce qu'ils avoient comme fixé la Langue par leurs Ecrits, aiant atteint le point de perfection que j'ai dit.

Ce n'est donc point la vieillesse des mots & des expressions dans Ronsard, qui a décrié Ronsard; c'est qu'on s'est apperçû tout d'un coup que les beautez qu'on y croïoit voir n'étoient point des beautez. Ce que Bertaut, Malherbe, De Lingendes, & Racan, qui vinrent après lui, contribuèrent beaucoup à faire connoître, aiant attrapé dans le genre sérieux le vrai génie de la Langue Françoise, qui bien loin d'être en son point de maturité du tems de Ronsard, comme Pasquier se l'étoit persuadé faussement, n'étoit pas même encore sortie de sa première enfance. Au contraire le vrai tour de l'Epigramme, du Rondeau, & des Epîtres naïves, aiant été trouvé, même avant Ronsard, par Marot, par Saint-Gelais, & par d'autres; non seulement leurs Ouvrages en ce genre ne sont point tombez dans le mépris, mais ils sont encore aujourd'hui généralement estimez; jusques-là même, que pour trouver l'air naïf en François, on a encore quelquefois recours à leur stile; & c'est ce qui a si bien réüssi au célèbre Monsieur de la Fontaine. Concluons donc qu'il n'y a qu'une longue suite d'années, qui puisse établir la valeur & le vrai mérite d'un Ouvrage.

Mais lors que des Ecrivains ont été admirez durant un fort grand nombre de siècles, & n'ont été méprisez que par quelques gens de goût bizarre; car il se trouve toûjours des goûts dépra-

vez: alors non feulement il y a de la témerité , mais il y a de la
folie à vouloir douter du mérite de ces Ecrivains.　Que fi vous
ne voïez point les beautez de leurs Ecrits , il ne faut pas conclurre
qu'elles n'y font point, mais que vous êtes aveugle , & que vous
n'avez point de goût.　Le gros des Hommes à la longue ne fe
trompe point fur les Ouvrages d'efprit.　Il n'eft plus queftion , à
l'heure qu'il eft , de favoir fi Homère , Platon, Ciceron , Virgile,
font des hommes merveilleux.　C'eft une chofe fans conteftation,
puifque vingt fiècles en font convenus : il s'agit de favoir en quoi
confifte ce merveilleux , qui les a fait admirer de tant de fiècles ;
& il faut trouver moïen de le voir , ou renoncer aux belles lettres , aufquelles vous devez croire que vous n'avez ni goût ni
génie , puifque vous ne fentez point ce qu'ont fenti tous les
hommes.

Quand je dis cela néanmoins , je fuppofe que vous fachiez la
Langue de ces Auteurs.　Car fi vous ne la favez point, & fi vous
ne vous l'êtes point familiarizée , je ne vous blâmerai pas de n'en
point voir les beautez :　je vous blâmerai feulement d'en parler.
Et c'eft en quoi on ne fauroit trop condamner Monfieur P**. qui
ne fachant point la Langue d'Homère , vient hardiment lui faire
fon procès fur les baffeffes de fes Traducteurs , & dire au Genre
humain, qui a admiré les Ouvrages de ce grand Poëte durant tant
de fiècles : Vous avez admiré des fottifes.　C'eft à peu près la
même chofe qu'un Aveugle-né , qui s'en iroit crier par toutes les
ruës : Meffieurs je fai que le Soleil que vous voïez , vous paroît
fort beau ; mais moi qui ne l'ai jamais vû , je vous déclare qu'il
eft fort laid.

Mais pour revenir à ce que je difois : puis que c'eft la Pofterité feule qui met le véritable prix aux Ouvrages, il ne faut pas,
quelque admirable que vous paroiffe un Ecrivain moderne , le mettre aifément en parallèle avec ces Ecrivains admirez durant un fi
grand nombre de fiècles : puifqu'il n'eft pas même fûr que fes Ouvrages paffent avec gloire au fiècle fuivant.　En effet, fans aller
chercher des exemples éloignez , combien n'avons-nous point vû
d'Auteurs admirez dans nôtre fiècle , dont la gloire eft déchüe en
très-peu d'années ?　Dans quelle eftime n'ont point été il y a trente
ans les Ouvrages de Balzac ?　On ne parloit pas de lui fimplement
comme du plus éloquent homme de fon fiècle , mais comme du
feul éloquent.　Il a effectivement des qualitez merveilleufes.　On
peut

peut dire que jamais perſonne n'a mieux ſû ſa Langue que lui, &
mieux entendu la propriété des mots, & la juſte meſure des périodes. C'eſt une loüange que tout le monde lui donne encore. Mais
on s'eſt apperçû tout d'un coup, que l'art où il s'eſt emploïé toute ſa vie, étoit l'art qu'il ſavoit le moins ; je veux dire l'art de
faire une Lettre. Car bien que les ſiennes ſoient toutes pleines
d'eſprit, & de choſes admirablement dites ; on y remarque par
tout les deux vices les plus oppoſez au Genre épiſtolaire, c'eſt à
ſavoir, l'affectation & l'enflure ; & on ne peut plus lui pardonner
ce ſoin vicieux qu'il a de dire toutes choſes autrement que ne
le diſent les autres hommes. De ſorte que tous les jours on re-
torque contre lui ce même Vers que Mainard a fait autrefois à
ſa loüange,

> *Il n'eſt point de Mortel qui parle comme lui.*

Il y a pourtant encore des gens qui le liſent ; mais il n'y a
plus perſonne qui oſe imiter ſon ſtile ; ceux qui l'ont fait s'étant
rendus la riſée de tout le monde.

Mais pour chercher un exemple encore plus illuſtre que celui
de Balzac : Corneille eſt celui de tous nos Poëtes qui a fait le
plus d'éclat en nôtre tems ; & on ne croïoit pas qu'il pût jamais y avoir en France un Poëte digne de lui être égalé. Il
n'y en a point en effet qui ait eu plus d'élevation de génie, ni
qui ait plus compoſé. Tout ſon mérite pourtant à l'heure qu'il
eſt, aiant été mis par le tems comme dans un creuſet, ſe réduit à huit ou neuf Pièces de Théatre qu'on admire, & qui ſont,
s'il faut ainſi parler, comme le Midi de ſa Poëſie, dont l'O-
rient & l'Occident n'ont rien valu. Encore dans ce petit nombre de bonnes Pièces, outre les fautes de Langue qui y ſont aſſez fréquentes, on commence à s'apercevoir de beaucoup d'endroits de déclamation qu'on n'y voïoit point autrefois. Ainſi non
ſeulement on ne trouve point mauvais qu'on lui compare aujour-
d'hui Monſieur Racine ; mais il ſe trouve même quantité de gens
qui le lui préferent. La Poſterité jugera qui vaut le mieux des
deux. Car je ſuis perſuadé que les Ecrits de l'un & de l'autre
paſſeront aux ſiècles ſuivans. Mais juſques-là ni l'un ni l'autre ne
doit être mis en parallèle avec Euripide, & avec Sophocle : puiſque leurs Ouvrages n'ont point encore le ſeau qu'ont les Ouvrages d'Euripide & de Sophocle, [je veux dire, l'approbation de
pluſieurs ſiècles.   T 3   Au

Au reste, il ne faut pas s'imaginer que dans ce nombre d'Ecrivains approuvez de tous les siècles, je veüille ici comprendre ces Auteurs, à la vérité anciens, mais qui ne se font acquis qu'une médiocre estime, comme Lycophron, Nonnus, Silius Italicus, l'Auteur des Tragédies attribuées à Sénèque, & plusieurs autres, à qui on peut non seulement comparer, mais à qui on peut, à mon avis, justement préférer beaucoup d'Ecrivains modernes. Je n'admets dans ce haut rang que ce petit nombre d'Ecrivains merveilleux, dont le nom seul fait l'éloge, comme Homère, Platon, Cicéron, Virgile, &c. Et je ne règle point l'estime que je fais d'eux par le tems qu'il y a que leurs Ouvrages durent : mais par le tems qu'il y a qu'on les admire. C'est de quoi il est bon d'avertir beaucoup de gens, qui pourroient mal-à-propos croire ce que veut insinuer nôtre Censeur ; qu'on ne loüe les Anciens que parce qu'ils sont Anciens ; & qu'on ne blâme les Modernes, que parce qu'ils sont Modernes : ce qui n'est point du tout véritable, y aiant beaucoup d'Anciens qu'on n'admire point, & beaucoup de Modernes que tout le monde loüe. L'antiquité d'un Ecrivain n'est pas un titre certain de son mérite : mais l'antique & constante admiration qu'on a toûjours euë pour ses Ouvrages, est une preuve sûre & infaillible qu'on les doit admirer.

REFLEXION VIII.

§ Paroles
de Longin,
chap. xxvij.

Il n'en est pas ainsi de Pindare * *& de Sophocle. Car au milieu de leur plus grande violence, durant qu'ils tonnent & foudroient, pour ainsi dire, souvent leur ardeur vient à s'éteindre, & ils tombent malheureusement.*

LONGIN donne ici assez à entendre qu'il avoit trouvé des choses à redire dans Pindare. Et dans quel Auteur n'en trouve-t-on point ? Mais en même tems il déclare que ces fautes, qu'il y a remarquées, ne peuvent point être appelées proprement fautes, & que ce ne sont que de petites négligences où Pindare est tombé,

REMARQUES.

7, *Il n'en est pas ainsi de Pindare.*] Mr. Despréaux n'avoit cité que ces mots dans la 1. édition de ces Réfléxions, en 1694. Il ajoûta le reste du passage de Longin dans l'édition de 1701.

tombé , à caufe de cet efprit divin dont il eft entraîné , & qu'il n'étoit pas en fa puiffance de règler comme il vouloit. C'eft ain-fi que le plus grand & le plus févère de tous les Critiques Grecs par-le de Pindare, même en le cenfurant.

Ce n'eft pas là le langage de Monfieur P**, homme qui fûre-ment ne fait point de Grec. Selon lui Pindare non feulement eft plein de véritables fautes; mais c'eft un Auteur qui n'a aucune *Parallèles, Tome I.* beauté, un Difeur de galimathias impénétrable , que jamais per-*pag. 23.* fonne n'a pû comprendre , & dont Horace s'eft moqué quand il a *Tome III.* dit que c'étoit un Poëte inimitable. En un mot, c'eft un Ecrivain *pag. 161.* fans mérite, qui n'eft eftimé que d'un certain nombre de Savans, qui le lifent fans le concevoir, & qui ne s'attachent qu'à recueillir quel-ques miferables Sentences, dont il a femé fes Ouvrages. Voilà ce qu'il juge à propos d'avancer fans preuves dans le dernier de fes *Paralle-les, Tome I.* Dialogues. Il eft vrai que dans un autre de fes Dialogues * il vient *pag. 28* à la preuve devant Madame la Préfidente Morinet , & prétend mon-trer que le commencement de la première Ode de ce grand Poëte ne s'entend point. C'eft ce qu'il prouve admirablement par la traduc-tion qu'il en a faite. Car il faut avoüer que fi Pindare s'étoit énoncé comme lui, [1] la Serre, [2] ni Richefource , ne l'emporte-roient pas fur Pindare pour le galimathias, & pour la baffeffe.

On fera donc affez furpris ici de voir , que cette baffeffe & ce galimathias appartiennent entièrement à Monfieur P**, qui en tra-duifant Pindare, n'a entendu ni le Grec, ni le Latin , ni le François. C'eft ce qu'il eft aifé de prouver. Mais pour cela , il faut favoir, que Pindare vivoit peu de tems après Pythagore, Tha-lès, & Anaxagore, fameux Philofophes Naturaliftes, & qui avoient enfeigné la Phyfique avec un fort grand fuccès. L'opinion de Thalès, [3] qui mettoit l'eau pour le principe des chofes , étoit fur tout célè-bre.

R E M A R Q U E S.

1. *La Serre.*] Voïez la Remarque fur le Vers 176. de la Satire III.

2. *Richefource.*] Jean de Soudier , Ecuïer , Sieur de Richefource , étoit un miferable Dé-clamateur , façon de Pédant, qui prenoit la qualité de *Moderateur de l'Académie des Ora-teurs* ; parce qu'il faifoit des leçons publiques d'éloquence dans une chambre qu'il occupoit à la Place Dauphine. Il avoit compofé quel-ques ouvrages , parmi lefquels il y en a un

de critique , intitulé *le Camouflet des Auteurs,* & chaque critique eft une *Camouflade.*

3. *Thalès , qui mettoit l'eau pour le principe* &c.] *Thales enim Milefius , qui primus de ta-libus rebus quæfivit , aquam dixit effe Initium rerum: Deum autem , eam Mentem , quæ ex aquâ cunéta fingeret. Cic. de nat. Deor. L. 1. n. 25. Vide Senec. natur. quæft. L. 3. C. 13. Plutÿ des opin. des philof. L. 1. C. 3. &c.*

bre. Empédocle Sicilien , qui vivoit du tems de Pindare même, & qui avoit été difciple d'Anaxagore , avoit encore pouffé la chofe plus loin qu'eux ; & non feulement avoit pénétré fort avant dans la connoiffance de la Nature , mais il avoit fait ce que Lucrèce a fait depuis , à fon imitation ; je veux dire , qu'il avoit mis toute la Phyfique en Vers. On a perdu fon Poëme. On fait pourtant que ce Poëme commençoit par l'éloge des quatre Elémens , & vrai-femblablement il n'y avoit pas oublié la formation de l'Or & des autres métaux. Cet Ouvrage s'étoit rendu fi fameux dans la Grè-ce , qu'il y avoit fait regarder fon Auteur comme une efpèce de Divinité.

Pindare venant donc à compofer fa première Ode Olympique à la loüange d'Hieron Roi de Sicile , qui avoit remporté le prix de la courfe des chevaux , débute par la chofe du monde la plus fimple & la plus naturelle , qui eft : Que s'il vouloit chanter les merveilles de la Nature , il chanteroit , à l'imitation d'Empé-docle Sicilien , l'Eau & l'Or , comme les deux plus excellentes chofes du monde : mais que s'étant confacré à chanter les actions des hommes , il va chanter le combat Olympique ; puifque c'eft en effet ce que les hommes font de plus grand : & que de dire qu'il y ait quelque autre combat auffi excellent que le combat O-lympique , c'eft prétendre qu'il y a dans le Ciel quelque autre Af-tre auffi lumineux que le Soleil. Voilà la penfée de Pindare mife dans fon ordre naturel , & telle qu'un Rhéteur la pourroit dire dans une éxacte Profe. Voici comme Pindare l'énonce en Poëte.

Il n'y a rien de fi excellent que l'Eau : Il n'y a rien de plus éclatant que l'Or , & il fe diftingue entre toutes les autres fuperbes richeffes , comme un feu qui brille dans la nuit. Mais , ô mon Efprit , [1] puif-que c'eft des combats que tu veux chanter , ne va point te figurer , ni que dans les vaftes deferts du Ciel , quand il fait jour , [2] on puif-
fe

REMARQUES.

[1] *Puifque c'eft.*] La particule *u* veut auffi bien dire en cet endroit , *puifque & comme* , que *fi.* Et c'eft ce que Benoît a fort bien montré dans l'Ode III. où ces mots ἀειςòν &c. font répétez.

[2] *On puiffe voir quelque autre*] La Traduc-teur Latin n'a pas bien rendu cet endroit μηδέ-τι ὅποτε ἄλλο φαεινòν ἄςρον , *ne contempleris atiud vifibile Aftrum*; qui doivent s'expliquer dans mon fens , *ne putis quòd videatur aliud Aftrum.* Ne te figure pas qu'on puiffe voir un autre Aftre , &c.

I. E&.

se voir quelque autre Astre aussi lumineux que le Soleil; ni que sur la Terre nous puissions dire, qu'il y ait quelque autre combat aussi excellent que le combat Olympique.

Pindare est presque ici traduit mot pour mot ; & je ne lui ai prêté que le mot de, *sur la Terre,* que le sens amène si naturellement, qu'en vérité il n'y a qu'un homme qui ne sait ce que c'est que traduire, qui puisse me chicaner là-dessus. Je ne prétens donc pas, dans une traduction si litterale avoir fait sentir toute la force de l'original ; dont la beauté consiste principalement dans le nombre, l'arrangement, & la magnificence des paroles. Cependant quelle majesté & quelle noblesse un homme de bon sens n'y peut-il pas remarquer, même dans la séchéresse de ma traduction ? Que de grandes images présentées d'abord ! l'Eau, l'Or, le Feu, le Soleil ! Que de sublimes figures ensemble ! la Métaphore, l'Apostrophe, la Métonymie ! Quel tour & quelle agréable circonduction de paroles ! Cette expression : *Les vastes deserts du Ciel, quand il fait jour,* est peut-être une des plus grandes choses qui aient jamais été dites en Poësie. En effet, qui n'a point remarqué de quel nombre infini d'étoiles le Ciel paroît peuplé durant la nuit, & quelle vaste solitude c'est au contraire dès que le Soleil vient à se montrer ? De sorte que par le seul début de cette Ode on commence à concevoir tout ce qu'Horace a voulu faire entendre, quand il dit, que *Pindare est comme un grand fleuve qui marche à flots boüillonnans ; & que de sa bouche, comme d'une source profonde, il sort une immensité de richesses & de belles choses.*

> *Fervet immensusque ruit profundo*
> *Pindarus ore.*

Examinons maintenant la traduction de Monsieur P **. La voici : *L'eau est très-bonne à la vérité, & l'or qui brille, comme le feu durant la nuit, éclate merveilleusement parmi les richesses qui rendent l'homme superbe. Mais, mon Esprit, si tu desires chanter des combats, ne contemple point d'autre Astre plus lumineux que le Soleil, pendant le jour, dans le vague de l'air. Car nous ne saurions chanter des combats plus illustres que les combats Olympiques.* Peut-on jamais voir un plus plat galimathias? *L'eau est très-bonne à la vérité*, est une manière de parler familière & comique, qui ne répond point à la majesté de Pindare. Le mot d'ἄριςον ne veut pas simplement dire en Grec *bon*, mais *merveilleux*, *divin*, ᵃ *excellent entre les choses excellentes*. On dira fort bien en Grec, qu'Alexandre & Jules César étoient ἄριςοι. Traduira-t-on qu'ils étoient de *bonnes gens*? D'ailleurs le mot de *bonne eau* en François, tombe dans le bas, à cause que cette façon de parler s'emploie dans des usages bas & populaires, *à l'enseigne de la Bonne eau*, *à la Bonne eau de vie*. Le mot d'*à la verité* en cet endroit est encore plus familier & plus ridicule, & n'est point dans le Grec, où le μὲν & le ὃ sont comme des espèces d'enclitiques, qui ne servent qu'à soûtenir la versification. *Et l'or qui brille.* ¹ Il n'y a point d'*Et* dans le Grec, & *qui* n'y est point non plus. *Eclate merveilleusement parmi les richesses. Merveilleusement* est burlesque en cet endroit. Il n'est point dans le Grec, & se sent de l'ironie que Monsieur P** a dans l'esprit, & qu'il tâche de prêter même aux paroles de Pindare en le traduisant. *Qui rendent l'homme superbe.* Cela n'est point dans Pindare, qui donne l'épithète de superbe aux richesses mêmes, ce qui est une figure très-belle: au lieu que dans la traduction, n'y aiant point de figure, il n'y a plus par conséquent de poësie. *Mais, mon esprit, &c.* C'est ici où Monsieur P** acheve de perdre la tramontane; & comme il n'a entendu aucun mot de cet endroit, où j'ai fait voir un sens si noble, si majestueux, & si clair, on me dispensera d'en faire l'analyse.

Je me contenterai de lui demander dans quel Lexicon, dans quel Dictionaire ancien ou moderne, il a jamais trouvé que μὴδὲ en Grec, ou *ne* en Latin, voulût dire, *Car*. Cependant c'est ce *Car* qui fait ici toute la confusion du raisonnement qu'il veut attribuer à Pindare. Ne sait-il pas qu'en toute Langue mettez

un

CHANGEMENS.

ᵃ *Excellent entre les choses excellentes.*] Edition de 1694: *Excellent par excellence.*

REMARQUES.

¹ *Et l'or qui brille.*] S'il y avoit, *l'or | qui brille*, dans le Grec; cela feroit un † l'adjectif de χρυσός. Solécisme, car il faudroit que αἰδομένων fût † l'adjectif de χρυσός.

un *Car* mal à propos , il n'y a point de raifonnement qui ne devienne abfurde ? Que je dife par exemple , *Il n'y a rien de ſi clair que le commencement de la première Ode de Pindare , & Monſieur P** ne l'a point entendu.* Voilà parler très-juſte. Mais ſi je dis : *Il n'y a rien de ſi clair que le commencement de la première Ode de Pindare ; car Monſieur P**. ne l'a point entendu ;* c'eſt fort mal argumenté ; parce que d'un fait très-veritable je fais une raiſon très-fauſſe , [b] & qu'il eſt fort indifférent , pour faire qu'une choſe ſoit claire ou obſcure , que Monſieur P** l'entende ou ne l'entende point.

Je ne m'étendrai pas davantage à lui faire connoître une faute qu'il n'eſt pas poſſible que lui-même ne ſente. J'oſerai ſeulement l'avertir , que lors qu'on veut critiquer d'auſſi grans Hommes qu'Homère & que Pindare , il faut avoir du moins les premiè-res teintures de la Grammaire ; & qu'il peut fort bien arriver que l'Auteur le plus habile devienne un Auteur de mauvais ſens entre les mains d'un Traducteur ignorant , qui ne l'entend point, & qui ne ſait pas même quelquefois , que *ni* ne veut point dire *car.*

Après avoir ainſi convaincu Monſieur P** ſur le Grec & ſur le Latin , il trouvera bon que je l'avertiſſe auſſi , qu'il y a une groſſière faute de François dans ces mots de ſa traduction : *Mais , mon Eſprit , ne contemples point , &c.* & que *contemple ,* à l'imperatif , n'a point d's. Je lui conſeille donc de renvoïer cette *s* au mot de *Caſuite ,* qu'il écrit toûjours ainſi , quoi qu'on doive toûjours écrire & prononcer *Caſuiſte.* Cette *s* , je l'avouë , y eſt un peu plus néceſſaire qu'au pluriel du mot d'*Opera :* car bien que j'aie toûjours entendu prononcer des Operas , comme on dit des Factums & des Totons , je ne voudrois pas aſſûrer qu'on le doive écrire , & je pourrois bien m'être trompé en l'écrivant de la ſorte.

CHANGEMENS.

[b] *Et qu'il eſt fort indifferent , &c.*] Première édition : *Et qu'il y a un fort grand nombre de choſes fort claires que Monſieur P** n'entend point.*

V 2

RE'FLE'XION IX.

P. arce's de Longin. ch. XXXIV. *Les mots bas font comme autant de marques honteuses qui flétrif-*
fent l'expreßion.

CETTE Remarque eft vraie dans toutes les Langues. Il n'y
a rien qui aviliffe davantage un difcours que les mots bas.
On fouftrira plûtôt, généralement parlant, une penfée baffe exprimée en termes nobles, que la penfée la plus noble exprimée
en termes bas. La raifon de cela eft, que tout le monde ne
peut pas juger de la jufteffe & de la force d'une penfée : mais
qu'il n'y a prefque perfonne, fur tout dans les Langues vivan-
tes, qui ne fente la baffeffe des mots. Cependant il y a peu
d'Ecrivains qui ne tombent quelquefois dans ce vice. Longin,
comme nous voïons ici, accufe Herodote, c'eft-à-dire le plus
poli de tous les Hiftoriens Grecs, d'avoir laiffé échaper des mots
bas dans fon Hiftoire. On en reproche à Tite-Live, à Salufte,
& à Virgile.

N'eft-ce donc pas une chofe fort furprenante, qu'on n'ait jamais fait fur cela aucun reproche à Homère? bien qu'il ait compofé deux Poëmes, chacun plus gros que l'Eneïde; & qu'il n'y
ait point d'Ecrivain qui defcende quelquefois dans un plus grand
détail que lui, ni qui dife fi volontiers les petites chofes : ne
fe fervant jamais que de termes nobles, ou emploïant les termes les moins relevez avec tant d'art & d'induftrie, comme
Denis d'Halicarnaffe, qu'il les rend nobles & harmonieux. Et
certainement, s'il y avoit eu quelque reproche à lui faire
fur la baffeffe des mots, Longin ne l'auroit pas vraifemble-
ment plus épargné ici qu'Herodote. On voit donc par là le
peu de fens de ces Critiques modernes, qui veulent juger du
Grec fans favoir de Grec; & qui ne lifant Homère que dans
des Traductions Latines tres-baffes, ou dans des Traductions
Françoifes encore plus rampantes, imputent à Homère les baffeffes de fes Traducteurs, & l'accufent de ce qu'en parlant
Grec, il n'a pas affez noblement parlé Latin ou François.
Ces Meffieurs doivent favoir que les mots des Langues ne répondent pas toûjours jufte les uns aux autres; & qu'un terme Grec très-noble ne peut fouvent être exprimé en François
que

que par un terme très-bas. Cela se voit par le mot d'*Asinus* en Latin, & d'*Ane* en François, qui font de la dernière baf-feffe dans l'une & dans l'autre de ces Langues ; quoi que le mot qui fignifie cet animal, n'ait rien de bas en Grec ni en Hébreu, où on le voit emploïé dans les endroits même les plus magnifiques. Il en eft de même du mot de *Mulet*, & de plufieurs autres.

En effet, les langues ont chacune leur bizarrerie : mais la Françoife eft principalement capricieufe fur les mots ; & bien qu'elle foit riche en beaux termes fur de certains fujets, il y en a beaucoup où elle eft fort pauvre ; & il y a un très-grand nombre de petites chofes qu'elle ne fauroit dire noblement. Ainfi, par exemple, bien que dans les endroits les plus fu-blimes elle nomme fans s'avilir, *un Mouton*, *une Chèvre*, *une Brebis* ; elle ne fauroit, fans fe diffamer, dans un ftile un peu élevé, nommer *un Veau*, *une Truie*, *un Cochon*. Le mot de *Genife* en François, eft fort beau, fur tout dans une Eglogue : *Vache* ne s'y peut pas fouffrir. *Pafteur* & *Berger* y font du plus bel ufage : *Gardeur de Pourceaux*, ou *Gardeur de Bœufs*, y feroient horribles. Cependant il n'y a peut-être pas dans le Grec deux plus beaux mots que Συβώτης & Βυκόλος, qui répondent à ces deux mots François : & c'eft pourquoi Virgile a intitulé fes Eglogues de ce doux nom de *Bucoliques*, qui veut pourtant dire en nôtre Langue à la lettre, *Les Entretiens des Bouviers*, *ou des Gardeurs de Bœufs*.

Je pourrois raporter encore ici un nombre infini de pareils exemples. Mais au lieu de plaindre en cela le malheur de nôtre Langue, prendrons-nous le parti d'accufer Homère & Virgile de baffeffe, pour n'avoir pas prévû que ces termes, quoi que fi nobles & fi doux à l'oreille en leur Langue, feroient bas & groffiers étant traduits un jour en François ? Voilà en effet le principe fur lequel Monfieur P** fait le procès à Homère. Il ne fe contente pas de le condamner fur les baffes traductions qu'on en a faites en Latin. Pour plus grande fûreté, il traduit lui-même ce Latin en François ; & avec ce beau talent qu'il a de dire baffement toutes chofes, il fait fi bien que, ra-contant le fujet de l'Odyffée, il fait d'un des plus nobles fu-

V 3

jets

jets qui ait jamais été traité , un Ouvrage auffi burlefque que
¹ *l'Ovide en belle humeur.*

Paralleles,
Tom. III.
pag. 73.
& fuiv.
Il change ce fage Vieillard , qui avoit foin des troupeaux
d'Ulyffe , en un vilain Porcher. Aux endroits où Homère dit,
que la Nuit couvroit la Terre de fon ombre , & cachoit les chemins aux Voïageurs , il traduit : *que l'on commençoit à ne voir*
goute dans les rües. Au lieu de la magnifique chauffure dont
Télémaque lie fes piés délicats , il lui fait mettre fes *beaux fou-*
liers de parade. À l'endroit où Homère , pour marquer la
propreté de la maifon de Neftor, dit , *que ce fameux Vieillard*
s'affit devant fa porte fur des pierres fort polies , & qui reluifoient
comme fi on les avoit frotées de quelque huile précieufe : il met
que *Neftor s'alla affeoir fur des pierres luifantes comme de l'on-*
guent. Il explique par tout le mot de *Sus ;* qui eft fort noble
en Grec , par le mot de *Cochon* ou de *Pourceau ,* qui eft de
la dernière baffeffe en François. Au lieu qu'Agamemnon dit ,
qu'Egifthe le fit affaffiner dans fon Palais , comme un Taureau
qu'on égorge dans une étable : il met dans la bouche d'Agamemnon cette manière de parler baffe : *Egifthe me fit affommer*
comme un bœuf. Au lieu de dire , comme porte le Grec ,
qu'Ulyffe vöiant fon Vaiffeau fracaffé , & fon mât renverfé d'un
coup de tonnerre , il lia enfemble , du mieux qu'il put , ce mât
avec fon refte de Vaiffeau , & s'affit deffus. Il fait dire à Ulyffe,
qu'il fe mit à cheval fur fon mât. C'eft en cet endroit qu'il fait
* *Réfl. VI.* cette enorme bévüe , que nous avons remarquée ailleurs dans
nos Obfervations.*

Il dit encore fur ce fujet cent autres baffeffes de la même
force , exprimant en ftile rampant & bourgeois , les mœurs
des hommes de cet ancien Siècle , qu'Héfiode appèle le fiècle
des Heros , où l'on ne connoiffoit point la molleffe & les délices ; où l'on fe fervoit , où l'on s'habilloit foi-même , &
qui fe fentoit encore par là du fiècle d'or. Mr P** triomphe à
nous faire voir combien cette fimplicité eft éloignée de nôtre
molleffe & de nôtre luxe , qu'il regarde comme un des grans
présens

R E M A R Q V E S.

1. *L'Ovide en belle humeur.*] Ouvrage fur le Vers 90. du premier Chant de l'Art
ridicule de Daffouci. Voïez la Remarque poëtique.

préfens que Dieu ait fait aux hommes , & qui font pourtant l'origine de tous les vices , ainfi que Longin le fait voir dans fon dernier Chapitre , où il traite de la décadence des Efprits, qu'il attribuë principalement à ce luxe & à cette molleffe.

Monfieur P** ne fait pas réfléxion , que les Dieux & les Déeffes dans les Fables , n'en font pas moins agréables, quoi qu'ils n'aient ni Eftafiers , ni Valets de chambre , ni Dames d'atour ; & qu'ils aillent fouvent tout nuds. Qu'enfin le luxe eft venu d'Afie en Europe , & que c'eft des Nations barbares qu'il eft defcendu chez les Nations polies , où il a tout perdu ; & où , plus dangereux fléau que la pefte ni que la guerre , il a , comme dit Juvénal , vangé l'Univers vaincu , en pervertiffant les Vainqueurs :

Sævior armis
Luxuria incubuit , victumque ulcifcitur orbem.

J'aurois beaucoup de chofes à dire fur ce fujet : mais il faut les réferver pour un autre endroit ; & je ne veux parler ici que de la baffeffe des mots. Monfieur P** en trouve beaucoup dans les Epithètes d'Homère , qu'il accufe d'être fouvent fuperfluës. Il ne fait pas fans doute ce que fait tout homme un peu verfé dans le Grec : que comme en Grèce autrefois le fils ne portoit point le nom du pere , il eft rare , même dans la Profe , qu'on y nomme un homme , fans lui donner une épithète qui le diftingue , en difant ou le nom de fon pere , ou fon païs , ou fon talent , ou fon défaut : *Alexandre fils de Philippe , Alcibiade fils de Clinias , Herodote d'Halicarnaffe , Clément Alexandrin , Polyclete le fculpteur , Diogène le Cynique , Denis le Tiran , &c.* Homère donc écrivant dans le génie de fa Langue , ne s'eft pas contenté de donner à fes Dieux & à fes Heros ces noms de diftinction , qu'on leur donnoit dans la Profe; mais il leur en a compofé de doux & d'harmonieux , qui marquent leur principal caractère. Ainfi , par l'épithète de *léger à la courfe ,* qu'il donne à Achille , il a marqué l'impétuofité d'un jeune homme. Voulant exprimer la prudence dans Minerve , il l'appèle *la Déeffe aux yeux fins.* Au contraire , pour peindre la majefté dans Junon , il la nomme *la Déeffe aux yeux grans & ouverts ;* & ainfi des autres.

Il ne

Il ne faut donc pas regarder ces épithètes qu'il leur donne, comme de simples épithètes, mais comme des espèces de surnoms qui les font connoitre. Et on n'a jamais trouvé mauvais qu'on répétât ces épithètes ; parce que ce sont, comme je viens de dire, des espèces de surnoms. Virgile est entré dans ce goût Grec, quand il a répété tant de fois dans l'Enéïde, *pius Æneas*, & *pater Æneas*, qui sont comme les surnoms d'Enée. Et c'est pourquoi on lui a objecté fort mal à propos, qu'Enée se loüe lui-même, quand il dit, *Sum Pius Æneas* ; *Je suis le pieux Enée* ; parce qu'il ne fait proprement que dire son nom. Il ne faut donc pas trouver étrange, qu'Homère donne de ces sortes d'épithètes à ses Heros, en des occasions qui n'ont aucun raport à ces épithètes ; puisque cela se fait souvent, même en François, où nous donnons le nom de Saint à nos Saints, en des rencontres où il s'agit de toute autre chose que de leur sainteté : comme quand nous disons que S. Paul gardoit les manteaux de ceux qui lapidoient S. Etienne.

Tous les plus habiles Critiques avoüent que ces épithètes sont admirables dans Homère ; & que c'est une des principales richesses de sa Poësie. Nôtre Censeur cependant les trouve basses : & afin de prouver ce qu'il dit, non seulement il les traduit bassement, mais il les traduit selon leur racine & leur étymologie ; & au lieu, par exemple, de traduire Junon *aux yeux grans & ouverts*, qui est ce que porte le mot βοῶπις, il le traduit selon sa racine, *Junon aux yeux de Bœuf*. Il ne sait pas qu'en François même il y a des dérivez & des composez qui sont fort beaux, dont le nom primitif est fort bas comme on le voit dans les mots de *petiller* & de *reculer*. Je ne saurois m'empêcher de raporter, à propos de cela, l'exemple d'un 1 Maître de Rhétorique, sous lequel j'ai étudié, & qui sûrement ne m'a pas inspiré l'admiration d'Homère, puisqu'il en étoit presque aussi grand ennemi que Monsieur P**. Il nous
faisoit

R E M A R Q U E S.

1 *Maître de Rhétorique, sous lequel j'ai étudié.*] Mr. de la Place, Professeur de Rhétorique au Collége de St. Jean de Beauvais. Il étoit Recteur de l'Université en ce tems-là ; c'est à dire, en 1650. & la même année il publia un Traité contre la pluralité des Bénéfices : *De necessaria unius uni Clerico Ecclesiastici Beneficii singularitate.* Quand quelqu'un de ses Eco-

liers le faisoit impatienter : *Petit fripon,* lui disoit-il avec une emphase ridicule, *tu seras la premiere victime quelqu'immolerai à ma séverité.* Puis, en s'applaudissant, il disoit avec la même emphase : *Encore, pourroient-ils même dans na colere, apprendre de moi la belle locution Françoise !*

(1) *M.*

faifoit traduire ᵃ l'Oraifon pour Milon ; & à un endroit où Ciceron dit, *obduruerat & percalluerat Refpublica*: *La République s'é-
toit endurcie, & étoit devenuë comme infenfible*; les Ecoliers étant
un peu embarraffez fur *percalluerat*; qui dit prefque la même chofe qu'*obduruerat*, nôtre Régent nous fit attendre quelque tems
fon explication; & enfin aiant défié plufieurs fois Meffieurs de
l'Académie, & fur tout ¹ Monfieur d'Ablancourt, à qui il en
voulloit, de venir traduire ce mot: *percallere*, dit-il gravement, vient du cal & du durillon que les hommes contrac-
tent aux piés : & de là il conclut qu'il falloit traduire : *obduruerat & percalluerat Refpublica*: *La République s'étoit endurcie, & a-
voit contracté un durillon.* Voilà à peu près la manière de traduire de Monfieur P** ; & c'eft fur de pareilles traductions
qu'il veut qu'on juge de tous les Poëtes & de tous les Orateurs
de l'Antiquité : jufques-là qu'il nous avertit qu'il doit donner
un de ces jours un nouveau volume de Parallèles, où il a ,
dit-il, ² mis en Profe Françoife les plus beaux endroits des
Poëtes Grecs & Latins, afin de les oppofer à d'autres beaux endroits des Poëtes Modernes, qu'il met auffi en Profe: fecret admirable
qu'il a trouvé pour les rendre ridicules les uns & les autres, &
fur tout les Anciens, quand il les aura habillez des impropri-
étez & des baffeffes de fa traduction.

CON-

CHANGEMENS.

ᵃ *L'Oraifon pour Milon*,] Dans la première édition l'Auteur avoit mis ,
l'Oraifon de Ciceron pour la Loi Manilia. Mais dans les mots fuivans qu'il
avoit laiffez dans les autres éditions : *& à un endroit où cet Orateur dit*;
J'ai ôté, *cet Orateur*, & j'ai mis *Ciceron*: parce que *cet Orateur* ne fe
raportoit à rien,
  Voici le paffage de l'Oraifon pour Milon : *Sed nefcio quomodo jam ufu
obduruerat & percalluerat civitatis incredibilis patientia. Rome étoit devenuë
comme infenfible! & la patience du Peuple Romain s'étoit, je ne fai comment,
endurcie.*

REMARQUES.

1. *Mr. D'Ablancourt.*] Célèbre Traducteur François.
2. *Mis en Profe Françoife les plus beaux
endroits &c.*] Mr. Perrault a donné dans
Tome II.

là fuite un quatrième volume de Parallèles;
mais il n'a pas ofé y mettre les traductions
qu'il avoit promifes.

X

CONCLUSION.

VOilà un léger échantillon du nombre infini de fautes, que Monſieur P**. a commiſes en voulant attaquer les défauts des Anciens. Je n'ai mis ici que celles qui regardent Homère & Pindare ; encore n'y en ai-je mis qu'une très-petite partie , & ſelon que les paroles de Longin m'en ont donné l'occaſion. Car ſi je voulois ramaſſer toutes celles qu'il a faites ſur le ſeul Ho-mère , il faudroit un très-gros volume. Et que ſeroit-ce donc ſi j'allois lui faire voir ſes puérilitez ſur la Langue Grecque & ſur la Langue Latine ; ſes ignorances ſur Platon, ſur Démoſthène, ſur Ciceron, ſur Horace , ſur Térence , ſur Virgile ; &c. les fauſ-ſes interprétations qu'il leur donne , les ſoléciſmes qu'il leur fait faire , les baſſeſſes & le galimatias qu'il leur prête ? J'aurois beſoin pour cela d'un loiſir qui me manque.

Je ne réponds pas néanmoins , comme j'ai déja dit, que dans les éditions de mon Livre , qui pourront ſuivre celle-ci , je ne lui découvre encore quelques-unes de ſes erreurs , & que je ne le faſſe peut-être repentir , de n'avoir pas mieux profité du paſ-ſage de Quintilien , qu'on a allegué autrefois ſi à propos à un de ſes freres ſur un pareil ſujet. Le voici. *Modeſtè tamen & circunſpecto judicio de tantis viris pronuntiandum eſt , ne quod ple-riſque accidit , damnent quæ non intelligunt. Il faut parler avec beaucoup de modeſtie & de circonſpection de ces grans Hommes , de peur qu'il ne vous arrive ce qui eſt arrivé à pluſieurs , de blâmer ce que vous n'entendez pas.* Monſieur P**. me répondra peut-être ce qu'il m'a déja répondu : Qu'il a gardé cette mo-deſtie , & qu'il n'eſt point vrai qu'il ait parlé de ces grans Hommes avec le mépris que je lui reproche ; mais il n'avan-ce ſi hardiment cette fauſſeté , que parce qu'il ſuppoſe , & avec raiſon , que perſonne ne lit ſes Dialogues. Car de quel front pourroit-il la ſoûtenir à des gens qui auroient ſeulement lû ce qu'il y dit d'Homère.

li

REMARQUES.

¶ *Un de ſes freres.*] Pierre Perrault , duquel il a été parlé dans la Remarque 6. ſur la Réfléxion I. C'eſt Mr. Racine qui lui allégua ce paſſage de Quintilien , Li-vre X. chap. I dans la Préface d'Iphigénie.

Il eſt vrai pourtant, que comme il ne ſe ſoucie point de ſe contredire, il commence ſes invectives contre ce grand Poë-te, par avoüer, qu'Homère eſt peut-être le plus vaſte & le plus bel eſprit qui ait jamais été. Mais on peut dire que ces loüanges forcées qu'il lui donne, ſont comme les fleurs dont il couronne la victime qu'il va immoler à ſon mauvais ſens : n'y aiant point d'infamies qu'il ne lui diſe dans la ſuite ; l'ac-cuſant d'avoir fait ſes deux Poëmes ſans deſſein, ſans vûë, ſans conduite. Il va même juſqu'à cet excès d'abſurdité, de ſoûtenir qu'il n'y a jamais eu d'Homère ; que ce n'eſt point un ſeul homme qui a fait l'Iliade & l'Odyſſée ; mais pluſieurs pauvres Aveugles, qui alloient, dit-il, de maiſon en mai-ſon réciter, pour de l'argent de petits Poëmes qu'ils compo-ſoient au hazard ; & que c'eſt de ces Poëmes qu'on a fait ce qu'on appèle les Ouvrages d'Homère. C'eſt ainſi que de ſon autôrité privée il métamorphoſe tout à coup ce vaſte & bel Eſprit en une multitude de miſérables Gueux. Enſuite il emploie la moitié de ſon Livre à prouver, Dieu ſait com-ment, qu'il n'y a dans les Ouvrages de ce grand Homme ni ordre, ni raiſon, ni économie, ni ſuite, ni bienſéance, ni nobleſſe de mœurs : que tout y eſt plein de baſſeſſes, de chevilles, d'expreſſions groſſières : qu'il eſt mauvais Géo-graphe, mauvais Aſtronome, mauvais Naturaliſte : finiſſant enfin toute [b] cette critique par ces belles paroles qu'il fait dire à ſon Chevalier. *Il faut que Dieu ne faſſe pas grand cas de la réputation de bel Eſprit, puiſqu'il permet que ces titres ſoient donnez, préférablement au reſte du genre humain, à deux hommes, comme Platon & Homère, à un Philoſophe qui a des viſions ſi bizarres, & à un Poëte qui dit tant de choſes ſi peu ſenſées.* A quoi Monſieur l'Abbé du Dialogue donne les mains, en ne le contrediſant point, & ſe contentant de paſſer à la critique de Virgile.

C'eſt là ce que Monſieur P** appèle parler avec retenuë d'Ho-

C H A N G E M E N S.

[b] *Cette critique par ces belles paroles.*] Prémière édition : *Cette belle critique par ces paroles* &c. Parallèles, Tome III. pag. 125.

X 2

d'Homère, & trouver, comme Horace, que ce grand Poëte
s'endort quelquefois. Cependant comment peut-il se plaindre que
je l'accuse à faux, d'avoir dit qu'Homère étoit de mauvais sens?
Que signifient donc ces paroles, *Un Poëte qui dit tant de choses
si peu sensées?* Croit-il s'être suffisamment justifié de toutes ces
absurditez, en soûtenant hardiment, comme il a fait, qu'E-
rasme & le Chancelier Bacon ont parlé avec aussi peu de respect que lui des Anciens? Ce qui est absolument faux de l'un
& de l'autre, & sur tout d'Erasme, l'un des plus grans admirateurs de l'Antiquité. Car bien que cet excellent Homme
se soit mocqué avec raison de ces scrupuleux Grammairiens,
qui n'admettent d'autre Latinité que celle de Ciceron, & qui
ne croient pas qu'un mot soit Latin, s'il n'est dans cet
Orateur : jamais Homme au fond n'a rendu plus de justice
aux bons Ecrivains de l'Antiquité, & à Ciceron même,
qu'Erasme.

Monsieur P** ne sauroit donc plus s'appuïer que sur le seul
exemple de Jules Scaliger. Et il faut avoüer qu'il l'allègue
avec un peu plus de fondement. En effet, dans le dessein
que cet orgueilleux Savant s'étoit proposé, ¹ comme il le déclare lui-même, de dresser des autels à Virgile, il a parlé
d'Homère d'une manière un peu profane. Mais outre que ce
n'est que par raport à Virgile, & dans un Livre ² qu'il appèle Hypercritique, voulant témoigner par là qu'il y passe toutes les bornes de la critique ordinaire : Il est certain que ce
Livre n'a pas fait d'honneur à son Auteur, Dieu aiant permis
que ce savant Homme soit devenu alors un Monsieur P**, &
soit tombé dans des ignorances si grossières, qu'elles lui ont
attiré la risée de tous les Gens de Lettres, & de son propre
fils même.

Au

R E M A R Q U E S.

¹. *Comme il le déclare lui même.*] A la fin de son Hypercritique, qui est le sixième Livre de sa Poëtique. *Aræ P. Virgilii Maronis.* &c.

². *Qu'il appèle Hypercritique.*] Le Livre où Scaliger, pour relever la gloire de Virgile, a si maltraité Homère, n'est pas l'Hypercritique ; C'est le livre précédent, dont le titre est *le Critique*, & où se trouve une longue comparaison de divers endroits d'Homère, & de divers endroits de Virgile, à qui Scaliger donne toûjours la préférence. Le Livre qu'il nomme *Hypercritique*, ne parle que des Poëtes Latins, & il ne s'agit point là d'Homère,

Au reſte, afin que nôtre Cenſeur ne s'imagine pas que je ſois le ſeul qui aie trouvé ſes dialogues ſi étranges, & qui aie paru ſi ſérieuſement choqué de l'ignorante audace avec laquelle il y décide de tout ce qu'il y a de plus révéré dans les Lettres : Je ne ſaurois, ce me ſemble, mieux finir ces Remarques ſur les Anciens, qu'en raportant le mot ¹ d'un très-grand Prince d'aujourd'hui, non moins admirable par les lumières de ſon eſprit, & par l'étenduë de ſes connoiſſances dans les Lettres, que par ſon extrème valeur, & par ſa prodigieuſe capacité dans la guerre, où il s'eſt rendu le charme des Officiers & des Soldats ; & où, quoi qu'encore fort jeune, il s'eſt déja ſignalé par quantité d'actions dignes des plus expérimentez Capitaines. Ce Prince, qui, à l'exemple du fameux Prince de Condé ſon oncle paternel, lit tout, juſqu'aux Ouvrages de Monſieur P**, aiant en effet lû ſon dernier Dialogue, & en paroiſſant fort indigné, comme quelqu'un ᵉ eut pris la liberté de lui demander ce que c'étoit donc que cet Ouvrage, pour lequel il témoignoit un ſi grand mépris : *C'eſt un Livre*, dit-il, *où tout ce que vous avez jamais ouï loüer au monde, eſt blâmé ; & où tout ce que vous avez jamais entendu blâmer, eſt loüé.*

A V E R-

C H A N G E M E N S.

ᵉ *Eut pris la liberté de lui demander.*] *Lui eut demandé :* Première édition, 1694.

R E M A R Q U E S.

1. *D'un très-grand Prince d'aujourdhui.*] Le Prince de Conti : François-Louis de Bour- | bon, né le 30. d'Avril, 1664. & mort à Paris, le 22. de Février, 1709.

AVERTISSEMENT

Touchant la dixième Réfléxion fur Longin.

L Es Amis de feu Monfieur Defpréaux favent qu'a-
près qu'il eut eu connoiffance de la Lettre qui fait le
fujet de la dixième Réfléxion, il fut long-tems fans
fe déterminer à y répondre. Il ne pouvoit fe réfoudre à prendre la plume contre un Evêque, dont il
refpectoit la perfonne & le caractère, quoi qu'il ne
fût pas fort frapé de fes raifons. Ce ne fut donc qu'après avoir vû
cette Lettre publiée par Monfieur le Clerc, que Monfieur Defpréaux
ne put refifter aux inftances de fes Amis, & de plufieurs perfonnes diftinguées par leur Dignité, autant que par leur zèle pour
la Religion, qui le preffèrent de metre par écrit ce qu'ils lui
avoient ouï dire fur ce fujet, lors qu'ils lui eurent réprefenté, que
c'étoit un grand fcandale, qu'un homme fort decrié fur la Religion
s'appuiât de l'autorité d'un favant Evêque, pour foutenir une Critique, qui paroiffoit plûtôt contre Moïfe que contre Longin.

Monfieur Defpréaux fe rendit enfin, & ce fut en déclarant qu'il
ne vouloit point attaquer Monfieur l'Evêque d'Avranches, mais Mr.
le Clerc; ce qui eft religieufement obfervé dans cette dixième Réfléxion. Monfieur d'Avranches étoit informé de tout ce détail, &
il avoit témoigné en être content, comme en effet il avoit fujet
de l'être.

Après cela, depuis la mort de Mr. Defpréaux, cette Lettre a été
publiée dans un Recueil de plufieurs Pièces, avec une longue Préface de Mr. l'Abbé de Tilladet, qui les a ramaffées & publiées, à

re

R E M A R Q U E S.

Cet Avertiffement a été compofé par M. l'A.. R... de l'Académie Françoife.

ce qu'il assûre, sans la permission de ceux à qui appartenoit ce
trésor. On ne veut pas entrer dans le détail de ce fait : le Public
sait assez ce qui en est, & ces sortes de vols faits aux Auteurs vivans,
ne trompent plus personne.

Mais supposant que M. l'Abbé de Tilladet, qui parle dans la Pré-
face, en est l'Auteur, il ne trouvera pas mauvais qu'on l'avertisse,
qu'il n'a pas été bien informé sur plusieurs faits qu'elle contient. On
ne parlera que de celui qui regarde M. Despréaux, duquel il est assez
étonnant qu'il attaque la mémoire, n'aiant jamais reçû de lui que des
honnêtetez & des marques d'amitié.

Mr. Despréaux, *dit-il,* fit une sortie sur Mr. l'Evêque d'A-
vranches avec beaucoup de hauteur & de confiance. Ce Prélat
se trouva obligé, pour sa justification, de lui répondre, & de
faire voir que sa Remarque étoit très-juste, & que celle de son
Adversaire n'étoit pas soûtenable. Cet Ecrit fut addressé par
l'Auteur à Mr. le Duc de Montausier, en l'année 1683. parce
que ce fut chez lui que fut connuë d'abord l'insulte qui lui avoit
été faite par Mr. Despréaux ; & ce fut aussi chez ce Seigneur
qu'on lut cet Ecrit en bonne compagnie, où les Rieurs, suivant ce qui m'en est revenu, ne se trouvèrent pas favorables
à un homme, dont la principale attention sembloit être de mettre les Rieurs de son côté.

On ne contestera pas que cette Lettre ne soit addressée à feu
Monsieur le Duc de Montausier, ni qu'elle lui ait été lûë. Il
faut cependant qu'elle ait été lûë à petit bruit, puisque ceux
qui étoient le plus familiers avec ce Seigneur, & qui le voïoient
tous les jours, ne l'en ont jamais ouï parler, & qu'on n'en a
eu connoissance que plus de vingt ans après, par l'impression qui
en a été faite en Hollande. On comprend encore moins quels
pouvoient être les Rieurs qui ne furent pas favorables à M.
Despréaux dans un point de critique aussi sérieux que celui-là.
Car si l'on appèle ainsi les approbateurs de la pensée contraire à
la sienne, ils étoient en si petit nombre, qu'on n'en peut pas
nommer un seul de ceux qui de ce tems-là étoient à la Cour en
quelque réputation d'esprit, ou de capacité dans les belles Lettres.
Plusieurs personnes se souviennent encore que M. l'Evêque de
Meaux, feu M. l'Abbé de S. Luc, M. de Court, M. de Labroüe,
à présent Evêque de Mirepoix, & plusieurs autres, se déclarèrent
hautement contre cette pensée, dès le tems que parut la Démon-
stration

ſtration Evangélique. On ſait certainement, & non pas par des ouï dire, que M. de Meaux & M. l'Abbé de S. Luc, en diſoient beaucoup plus que n'en a dit M. Deſpréaux. Si on vouloit parler des perſonnes auſſi diſtinguées par leur eſprit que par leur naiſſance, outre le grand Prince de Condé & les deux Princes de Conti ſes neveux, il ſeroit aiſé d'en nommer pluſieurs qui n'approuvoient pas moins cette Critique de M. Deſpréaux, que ſes autres Ouvrages. Pour les Hommes de Lettres, ils ont été ſi peu perſuadez que ſa cenſure n'étoit pas ſoûtenable, qu'il n'avoit paru encore aucun Ouvrage ſérieux pour ſoûtenir l'avis contraire, ſinon les Additions de M. le Clerc à la Lettre qu'il a publiée ſans la participation de l'Auteur. Car Grotius & ceux qui ont le mieux écrit de la vérité de la Religion Chrétienne ; les plus ſavans Commentateurs des Livres de Moiſe, & ceux qui ont traduit ou commenté Longin, ont penſé & parlé comme M. Deſpréaux. Tollius, qu'on n'accuſera pas d'avoir été trop ſcrupuleux, a réfuté par une Note ce qui ſe trouve ſur ce ſujet dans la Démonſtration Evangélique ; & les Anglois, dans leur dernière édition de Longin, ont adopté cette Note. Le Public n'en a pas jugé autrement depuis tant d'années, & une autorité telle que celle de M. le Clerc ne le fera pas apparemment changer d'avis. Quand on eſt loüé par des hommes de ce caractère, on doit penſer à cette parole de Phocion, lors qu'il entendit certains applaudiſſemens : N'ai-je point dit quelque choſe mal à propos ?

Les raiſons ſolides de M. Deſpréaux feront aſſez voir, que quoi que M. le Clerc ſe croie ſi habile dans la Critique qu'il en a oſé donner des règles, il n'a pas été plus heureux dans celle qu'il a voulu faire de Longin, que dans preſque toutes les autres.

C'eſt aux Lecteurs à juger de cette dixième Réflexion de M. Deſpréaux, qui a un préjugé fort avantageux en ſa faveur, puiſqu'elle apuie l'opinion communément reçüe parmi les Savans, juſqu'à ce que M. d'Avranches l'eût combattüe. Le caractère Epiſcopal ne donne aucune autorité à la ſienne, puiſqu'il n'en étoit pas revêtu lors qu'il la publia. D'autres grans Prélats, à qui M. Deſpréaux a communiqué ſa Réflexion, ont été entièrement de ſon avis. & ils lui ont donné de grandes loüanges, d'avoir ſoûtenu l'honneur & la dignité de l'Ecriture ſainte contre un homme qui ſans l'aveu de M. d'Avranches, abuſoit de ſon autorité. Enfin comme il étoit permis à M. Deſpréaux d'être d'un avis contraire, on ne

croit

croit pas que cela fasse plus de tort à sa mémoire, que d'avoir pensé & jugé tout autrement que lui de l'utilité des Romans.

REFLEXION X.

OU

REFUTATION D'UNE DISSERTATION

DE MONSIEUR LE CLERC

CONTRE LONGIN.

Ainsi le Législateur des Juifs, qui n'étoit pas un homme ordinaire, **Paroles** *aiant fort bien conçu la puissance & la grandeur de Dieu, l'a* **de Longin,** *exprimée dans toute sa dignité au commencement de ses Loix* **Chap. VII.** *par ces paroles:* DIEU DIT; QUE LA LUMIERE SE FAS- SE; ET LA LUMIERE SE FIT: QUE LA TERRE SE FASSE; LA T^ERRE FUT FAITE.

LORSQUE je fis imprimer pour la première fois, il y a environ trente-six ans, la Traduction que j'avois faite du Traité du Sublime de Longin, je crûs qu'il seroit bon, pour empêcher qu'on ne se méprît sur ce mot de *Sublime,* de mettre dans ma Préface ces mots qui y sont encore, & qui par la suite du tems ne s'y sont trouvez que trop nécessaires. *Il faut savoir que par Sublime, Longin n'entend pas ce que les Orateurs appèlent le stile sublime; mais cet extraordinaire & ce merveilleux, qui fait qu'un Ouvrage enlève, ravit, transporte. Le stile sublime veut toûjours de grans mots; mais le Sublime se peut trouver dans une seule pensée, dans une seule figure, dans un seul tour de paroles. Une chose peut être dans le*

REMARQUES.

L'Auteur composa cette dixième Réfléxion critique, & les deux suivantes, en 1710. étant âgé de 74. ans.

le ſtile ſublime , & n'être pourtant pas ſublime. Par exemple : Le Souverain Arbitre de la Nature , d'une ſeule parole forma la Lumiere : Voilà qui eſt dans le ſtile ſublime. Cela n'eſt pas néanmoins ſublime ; parce qu'il n'y a rien là de fort merveilleux , & qu'on ne pût aiſément trouver. Mais Dieu dit QUE LA LUMIERE SE FASSE, ET LA LUMIERE SE FIT : *ce tour extraordinaire d'expreſſion , qui marque ſi bien l'obéïſſance de la créature aux ordres du Créateur , eſt veritablement ſublime , & a quelque choſe de Divin. Il faut donc entendre par ſublime dans Longin , l'extraordinaire , le ſurprenant , & comme je l'ai tradait , le merveilleux dans le Diſcours,*

Cette précaution priſe ſi à propos fut approuvée de tout le monde , mais principalement des Hommes vraimens remplis de l'amour de l'Ecriture ſainte ; & je ne croïois pas que je dûſſe avoir jamais beſoin d'en faire l'apologie. A quelque tems de là ma ſurpriſe ne fut pas médiocre , lors qu'on me montra dans un Livre , qui avoit pour titre , *Demonſtration Evangelique* , compoſé par le célèbre Monſieur Huet , alors Sous-Précepteur de Monſeigneur le Dauphin , un endroit , où non ſeulement il n'étoit pas de mon avis ; mais où il ſoûtenoit hautement que Longin s'étoit trompé , lors qu'il s'étoit perſuadé qu'il y avoit du ſublime dans ces paroles , DIEU DIT, &c. J'avoue que j'eûs de la peine à digerer , qu'on traitât avec cette hauteur le plus fameux & le plus ſavant Critique de l'Antiquité. De ſorte qu'en une nouvelle édition , qui ſe fit quelques mois après de mes Ouvrages , je ne pûs m'empêcher d'ajoûter dans ma Préface ces mots : *J'ai rapporté ces paroles de la Geneſe , comme l'expreſſion la plus propre à mettre ma penſée en ſon jour ; & je m'en ſuis ſervi d'autant plus volontiers , que cette expreſſion eſt citée avec éloge par Longin même , qui au milieu des ténèbres du Paganiſme , n'a pas laiſſé de reconnoître le Divin qu'il y avoit dans ces paroles de l'Ecriture. Mais que dirons-nous d'un des plus ſavans Hommes de nôtre ſiècle , qui éclairé des lumieres de l'Evangile , ne s'eſt pas apperçû de la beauté de cet endroit ; qui a oſé , dis-je , avancer dans un Livre , qu'il a fait pour démonſtrer la Religion Chrétienne, que Longin s'étoit trompé , lors qu'il avoit crû que ces paroles étoient ſublimes ?*

Comme ce reproche étoit un peu fort , & je l'avoüe même,

un

un peu trop fort, je m'attendois à voir bien-tôt paroître une replique très-vive de la part de Mr. Huet, nommé environ dans ce tems-là à l'Evêché d'Avranches ; & je me préparois à y répondre le moins mal & le plus modeftement qu'il me feroit poffible. Mais foit que ce favant Prélat eût changé d'avis, foit qu'il dédaignât d'entrer en lice avec un auffi vulgaire Antagonifte que moi ; il fe tint dans le filence. Nôtre démêlé parut éteint, & je n'entendis parler de rien jufqu'en mil fept cent neuf qu'un de mes Amis me fit voir dans un dixième Tome de la Bibliothèque choifie de Monfieur le Clerc, fameux Proteftant de Genève, réfugié en Hollande, un Chapitre de plus de vint-cinq pages, où ce Proteftant nous réfute très-impérieufement Longin & moi, & nous traite tous deux d'Aveugles, & de petits Efprits, d'avoir crû qu'il y avoit là quelque fublimité. L'occafion qu'il prend pour nous faire après coup cette infulte, c'eft une prétenduë Lettre du favant Monfieur Huet, aujourd'hui ancien Evêque d'Avranches, qui lui eft, dit-il, tombée entre les mains, & que pour mieux nous foudroïer, il tranfcrit toute entière ; y joignant néanmoins, afin de la mieux faire valoir, plufieurs Remarques de fa façon, prefque auffi longues que la Lettre même. De forte que ce font comme deux efpèces de Differtations ramaffées enfemble, dont il fait un feul Ouvrage.

Bien que ces deux Differtations foient écrites avec affez d'amertume & d'aigreur, je fus médiocrement émû en les lifant, parce que les raifons m'en parurent extrèmement foibles : que Monfieur le Clerc, dans ce long verbiage qu'il étale, n'entame pas, pour ainfi dire, la queftion ; & que tout ce qu'il y avance, ne vient que d'une équivoque fur le mot de Sublime, qu'il confond avec le ftile fublime, & qu'il croit entièrement oppofé au ftile fimple. J'étois en quelque forte réfolu de n'y rien répondre. Cependant mes Libraires depuis quelque tems, à force d'importunitez, m'aiant enfin fait confentir à une nouvelle édition de mes Ouvrages, il m'a femblé que cette édition feroit défectueufe, fi je n'y donnois quelque figne de vie fur les attaques d'un fi célèbre Adverfaire. Je me fuis donc enfin déterminé à y répondre ; & il m'a paru que le meilleur parti que je pouvois prendre, c'étoit d'ajoûter aux neuf Réfléxions que j'ai déja faites fur Longin, & où je crois avoir affez bien confondu Mr. P**, une dixième Réfléxion, où je répondrois

Y 2 aux

aux deux Diſſertations nouvellement publiées contre moi. C'eſt ce
que je vais exécuter ici. Mais comme ce n'eſt point Monſieur
Huet qui a fait imprimer lui-même la Lettre qu'on lui attribuë, & que cet illuſtre Prélat ne m'en a point parlé dans
l'Académie Françoiſe, où j'ai l'honneur d'être ſon Confrere,
& où je le vois quelquefois ; Monſieur le Clerc permettra que
je ne me propoſe d'Adverſaire que Monſieur le Clerc, & que
par là je m'épargne le chagrin d'avoir à écrire contre un auſſi grand Prélat que Monſieur Huet, dont, en qualité de Chrétien, je reſpecte fort la Dignité ; & dont, en qualité d'Homme de Lettres, j'honore extrèmement le mérite & le grand
ſavoir. Ainſi c'eſt au ſeul Monſieur le Clerc que je vais parler;
& il trouvera bon, que je le faſſe en ces termes :

Vous croïez donc, Monſieur, & vous le croïez de bonne foi, qu'il n'y a point de ſublime dans ces paroles de la
Genèſe : DIEU DIT, QUE LA LUMIERE SE FASSE; ET
LA LUMIERE SE FIT. A cela je pourrois vous répondre
en général, ſans entrer dans une plus grande diſcuſſion ; que
le Sublime n'eſt pas proprement une choſe qui ſe prouve, &
qui ſe démontre ; mais que c'eſt un Merveilleux qui ſaiſit,
qui frappe, & qui ſe fait ſentir. Ainſi perſonne ne pouvant
entendre prononcer un peu majeſtueuſement ces paroles, QUE
LA LUMIERE SE FASSE, &c. ſans que cela excite en lui
une certaine élevation d'ame qui lui fait plaiſir ; il n'eſt plus
queſtion de ſavoir s'il y a du ſublime dans ces paroles, puiſqu'il y en a indubitablement. S'il ſe trouve quelque Homme
bizarre qui n'y en trouve point, il ne faut pas chercher
des raiſons pour lui montrer qu'il y en a ; mais ſe borner à
le plaindre de ſon peu de conception, & de ſon peu de goût,
qui l'empêche de ſentir ce que tout le monde ſent d'abord,
C'eſt là, Monſieur, ce que je pourrois me contenter de vous
dire ; & je ſuis perſuadé que tout ce qu'il y a de gens
ſenſez avoüeroient que par ce peu de mots je vous aurois répondu tout ce qu'il falloit vous répondre.

Mais puiſque l'honnêteté nous oblige de ne pas refuſer nos
lumieres à nôtre Prochain, pour le tirer d'une erreur où il
eſt tombé ; je veux bien deſcendre dans un plus grand détail
& ne point épargner le peu de connoiſſance que je puis avoir
du Sublime, pour vous tirer de l'aveuglement où vous vous
êtes

êtes jetté vous-même, par trop de confiance en vôtre grande
& hautaine erudition.

Avant que d'aller plus loin, fouffrez, Monfieur, que je vous
demande comme il fe peut faire qu'un auffi habile homme que
vous, voulant écrire contre un endroit de ma Préface auffi confidérable que l'eft celui que vous attaquez, ne fe foit pas donné la peine de lire cet endroit, auquel il ne paroît pas même
que vous aïez fait aucune attention. Car fi vous l'aviez lû, fi
vous l'aviez examiné un peu de près, me diriez-vous, comme
vous faites, pour montrer que ces paroles, DIEU DIT, &c.
n'ont rien de fublime, qu'elles ne font point dans le ftile fublime, fur ce qu'il n'y a point de grans mots, & qu'elles font
énoncées avec une très-grande fimplicité ; N'avois-je pas prévenu vôtre objection, en affûrant, comme je l'affûre dans cette
même Préface, que par Sublime, en cet endroit, Longin n'entend pas ce que nous appelons le ftile fublime ; mais cet extraordinaire & ce merveilleux qui fe trouve fouvent dans les
paroles les plus fimples, & dont la fimplicité même fait
quelquefois la fublimité ? Ce que vous avez fi peu compris,
que même à quelques pages de là, bien loin de convenir
qu'il y a du fublime dans les paroles que Moïfe fait prononcer
à Dieu au commencement de la Genèfe, vous prétendez que fi
Moïfe avoit mis là du fublime, il auroit péché contre
toutes les règles de l'Art, qui veut qu'un commencement foit
fimple & fans affectation. Ce qui eft très-veritable, mais ce
qui ne dit nullement qu'il ne doit point y avoir de fublime :
le fublime n'étant point oppofé au fimple, & n'y aiant rien
quelquefois de plus fublime que le fimple même, ainfi que
je vous l'ai déja fait voir, & dont fi vous doutez encore, je
m'en vais vous convaincre par quatre ou cinq exemples, aufquels je vous deffie de répondre. Je ne les chercherai pas loin.
Longin m'en fournit lui-même d'abord un admirable, dans le
Chapitre d'où j'ai tiré cette dixième Réfléxion. Car y traitant du fublime qui vient de la grandeur de la penfée, après
avoir établi, qu'il n'y a proprement que les grans Hommes, à
qui il échappe de dire des chofes grandes & extraordinaires :
Voïez par exemple ajoûte-t-il, *ce que répondit Alexandre quand
Darius lui fit offrir la moitié de l'Afie, avec fa fille en mariage.
Pour moi, lui difoit Parménion, fi j'étois Alexandre, j'accepterois*

Y 3   *ces*

ces offres. Et moi auffi , repliqua ce Prince , fi j'étois Parmenion. Sont-ce là de grandes paroles ? Peut-on rien dire de plus naturel , de plus fimple & de moins affecté que ce mot ? Alexandre ouvre-t-il une grande bouche pour les dire ? & cependant ne faut-il pas tomber d'accord , que toute la grandeur de l'ame d'Alexandre s'y fait voir ? Il faut à cet exemple en joindre un autre de même nature , que j'ai allégué dans la Préface de ma dernière édition de Longin ; & je le vais raporter dans les mêmes termes qu'il y eft énoncé ; afin que l'on voie mieux que je n'ai point parlé en l'air , quand j'ai dit que Monfieur le Clerc , voulant combattre ma Préface , ne s'eft pas donné la peine de la lire. Voici en effet mes paroles. Dans la Tragédie d'Horace * du fameux Pierre Corneille , une femme qui avoit été préfente au combat des trois Horaces contre les trois Curiaces , mais qui s'étoit retirée trop tôt , & qui n'en avoit pas vû la fin ; vient mal à propos annoncer au vieil Horace leur pere , que deux de fes fils ont été tuez ; & que le troifième , ne fe voiant plus en état de réfifter , s'eft enfui. Alors ce vieux Romain poffedé de l'amour de fa patrie , fans s'amufer à pleurer la perte de fes deux fils morts fi glorieufement , ne s'afflige que de la fuite honteufe du dernier , qui a , dit-il , par une fi lâche action , imprimé un opprobre éternel au nom d'Horace ; & leur fœur qui étoit là préfente , lui aiant dit , *Que vouliez-vous qu'il fît contre trois ?* il refpond brufquement, *qu'il mourût.* Voilà des termes fort fimples. Cependant il n'y a perfonne qui ne fente la grandeur qu'il y a dans ces trois fillabes , *qu'il mourût.* Sentiment d'autant plus fublime qu'il eft fimple & naturel , & que par là on voit que ce Heros parle du fond du cœur , & dans les tranfports d'une colère vraiement Romaine. La chofe effectivement auroit perdu de fa force , fi au lieu de dire , *qu'il mourût ,* il avoit dit , *qu'il fuivît l'exemple de fes deux freres;* ou *qu'il facrifiât fa vie à l'interêt & à la gloire de fon païs.* Ainfi c'eft la fimplicité même de ce mot qui en fait voir la grandeur. N'avois-je pas , Monfieur , en faifant cette remarque , battu en ruine vôtre objection , même avant que vous l'euffiez faite ? & ne prouvois-je pas vifiblement , que le Sublime fe trouve quelquefois dans la manière de parler la plus fimple ? Vous me répondrez peut-être que cet exemple eft fingulier , & qu'on n'en peut pas montrer

beau-

* Acte 3.
Scène 6.

beaucoup de pareils. En voici pourtant encore un que je trouve à l'ouverture du Livre dans la Médée * du même Corneille, où cette fameuse Enchantereſſe, ſe vantant que ſeule & abandonnée comme elle eſt de tout le monde, elle trouvera pourtant bien moïen de ſe vanger de tous ſes ennemis ; Nerine ſa Confidente lui dit : * Acte 1. Scène 4.

> Perdez l'aveugle erreur dont vous êtes ſéduite,
> Pour voir en quel état le Sort vous a réduite.
> Vôtre païs vous hait, vôtre Epoux eſt ſans foi.
> Contre tant d'ennemis que vous reſte-t-il ?

A quoi Médée répond.   *Moi*

> Moi, dis-je, & c'eſt aſſez.

Peut-on nier qu'il n'y ait du Sublime, & du Sublime le plus relevé dans ce monoſyllabe, *Moi* ? Qu'eſt-ce donc qui frappe dans ce paſſage ſinon la fierté audacieuſe de cette Magicienne, & la confiance qu'elle a dans ſon Art ? Vous voïez, Monſieur, que ce n'eſt point le ſtile ſublime, ni par conſéquent les grans mots, qui font toûjours le Sublime dans le Diſcours ; & que ni Longin, ni moi ne l'avons jamais prétendu. Ce qui eſt ſi vrai par rapport à lui, qu'en ſon Traité du Sublime, parmi beaucoup de paſſages qu'il rapporte, pour montrer ce que c'eſt qu'il entend par Sublime, il ne s'en trouve pas plus de cinq ou ſix, où les grans mots faſſent partie du Sublime. Au contraire il y en a un nombre conſidérable, où tout eſt compoſé de paroles fort ſimples & fort ordinaires : comme, par exemple, cet endroit de Démoſthène, ſi eſtimé & ſi admiré de tout le monde, où cet Orateur gourmande ainſi les Athéniens : *Ne voulez vous jamais faire autre choſe qu'aller par la Ville vous demander les uns aux autres : Que dit-on de nouveau ? Et que peut-on vous apprendre de plus nouveau que ce que vous voïez ? Un Homme de Macédoine ſe rend maître des Athéniens, & fait la loi à toute la Grèce. Philippe eſt-il mort, dira l'un ? Non, répondra l'autre, il n'eſt que malade. Hé que vous importe, Meſſieurs, qu'il vive ou qu'il meure ? Quand le Ciel vous en auroit délivré, vous vous feriez bien-tôt un autre Philippe.*

lippe. Y a-t-il rien de plus simple, de plus naturel, & de moins enflé que ces demandes & ces interrogations ? Cependant qui est-ce qui n'en sent point le Sublime ? Vous peut-être, Monsieur, parce que vous n'y voïez point de grans mots, ni de ces *ambitiosa ornamenta*, en quoi vous le faites consister, & en quoi il consiste si peu, qu'il n'y a rien même qui rende le discours plus froid & plus languissant, que les grans mots mis hors de leur place. Ne dites donc plus, comme vous faites en plusieurs endroits de vôtre Dissertation, que la preuve qu'il n'y a point de Sublime dans le stile de la Bible, c'est que tout y est dit sans exageration, & avec beaucoup de simplicité ; puisque c'est cette simplicité même qui en fait la sublimité. Les grans mots, selon les habiles connoisseurs, font en effet si peu l'essence entière du Sublime, qu'il y a même dans les bons Ecrivains des endroits sublimes, dont la grandeur vient de la petitesse énergique des paroles : comme on le peut voir dans ce passage d'Herodote, qui est cité par Longin : *Cléomene étant devenu furieux, il prit un couteau, dont il se hacha la chair en petits morceaux ; & s'étant ainsi déchiqueté lui-même, il mourut.* Car on ne peut guere assembler de mots plus bas & plus petits que ceux-ci, *se hacher la chair en morceaux, & se déchiqueter soi-même.* On y sent toutefois une certaine force énergique, qui marquant l'horreur de la chose qui y est énoncée, a je ne sai quoi de sublime.

Mais voilà assez d'exemples citez, pour vous montrer que le simple & le sublime dans le Discours ne sont nullement opposez. Examinons maintenant les paroles qui font le sujet de nôtre contestation : & pour en mieux juger considérons les jointes & liées avec celles qui les précèdent. Les voici : *Au commencement,* dit Moïse, *Dieu créa le Ciel & la Terre. La Terre étoit informe & toute nuë. Les ténèbres couvroient la face de l'abîme, & l'Esprit de Dieu étoit porté sur les eaux.* Peut-on rien voir, dites-vous, de plus simple que ce début ? Il est fort simple, je l'avouë, à la réserve pourtant de ces mots, *Et l'Esprit de Dieu étoit porté sur les eaux ;* qui ont quelque chose de magnifique, & dont l'obscurité élegante & majestueuse nous fait concevoir beaucoup de choses au delà de ce qu'elles semblent dire. Mais ce n'est pas de quoi il s'agit ici. Passons aux paroles suivantes, puisque ce sont celles,

dont

dont il est question. Moïse aiant ainsi expliqué dans une narration également courte, simple, & noble, les merveilles de la Création, songe aussi-tôt à faire connoître aux hommes l'Auteur de ces merveilles. Pour cela donc ce grand Prophète n'ignorant pas que le meilleur moïen de faire connoître les Personnages qu'on introduit, c'est de les faire agir ; il met d'abord Dieu en action, & le fait parler. Et que lui fait-il dire ? Une chose ordinaire peut-être. Non ; mais ce qui s'est jamais dit de plus grand, ce qui se peut dire de plus grand, & ce qu'il n'y a jamais eu que Dieu seul qui ait pû dire : QUE LA LUMIERE SE FASSE. Puis tout à coup, pour montrer qu'afin qu'une chose soit faite, il suffit que Dieu veüille qu'elle se fasse ; il ajoûte avec une rapidité qui donne à ses paroles mêmes une ame & une vie, ET LA LUMIERE SE FIT ; montrant par là : qu'au moment que Dieu parle, tout s'agite, tout s'émeut, tout obéït. Vous me répondrez peut-être ce que vous me répondez dans la prétendüe Lettre de Monsieur Huet : Que vous ne voïez pas ce qu'il y a de si sublime dans cette manière de parler, QUE LA LUMIERE SE FASSE, &c. puisqu'elle est, dites-vous, très-familière & très-commune dans la Langue Hébraïque, qui la rebat à chaque bout de champ. En effet, ajoûtez-vous, si je disois : *Quand je sortis je dis à mes gens, suivez-moi, & ils me suivirent : Je priai mon Ami de me prêter son cheval, & il me le prêta ;* pourroit-on soûtenir que j'ai dit là quelque chose de sublime ? Non sans doute ; parce que cela seroit dit dans une occasion très-frivole, à propos de choses très-petites. Mais est-il possible, Monsieur, qu'avec tout le savoir que vous avez, vous soïez encore à apprendre ce que n'ignore pas le moindre Aprentif Rhétoricien, que pour bien juger du Beau, du Sublime, du Merveilleux dans le Discours, il ne faut pas simplement regarder la chose qu'on dit, mais la personne qui là dit, la manière dont on la dit, & l'occasion où on la dit : enfin qu'il faut regarder, *non quid sit, sed quo loco sit.* Qui est-ce en effet qui peut nier, qu'une chose dite en un endroit, paroîtra basse & petite ; & que la même chose dite en un autre endroit deviendra grande, noble, sublime, & plus que sublime ? Qu'un homme, par exemple, qui montre à dan-

fer , dife à un jeune garçon qu'il inftruit : Allez par là ; Reve-
nez , Détournez , Arrêtez : cela eft très-puéril , & paroît
même ridicule à raconter.   Mais que le Soleil , voïant fon fils
Phaëton qui s'égare dans les Cieux fur un char qu'il a eu la
folle temerité de vouloir conduire , crie de loin à ce fils à peu
près les mêmes ou de femblables paroles , cela devient très-noble & très-fublime ; comme on le peut reconnoître dans ces Vers
d'Euripide , raportez par Longin :

Le Pere cependant , plein d'un trouble funefte ,
Le voit rouler de loin fur la plaine célefte ;
Lui montre encor fa route ; & du plus haut des Cieux
Le fuit autant qu'il peut de la voix & des yeux.
Va par là , lui dit-il. Revien. Détourne. Arrête.

Je pourrois vous citer encore cent autres exemples pareils ; &
il s'en préfente à moi de tous les côtez.   Je ne faurois pourtant , à mon avis ,   vous en alléguer un plus convainquant :
ni plus démonftratif, que celui même fur lequel nous fommes en
difpute.   En effet , qu'un Maître dife à fon Valet , *Apportez moi*
mon manteau :   puis qu'on ajoûte , *& fon Valet lui apporta fon*
manteau :   cela eft très-petit ; je ne dis pas feulement en
Langue Hébraïque , où vous prétendez que ces manières de
parler font ordinaires ; mais encore en toute Langue.   Au contraire , que dans une occafion auffi grande qu'eft la création
du Monde , Dieu dife : QUE LA LUMIERE SE FASSE :
puis qu'on ajoûte , ET LA LUMIERE FUT FAITE ; cela
eft non feulement fublime , mais d'autant plus fublime , que
les termes en étant fort fimples , & pris du langage ordinaire , ils nous font comprendre admirablement , & mieux que
tous les plus grans mots ; qu'il ne coûte pas plus à Dieu
de faire la Lumiere , le Ciel & la Terre , qu'à un Maître de
dire à fon Valet , *Apportez-moi mon manteau.* D'où vient donc
que cela ne vous frape point ? Je vais vous le dire.   C'eft
que n'y voïant point de grans mots , ni d'ornemens pompeux ; & prévenu comme vous l'êtes , que le ftile fimple n'eft
point fufceptible de fublime , vous croïez qu'il ne peut y avoir
là de vraie fublimité.

Mais c'eft affez vous pouffer fur cette méprife , qu'il n'eft
pas

pas poſſible à l'heure qu'il eſt que vous ne reconnoiſſiez. Venons maintenant à vos autres preuves. Car tout à coup re-
tournant à la charge comme Maître paſſé en l'art Oratoire,
pour mieux nous confondre Longin & moi, & nous accabler
ſans reſſource, vous vous mettez en devoir de nous apprendre à l'un & à l'autre ce que c'eſt que Sublime. Il y en a,
dites-vous, quatre ſortes; le Sublime des termes, le Sublime du tour de l'expreſſion, le Sublime des penſées, & le
Sublime des choſes. Je pourrois aiſément vous embarraſſer ſur
cette diviſion, & ſur les définitions qu'enſuite vous nous donnez de vos quatre Sublimes : cette diviſion & ces définitions
n'étant pas ſi correctes ni ſi exactes que vous vous le figurez. Je veux bien néanmoins aujourd'hui, pour ne point perdre de tems, les admettre toutes ſans aucune reſtriction. Permettez-moi ſeulement de vous dire, qu'après celle du Sublime des choſes, vous avancez la propoſition du monde la
moins ſoûtenable, & la plus groſſière. Car après avoir ſuppoſé, comme vous le ſuppoſez très-ſolidement, & comme il
n'y a perſonne qui n'en convienne avec vous, que les grandes
choſes ſont grandes en elles-mêmes & par elles-mêmes, &
qu'elles ſe font admirer indépendamment de l'art Oratoire;
tout d'un coup prenant le change, vous ſoûtenez que pour
être miſes en œuvre dans un Diſcours, elles n'ont beſoin
d'aucun génie ni d'aucune adreſſe; & qu'un homme, quelque ignorant & quelque groſſier qu'il ſoit, ce ſont vos termes, s'il raporte une grande choſe ſans en rien dérober à la
connoiſſance de l'Auditeur, pourra avec juſtice être eſtimé
éloquent & ſublime. Il eſt vrai que vous ajoûtez, *non pas
de ce Sublime dont parle ici Longin.* Je ne ſai pas ce que
vous voulez dire par ces mots, que vous nous expliquerez
quand il vous plaira.

Quoi qu'il en ſoit, il s'enſuit de vôtre raiſonnement, que
pour être bon Hiſtorien (ô la belle découverte !) il ne faut
point d'autre talent que celui que Démétrius Phaléréus attribuë
au Peintre Nicias, qui étoit, de choiſir toûjours de grans
ſujets. Cependant ne paroît-il pas au contraire, que pour
bien raconter une grande choſe, il faut beaucoup plus d'eſprit & de talent, que pour en raconter une médiocre ? En
effet, Monſieur, de quelque bonne foi que ſoit vôtre hom-

Z. z. mer

me ignorant & groſſier, trouvera-t-il pour cela aiſément des paroles dignes de ſon ſujet ? Saura-t-il même les conſtruire ? Je dis conſtruire : car cela n'eſt pas ſi aiſé qu'on s'imagine.

Cet homme enfin, fut-il bon Grammairien, ſaura-t-il pour cela, racontant un fait merveilleux, jetter dans ſon diſcours toute la netteté, la délicateſſe, la majeſté, & ce qui eſt encore plus conſidérable, toute la ſimplicité néceſſaire à une bonne narration ? Saura-t-il choiſir les grandes circonſtances ? Saura-t-il rejetter les ſuperfluës ? En décrivant le paſſage de la Mer rouge, ne s'amuſera-t-il point, comme le Poëte dont je parle dans mon Art Poëtique, à peindre le petit Enfant,

Qui va, ſaute, & revient,
Et joïeux, à ſa Mere offre un caillou qu'il tient ;

En un mot, ſaura-t-il, comme Moïſe, dire tout ce qu'il faut & ne dire que ce qu'il faut ? Je voi que cette objection vous embarraſſe. Avec tout cela néanmoins, répondrez-vous, on ne me perſuadera jamais que Moïſe, en écrivant la Bible, ait ſongé à tous ces agrémens, & à toutes ces petites fineſſes de l'Ecole ; car c'eſt ainſi que vous appelez toutes les grandes figures de l'Art Oratoire. Aſſûrément Moïſe n'y a point penſé; mais l'Eſprit Divin qui l'inſpiroit, y a penſé pour lui, & les y a miſes en œuvre, avec d'autant plus d'art, qu'on ne s'aperçoit point qu'il y ait aucun art. Car on n'y remarque point de faux ornemens, & rien ne s'y ſent de l'enflûre & de la vaine pompe des Déclamateurs, plus oppoſée quelquefois au vrai Sublime, que la baſſeſſe même des mots les plus abjets : mais tout y eſt plein de ſens, de raiſon & de majeſté. De ſorte que le Livre de Moïſe eſt en même tems le plus éloquent, le plus ſublime, & le plus ſimple de tous les Livres. Il faut convenir pourtant que ce fut cette ſimplicité, quoi que ſi admirable, jointe à quelques mots Latins un peu barbares de la Vulgate, qui dégoûtèrent Saint Auguſtin, avant ſa converſion, de la lecture de ce Divin Livre ; néanmoins depuis, l'aiant regardé de plus près, & avec des yeux plus éclairez, il fit le plus grand objet de ſon admiration, & ſa perpétuelle lecture.

Mais

Mais c'est assez nous arrêter sur la considération de vôtre nouvel Orateur. Reprenons le fil de nôtre discours, & voïons où vous en voulez venir par la supposition de vos quatre Sublimes. Auquel de ces quatre genres, dites-vous, prétend-on attribuer le Sublime que Longin a crû voir dans le passage de la Genèse ? Est-ce au Sublime des mots ? Mais sur quoi fonder cette prétention, puisqu'il n'y a pas dans ce passage un seul grand mot ? Sera-ce au Sublime de l'expression ? L'expression en est très-ordinaire, & d'un usage très-commun & très-familier, sur tout dans la Langue Hébraïque, qui la répète sans cesse. Le donnera-t-on au Sublime des pensées ? Mais bien loin d'y avoir là aucune sublimité de pensée, il n'y a pas même de pensée. On ne peut, concluez-vous, l'attribuer qu'au Sublime des choses, auquel Longin ne trouvera pas son compte, puisque l'Art ni le Discours n'ont aucune part à ce Sublime. Voilà donc, par vôtre belle & savante démonstration les premières paroles de Dieu dans la Genèse entièrement dépossedées du Sublime, que tous les hommes jusqu'ici avoient crû y voir ; & le commencement de la Bible reconnu froid, sec, & sans nulle grandeur. Regardez pourtant comme les manières de juger sont differentes ; puisque si l'on me fait les mêmes interrogations que vous vous faites à vous-même, & si l'on me demande quel genre de Sublime se trouve dans le passage dont nous disputons ; je ne répondrai pas qu'il y en a un des quatre que vous raportez, je dirai que tous les quatre y sont dans leur plus haut degré de perfection.

En effet, pour en venir à la preuve & pour commencer par le premier genre, bien qu'il n'y ait pas dans le passage de la Genèse des mots grans ni empoulez, les termes que le Prophète y emploie, quoi que simples, étant nobles, majestueux convenables au sujet, ils ne laissent pas d'être sublimes, & si sublimes, que vous n'en sauriez suppléer d'autres, que le Discours n'en soit considérablement affoibli : comme si, par exemple, au lieu de ces mots, DIEU DIT: QUE LA LUMIERE SE FASSE, ET LA LUMIERE SE FIT; vous mettiez: *Le Souverain Maître de toutes choses commanda à la Lumiere de se former ; & en même tems ce merveilleux Ouvrage, qu'on appèle Lumiere, se trouva formé.* Quelle petitesse ne sentira-t-on point dans ces grans mots, vis-à-vis de ceux-ci, DIEU DIT:

Z 3 QUE.

QUE LA LUMIERE SE FASSE, &c! A l'égard du second
genre, je veux dire du Sublime du tour de l'expreſſion; où
peut-on voir un tour d'expreſſion plus ſublime que celui de
ces paroles, DIEU DIT: QUE LA LUMIERE SE FASSE,
ET LA LUMIERE SE FIT: dont la douceur majeſtueuſe, même dans les Traductions Grecques, Latines & Françoiſes, frappe ſi agréablement l'oreille de tout homme qui a quelque délicateſſe & quelque goût? Quel effet donc ne feroient-elles
point, ſi elles étoient prononcées dans leur Langue originale, par
une bouche qui les fît prononcer; & écoutées par des oreilles
qui les fiſſent entendre? Pour ce qui eſt de ce que vous
avancez au ſujet du Sublime des penſées, que bien loin qu'il
y ait dans le paſſage qu'admire Longin aucune ſublimité de penſées, il n'y a pas même de penſée; il faut que vôtre bon
ſens vous ait abandonné, quand vous avez parlé de cette manière. Quoi, Monſieur, le deſſein que Dieu prend, immédiatement après avoir créé le Ciel & la Terre; car c'eſt Dieu qui
parle en cet endroit; la penſée, dis-je, qu'il conçoit de faire
la Lumiere, ne vous paroît pas une penſée? Et qu'eſt-ce
donc que penſée, ſi ce n'en eſt là une des plus ſublimes qui
pouvoient, ſi en parlant de Dieu il eſt permis de ſe ſervir de
ces termes, qui pouvoient, dis-je, venir à Dieu lui-même;
penſée qui étoit d'autant plus néceſſaire, que ſi elle ne fût venuë à Dieu, l'ouvrage de la Création reſtoit imparfait, & la
Terre demeuroit informe & vuide, *Terra autem erat inanis &*
vacua? Confeſſez donc, Monſieur, que les trois premiers genres de vôtre Sublime ſont excellemment renfermez dans le paſſage de Moïſe. Pour le Sublime des choſes, je ne vous en dis
rien, puiſque vous reconnoiſſez vous-même qu'il s'agit dans
ce paſſage de la plus grande choſe qui puiſſe être faite, &
qui ait jamais été faite. Je ne ſai ſi je me trompe, mais il
me ſemble que j'ai aſſez exactement répondu à toutes vos objections tirées des quatre Sublimes.

N'attendez pas, Monſieur, que je réponde ici avec la même exactitude à tous les vagues raiſonnemens, & à toutes les
vaines déclamations que vous me faites dans la ſuite de vôtre
long diſcours, & principalement dans le dernier article de la
Lettre attribuée à Monſieur l'Evêque d'Avranches, où vous
expliquant d'une manière embarraſſée, vous donnez lieu aux

Lec-

Lecteurs de penſer, que vous êtes perſuadé que Moïſe & tous les Prophètes, en publiant les merveilles de Dieu, au lieu de relever ſa grandeur, l'ont, ce ſont vos propres termes, en quelque ſorte avili & deshonoré. Tout cela, faute d'avoir aſſez bien démêlé une équivoque très-groſſière, & dont, pour être parfaitement éclairci, il ne faut que ſe reſſouvenir d'un principe avoüé de tout le monde, qui eſt, qu'une choſe ſublime aux yeux des hommes, n'eſt pas pour cela ſublime aux yeux de Dieu, devant lequel il n'y a de vraiment ſublime que Dieu lui-même. Qu'ainſi toutes ces manières figurées que les Prophètes & les Ecrivains ſacrez emploient pour l'exalter, lors qu'ils lui donnent un viſage, des yeux, des oreilles ; lors qu'ils le font marcher, courir, s'aſſeoir ; lors qu'ils le répréſentent porté ſur l'aîle des Vents ; lors qu'ils lui donnent à lui-même des aîles, lors qu'ils lui prêtent leurs expreſſions, leurs actions, leurs paſſions, & mille autres choſes ſemblables ; toutes ces choſes ſont fort petites devant Dieu, qui les ſouffre néanmoins & les agrée, parce qu'il ſait bien que la foibleſſe humaine ne le ſauroit loüer autrement. En même tems il faut reconnoître, que ces mêmes choſes préſentées aux yeux des hommes, avec des figures & des paroles telles que celles de Moïſe & des autres Prophètes, non ſeulement ne ſont pas baſſes, mais encore qu'elles deviennent nobles, grandes, merveilleuſes, & dignes en quelque façon de la Majeſté Divine. D'où il s'enſuit que vos réflexions ſur la petiteſſe de nos idées devant Dieu ſont ici très-mal placées, & que vôtre critique ſur les paroles de la Genèſe eſt fort peu raiſonnable ; puiſque c'eſt de ce Sublime, préſenté aux yeux des hommes, que Longin a voulu & dû parler, lorſqu'il a dit que Moïſe a parfaitement conçû la puiſſance de Dieu au commencement de ſes Loix ; & qu'il l'a exprimée dans toute ſa dignité par ces paroles, Dieu dit, &c.

Croïez moi donc, Monſieur ; ouvrez les yeux. Ne vous opiniâtrez pas davantage à deffendre contre Moïſe, contre Longin, & contre toute la Terre, une cauſe auſſi odieuſe que la vôtre, & qui ne ſauroit ſe ſoûtenir que par des équivoques, & par de fauſſes ſubtilitez. Liſez l'Ecriture ſainte avec un peu moins de confiance en vos propres lumières, & défaites-vous de cette hauteur Calviniſte & Socinienne, qui vous fait croire qu'il y va de vôtre honneur d'empêcher qu'on n'admire trop
légèrement

légèrement le début d'un Livre, dont vous êtes obligé d'a-
vouër vous-même qu'on doit adorer tous les mots & toutes
les fillabes ; & qu'on peut bien ne pas affez admirer, mais
qu'on ne fauroit trop admirer. Je ne vous en dirai pas davantage. Auffi-bien il eft tems de finir cette dixième Réflexion,
déjà même un peu trop longue, & que je ne croïois pas
devoir pouffer fi loin.

Avant que de la terminer néanmoins, il me femble que je
ne dois pas laiffer fans replique une objection affez raifonnable,
que vous me faites au commencement de vôtre Differtation,
& que j'ai laiffée à part, pour y répondre à la fin de mon
Difcours. Vous me demandez dans cette objection, d'où vient
que dans ma Traduction du paffage de la Genèfe cité par Longin, je n'ai point exprimé ce monofillabe τί; *Quoi* puis qu'il
eft dans le texte de Longin, où il n'y a pas feulement, DIEU
DIT : QUE LA LUMIERE SE FASSE : mais, DIEU DIT,
QUOI? QUE LA LUMIERE SE FASSE. A cela je
réponds en premier lieu, que fûrement ce monofillabe n'eft
point de Moïfe, & apartient entièrement à Longin, qui, pour
préparer la grandeur de la chofe que Dieu va exprimer, après
ces paroles, DIEU DIT, fe fait à foi-même cette interrogation, QUOI? puis ajoûte tout d'un coup, QUE LA LU-
MIERE SE FASSE. Je dis en fecond lieu, que je n'ai
point exprimé ce QUOI? parce qu'à mon avis il n'auroit
point eu de grace en François, & que non feulement il auroit un peu gâté les paroles de l'Ecriture, mais qu'il auroit
pû donner occafion à quelques Savans, comme vous, de
prétendre mal à propos, comme cela eft effectivement arrivé,
que Longin n'avoit pas lû le paffage de la Genèfe dans ce
qu'on appèle la Bible des Septante, mais dans quelque autre
Verfion, où le texte étoit corrompu. Je n'ai pas eu le même
fcrupule pour ces autres paroles, que le même Longin infè-
re encore dans le texte, lors qu'à ces termes, QUE LA
LUMIERE SE FASSE, il ajoûte, QUE LA TERRE SE FAS-
SE; LA TERRE FUT FAITE; parce que cela ne gâte rien
& qu'il eft dit par une furabondance d'admiration que tout le
monde fent. Ce qu'il y a de vrai pourtant, c'eft que dans
les règles, je devois avoir fait il y a long-tems cette Note que
je

je fais aujourd'hui, qui manque, je l'avouë, à ma Traduction. Mais enfin la voilà faite.

R E F L E X I O N XI.

Néanmoins Ariftote & Théophrafte, afin d'excufer l'audace de ces Paroles
figures, penfent qu'il eft bon d'y apporter ces adouciffemens : de Longin.
Pour ainfi dire : fi j'ofe me fervir de ces termes ; pour m'ex- Ch. XXVI.
pliquer plus hardiment, &c.

L E confeil de ces deux Philofophes eft excellent ; mais n'a
d'ufage que dans la Profe ; car ces excufes font rarement
fouffertes dans la Poëfie, où elles auroient quelque chofe de
fec & de languiffant ; parce que la Poëfie porte fon excufe avec
foi. De forte qu'à mon avis, pour bien juger fi une figure
dans les Vers n'eft point trop hardie, il eft bon de la mettre en Profe avec quelqu'un de ces adouciffemens ; puis qu'en
effet fi, à la faveur de cet adouciffement, elle n'a plus rien
qui choque, elle ne doit point choquer dans les Vers deftituez
même de cet adouciffement.

Monfieur de la Motte, mon Confrere à l'Académie Françoife, n'a donc pas raifon en fon ¹ Traité de l'Ode, lors qu'il accufe l'illuftre Monfieur Racine de s'être exprimé avec trop de
hardieffe dans fa Tragédie de Phèdre, où le Gouverneur d'Hyppolite, faifant la peinture du monftre effroïable que Neptune
avoit envoïé pour effraïer les Chevaux de ce jeune & malheureux Prince, fe fert de cette hyperbole,
    Le flot qui l'apporta recule épouvanté :
puis qu'il n'y a perfonne qui ne foit obligé de tomber d'accord
que cette hyperbole pafferoit même dans la Profe à la faveur
d'un *pour ainfi dire,* ou d'un *fi j'ofe ainfi parler.*

D'ailleurs Longin enfuite du paffage que je viens de rapporter ici ajoûte des paroles qui juftifient, encore mieux que tout
ce que j'ai dit, le Vers dont il eft queftion. Les voici : *l'excufe.*

R E M A R Q U E S.

1. *Traité de l'Ode.*] Lifez, *Difcours fur l'Ode.*

Tom. I I.   A a

cufe , felon le fentiment de ces deux célèbres Philofophes , eft un remède infaillible contre les trop grandes hardieffes du Difcours ; & je fuis bien de leur avis. Mais je foûtiens pourtant toûjours ce que j'ai déja avancé , que le remède le plus naturel contre l'abondance & l'audace des métaphores , c'eft de ne les emploïer que bien à propos , je veux dire dans le Sublime , & dans les grandes paffions. En effet , fi ce que dit là Longin eft vrai , Monfieur Racine a entièrement caufe gagnée : pouvoit-il emploïer la hardieffe de fa métaphore dans une circonftance plus confidérable & plus fublime, que dans l'effroïable arrivée de ce Monftre , ni au milieu d'une paffion plus vive que celle qu'il donne à cet infortuné Gouverneur d'Hyppolite , qu'il répréfente plein d'une confternation , que , par fon recit , il communique en quelque forte aux Spectateurs mêmes ; de forte que par l'emotion qu'il leur caufe , il ne les laiffe pas en état de fonger à le chicaner fur l'audace de fa figure. Auffi a-t-on remarqué que toutes les fois qu'on joüe la Tragédie de Phèdre, bien loin qu'on paroiffe choqué de ce Vers ,

> *Le flot qui l'apporta recule épouvanté* ;

on y fait une efpèce d'acclamation ; marque inconteftable qu'il y a là du vrai Sublime, au moins fi l'on doit croire ce qu'attefte Longin en plufieurs endroits , & fur tout à la fin de fon fixième Chapitre, par ces paroles : *Car lors qu'en un grand nombre de perfonnes différentes de profeffion & d'âge , & qui n'ont aucun rapport ni d'humeurs , ni d'inclinations , tout le monde vient à être frapé également de quelque endroit d'un Difcours , ce jugement & cette approbation uniforme de tant d'efprits fi difcordans d'ailleurs , eft une preuve certaine & indubitable qu'il y a là du Merveilleux & du Grand.*

Monfieur de la Motte néanmoins paroît fort éloigné de ces fentimens , puis qu'oubliant les acclamations que je fuis fur qu'il a plufieurs fois lui-même , auffi-bien que moi , entendu faire dans les répréfentations de Phèdre, au Vers qu'il attaque , il ofe avancer , qu'on ne peut fouffrir ce Vers ; alléguant pour une des raifons qui empêchent qu'on ne l'approuve , la raifon même qui le fait le plus approuver ; je veux dire l'accablement de douleur où eft Théramène. On eft choqué , dit-il , de voir

voir un homme accablé de douleur comme eſt Théramène, ſi
attentif à ſa deſcription, & ſi recherché dans ſes termes. Monſieur de la Motte nous expliquera quand il le jugera à propos,
ce que veulent dire ces mots, *ſi attentif à ſa deſcription*, *&*
ſi recherché dans ſes termes; puis qu'il n'y a en effet dans le
Vers de Monſieur Racine aucun terme qui ne ſoit fort commun
& fort uſité. Que s'il a voulu par là ſimplement accuſer d'affectation & de trop de hardieſſe la figure par laquelle Théramène donne un ſentiment de fraïeur au flot même qui a jetté
ſur le rivage le Monſtre envoïé par Neptune, ſon objection eſt
encore bien moins raiſonnable, puiſqu'il n'y a point de figure
plus ordinaire dans la Poëſie, que de perſonifier les choſes ina-
nimées, & de leur donner du ſentiment, de la vie, & des paſſions. Monſieur de la Motte me répondra peut être que cela eſt
vrai quand c'eſt le Poëte qui parle, parce qu'il eſt ſuppoſé épris
de fureur; mais qu'il n'en eſt pas de même des Perſonnages qu'on
fait parler. J'avoüe que ces Perſonnages ne ſont pas d'ordinaire ſuppoſez épris de fureur; mais ils peuvent l'être d'une autre
paſſion, telle qu'eſt celle de Théramène, qui ne leur fera pas
dire des choſes moins fortes & moins éxagerées que celles que
pourroit dire un Poëte en fureur. Ainſi Enée, dans l'accablement de douleur où il eſt, [1] à la fin du ſecond Livre de l'E-
néide, lors qu'il raconte la miſerable fin de ſa patrie, ne cède
pas en audace d'expreſſion à Virgile même, juſques là que [2] la
comparant à un grand arbre que les Laboureurs s'efforcent d'ab-
batre à coups de coignée, il ne ſe contente pas de prêter de la
colère à cet arbre, mais il lui fait faire des menaces à ces Laboureurs. *L'arbre indigné*, dit-il, *les menace en branlant ſa tête*
cheveluë :

> *Illa uſque minatur;*
> *Et tremefacta comam concuſſo vertice nutat.*

Je

REMARQUES.

1. *A la fin du ſecond Livre.*] Vers 6:8.
L'Auteur avoit mis par mégarde : *Au com-*
mencement du ſecond Livre &c. Suivant l'édition de 1713.

2. *La comparant*] On liſoit, *ſe compa-*
rant, dans l'édition de 1713. C'eſt la Ville
de Troie qu'Enée compare à un Arbre.

Je pourrois rapporter ici un nombre infini d'exemples, & dire encore mille choses de semblable force sur ce sujet, mais en voilà assez, ce me semble, pour défiller les yeux de Monsieur de la Motte, & pour le faire ressouvenir que lors qu'un endroit d'un Discours frappe tout le monde, il ne faut pas chercher des raisons, ou plûtôt de vaines subtilitez, pour s'empêcher d'en être frapé ; mais faire si bien que nous trouvions nous-mêmes les raisons pourquoi il nous frappe. Je n'en dirai pas davantage pour cette fois. Cependant, afin qu'on puisse mieux prononcer sur tout ce que j'ai avancé ici en faveur de Monsieur Racine, je croi qu'il ne sera pas mauvais, avant que de finir cette onzième Réfléxion, de raporter l'endroit tout entier du recit dont il s'agit. Le voici.

> *Cependant, sur le dos de la Plaine liquide*
> *S'élève à gros boüillons une Montagne humide.*
> *L'onde approche, se brise, & vomit à nos yeux*
> *Parmi des flots d'écume un Monstre furieux.*
> *Son front large est armé de cornes menaçantes.*
> *Tout son corps est couvert d'écailles jauniffantes.*
> *Indomptable Taureau, Dragon impétueux,*
> *Sa croupe se recourbe en replis tortueux.*
> *Ses longs mugissemens font trembler le rivage,*
> *Le Ciel avec horreur voit ce Monstre sauvage.*
> *La Terre s'en émeut : l'Air en est infecté.*
> * Le flot qui l'apporta recule épouvanté, &c.

REFLEXION

REMARQUES.

1. *Le flot qui l'apporta &c.*] Nôtre Auteur, en citant Virgile pour appuïer son sentiment, auroit pû dire, que dans ce Vers, Mr. Racine a voulu imiter celui-ci de Virgile même, Livre VIII. de l'Enéide.

Diffultant ripæ, refluitque exterritus amnis.
Ce qui paroit encore plus visiblement, si l'on compare le Vers du Poëte Latin avec les quatre derniers Vers du Poëte François. Et dans celui de Virgile, ce n'est pas le Poëte qui parle, c'est Evandre, un de ses Personages.

Au Reste, Mr. *De la* Motte a répondu à cette onzième Réfléxion, & dans sa Réponse il a conservé, comme il le dit lui même, tous les égards qui étoient dûs *à la haute estime qu'il avoit* pour Mr. Despréaux, & à l'amitié dont Mr. Despréaux l'honoroit. Sa conduite est d'autant plus loüable, que la mort de son illustre Adversaire l'affranchissoit de la crainte de la replique. Cette Réponse peut être proposée comme un modèle en ce genre: Mr. De la Motte n'aiant pas trouvé beaucoup d'exemples pareils d'honnêteté & de politesse dans les disputes des Gens de lettres.

REFLEXION XII.

Car tout ce qui est véritablement sublime, a cela de propre, quand Paroles
on l'écoute, qu'il éleve l'ame, & lui fait concevoir une plus de Longin.
haute opinion d'elle-même, la rempliffant de joie, & de je ne fai Chap. V.
quel noble orgueil, comme fi c'étoit elle qui eût produit les chofes
qu'elle vient fimplement d'entendre.

Voilà une très-belle defcription du Sublime & d'autant plus
belle, qu'elle eft elle-même très-fublime. Mais ce n'eft
qu'une defcription; & il ne paroît pas que Longin ait fongé dans
tout fon Traité à en donner une définition exacte. La raifon eft,
qu'il écrivoit après Cécilius, qui, comme il le dit lui-même,
avoit emploïé tout fon Livre à définir & à montrer ce que c'eft
que Sublime. Mais le Livre de Cécilius étant perdu, je croi
qu'on ne trouvera pas mauvais qu'au défaut de Longin, j'en hazarde ici une de ma façon, qui au moins en donne une imparfaite idée. Voici donc comme je croi qu'on le peut définir. *Le
Sublime eft une certaine force de difcours propre à élever & à ravir
l'Ame, & qui provient ou de la grandeur de la penfée & de la nobleffe du fentiment, ou de la magnificence des paroles, ou du tour
harmonieux, vif & animé de l'expreffion, c'eft-à-dire d'une de ces
chofes regardées féparément, ou ce qui fait le parfait Sublime, de
ces trois chofes jointes enfemble.*

Il femble que dans les règles je devrois donner des exemples de
chacune de ces trois chofes. Mais il y en a un fi grand nombre de raportez dans le Traité de Longin, & dans ma dixième
Réflexion, que je croi que je ferai mieux d'y renvoïer le Lecteur,
afin qu'il choififfe lui-même ceux qui lui plairont davantage. Je ne
croi pas cependant que je puiffe me difpenfer d'en propofer quelqu'un où toutes ces trois chofes fe trouvent parfaitement ramaffées. Car il n'y en a pas un fort grand nombre. Monfieur Racine pourtant m'en offre un admirable dans la première Scène de
fon Athalie, où Abner, l'un des principaux Officiers de la Cour
de Juda, répréfente à Joad le Grand Prêtre la fureur où eft Athalie contre lui & contre tous les Lévites; ajoûtant, qu'il ne croit
pas que cette orgueilleufe Princeffe diffère encore long-tems à ve-

nir *attaquer Dieu jufqu'en fon Sanctuaire*. A quoi ce grand Prêtre fans s'émouvoir, répond :

> *Celui qui met un frein à la fureur des flots,*
> *Sait auffi des méchans arrêter les complots.*
> *Soûmis avec refpect à fa volonté fainte,*
> *Je crains Dieu, cher Abner, & n'ai point d'aure crainte.*

En effet, tout ce qu'il peut y avoir de Sublime paroît raffemblé dans ces quatre Vers : la grandeur de la penfée, la nobleffe du fentiment, la magnificence des paroles, & l'harmonie de l'expreffion, fi heureufement terminée par ce dernier Vers : *Je crains Dieu, cher Abner, &c.* D'où je conclus que c'eft avec très-peu de fondement que les Admirateurs outrez de Monfieur Corneille veulent infinuer que Monfieur Racine lui eft beaucoup inférieur pour le Sublime ; puifque, fans apporter ici quantité d'autres preuves que je pourrois donner du contraire, il ne me paroît pas que toute cette grandeur de vertu Romaine tant vantée, que ce premier a fi bien exprimée dans plufieurs de fes Pièces, & qui ont fait fon exceffive réputation ; foit au deffus de l'intrépidité plus qu'heroïque & de la parfaite confiance en Dieu de ce véritablement pieux, grand, fage, & courageux Ifraëlite.

IMITATIONS.

Je crains Dieu ...... & n'ai point d'autre crainte.] Virgile, Eneïd. 15. v. 894.
————————*Non me tua fervida terrent*
Dicta, ferox: Di me terrent, & Juppiter hoftis.

D I S C O U R S

LES HEROS

DE ROMAN,

DIALOGUE.

DISCOURS
SUR LE DIALOGUE SUIVANT.

L E Dialogue, qu'on donne ici au Public, a été composé à l'occasion de cette prodigieuse multitude de Romans, qui parurent vers le milieu du Siècle précédent, & dont voici en peu de mots l'origine. Honoré d'Urfé, Homme de fort grande qualité dans le
Lionnois, & très enclin à l'amour, voulant faire
valoir un grand nombre de Vers qu'il avoit composez pour ses Maî-
tresses, & rassembler en un corps plusieurs avantures amoureuses qui
lui étoient arrivées, s'avisa d'une invention très agréable. Il fei-
gnit que dans le Forez, petit païs contigu à la Limagne d'Auver-
gne, il y avoit eû du tems de nos premiers Rois, une Troupe de
Bergers & de Bergeres, qui habitoient sur les bords de la Riviere
du Lignon, & qui assez accommodez des biens de la fortune, ne
laissoient pas néanmoins, par un simple amusement & pour leur seul
plaisir, de mener paître eux-mêmes leurs Troupeaux. Tous ces Bergers & toutes ces Bergeres, étant d'un fort grand loisir, l'Amour,
comme on le peut penser, & comme il le raconte lui-même, ne tarda guères à les y venir troubler, & produisit quantité d'événemens
considérables. D'Urfé y fit arriver toutes ses avantures : parmi
lesquelles

R E M A R Q U E S.

1. Ce Discours a été composé en 1710. fin du cinquième siècle, & au commence-
l'Auteur étant âgé de 74. ans. du sixième.
2. Du tems de nos premiers Rois.] A la

Tome II. B b

lesquelles il en mêla beaucoup d'autres, & enchaſſa les Vers dont j'ai parlé, qui tout méchans qu'ils étoient, ne laiſſèrent pas d'être ſouf-ferts, & de paſſer à la faveur de l'art avec lequel il les mit en œuvre. Car il ſoûtint tout cela d'une narration également vive & fleurie, de fictions très-ingenieuſes, & de caractères auſſi finement i-maginez qu'agréablement variez & bien ſuivis. Il compoſa ainſi un Roman, qui lui acquit beaucoup de réputation, & qui fut fort eſti-mé, même des gens du goût le plus exquis; bien que la Morale en fût fort vicieuſe, ne prêchant que l'Amour & la molleſſe, & allant quelquefois juſqu'à bleſſer un peu la pudeur. [1] Il en fit quatre volu-mes, qu'il intitula ASTRE [2] du nom de la plus belle de ſes Berge-res: & ſur ces entrefaites étant mort, Baro ſon Ami, & [3] ſelon quelques-uns, ſon Domeſtique, en compoſa ſur ſes Mémoires, un cin-quième Tome, qui en formoit la concluſion, & qui ne fut guères moins bien reçû que les quatre autres Volumes. Le grand ſuccès de ce Roman échauffa ſi bien les beaux Eſprits d'alors, qu'ils en firent à ſon imitation quantité de ſemblables, dont il y en avoit même de dix & de douze volumes: & ce fut quelque tems comme une eſpèce de débordement ſur le Parnaſſe. On vantoit ſur tout ceux de Gom-berville, de la Calprenède, de Des-Marais, & de Scuderi. Mais ces Imitateurs s'efforçant mal-à-propos d'enchérir ſur l'Original, & prétendant annoblir ſes caractéres, tombèrent, à mon Avis, dans une très-grande puèrilité. Car au lieu de prendre comme lui pour leurs Heros, des Bergers occupez du ſeul ſoin de gagner le cœur de leurs Maîtreſes, ils prirent, pour leur donner cette étrange occupation, non ſeulement des Princes & des Rois, mais les plus fameux Capi-taines de l'Antiquité, qu'ils peignirent pleins du même eſprit que ces Bergers; aiant à leur exemple, fait comme une eſpèce de vœu de ne parler jamais & de n'entendre jamais parler que d'Amour. De ſorte qu'au lieu que d'Urfé dans ſon Aſtrée, de Bergers très-frivoles, avoit

　　　　　　　　　　　　　　　　　　　　　　　　　　　fait

REMARQUES.

1. Il en fit quatre volumes.] Le premier parut en 1610. Le ſecond fut publié dix ans après; le troiſième, quatre ou cinq ans après le ſecond. La quatrième Partie étoit achevée lors que l'Auteur mourut en 1613.

2. Du nom de la plus belle de ſes Berge-res.] C'étoit Diane de Chateau-morand, qui fut mariée au frere aîné de Mr. d'Ur-

fé, & enſuite à lui-même. Voïez les E-clairciſſemens de Mr. Patru ſur l'Hiſtoire de l'Aſtrée, & la XII. Diſſertation de Mr. Huet, Ancien Evêque d'Avranches.

3. Selon quelques-uns, ſon Domeſtique.] Baltazar Baro avoit été ſon Secretaire, ſelon l'Auteur de l'Académie Françoite Il publia la cinquième Partie de l'Aſtrée en 1627.

fait des Heros de Roman confidérables, ces Auteurs au contraire, des Heros les plus confidérables de l'Hiftoire firent des Bergers tres-frivoles, & quelquefois même des Bourgeois[1] encore plus frivoles que ces Bergers. Leurs Ouvrages néanmoins ne laiffèrent pas de trou-ver un nombre infini d'Admirateurs, & eurent long-tems une fort grande vogue. Mais ceux qui s'attirèrent le plus d'applaudiffemens, ce furent le Cyrus & la Clélie de Mademoifelle de Scuderi, Sœur de l'Auteur du même nom. Cependant, non feulement elle tomba dans la même puérilité, mais elle la pouffa encore à un plus grand excès. Si bien qu'au lieu de répréfenter, comme elle devoit, dans la per-fonne de Cyrus, un Roi promis par les Prophètes, tel qu'il eft ex-primé dans la Bible, ou comme le peint Herodote, le plus grand Conquerant, que l'on eût encore vû; ou enfin tel qu'il eft figuré dans Xenophon, qui a fait auffi bien qu'elle, un Roman de la vie de ce Prince; au lieu, dis-je, d'en faire un modèle de toute perfection, elle en compofa un Artamème plus fou que tous les Céladons & tous les Sylvandres,[2] qui n'eft occupé que du feul foin de fa Mandane, qui ne fait du matin au foir que lamenter, gémir, & filer le par-fait Amour. Elle a encore fait pis dans fon autre Roman, intitulé Clélie, où elle répréfente tous les Heros de la République Romaine naiffante, les Horatius Coclès, les Mutius Scévola, les Clélies, les Lucrèces, les Brutus, encore plus amoureux qu'Artamène; ne s'oc-cupant qu'à tracer des Cartes Géographiques d'Amour[3], qu'à fe pro-pofer les uns aux autres des queftions & des Enigmes galantes; en un mot qu'à faire tout ce qui paroît le plus oppofé au caractère & à la gravité heroïque de ces premiers Romains. Comme j'étois fort-jeu-ne dans le tems que tous ces Romans, tant ceux de Mademoifelle de Scuderi, que ceux de la Calprenède & de tous les autres, faifoient le plus d'éclat, je les lûs, ainfi que les lifoit tout le monde, avec beaucoup d'admiration, & je les regardai comme des chef-d'œuvres de nôtre langue. Mais enfin mes années étant accrües, & la Rai-son

R E M A R Q U E S.

1. *Quelquefois même des Bourgeois.*] Les Auteurs de ces Romans, fous le nom de ces Heros, peignoient quelquefois le caractère de leurs Amis particuliers, gens de peu de conféquence. Voïez la remarque fur le Vers 115. du Chant 3. de l'Art poëtique.

2. *Les Céladons & les Sylvandres.*] Ber-gers du Roman de l'Aftrée.

3. *Des Cartes Géographiques d'Amour.*] La Carte du Païs de Tendre, dans la pre-mière Partie du Roman de Clélie.

ſon m'aiant ouvert les yeux, je reconnus la puérilité de ces Ouvra-
ges. Si bien que l'eſprit ſatirique commençant à dominer en moi,
je ne me donnai point de repos, que je n'euſſe fait contre ces Romans
un Dialogue à la manière de Lucien, où j'attaquois non ſeulement
leur peu de ſolidité, mais leur affèterie précieuſe de langage, leurs
converſations vagues & frivoles, les portraits avantageux faits à
chaque bout de champ de perſonnes de très-médiocre beauté, & quel-
quefois même laides par excès, & tout ce long verbiage d'Amour qui
n'a point de fin. Cependant comme Mademoiſelle de Scuderi étoit alors
vivante; je me contentai de compoſer ce Dialogue dans ma tête, &
bien loin de le faire imprimer, je gagnai même ſur moi de ne point
l'écrire, & de ne le point laiſſer voir ſur le papier, ne voulant pas
donner ce chagrin à une Fille, qui après tout avoit beaucoup de mé-
rite, & qui, s'il en faut croire tous ceux qui l'ont connuë, nonobſ-
tant la mauvaiſe Morale enſeignée dans ces Romans, avoit encore plus
de probité & d'honneur que d'eſprit. Mais aujourd'hui qu'enfin la Mort
l'a raïée du nombre des Humains[1], Elle, & tous les autres Com-
poſiteurs de Romans, je crois qu'on ne trouvera pas mauvais que je
donne au Public mon Dialogue, tel que je l'ai retrouvé dans ma mé-
moire. Cela me paroît d'autant plus néceſſaire, qu'en ma jeuneſſe l'a-
iant récité pluſieurs fois dans des Compagnies, où il ſe trouvoit des
gens qui avoient beaucoup de mémoire, ces perſonnes en ont retenu
pluſieurs lambeaux, dont elles ont enſuite compoſé un Ouvrage, qu'on
a diſtribué ſous le nom de Dialogue de Monſieur Deſpréaux, &
qui a été imprimé pluſieurs fois[2] dans les païs étrangers. Mais en-
fin

R E M A R Q U E S.

1. *L'a raïée du nombre des Humains.*] Vers 34. de l'Epître VII. de nôtre Auteur. *La Parque l'a raïé du nombre* &c. Mademoiſelle Magdelaine de Scuderi mourut à Paris, le 2. de Juin, âgée de 95. ans.

2. *Qui a été imprimé pluſieurs fois,* &c.] Il parut d'abord en 1688. dans le Second Tome du Retour des Pièces choiſies. Enſuite on l'inſéra parmi les Oeuvres de Monſieur de ſaint Evremond, ſous le titre de *Dialogue des Morts.* Mr. Deſpréaux ſoupçonoit Mr. le Marquis de Sevigné d'en être le principal Auteur : *Car c'eſt lui,* dit Mr. Deſpréaux dans une Lettre qu'il m'écrivoit le 27. de Mars, 1704. *qui a retenu le plus de choſes.* „ Mais, *ajoûte-t-il,* „ tout cela n'eſt point mon Dialogue, &

„ vous en conviendrez vous-même quand je
„ vous en réciterai des endroits. J'ai jugé à
„ propos de ne le point donner au public,
„ pour des raiſons très-légitimes, & que, je
„ ſuis perſuadé que vous approuverez.........
„ Mais tout cela n'empêche pas que je ne le
„ trouve encore fort bien dans ma memoi-
„ re, quand je voudrai un peu y rêver, &
„ que je ne vous en diſe aſſez pour enrichir
„ vôtre Commentaire ſur mes Ouvrages. &c.
Voici les raiſons que j'emploïai dans ma
Lettre du 11. d'Avril ſuivant, pour l'engager
à mettre ſon Dialogue par écrit. „ I. Ce
„ Dialogue fera ſentir le ridicule, & la mau-
„ vaiſe morale des Romans. II. Après le té-
„ moignage public de Mr. Arnauld, & de

fin le voici donné de ma main. Je ne sai s'il s'attirera les mêmes
applaudissemens qu'il s'attiroit autrefois dans les fréquens récits
que j'étois obligé d'en faire. Car outre qu'en le récitant , Je
donnois à tous les personnages que j'y introduisois , le ton
qui leur convenoit , ces Romans étant alors lûs de tout le monde,
on concevoit aisément la finesse des railleries qui y sont. Mais main-
tenant que les voilà tombez dans l'oubli , & qu'on ne les lit pres-
que plus , je doute que mon Dialogue fasse le même effet. Ce que
je sai pourtant à n'en point douter , c'est que tous les gens d'es-
prit & de véritable vertu me rendront justice , & reconnoîtront
sans peine , que sous le voile d'une fiction en apparence extrème-
ment badine , folle , outrée , où il n'arrive rien qui soit dans la vé-
rité & dans la vraisemblance , je leur donne peut-être ici le moins fri-
vole Ouvrage , qui soit encore sorti de ma plume

REMARQUES.

„ plusieurs autres Ecrivains qui ont parlé de ce
„ Dialogue, la Posterité vous attribuera celui
„ qui a été imprimé sous vôtre nom, quoi
„ qu'il ne soit pas de vous.
„ Mr. Despréaux se détermina peu de tems
après à le mettre sur le papier ; & il voulut que le Manuscrit original m'en fût remis : ce qui a été fidellement exécuté après
sa mort.

DIALOGUE

LES HEROS

DE ROMAN.

DIALOGUE 1

à la manière de Lucien.

MINOS,

Sortant du lieu où il rend la justice proche le Palais de Pluton.

AUDIT soit l'impertinent harangueur qui m'a tenu toute la matinée! Il s'agissoit d'un méchant drap qu'on a dérobé à un Savetier en passant le fleuve, & jamais je n'ai tant ouï parler d'Aristote. Il n'y a point de loi qu'il ne m'ait citée.

PLUTON.

Vous voila bien en colère, Minos.

MINOS

REMARQUES.

Ce Dialogue fut composé à la fin de l'année 1664. & en 1665.

MINOS.

Ah ! c'eſt vous , Roi des Enfers. Qui vous amène ?

PLUTON.

Je viens ici pour vous en inſtruire. Mais auparavant peut-on ſavoir quel eſt cet Avocat qui vous a ſi doctement ennuïé ce matin ; Eſt-ce que ¹ Huot & Martinet ſont morts ?

MINOS.

Non, grace au Ciel : mais c'eſt un jeune Mort, qui a été ſans doute à leur Ecole. Bien qu'il n'ait dit que des ſottiſes, il n'en a avancé pas une qu'il n'ait appuïée de l'autôrité de tous les Anciens ; & quoi qu'il les fît parler de la plus mauvai-ſe grace du monde, il leur a donné à tous en les citant, de la galanterie, de la gentilleſſe, & de la bonne grace. ² *Platon dit galamment dans ſon Timée. Sénèque eſt joli dans ſon Traité des Bienfaits. Eſope a bonne grace dans un de ſes Apologues.*

PLUTON.

Vous me peignez-là un Maître Impertinent. Mais pourquoi le laiſſiez vous parler ſi long-tems ? Que ne lui impoſiez vous ſi-lence.

MINOS.

Silence, lui ? C'eſt bien un homme qu'on puiſſe faire taire quand il a commencé à parler. J'ai eû beau faire ſemblant vingt fois de me vouloir lever de mon ſiège ; j'ai eû beau lui crier, Avocat, concluez de grace : concluez, Avocat. Il a été juſ-qu'au bout, & a tenu à lui ſeul toute l'Audience. Pour moi je ne vis jamais une telle fureur de parler ; & ſi ce deſordre là continuë, je croi que je ſerai obligé de quitter la charge.

PLUTON.

Il eſt vrai que les Morts n'ont jamais été ſi ſots qu'aujourd'hui.

REMARQUES.

1. *Huot & Martinet ſont morts.*] Au lieu d'*Huot*, dans la première compoſition il y avoit, *Bilain* ; mais Bilain n'étoit pas un Avocat braillard.

2. *Platon dit galamment &c.*] Manières de parler de ce tems-là, fort communes dans le Barreau.

d'hui. Il n'eſt pas venu ici depuis long-tems une ombre qui
eût le ſens commun ; & ſans parler des gens de Palais, je ne
vois rien de ſi impertinent que ceux qu'ils nomment Gens du
monde. Ils parlent tous un certain langage, qu'ils appèllent
galanterie : & quand nous leur témoignons, Proſerpine &
moi, que cela nous choque, ils nous traitent de Bourgeois, &
diſent que nous ne ſommes pas galants. On m'a aſſûré même,
que cette peſtilente galanterie avoit infecté tous les païs infer-
naux, & même les Champs Elyſées ; de ſorte que les Heros,
& ſur tout les Heroïnes qui les habitent, ſont aujourd'hui les
plus ſottes gens du monde, grace à certains Auteurs, qui
leur ont appris, dit-on, ce beau langage, & qui en ont fait
des Amoureux tranſis. A vous dire le vrai, j'ai bien de la
peine à le croire. J'ai bien de la peine, dis-je, à m'imaginer,
que les Cyrus & les Alexandres ſoient devenus tout-à-coup,
comme on me le veut faire entendre, des Thyrſis & des Céladons. Pour m'en éclaircir donc moi-même par mes propres
yeux, j'ai donné ordre qu'on fit venir ici aujourd'hui des champs
Elyſées, & de toutes les autres Régions de l'Enfer, les plus
célèbres d'entre ces Heros ; & j'ai fait préparer pour les recevoir ce grand Sallon, où vous voïez que ſont poſtez mes Gardes. Mais où eſt Rhadamanthe ?

MINOS.

Qui ? Rhadamanthe, Il eſt allé dans le Tartare pour y voir
entrer [1] un Lieutenant Criminel, nouvellement arrivé de l'autre Monde, où il a, dit-on, été tant qu'il a vécu auſſi célèbre par ſa grande capacité dans les affaires de judicature, que
diffamé par ſon exceſſive avarice.

PLUTON.

N'eſt-ce pas celui qui penſa ſe faire tuer une ſeconde fois,
pour une Obole qu'il ne voulut pas païer à Caron en paſſant
le Fleuve ?

MINOS.

REMARQUES.

1. *Un Lieutenant Criminel.*] Le Lieutenant Criminel Tardieu, & ſa femme, a-
voient été aſſaſſinez à Paris, la même année que ce Dialogue fut commencé, en
1664. Voiez la Satire X. depuis le Vers
253. avec les Remarques.

MINOS.

C'est celui-là même. Avez vous vû sa femme ? C'étoit une chose à peindre que l'entrée qu'elle fit ici. Elle étoit couverte d'un linceul de Satin.

PLUTON.

Comment ? de Satin ? Voilà une grande magnificence.

MINOS.

Au contraire c'est une épargne. Car tout cet accoûtrement n'étoit autre chose que trois Thèses coûsuës ensemble, dont on avoit fait présent à son Mari en l'autre Monde. O la vilaine Ombre ! Je crains qu'elle n'empeste tout l'Enfer. J'ai tous les jours les oreilles rebattuës de ses larcins. Elle vola avanthier la quenoüille de Clothon, & c'est elle qui avoit dérobé ce Drap, dont on m'a tant étourdi ce matin, à un Savetier qu'elle attendoit au passage. Dequoi vous-êtes vous avisé, de charger les Enfers d'une si dangereuse créature ?

PLUTON.

Il falloit bien qu'elle suivît son Mari. Il n'auroit pas été bien damné sans elle. Mais à propos de Rhadamanthe. Le voici lui-même, si je ne me trompe, qui vient à nous. Qu'a-t-il ? Il paroît tout effraié.

RHADAMANTHE.

Puissant Roi des Enfers, je viens vous avertir qu'il faut songer tout de bon à vous deffendre, vous & vôtre Roiaume. Il y a un grand parti formé contre vous dans le Tartare. Tous les Criminels, résolus de ne vous plus obéir, ont pris les Armes. J'ai rencontré là bas Prométhée avec son Vautour sur le poing. Tantale est yvre comme une soupe, Ixion a violé une Furie : & Sisype, assis sur son Rocher, exhorte tous ses voisins à secouër le joug de vôtre domination.

MINOS.

O les Scélerats ! Il y a long-tems que je prévoïois ce malheur.

P L U T O N.

Ne craignez rien, Minos. Je fai bien le moïen de les réduire. Mais ne perdons point de tems. Qu'on fortifie les avenuës. Qu'on redouble la garde de mes Furies. Qu'on arme
toutes les milices de l'Enfer. Qu'on lâche Cerbère. Vous,
Rhadamanthe, allez vous en dire à Mercure qu'il nous faffe
venir l'Artillerie de mon Frere Jupiter. Cependant Vous, Minos, demeurez avec moi. Voïons nos Heros, s'ils font en
état de nous aider. J'ai été bien infpiré de les mander aujour-
d'hui. Mais quel eft ce bon Homme qui vient à nous, avec
fon bâton & fa beface? Ha! c'eft ce fou de Diogène. Que
viens-tu chercher ici?

D I O G E N E.

J'ai appris la néceffité de vos affaires; & comme vôtre fi-
dèle fujet je viens vous offrir mon bâton.

P L U T O N.

Nous voilà bien forts avec ton bâton.

D I O G E N E.

Ne penfez pas vous mocquer. Je ne ferai peut-être pas le
plus inutile de tous ceux que vous avez envoïé chercher.

P L U T O N.

Hé, quoi? Nos Heros ne viennent-ils pas?

D I O G E N E.

Ouï, je viens de rencontrer une troupe de fous là bas. Je
croi que ce font eux. Eft-ce que vous avez envie de donner
le bal?

P L U T O N.

Pourquoi le bal?

D I O G E N E.

C'eft qu'ils font en fort bon équipage pour danfer. Ils font
jolis ma foi; je n'ai jamais rien vû de fi dameret ni de fi
galant.

P L U-

PLUTON.

Tout beau Diogène. Tu te mêles toûjours de railler. Je n'aime point les Satiriques. Et puis ce sont des Heros, pour lesquels on doit avoir du respect.

DIOGENE.

Vous en allez juger vous même tout à l'heure. Car je les voi déja qui paroissent. Approchez, fameux Heros ; & vous aussi, Heroïnes encore plus fameuses, autrefois l'admiration de toute la Terre. Voici une belle occasion de vous signaler. Venez ici tous en foule.

PLUTON.

Tai-toi. Je veux que chacun vienne l'un après l'autre, accompagné tout au plus de quelqu'un de ses confidens. Mais avant tout, Minos, passons vous & moi dans ce Sallon, que j'ai fait, comme je vous ai dit, préparer pour les recevoir, & où j'ai ordonné qu'on mît nos sièges, avec une balustrade qui nous sépare du reste de l'Assemblée. Entrons. Bon. Voilà tout disposé ainsi que je le souhaittois. Sui-nous, Diogène. J'ai besoin de toi pour nous dire le nom des Heros qui vont arriver. Car de la manière dont je voi que tu as fait connoissance avec eux, personne ne me peut rendre ce service que toi.

DIOGENE.

Je ferai de mon mieux.

PLUTON.

Tien toi donc ici près de moi. Vous, Gardes, au moment que j'aurai interrogé ceux qui seront entrez, qu'on les fasse passer dans les longues & ténébreuses Galeries qui sont adossées à ce Sallon, & qu'on leur dise d'y aller attendre mes ordres. Asséïons-nous. Qui est celui qui vient le premier de tous, nonchalamment appuïé sur son Ecuier ?

DIOGENE.

C'est le grand Cyrus.

Cc 2   PLU

PLUTON.

Quoi ce grand Roi, qui transfera l'Empire des Mèdes aux Perfes; qui a tant gagné de batailles? De fon tems les Hommes venoient ici tous les jours par trente & quarante mille. Jamais perfonne n'y en a tant envoïé!

DIOGENE.

Au moins ne l'allez pas appeler Cyrus.

PLUTON.

Pourquoi?

DIOGENE.

Ce n'eft plus fon nom. Il s'appèle maintenant Artamène.

PLUTON.

Artamène! Et où a-t-il pêché ce nom-là? Je ne me fouviens point de l'avoir jamais lû.

DIOGENE.

Je voi bien que vous ne favez pas fon hiftoire.

PLUTON.

Qui, moi? Je fais auffi bien mon Herodote qu'un autre.

DIOGENE.

Ouï. Mais avec tout cela, diriez-vous bien pourquoi Cyrus a tant conquis de Provinces, traverfé l'Afie, la Médie, l'Hyrcanie, la Perfe, & ravagé enfin plus de la moitié du monde.

PLUTON.

Belle demande! C'eft que c'étoit un Prince ambitieux, qui vouloit que toute la Terre lui fût foumife.

DIOGENE.

Point du tout. C'eft qu'il vouloit délivrer fa Princeffe, qui avoit été enlevée.

PLUTON.

Quelle Princeffe?

DIOGENE.

DIOGENE.

Mandane.

PLUTON.

Mandane ?

DIOGENE.

Oüi. Et favez-vous combien elle a été enlevée de fois ?

PLUTON.

Où veux tu que je l'aille chercher ?

DIOGENE.

Huit fois.

MINOS.

Voilà une Beauté qui a paffé par bien des mains.

DIOGENE.

Cela eft vrai. Mais tous fes Raviffeurs étoient les Scélérats du monde les plus vertueux. Affûrément ils n'ont pas ofé lui toucher.

PLUTON.

J'en doute. Mais laiffons-là ce fou de Diogène. Il faut parler à Cyrus lui-même. Hè bien, Cyrus, il faut combatre. Je vous ai envoïé chercher pour vous donner le commandement de mes troupes. Il ne répond rien. Qu'a-t-il ? Vous diriez qu'il ne fait où il eft ?

CYRUS.

Eh, divine Princeffe !

PLUTON.

Quoi ?

CYRUS.

Ah ! injufte Mandane.

PLUTON.

Plaît-il ?

CYRUS

LES HEROS

CYRUS.

¹ Tu me flattes, trop complaifant Feraulas. Es-tu fi peu fage que de penfer que Mandane, l'illuftre Mandane, puiffe jamais tourner les yeux fur l'infortuné Artamène ? Aimons-la toutefois. Mais aimerons nous une cruelle ? Servirons-nous une Infenfible ? Adorerons nous une Inéxorable ? Ouï, Cyrus, il faut aimer une Cruelle. Ouï, Artamène, il faut fervir une Infenfible. Ouï, fils de Cambyfe, il faut adorer l'inéxorable fille de Cyaxare.

PLUTON.

Il eft fou. Je croi que Diogène a dit vrai.

DIOGENE.

Vous voïez bien que vous ne faviez pas fon hiftoire. Mais faites approcher fon Ecuïer Feraulas ; il ne demande pas mieux que de vous la conter. Il fait par cœur tout ce qui s'eft paffé dans l'efprit de fon Maître, & a tenu un regiftre exact de toutes les paroles, que fon Maître a dites en lui-même depuis qu'il eft au monde, avec un rouleau de fes Lettres qu'il a toûjours dans fa poche. A la vérité vous êtes en danger de baailler un peu. Car fes narrations ne font pas fort courtes.

PLUTON.

Oh, j'ai bien le tems de cela.

CYRUS.

Mais trop engageante Perfonne.

PLUTON.

Quel langage ? A-t-on jamais parlé de la forte ? Mais dites
moi

REMARQUES.

¹. *Tu me flattes, trop complaifant Feraulas.* &c.] Affectation du ftile du Cyrus, imitée

moi vous ; trop pleurant Artamène, eſt-ce que vous n'avez pas
envie de combatre ?

C Y R U S.

Eh de grace, généreux Pluton, ſouffrez que j'aille entendre
l'hiſtoire d'Aglatidas & d'Ameſtris, qu'on me va conter. Rendons
ce devoir à deux illuſtres malheureux. Cependant voici le fidè-
le Feraulas que je vous laiſſe, qui vous inſtruira poſitivement
de l'hiſtoire de ma vie, & de l'impoſſibilité de mon bonheur.

P L U T O N.

Je n'en veux point être inſtruit moi. Qu'on me chaſſe ce
grand Pleureux.

C Y R U S.

Eh de grace !

P L U T O N.

Si tu ne ſors....

C Y R U S.

En effet....

P L U T O N.

Si tu ne t'en vas....

C Y R U S.

En mon particulier....

P L U T O N.

Si tu ne te retires.... A la fin le voilà dehors. A-t-on jamais vû tant pleurer ?

D I O G E N E.

Vraiment il n'eſt pas au bout ; puiſqu'il n'en eſt qu'à l'hiſtoire d'Aglatidas & d'Ameſtris. Il a encore neuf gros Tômes à
faire ce joli métier.

P L U T O N.

Hé bien, qu'il rempliſſe, s'il veut, cent volumes de ſes folies. J'ai d'autres affaires préſentement qu'à l'entendre. Mais quelle eſt cette femme que je voi qui arrive :

D I O G E N E.

LES HEROS

DIOGENE.

*. Ne reconnoiſſez-vous pas Tomyris ?

PLUTON.

Quoi ? Cette Reine ſauvage des Maſſagètes ; qui fit plonger la tête de Cyrus dans un Vaiſſeau de ſang humain. Celle-ci ne pleurera pas , j'en réponds. Qu'eſt-ce qu'elle cherche ?

TOMYRIS.

*. *Que l'on cherche par tout mes Tablettes perduës ;*
  Mais que ſans les ouvrir , elles me ſoient renduës.

DIOGENE.

Des tablettes ! Je ne les ai pas au moins. Ce n'eſt pas un meuble pour moi que des tablettes ; & l'on prend aſſez de ſoin de retenir mes bons mots. ; ſans que j'aie beſoin de les recueillir moi-même dans des tablettes.

PLUTON.

Je penſe qu'elle ne fera que chercher. Elle a tantôt viſité tous les coins & les recoins de cette Salle. Qu'y avoit-il donc de ſi précieux dans vos tablettes , grande Reine ?

TOMYRIS.

Un Madrigal , que j'ai fait ce matin pour le charmant Ennemi que j'aime.

MINOS.

Helas ! qu'elle eſt doucereuſe !

DIOGENE.

REMARQUES

1. *Ne reconnoiſſez-vous pas Tomyris ?*] On avoit ômis ces mots dans l'édition de 1713. & l'on faiſoit dire mal-à-propos à Diogène, ce que Pluton dit ici ; ſuivant le manuſcrit de l'Auteur : *Quoi ? Cette Reine ſauvage des Maſſagètes ,* &c.

2. *Que l'on cherche par tout,* &c.] C'eſt par ces deux Vers que Tomyris débute, dans la Tragédie de M. Quinaut , intitulée *la Mort de Cyrus ,* Acte 1. Sc. 5. Ce ne ſont pas les deux premiers Vers de la Tragédie , comme on l'avoit mis dans une Note ſur cet endroit en l'édition de 1713.

DIOGENE.

Je suis fâché que ses tablettes soient perduës. Je serois curieux de voir un Madrigal Massagète.

PLUTON.

Mais qui est donc ce charmant Ennemi qu'elle aime ?

DIOGENE.

C'est ce même Cyrus qui vient de sortir tout à l'heure.

PLUTON.

Bon ! Auroit-elle fait égorger l'objet de sa passion ?

DIOGENE.

Egorgé ! C'est une erreur dont on a été abusé seulement durant vingt & cinq siècles ; & cela par la faute du Gazetier de Scythie, qui répandit mal-à-propos la nouvelle de sa mort sur un faux bruit. On en est détrompé depuis quatorze ou quinze ans.

PLUTON.

Vraiment je le croi encore. Cependant, soit que le Gazetier de Scythie se soit trompé ou non, qu'elle s'en aille dans ces Galeries chercher, si elle veut, son charmant Ennemi, & qu'elle ne s'opiniâtre pas davantage à retrouver des Tablettes, que vrai-semblablement elle a perduës par sa négligence, & que sûrement aucun de nous n'a volées. Mais quelle est cette voix robuste que j'entends là-bas qui fredonne un air ?

DIOGENE.

C'est ce grand Borgne d'Horatius Coclès, qui chante ici proche, comme m'a dit un de vos Gardes, [1] à un Echo qu'il y a trouvé, une chanson qu'il a fait pour Clélie.

PLU-

REMARQUES.

1. *A un Echo qu'il y a trouvé*] Voïez le premier volume de la Clélie, page 318.

PLUTON.

Qu'a donc ce fou de Minos, qu'il crève de rire?

MINOS.

Et qui ne riroit? Horatius Coclès chantant à l'Echo!

PLUTON.

Il eſt vrai que la choſe eſt aſſez nouvelle. Cela eſt à voir.
Qu'on le faſſe entrer, & qu'il n'interrompe point pour cela ſa
Chanſon, que Minos vraiſemblablement ſera bien aiſe d'enten-
dre de plus près.

MINOS.

Aſſûrément.

HORATIUS COCLES,

chantant la repriſe de la Chanſon qu'il
chante dans Clélie.

Et Phéniſſe même publie,
Qu'il n'eſt rien ſi beau que Clélie.

DIOGENE.

Je penſe reconnoître l'air. C'eſt ſur le chant de *Toinon la*
belle Jardinière. [1]
Ce n'étoit pas de l'eau de roſe,
Mais de l'eau de quelque autre choſe.

HORATIUS COCLES.

Et Phéniſſe même publie,

Qu'il

R E M A R Q U E S.

[1]. *Toinon la belle Jardinière:* Chanſon du
Savoïard, alors à la mode, En voici les
paroles.

Toinon la belle Jardinière
N'arroſe jamais ſon jardin
De cette belle eau coûtumière,
Dont on arroſe le Jaſmin.
Non pas même de l'eau de roſe

Mais de l'eau de quelque autre choſe.

Enfin elle en fut maîtreſſe,
Et a fait ſon jardin ſi beau,
Tous les neuf mo's, par ſon adreſſe
Il y venoit du fruit nouveau.
Ce n'étoit pas de l'eau de roſe
Mais de l'eau de quelque autre choſe.

Qu'il n'est rien si beau que Clélie.

PLUTON.

Quelle est donc cette Phéniffe ?

DIOGENE.

C'est une Dame des plus galantes & des plus spirituelles de la Ville de Capouë, mais qui a une trop grande opinion de sa beauté, & qu'Horatius Coclès raille dans cet impromptu de sa façon, dont il a composé auffi le chant, en lui faisant avouër à elle même, que tout cède en beauté à Clélie.

MINOS.

Je n'euffe jamais crû, que cet illuftre Romain fût si excellent Muficien, & si habile faiseur d'Impromptus. Cependant je voi bien par celui-ci qu'il est Maître paffé.

PLUTON.

Et moi je voi bien que pour s'amuser à de semblables petiteffes, il faut qu'il ait entièrement perdu le sens. Hé, Horatius Coclès, vous qui étiez autrefois si déterminé Soldat & qui avez deffendu vous seul un Pont contre toute une Armée, de quoi vous êtes vous avisé de vous faire Berger après vôtre mort; & qui est le fou, ou la folle, qui vous ont appris à chanter ?

HORATIUS COCLES.

Et Phéniffe même publie,
Qu'il n'est rien si beau que Clélie.

MINOS.

Il se ravit dans son chant.

PLUTON.

Oh, qu'il s'en aille dans mes galeries chercher, s'il veut, un nouvel Echo. Qu'on l'emmène.

D d 2   HORATIUS

HORATIUS COCLES.

s'en allant, & toûjours chantant,

Et Phéniſſe même publie ,
Qu'il n'eſt rien ſi beau que Clélie.

P L U T O N.

Le fou ! le fou ! Ne viendra-t-il point à la fin une perſonne raiſonnable ?

D I O G E N E.

Vous allez avoir bien de la ſatisfaction.   Car je voi entrer la plus illuſtre de toutes les Dames Romaines , cette Clélie , qui paſſa le Tibre à la nage , pour ſe dérober du Camp de Porſena , & dont Horatius Coclès , comme vous venez de le voir, eſt amoureux.

P L U T O N.

J'ai cent fois admiré l'audace de cette fille dans Tite - Live. Mais je meurs de peur que Tite - Live n'ait encore menti. Qu'en dis - tu , Diogène?

D I O G E N E.

Ecoutez ce ·qu'elle vous va dire.

C L E L I E.

Eſt - il vrai , ſage Roi des Enfers, qu'une troupe de mutins ait oſé ſe ſoûlever contre Pluton, le vertueux Pluton?

P L U T O N.

Ah ! à la fin nous avons trouvé une perſonne raiſonnable. Ouï ma fille ; il eſt vrai que les Criminels dans le Tartare ont pris les armes, & [que nous avons · envoïé chercher les Heros dans les Champs Elyſées & ailleurs , pour nous ſecourir.

C L E L I E.

Mais de grace , Seigneur , les Rebelles ne ſongent - ils point
à

à exciter quelque trouble [1] dans le Roïaume de Tendre? Car je ferois au defefpoir s'ils étoient feulement poftez dans le Village de Petits-Soins. N'ont-ils point pris Billets-doux, ou Billets-galants?

PLUTON.

De quel païs parle-t-elle-là? Je ne me fouviens point de l'avoir vû dans la Carte.

DIOGENE.

Il eft vrai que Ptolomée n'en a point parlé. Mais on a fait depuis peu de nouvelles découvertes. Et puis ne voïez-vous pas que c'eft du païs de Galanterie qu'elle vous parle?

PLUTON.

C'eft un païs que je ne connois point.

CLELIE.

En effet, l'illuftre Diogène raifonne tout-à-fait jufte. Car il y a trois fortes de Tendres; Tendre fur Eftime, Tendre fur Inclination, & Tendre fur Reconnoiffance. Lorfque l'on veut arriver à Tendre fur Eftime, il faut aller d'abord au Village de Petits-Soins, & ...

PLUTON.

Je voi bien, la belle Fille, que vous favez parfaitement la Géographie du Roïaume de Tendre, & qu'à un Homme qui vous aimera, vous lui ferez voir bien du païs dans ce Roïaume. Mais pour moi, qui ne le connois point, & qui ne le veux point connoître, je vous dirai franchement que je ne fai fi ces trois Villages & ces trois Fleuves mènent à Tendre, mais qu'il me paroît que c'eft le grand chemin des Petites-Maifons.

M I.

REMARQUES.

1. *Dans le Roïaume de Tendre.*] Voïez | & le Vers 161. de la Satire X le Roman de Clélie, Partie I. pag. 398.

M I N O S.

Ce ne feroit pas trop mal fait, non, d'ajoûter ce Village-là dans la Carte de Tendre. Je croi que ce font ces terres. inconnuës dont on y veut parler.

P L U T O N.

Mais vous, tendre Mignonne ? Vous êtes donc auffi amoureufe, à ce que je voi ?

C L E L I E.

Ouï, Seigneur, je vous concède que j'ai pour Aronce une amitié qui tient de l'Amour véritable: Auffi faut-il avouër que cet admirable fils du Roi Clufium a en toute fa perfonne je ne fai quoi de fi extraordinaire, & de fi peu imaginable, qu'à moins que d'avoir une dureté de cœur inconcevable, on ne peut pas s'empêcher d'avoir pour lui une paffion tout-à-fait raifonnable. Car enfin. . . .

P L U T O N.

Car enfin, Car enfin . . . je vous dis moi, que j'ai pour toutes les folles une averfion inexplicable; & que quand le fils du Roi de Clufium auroit un charme inimaginable, avec vôtre langage inconcevable, vous me feriez plaifir de vous en aller, vous & vôtre Galant, au Diable. A la fin la voilà partie. Quoi, toûjours des Amoureux ? Perfonne ne s'en fauvera ; & un de ces jours nous verrons Lucrèce galante.

D I O G E N E.

Vous en allez avoir le plaifir tout à l'heure. Car voici Lucrèce en perfonne.

P L U T O N.

Ce que j'en difois n'eft que pour rire. A Dieu ne plaife que j'aie une fi baffe penfée de la plus vertueufe perfonne du monde..

D I O G E N E.

Ne vous y fiez pas. Je lui trouve l'air bien coquet. Elle a ma foi les yeux fripons.

PLU.

PLUTON.

Je voi bien, Diogène, que tu ne connois pas Lucrèce. Je voudrois que tu l'euſſe vûë la premiere fois qu'elle entra ici toute ſanglante, & toute échevelée. Elle tenoit un poignard à la main. Elle avoit le regard farouche, & la colère étoit encore peinte ſur ſon viſage, malgré les pâleurs de la Mort. Jamais perſonne n'a porté la chaſteté plus loin qu'elle. Mais pour t'en convaincre, il ne faut que lui demander à elle-même ce qu'elle penſe de l'Amour. Tu verras. Dites-nous donc, Lucrèce ; mais expliquez-vous clairement. Croïez vous qu'on doive aimer ?

LUCRECE,
tenant des Tablettes à la main.

Faut-il abſolument ſur cela vous rendre une réponſe éxacte & déciſive ?

PLUTON.

Oui.

LUCRECE.

Tenez, la voilà clairement énoncée dans ces Tablettes. Liſez.

PLUTON liſant.

(1) *Toûjours. l'on. ſi. Mais. aimoit. d'éternelles. helas. amours. d'aimer. doux. il. point. ſeroit. n'eſt. Qu'il.*

Que veut dire tout ce galimatias ?

LUCRECE.

Je vous aſſûre, Pluton, que je n'ai jamais rien dit de mieux, ni de plus clair.

PLU.

REMARQUES.

1. *Toûjours. l'on. ſi. &c.*] Voïez la pag. | même Roman.
348. & ſuivantes de la ſeconde Partie du |

PLUTON.

Je voi bien que vous avez accoûtumé de parler fort clairement. Pefte de la folle. Où a-t-on jamais parlé comme cela ?
Point. fi. éternelles. Et où veut-elle que j'aille chercher un OEdipe pour m'expliquer cette Enigme ?

DIOGENE.

Il ne faut pas aller fort loin. En voici un qui entre, & qui
eft fort propre à vous rendre cet office.

PLUTON.

Qui eft-il ?

DIOGENE.

C'eft Brutus ; celui qui délivra Rome de la tirannie des Tar-
quins.

PLUTON.

Quoi ? cet auftère Romain, qui fit mourir fes Enfans pour a-
voir confpiré contre leur Patrie ? Lui, expliquer des Enigmes ? Tu
es bien fou, Diogène.

DIOGENE.

Je ne fuis Point fou. Mais Brutus n'eft pas non plus cet auftère perfonnage que vous vous imaginez. C'eft un Efprit naturèle-
ment tendre & paffionné, qui fait de fort jolis Vers, & les billets
du monde les plus galants.

MINOS.

Il faudroit donc que les paroles de l'Enigme fuffent écrites, pour
les lui montrer.

DIOGENE.

Que cela ne vous embarraffe point. Il y a long-tems que
ces paroles font écrites fur les Tablettes de Brutus. Des Heros
comme lui font toûjours fournis de Tablettes.

P L U-

PLUTON.

Hé bien, Brutus, nous donnerez-vous l'explication des paroles qui font fur vos Tablettes?

BRUTUS.

Volontiers. Regardez bien. Ne les font-ce pas là?
Toûjours. l'on. fi : Mais, &c.

PLUTON.

Ce les font-là elles mêmes.

BRUTUS.

Continuez donc de lire. Les paroles fuivantes non feulement vous feront voir que j'ai d'abord conçû la fineffe des paroles embroüillées de Lucrèce; mais elles contiennent la réponfe précife que j'y ai faite. *Moi. nos. verrez. vous. de. permettez. d'éternelles. jours. qu'on. merveille. peut. amours. d'aimer. voir.*

PLUTON.

Je ne fai pas fi ces paroles fe répondent jufte les unes aux autres. Mais je fai bien que ni les unes ni les autres ne s'entendent, & que je ne fuis pas d'humeur à faire le moindre effort d'efprit pour les concevoir.

DIOGENE.

Je voi bien que c'eft à moi de vous expliquer tout ce myftère. Le myftère eft que ce font des paroles tranfpofées. Lucrèce, qui eft amoureufe & aimée de Brutus, lui dit en mots tranfpofez :

Qu'il feroit doux d'aimer, fi l'on aimoit toûjours !
Mais helas! il n'eft point d'éternelles Amours.

Et Brutus, pour la raffûrer, lui dit en d'autres termes tranfpofez.

Permettez moi d'aimer, Merveille de nos jours :
Vous verrez qu'on peut voir d'éternelles Amours.

P L U T O N.

Voilà une groſſe fineſſe. Il s'enſuit de là que tout ce qui
ſe peut dire de beau eſt dans les Dictionaires. Il n'y a que les
paroles qui ſont tranſpoſées. Mais eſt-il poſſible que des perſonnes du merite de Brutus & de Lucrèce en ſoient venus à cet
excès d'extravagance, de compoſer de ſemblables bagatelles ?

D I O G E N E.

C'eſt pourtant par ces bagatelles, qu'ils ont fait connoître
l'un & l'autre qu'ils avoient infiniment d'eſprit.

P L U T O N.

Et c'eſt par ces bagatelles moi, que je reconnois qu'ils ont
infiniment de folie. Qu'on les chaſſe. Pour moi, je ne ſai
tantôt plus où j'en ſuis. Lucrèce amoureuſe ! Lucrèce coquette !
Et Brutus ſon Galant ! Je ne deſeſpère pas un de ces jours de
voir Diogène lui-même galant.

D I O G E N E.

Pourquoi non ? Pythagore l'étoit bien.

P L U T O N.

Pythagore étoit galant ?

D I O G E N E.

Ouï, & ce fut de Théano ſa fille, formée par lui à la galanterie, ainſi que le raconte le génereux Herminius dans l'hiſtoire de la vie de Brutus, ce fut dis-je de Théano que cet
illuſtre Romain apprit ce beau Symbole, qu'on a oublié d'ajoûter aux autres Symboles de Pythagore : *Que c'eſt à pouſſer les*
beaux ſentimens pour une Maîtreſſe, & à faire l'Amour, que ſe
perfectionne le grand Philoſophe.

P L U T O N.

J'entens. Ce fut de Théano qu'il ſût que c'eſt la folie qui
fait la perfection de la Sageſſe. Ô l'admirable précepte ! Mais
laiſſons

laiſſons là Théano. Quelle eſt cette Précieuſe renforcée que je voi qui vient à nous ?

DIOGENE.

1 C'eſt Sappho, cette fameuſe Lesbienne, qui a inventé les Vers Sapphiques.

PLUTON.

On me l'avoit dépeinte ſi belle. Je la trouve bien laide.

DIOGENE.

Il eſt vrai qu'elle n'a pas le teint fort uni, ni les traits du monde les plus réguliers. Mais prenez garde qu'il y a une grande oppoſition du blanc & du noir de ſes yeux, comme elle le dit elle-même dans l'hiſtoire de ſa vie.

PLUTON.

Elle ſe donne là un bizarre agrément ; & Cerbère, ſelon elle, doit donc paſſer auſſi pour beau , puiſqu'il a dans les yeux la même oppoſition.

DIOGENE.

Je vois qu'elle vient à vous. Elle a ſûrement quelque queſtion à vous faire.

SAPPHO.

Je vous ſupplie, ſage Pluton, de m'expliquer fort au long ce que vous penſez de l'Amitié , & ſi vous croiez qu'elle ſoit capable de tendreſſe auſſi bien que l'Amour. Car ce fut le ſujet d'une généreuſe converſation que nous eumes l'autre jour avec la Sage Démocède & l'agréable Phaon. De grace oubliez donc pour quelque temps le ſoin de vôtre perſonne & de vôtre Etat ; & au lieu de cela, ſongez à me bien définir ce que c'eſt que cœur tendre, tendreſſe d'Amitié, tendreſſe d'Amour, tendreſſe d'Inclination, & tendreſſe de Paſſion. MINOS.

REMARQUES.

1: *C'eſt Sappho , cette fameuſe Lesbienne ,* | ſous le nom de *Sappho* , nom qui lui avoit été &c.] Mademoiſelle de Scuderi paroit ici | donné par les Poëtes qui vivoient de ſon tems.

MINOS.

Oh celle-ci est la plus folle de toutes. Elle a la mine d'avoir gâté toutes les autres.

PLUTON.

Mais regardez cette impertinente. C'est bien le temps de ré-soudre des questions d'Amour, que le jour d'une revolte.

DIOGENE.

Vous avez pourtant autorité pour le faire : & tous les jours, les Heros que vous venez de voir, sur le point de donner une bataille, où il s'agit du tout pour eux, au lieu d'emploier le temps à encourager les Soldats, & à ranger leurs armées, s'oc-cupent à entendre l'histoire de Timarète ou de Bérelise, dont la plus haute avanture est quelquefois un billet perdu, ou un bra-celet égaré.

PLUTON.

Ho bien, s'ils sont fous, je ne veux pas leur ressembler, & principalement à cette Précieuse ridicule.

SAPPHO.

Eh de grace, Seigneur, défaites-vous de cet air grossier & Provincial de l'Enfer, & songez à prendre l'air de la belle ga-lanterie de Carthage & de Capouë. A vous dire le vrai, pour décider un point aussi important que celui que je vous propo-se, je souhaiterois fort que toutes nos genereuses Amies & nos illustres Amis fussent ici. Mais en leur absence, le sage Minos représentera le discret Phaon, & l'enjoüé Diogene le galant E-sope.

PLUTON.

Atten, atten, je m'en vai te faire venir ici une personne, avec qui lier conversation. Qu'on m'appelle Tisiphone.

SAPPHO.

Qui ? Tisiphone ? Je la connois, & vous ne serez peut-être pas fâché que je vous en fasse voir le Portrait, que j'ai déjà
compo-

composé par précaution, dans le dessein où je suis de l'inserer dans quelqu'une des Histoires, que nous autres faiseurs & faiseuses de Romans, sommes obligez de raconter à chaque Livre de nôtre Roman.

PLUTON.

Le Portrait d'une Furie! Voila un étrange projet.

DIOGENE.

Il n'est pas si étrange que vous pensez. En effet cette même Sappho, que vous voiez, a peint dans ses Ouvrages beaucoup de ses genereuses Amies, qui ne surpassent guères en beauté Tisiphone, & qui néanmoins, à la faveur des mots galants, & des façons de parler élégantes & précieuses, qu'elle jette dans leurs peintures, ne laissent pas de passer pour de dignes Heroïnes de Roman.

MINOS.

Je ne sai si c'est curiosité ou folie. Mais je vous avouë que je meurs d'envie de voir un si bizarre Portrait.

PLUTON.

Hé bien donc qu'elle vous le montre; j'y consens. Il faut bien vous contenter. Nous allons voir comment elle s'y prendra pour rendre la plus effroiable des Euménides, agréable & gracieuse.

DIOGENE.

Ce n'est pas une affaire pour elle, & elle a déja fait un pareil chef-d'œuvre, en peignant la vertueuse Arricidie. Ecoutons donc. Car je la vois qui tire le Portrait de sa poche.

SAPPHO lisant.

" L'illustre fille, dont j'ai à vous entretenir, a en toute sa personne

REMARQUES

" 1. *L'illustre fille, dont j'ai à vous entretenir*, &c.] Portrait de Mademoiselle | Scuderi elle-même.

Ee 3

perſonne je ne ſai quoi de ſi furieuſement extraordinaire, & de ſi terriblement merveilleux, que je ne ſuis pas médiocrement embarraſſée, quand je ſonge à vous en tracer le Portrait.

MINOS.

Voila les adverbes *furieuſement* & *terriblement*, qui ſont, à mon avis, bien placez, & tout-à-fait en leur lieu.

SAPPHO continuë de lire.

Tiſiphone a naturellement la taille fort haute, & paſſant de beaucoup la meſure des perſonnes de ſon ſexe ; mais pourtant ſi dégagée, ſi libre, & ſi bien proportionnée en toutes ſes parties, que ſon énormité même lui ſied admirablement bien. Elle a les yeux petits, mais pleins de feu, vifs, perçans & bordez d'un certain vermillon qui en relève prodigieuſement l'éclat. Ses cheveux ſont naturellement bouclez & annelez ; & l'on peut dire que ce ſont autant de Serpens, qui s'entortillent les uns dans les autres, & ſe jouënt non-chalamment autour de ſon viſage. Son teint n'a point cette couleur fade & blancheâtre des femmes de Scythie ; mais il tient beaucoup de ce brun mâle & noble, que donne le Soleil aux Africaines qu'il favoriſe le plus près de ſes regards. Son ſein eſt compoſé de deux demi-globes, brulez par le bout, comme ceux des Amazones, & qui s'éloignant le plus qu'ils peuvent de ſa gorge, ſe vont négligemment & languiſſamment perdre ſous ſes deux bras. Tout le reſte de ſon corps eſt preſque compoſé de la même ſorte. Sa démarche eſt extrémement noble & fière. Quand il faut ſe hâter, elle vole plûtôt qu'elle ne marche ; & je doute qu'Atalante la pût devancer à la courſe. Au reſte, cette vertueuſe fille eſt naturellement ennemie du vice, ſur tout des grands crimes, qu'elle pourſuit par tout, un flambeau à la main, & qu'elle ne laiſſe jamais en repos ; ſecondée en cela par ſes deux illuſtres ſœurs, Alecto & Mégère, qui n'en ſont pas moins ennemies qu'elle : & l'on peut dire de toutes ces trois Sœurs, que c'eſt une Morale vivante.

DIOGENE.

Hé bien, n'eſt ce pas là un Portrait merveilleux?

PLUTON.

Sans doute, & la Laideur y eſt peinte dans toute ſa perfection, pour ne pas dire dans toute ſa beauté. Mais c'eſt
aſſez écouter cette extravagante. Continuons la reveuë de
nos Heros ; & ſans plus nous donner la peine, comme
nous avons fait juſqu'ici, de les interroger l'un après l'autre, puiſque les voilà tous reconnus veritablement inſenſez ; contentons-
nous de les voir paſſer devant cette baluſtrade, & de les conduire exactement de l'œil dans mes Galeries, afin que je ſois
ſûr qu'ils y ſont. Car je défends d'en laiſſer ſortir aucun, que
je n'aie préciſément déterminé ce que je veux qu'on en faſſe.
Qu'on les laiſſe donc entrer ; & qu'ils viennent maintenant tous
en foule. En voilà bien, Diogène. Tous ces Heros ſont-ils
connus dans l'Hiſtoire ?

DIOGENE.

Non ; il y en a beaucoup de chimeriques, mêlez parmi eux.

PLUTON.

Des Heros chimeriques ! Et ſont-ce des Heros ?

DIOGENE.

Comment, ſi ce ſont des Heros ! Ce ſont eux qui ont
toûjours le haut bout dans les Livres, & qui battent infailliblement les autres.

PLUTON.

Nomme-m'en par plaiſir quelques-uns.

DIOGENE.

Volontiers. Orondate, Spitridate, Alcamène, Méſinte, Bri-
tomare, Merindor, Artaxandre, &c.

PLUTON.

Et tous ces Heros-là, ont-ils fait vœu comme les autres de
ne jamais s'entretenir que d'Amour ?

DIOGENE.

Cela feroit beau qu'ils ne l'euffent pas fait. Et de quel droit fe diroient-ils Heros , s'ils n'étoient point amoureux ? N'eft-ce pas l'Amour qui fait aujourd'hui la vertu heroique ?

PLUTON.

Quel eft ce grand Innocent, qui s'en va des derniers, & qui a la mollefe peinte fur le vifage ? Comment t'appelles-tu ?

ASTRATE.

[1] Je m'appelle Aftrate.

PLUTON.

Que viens-tu chercher ici ?

ASTRATE.

Je veux voir la Reine.

PLUTON.

Mais admirez cet impertinent. Ne diriez vous pas que j'ai une Reine, que je garde ici dans une boite, & que je montre à tous ceux, qui la veulent voir ? Qu'es-tu, toi ? As-tu jamais été ?

ASTRATE.

Ouy-dà, j'ai été, & il y a un Hiftorien Latin qui dit de moi en propres termes ; *Aftratus vixit* ; Aftrate a vécu.

PLUTON.

Eft-ce là tout ce qu'on trouve de toi dans l'Hiftoire ?

ASTRATE.

R E M A R Q U E S.

1. *Je m'appelle Aftrate.*] Dans le tems que l'Auteur fit ce Dialogue, on jouoit à l'Hôtel de Bourgogne, l'Aftrate de Mr. | Quinaut, & l'Oftorius de l'Abbé de Pu- | re. Sur l'Aftrate, voiez la Remarque fur | le Vers 194. de la Satire troifième.

A S T R A T E.

Ouï ; & c'eſt ſur ce bel argument, qu'on a compoſé une Tragédie intitulée du nom d'Aſtrate ; où les paſſions tragiques ſont maniées ſi adroitement, que les Spectateurs y rient à gorge deployée depuis le commencement juſqu'à la fin, tandis que moi, j'y pleure toûjours, ne pouvant obtenir que l'on m'y montre une Reine, dont je ſuis paſſionnément épris.

P L U T O N.

Ho bien, va-t'en dans ces Galeries voir ſi cette Reine y eſt. Mais quel eſt ce grand mal-bâti de Romain, qui vient après ce chaud Amoureux ? Peut-on ſavoir ſon nom.

O S T O R I U S.

Mon nom eſt Oſtorius.

P L U T O N.

Je ne me ſouviens point d'avoir jamais nulle-part lû ce nom-là dans l'hiſtoire.

O S T O R I U S.

Il y eſt pourtant. L'Abbé de Pure aſſûre qu'il l'y a lû.

P L U T O N.

Voila un merveilleux garand. Mais, dis-moi, appuié de l'Abbé de Pure, comme tu es, as-tu fait quelque figure dans le monde ? T'y a-t-on jamais vû ?

O S T O R I U S.

Ouï-da ; & à la faveur d'une piéce de Théatre, que cet Abbé a faite de moi, on m'a vû à l'Hôtel de Bourgogne. [1]

P L U-

R E M A R Q U E S.

1. *A l'Hôtel de Bourgogne.*] Théatre où l'on jouoit autrefois.

PLUTON.

Combien de fois ?

OSTORIUS.

Eh , une fois.

PLUTON.

Retourne-t-y en.

OSTORIUS

Les Comédiens ne veulent plus de moi.

PLUTON.

Crois-tu que je m'accommode mieux de toi qu'eux ? Allons , déloge d'ici au plus vîte , & va te confiner dans mes Galeries. Voici encore une Heroine , qui ne se hâte pas trop, ce me semble , de s'en aller. Mais je lui pardonne. Car elle me paroît si lourde de sa personne , & si pesamment armée , que je vois bien que c'est la difficulté de marcher , plûtôt que la répugnance à m'obéïr , qui l'empêche d'aller plus vîte. Qui est-elle ?

DIOGENE.

Pouvez-vous ne pas reconnoître la Pucelle d'Orleans.

PLUTON.

C'est donc-là cette vaillante fille , qui délivra la France du joug des Anglois ?

DIOGENE.

C'est elle-même.

PLUTON.

Je lui trouve la physionomie bien platte , & bien peu digne de tout ce qu'on dit d'elle.

DIOGENE.

Elle tousse , & s'approche de la Balustrade. Ecoutons. C'est assûrément une harangue qu'elle vous vient faire , & une harangue en Vers. Car elle ne parle plus qu'en Vers.

PLUTON.

A-t-elle en effet du talent pour la Poësie ?

DIOGENE.

Vous l'allez voir.

LA PUCELLE.

1. *O grand Prince, que grand dès cette heure j'appèle ;,*
Il est vrai, le respect sert de bride à mon zèle :.
Mais ton illustre aspect me redouble le cœur,
Et me le redoublant me redouble la peur.
A ton illustre aspect mon cœur se sollicite,
Et grimpant contre mont la dure Terre quitte.
O que n'ai-je le ton desormais assez fort,
Pour aspirer à toi sans te faire de tort !
Pour toi puisse-je avoir une mortelle pointe,
Vers où l'épaule gauche à la gorge est conjointe ;
Que le coup brisât l'os, & fit pleuvoir le sang
De la temple, du dos, de l'épaule, & du flanc.

PLUTON.

Quelle langue vient-elle de parler ?

DIOGENE.

Belle demande ! Françoise.

PLUTON.

Quoi ! c'est du François qu'elle a dit ? Je croiois que ce fût du bas-Breton, ou de l'Alleman. Qui lui a appris cet étrange François-là ?

DIOGENE.

2. C'est un Poëte, chez qui elle a été en pension quarante ans durant.

PLUTON.

Voila un Poëte qui l'a bien mal élevée.

DIO-

REMARQUES.

1 O grand Prince, que grand &c.] Vers extraits du Poëme de la Pucelle. 2. C'est un Poëte,] Chapelain.

DIOGENE.

Ce n'est pas manque d'avoir été bien payé, & d'avoir exactement touché ses pensions.

PLUTON.

Voila de l'argent bien mal emploié. Hé, Pucelle d'Orleans, pourquoi vous êtes vous chargé la mémoire de ces grands vilains mots, vous qui ne songiez autrefois qu'à délivrer vôtre patrie, & qui n'aviez d'objet que la gloire?

LA PUCELLE.

La gloire?
*Un seul endroit y mène; & de ce seul endroit
Droite & roide...*

PLUTON.

Ah! Elle m'écorche les oreilles.

LA PUCELLE.

Droite & roide est la côte, & le sentier étroit.

PLUTON.

Quels Vers, juste Ciel! Je n'en puis pas entendre prononcer un, que ma tête ne soit prête à se fendre.

LA PUCELLE,

*De flèches toutefois aucune ne l'atteint
Ou pourtant l'atteignant, de son sang ne se teint.*

PLUTON.

Encore. J'avouë que de toutes les Heroïnes qui ont paru en ce lieu, celle-ci me paroît beaucoup la plus insupportable. Vraiment elle ne prêche pas la tendresse. Tout en elle n'est que dureté & que sécheresse; & elle me paroît plus propre à glacer l'ame, qu'à inspirer l'amour.

REMARQUES.

1. *Un seul endroit y mène*, &c.] Livre cinquième du même Poëme.

DIOGENE.

Elle en a pourtant inspiré au vaillant Dunois.

PLUTON.

Elle? inspirer de l'amour au cœur de Dunois!

DIOGENE.

Ouï assûrément ;

Au grand cœur de Dunois , le plus grand de la Terre ,
Grand cœur , qui dans lui seul deux grands Amours enserre.

Mais il faut savoir quel Amour. Dunois s'en explique ainsi
lui-même en un endroit du Poëme fait pour cette merveilleuse fille.

¹ *Pour ces célestes yeux , pour ce front magnanime ,*
Je n'ai que du respect , je n'ai que de l'estime :
Je n'en souhaitte rien ; & si j'en suis Amant ,
D'un Amour sans desir je t'aime seulement.
Et soit. Consumons nous d'une flamme si belle.
Brûlons en holocauste aux yeux de la Pucelle.

Ne voila-t-il pas une passion bien exprimée , & le mot d'holocauste n'est-il pas tout-à-fait bien placé dans la bouche d'un
Guerrier comme Dunois ?

PLUTON.

Sans doute ; & cette vertueuse Guerriere peut innocemment,
avec de tels Vers , aller tout de ce pas , si elle veut, inspirer un pareil Amour à tous les Heros qui sont dans ces Galeries. Je ne crains pas que cela leur amollisse l'ame. Mais du
reste qu'elle s'en aille. Car je tremble qu'elle ne me veüille encore réciter quelques-uns de ses Vers , & je ne suis pas résolu
de les entendre. La voilà enfin partie. Je ne vois plus ici aucun
Heros , ce me semble. Mais non , je me trompe. En voici
encore

R E M A R Q U E S.

1. *Pour ces célestes yeux, &c.*] Livre 2. du même Poëme.

Ff 3

encore un qui demeure immobile derriere cette porte. Vraisemblablement il n'a pas entendu que je voulois que tout le monde fortit. Le connois-tu, Diogéne.

DIOGENE.

[1] C'eft Pharamond, le premier Roi des François.

PLUTON.

Que dit-il? Il parle en lui-même.

PHARAMOND.

Vous le favez bien, divine Rofemonde, que pour vous aimer
je n'attendis pas que j'euffe le bonheur de vous connoitre, & que
c'eft fur le feul récit de vos charmes, fait par un de mes rivaux, que je devins fi ardemment épris de vous.

PLUTON.

Il femble que celui-ci foit devenu amoureux avant que de
voir fa maitreffe.

DIOGENE.

Affûrement, il ne l'avoit point vûë.

PLUTON.

Quoi? il eft devenu amoureux d'elle fur fon portrait?

DIOGENE.

Il n'avoit pas même vû fon portrait.

PLUTON.

Si ce n'eft-là une vraie folie, je ne fai pas ce qui peut l'être.
Mais dites-moi, vous, amoureux Pharamond, n'êtes vous pas
content d'avoir fondé le plus floriffant Roiaume de l'Europe, &
de

REMARQUES.

1. *Ceft Pharamond, le prémier Roi &c.*] Critique de Pharamond, Roman de la Cal-
prenéde.

de pouvoir compter au rang de vos Succeſſeurs le Roi qui y
regne aujourd'hui ? Pourquoi vous êtes-vous allé mal-à-propos
embarraſſer l'eſprit de la Princeſſe Roſemonde ?

PHARAMOND.

Il eſt vrai , Seigneur. Mais l'Amour....

PLUTON.

Ho ! l'Amour ! l'Amour ! [1] Va exagerer, ſi tu veux, les injuſ-
tices de l'Amour dans mes Galeries. Mais pour moi, le premier
qui m'en viendra encor parler, je lui donnerai de mon ſceptre
tout au travers du viſage. En voila un qui entre. Il faut que je
lui caſſe la tête.

MINOS.

Prenez garde à ce que vous allez faire. Ne voiez vous pas que
c'eſt Mercure ?

PLUTON.

Ah, Mercure, je vous demande pardon. Mais ne venez vous
point auſſi me parler d'Amour ?

MERCURE.

Vous ſavez bien que je n'ai jamais fait l'amour pour moi-
même. La verité eſt que je l'ai fait quelquefois pour mon Pere
Jupiter, & qu'en ſa faveur autrefois j'endormis ſi bien le bon
Argus, qu'il ne s'eſt jamais réveillé. Mais je viens vous apporter
une bonne nouvelle. C'eſt qu'à peine l'artillerie que je vous amène
a parû, que vos Ennemis ſe ſont rangez dans le devoir. Vous
n'avez jamais été Roi plus paiſible de l'Enfer que vous l'étes.

PLUTON.

Divin Meſſager de Jupiter, vous m'avez rendu la vie. Mais
au nom de nôtre proche parenté, dites moi, vous qui êtes le
Dieu

REMARQUES.

1. *Va exagerer, ſi tu veux, les injuſtices* | qui ſont dans l'Original de l'Auteur, avoient
de l'Amour dans mes Galeries] Ces mots, été omis dans l'édition de 1713.

Dieu de l'Eloquence, comment vous avez fouffert qu'il fe foit gliffé dans l'un & dans l'autre Monde une fi impertinente maniere de parler que celle qui regne aujourd'hui, fur tout en ces Livres qu'on appelle Romans; & comment vous avez permis que les plus grands Heros de l'Antiquité parlaffent ce langage.

MERCURE.

Helas! Apollon & moi, nous fommes des Dieux qu'on n'invoque prefque plus, & la plûpart des Ecrivains d'aujourd'hui ne connoiffent pour leur véritable patron qu'un certain Phébus, qui eft bien le plus impertinent perfonnage qu'on puiffe voir. Du refte je viens vous avertir qu'on vous a joüé une piéce.

PLUTON.

Une piéce à moi! Comment?

MERCURE.

Vous croïez que les vrais Heros font venus ici?

PLUTON.

Affûrément je le crois, & j'en ai de bonnes preuves, puifque je les tiens encore ici tous renfermez dans les Galeries de mon Palais.

MERCURE.

Vous fortirez d'erreur, quand je vous dirai que c'eft une troupe de faquins, ou plûtôt de fantômes chimeriques, qui n'étant que de fades copies de beaucoup de perfonnages modernes, ont eû pourtant l'audace de prendre le nom des plus grands Heros de l'Antiquité, mais dont la vie a été fort courte, & qui errent maintenant fur les bords du Cocyte & du Styx. Je m'étonne que vous y aiez été trompé. Ne voiez vous pas que ces gens-là n'ont nul caractére de Heros? Tout ce qui les foûtient aux yeux des Hommes, c'eft un certain oripeau, & un faux clinquant de paroles, dont les ont habillez ceux qui ont écrit leur vie, & qu'il n'y a qu'à leur ôter pour les faire paroître tels qu'ils font. J'ai même amené des champs Elyfées,

en

en venant ici, un François pour les reconnoitre quand ils feront dépouillez. Car je me perfuade que vous confentirez fans peine qu'ils le foient.

PLUTON.

J'y confens fi bien, que je veux que fur le champ la chofe ici foit exécutée. Et pour ne point perdre de temps, Gardes, qu'on les faffe de ce pas fortir tous de mes Galeries par les portes dérobées, & qu'on les améne tous dans la grande Place. Pour nous, allons nous mettre fur le Balcon de cette Fenêtre baffe, d'où nous pourrons les contempler, & leur parler tout à nôtre aife. Qu'on y porte nos fiéges. Mercure, mettez vous à ma droite; & vous, Minos, à ma gauche: & que Diogéne fe tienne derriere nous.

MINOS.

Les voilà qui arrivent en foule.

PLUTON.

Y font-ils tous?

UN GARDE.

On n'en a laiffé aucun dans les Galeries.

PLUTON.

Accourez donc, vous tous, fidelles exécuteurs de mes volontez, Spectres, Larves, Démons, Furies, Milices Infernales que j'ai fait affembler. Qu'on m'entoure tous ces prétendus Heros, & qu'on me les dépouïlle.

CYRUS.

Quoi, vous ferez dépouïller un Conquerant comme moi?

PLUTON.

Hé de grace, génereux Cyrus, il faut que vous paffiez le pas.

pont-

LES HEROS
HORATIUS COCLES.

Quoi ! un Romain comme moi, qui a défendu lui feul un pont contre toutes les forces de Porfena ? Vous ne le confidererez pas plus qu'un Coupeur de bourfe. 1

PLUTON.

Je m'en vais te faire chanter.

ASTRATE.

Quoi un Galant auffi tendre & auffi paffionné que moi, vous le ferez mal-traiter !

PLUTON.

Je m'en vais te faire voir la Reine. Ah ! les voila dépouillez.

MERCURE.

Où eft le François que j'ai amené ?

LE FRANCOIS.

Me voila, Seigneur. Que fouhaitez-vous ?

MERCURE.

Tien ; regarde bien tous ces gens-là ; les connois-tu ?

LE FRANCOIS.

Si je les connois ? Hé ce font tous la plûpart des Bourgeois de mon quartier. Bon-jour, Madame Lucrèce. Bon-jour,

REMARQUES.

1. *Pas plus qu'un Coupeur de Bourfe.*] On | fes, à la peine du foüet.
ncodamné ordinairement les Coupeurs de bour- |

jour , Monſieur Brutus. Bonjour Mademoiſelle Clélie. Bonjour
Monſieur Horatius Coclès.

PLUTON.

Tu vas voir accommoder tes Bourgeois de toutes piéces. Allons, qu'on ne les épargne point ; & qu'aprés qu'ils auront été
abondamment fuſtigez, on me les conduiſe tous ſans differer
droit aux bords du Fleuve 1 de Léthé. Puis lorſqu'ils y ſeront
arrivez, qu'on me les jette tous la tête la premiere dans
l'endroit du Fleuve le plus profond, eux, leurs billets doux,
leurs Lettres galantes, leurs Vers paſſionnez, avec tous les nom-
breux volumes, ou pour mieux dire les monceaux de ridicule
papier, où ſont écrites leurs hiſtoires. Marchez donc, faquins,
autrefois ſi grands Heros. Vous voilà arrivez à vôtre fin, où
pour mieux dire, au dernier Acte de la Comédie que vous a-
vez jouée ſi peu de temps.

CHŒUR DE HEROS,

s'en allant chargé d'écourgées,

Ah ! La Calprenède ! Ah ! Scudéri !

PLUTON.

) Hé, que ne les tiens-je ! Que ne les tiens-je ! Ce n'eſt pas
tout, Minos. Il faut que vous vous en alliez tout de ce pas
donner ordre que la même juſtice ſe faſſe ſur tous leurs pareils
dans les autres Provinces de mon Roiaume.

MINOS.

Je me charge avec plaiſir de cette commiſſion.

MERCURE.

Mais voici les veritables Heros qui arrivent, & qui deman-
Gg 2   dent

REMARQUES

1. *Fleuve de Lethé.*] Fleuve de l'Oubli.

dent à vous entretenir. Ne voulez vous pas qu'on les introduife?

PLUTON.

Je ferai ravi de les voir. Mais je fuis fi fatigué des fotifes que m'ont dites tous ces impertinents ufurpateurs de leurs noms, que vous trouverez bon qu'avant tout j'aille faire un fomme.

ARRET

ARRÊT

BURLESQUE, [a]

Donné en la grand'Chambre du Parnaſſe , en faveur des Maî-
tres - ès - Arts , Medecins & Profeſſeurs de l'Uni-
verſité [2] de Stagire , au Païs des Chimères ,
pour le maintien de la Doctrine d'Ariſtote.

VEU

CHANGEMENS.

a *Arrêt burleſque, &c.*] Cet Arrêt fut compoſé en 1674. & on le fit imprimer en feuille volante. Voici les Changemens que l'Auteur y fit en
1701. quand il l'inſera dans le corps de ſes Oeuvres.

Le titre étoit ainſi dans l'édition de 1674. *Arrêt donné en faveur des*
Maître-ès-Arts , Medecins & Profeſſeurs de l'Univerſité ; Pour le maintin
de la doctrine d'Ariſtote.

REMARQUES.

1. L'Univerſité de Paris vouloit préſenter
Requête au Parlement pour empêcher qu'on
n'enſeignât la Philoſophie de Deſcartes. On
en parla même à Mr. le P. P. de Lamoignon , qui dit un jour à Mr. Deſpréaux,
en s'entretenant familierement avec lui ,
qu'il ne pourroit ſe diſpenſer de donner un
Arrêt conforme à la Requête de l'Univerſité. Sur cela , Mr. Deſpréaux imagina cet
Arrêt burleſque , & le compoſa avec le ſecours de Mr. Bernier & de Mr. Racine ,
qui fournirent chacun leurs penſées. Mr.
Dongois , Neveu de l'Auteur , & Greffier
de la Grand'Chambre , y eut auſſi beaucoup de part , ſur-tout pour le ſtile & les
termes de pratique qu'il entendoit mieux
qu'eux. Quelque tems après, Mr. Dongois
donnant à ſigner à Mr. le P. Préſident ſes
expéditions qu'il avoit laiſſé amaſſer exprès
pendant deux jours , y joignit l'Arrêt burleſque , pour tâcher de ſurprendre ce Magiſtrat , & le lui faire ſigner avec les autres. Mais ce Magiſtrat s'en apperçut : &
comme il étoit extrêmement doux & familier avec ceux qu'il aimoit , il fit ſemblant
de le jetter au nez de Mr. Dongois , en
lui diſant : *A d'autres. Voilà un tour de*
Deſpréaux. Il le lût avec grand plaiſir : Il
en rit pluſieurs fois avec l'Auteur ; & il
convenoit que cet Arrêt burleſque l'avoit
empêché d'en donner un ſerieux , qui auroit apprêté à rire à tout le monde.

La Requête de l'Univerſité ne parut
point. Bernier en fit une autre ſur le modèle de l'Arrêt ; mais nôtre Auteur n'en
faiſoit pas grand cas. On la peut voir imprimée dans le Menagiana , Tom. 4. pag.
271. de l'édition de 1715.

2. *De Stagire.*] Ville de Macédoine, ſur
la Mer Egée , & Patrie d'Ariſtote.

Gg 3

EU par la Cour la Requête présentée par les Régens, Maîtres-ès-Arts, Docteurs & Profeſſeurs de l'Univerſité, tant en leurs noms que comme Tuteurs & deffenſeurs de la Doctrine de Maître ^a *en blanc* Ariſtote, ancien Profeſſeur Roial en Grec dans le Collége du Lycée, & Précepteur du feu Roi ^b de querelleuſe mémoire Alexandre dit le Grand, acquereur de l'Aſie, Europe, Afrique & autres lieux; Contenant que depuis quelques années, ^c une inconnuë nommée la Raiſon, auroit entrepris d'entrer par force dans les Ecoles de ladite Univerſité, & pour cet effet à l'aide de certains Quidams factieux, prenans les ſurnoms de ^d Gaſſendiſtes, Cartéſiens, Malebranchiſtes & Pourchotiſtes, gens ſans aveu, ſe feroit miſe en état d'en expulſer ledit Ariſtote, ancien & paiſible poſſeſſeur deſdites Ecoles, contre lequel, Elle & ſes Conſorts auroient déja publié pluſieurs Livres, Traitez, Diſſertations & Raiſonnemens diffamatoires, voulant aſſujettir ledit Ariſtote à ſubir devant Elle l'examen de ſa Doctrine; ce qui ſeroit directement oppoſé aux Loix, Us & Coûtumes de ladite Univerſité, où ledit Ariſtote auroit toûjours été reconnu pour Juge ſans appel & non comptable ^e de ſes opinions. Que même ſans l'aveu d'icelui, Elle auroit changé & innové pluſieurs choſes en & au dedans de la Nature, aiant ôté au Cœur la pré-

CHANGEMENS.

a *Maître* en blanc *Ariſtote.*] Il y avoit : *Maître .... Ariſtote.* Ces mots, *en blanc,* ſont pour ſuppléer au nom de baptême, qui ſe met au devant des noms des Maîtres-ès-Arts.

b *De querelleuſe mémoire.*] 1674. *de redoutable mémoire.*

c *Depuis quelques années.*] Il avoit ajoûté, *en ça,* dans l'édition de 1674.

d *Gaſſendiſtes, Cartéſiens, Malebranchiſtes, & Pourchotiſtes.*] Edition de 1674. *Cartéſiens, nouveaux Philoſophes, Circulateurs, & Gaſſendiſtes.*

e *De ſes opinions.*] 1674. *De ſes Argumens.*

REMARQUES.

n. *Gaſſendiſtes, Cartéſiens,* &c.] Sectateurs de Gaſſendi, de Deſcartes, de Malebranche, & de Pourchot. Ce dernier eſt un Pro-feſſeur au Collége des quatre Nations, qui a fait imprimer une Philoſophie.

prérogative d'être le principe des nerfs , que ce Philosophe lui
avoit accordée liberalement & de son bon gré , & laquelle
Elle auroit cedée & transportée au Cerveau. Et ensuite , par
une procédure nulle de toute nullité , auroit attribué audit
Cœur la charge de recevoir le Chile , appartenant ci-devant
au Foie ; comme aussi de faire voiturer le Sang par tout le
corps , avec plein pouvoir audit Sang d'y vaguer , errer &
circuler impunément par les veines & artères , n'aiant autre
droit ni titre pour faire lesdites vexations [a] que la seule experience , dont le témoignage n'a jamais été reçu dans lesdites
Ecoles. Auroit aussi attenté [b] ladite Raison , par une entreprise
inouïe , de déloger le Feu de la plus haute région du Ciel ,
& prétendu qu'il n'avoit là aucun domicile , nonobstant les
certificats dudit Philosophe , & les visites & descentes faites par
lui sur les lieux. Plus , par un attentat & voie de fait énorme contre la Faculté de Medecine , se seroit ingerée de guerir ,
& auroit réellement & de fait gueri quantité de fiévres in-
termittentes , comme tierces , double-tierces , quartes , triple-
quartes , & même continuës , avec vin pur , poudres , écorce de Quinquina , & autres drogues inconnuës audit Aristote ,
& à Hippocrate son devancier ; & ce sans saignée , purga-
tion ni évacuation précedentes ; ce qui est non seulement
irrégulier , mais tortionnaire & abusif ; ladite Raison n'aiant
jamais été admise ni aggregée au Corps de ladite Faculté , &
ne pouvant par conséquent consulter avec les Docteurs d'icelle ,
ni être consultée par eux , [c] comme Elle ne l'a en effet jamais été.
Nonobstant quoi , & malgré les plaintes & oppositions réi-
terées des Sieurs [1] Blondel , Courtois , Denyau , & autres
deffen-

C H A N G E M E N S.

a *Que la seule experience*] 1674. *Que l'experience.*
b *Ladite Raison.*] Ces mots n'étoient pas dans l'édition de 1674.
c *Comme elle ne l'a* &c.] 1674. *Comme ils ne l'ont en effet jamais pra-*
tiqué.

R E M A R Q U E S.

1. *Blondel , Courtois , Denyau.*] Mede- | tes que les Americains ont faits avec le Diable.
cins de la Faculté de Paris. *Blondel* a écrit | *Courtois* aimoit fort la saignée. *Denyau* nioit
que la vertu du Quinquina venoit des pac- | la circulation du sang.

deffenſeurs de la bonne Doctrine, Elle n'auroit pas laiſſé de
ſe ſervir toûjours deſdites drogues, aiant eu la hardieſſe de
les emploïer ſur les Medecins mêmes de ladite Faculté, dont
pluſieurs, au grand ſcandale des Régles, ont été guéris par
leſdits remédes. Ce qui eſt d'un exemple trés-dangereux,
& ne peut avoir été fait que par mauvaiſes voies, ſortiléges
& pactes avec le diable. Et non contente de ce, auroit
entrepris de diffamer & de bannir des Ecoles de Philoſophie les Formalitez, Materialitez, Entitez, Identitez, Virtualitez, Ecceïtez, Pétreïtez, Polycarpeïtez, & autres Etres imaginaires, tous enfans & aians cauſe de deſſunt 1 Maitre
Jean Scot leur Pere. Ce qui porteroit un préjudice notable,
& cauſeroit la totale ſubverſion de la Philoſophie Sco'a-
ſtique, dont elles ſont ª tout le Myſtére, & qui tire d'elles
toute ſa ſubſiſtance, s'il n'i étoit par la Cour pourvû. Vû
les libelles intitulez Phyſique de Rohault, Logique de
Port-Roïal, Traitez du Quinquina, même l'*Adverſus
Ariſtoteleos* de Gaſſendi, & autres piéces attachées à ladite Requête, ᵇ Signée C H I C A N E A U, Procureur de ladite
Univerſité. Oüi le rapport du Conſeiller Commis. Tout conſideré,

La Cour aiant ègard à ladite Requête, a maintenu & gardé,
maintient & garde ledit Ariſtote en la pleine & paiſible poſſeſſion
& joüiſſance deſdites Ecoles. Ordonne qu'il ſera toûjours ſuivi &
enſeigné par les Régens, Docteurs, Maîtres-ès-Arts & Proſeſſeurs
de ladite Univerſité: Sans que pour ce ils ſoient obligés de le lire,
ni de ſavoir ſa langue & ſes ſentimens. Et ſur le fond de ſa
doctrine, les renvoie à leurs cahiers. Enjoint au Cœur de continuer d'être le principe des Nerfs, & à toutes perſonnes, de
quelque condition & profeſſion qu'elles ſoient, de le croire tel,
nonobſtant toute experience à ce contraire. Ordonne pareillement.

C H A N G E M E N S.

a. *Tout le Myſtére.*] 1674. *Tout le ſavoir.*
b. *Signée* Chicaneau.] 1674. CROTE'.

R E M A R Q U E S.

1. *Maitre Jean Scot*] Jean Duns, Chef Docteur ſubtil, & appelé communément
de l'Ecole des Franciſcains, ſurnommé le Scot, parce qu'il étoit Ecoſſois.

ment au Chile d'aller droit au Foie sans plus passer par le cœur, & au Foie de le recevoir. Fait deffenses au Sang d'être plus vagabond, errer ni circuler dans le corps, sous peine d'être entierement livré & abandonné à la Faculté de Medecine. Deffend à la Raison, & à ses adherans, de plus s'ingerer à l'avenir de guerir les fiévres tierces, double-tierces, quartes, triple-quartes ni continuës, par mauvais moiens & voies de sortiléges, comme vin pur, poudre, écorce de Quinquina, & autres drogues non approuvées ni connuës des Anciens. Et en cas de guérison irrégulière par icelles drogues, permet aux Médecins de ladite Faculté de rendre, suivant leur méthode ordinaire, la fiévre aux Malades, avec caffe, séné, sirops, juleps, & autres remédes propres à ce; & de remettre lesdits Malades en tel & semblable état qu'ils étoient auparavant; pour être ensuite traitez selon les Régles; & s'ils n'en réchappent, conduits du moins en l'autre monde suffisamment purgez & évacuez. Remet les Entitez, Identitez, Virtualitez, Eccëitez, & autres pareilles formules Scotistes, en leur bonne fâme & renommée. A donné acte aux Sieurs Blondel, Courtois & Denyau de leur opposition au bon sens. A réintegré le feu dans la plus haute région du Ciel, suivant & conformément aux descentes faites sur les lieux. Enjoint à tous Régens, Maistres-és-Arts & Professeurs, d'enseigner comme ils ont accoûtumé, & de se servir pour raison de ce, de tels raisonnemens qu'ils aviseront bon être; & aux Répetiteurs, Hibernois & autres leurs Suppôts, de leur prêter main-forte, & de courir sus aux Contrevenans, [a] à peine d'être privez du droit de disputer sur les Prolégoménes de la Logique. Et afin qu'à l'avenir il ny soit contrevenu, a banni à perpétuité la Raison des Ecoles de ladite Université; lui fait deffenses d'y entrer, troubler, ni inquieter ledit Aristote en la possession & jouïssance d'icelles, [b] à peine d'être declarée Janséniste, & amie des nou-

C H A N G E M E N S.

a *A peine d'être privez du droit &c.*] 1674. *A peine d'être chassez de l'Université.*

b *A peine d'être declarée Janséniste &c.*] 1674. *A peine d'être déclarés Heretique & Perturbatrice des disputes publiques.*

nouveautez. Et à cet effet sera le présent Arrêt lû &
publié ᵃ aux Mathurins ᶜ de Stagire, à la premiere Assemblée qui sera faite pour la Procession du Recteur, & affiché aux
portes de ᵈ tous les Colléges du Parnasse, & par tout où
besoin sera. ᵉ Fait ce trente-huitiéme jour d'Aoust onze
mil six cens soixante & quinze.

Collationné avec paraphe.

C H A N G E M E N S.

ᶜ *De stagire.*] Mots ajoûtez dans l'édition de 1701.
ᵈ *Tous les colléges du Parnasse.*] 1674. *Tous les Colléges de cette Ville,*
ᵉ *Fait ce trente-huitiéme &c.*] Au lieu de cette date imaginaire, on lisoit
dans la premiére édition : *Fait ce douziéme jour d'Août, mil six cens soixante & quatorze.*

R E M A R Q U E S.

1. *Aux Mathurins de Stagire.*] Quand | cessions, l'Université s'assemble aux Mathurins.
le Recteur de l'Université de Paris fait ses pro- |

DISCOURS

DISCOURS
SUR
LA SATIRE. [1]

QUAND je donnai la premiere fois mes Satires au Public, je m'étois bien préparé au tumulte que l'impreſſion de mon Livre a excité ſur le Parnaſſe. Je ſçavois que la nation des Poëtes, & ſur tout des mauvais Poëtes, eſt une nation farouche qui prend feu aiſément; & que ces Eſprits avides de loüanges, ne digereroient pas facilement une raillerie, quelque douce qu'elle pût être. Auſſi oſerai-je dire à mon avantage, que j'ai regardé avec des yeux aſſez Stoïques les libelles diffamatoires [2] qu'on a publiez contre moi. Quelques calomnies dont on ait voulu me noircir; quelques faux bruits qu'on ait ſemez de ma perſonne, j'ai pardonné ſans peine ces petites vengeances au déplaiſir d'un Autheur irrité, qui ſe voioit attaqué par l'endroit le plus ſenſible d'un Poëte, je veux dire, par ſes ouvrages.

Mais j'avoüe que j'ai été un peu ſurpris du chagrin bizarre [3] de certains Lecteurs, qui, au lieu de ſe divertir d'une

REMARQUES.

[2] Ce Diſcours parut la premiere fois en 1668. avec la Satire neuviéme. Le but de l'Auteur eſt de juſtifier ici la liberté qu'il s'eſt donnée de nommer quelques Ecrivains dans ſes Satires: Ce qu'il prétend faire en montrant qu'il n'a fait en cela que ſuivre les exemples des plus fameux Poëtes, anciens & modernes.

2. *Les Libelles diffamatoires* &c.]. Il cou-

roit dès ce tems-là, contre notre Auteur, une Satire en Vers, & un libelle en proſe, intitulé, *La Critique déſintereſſée ſur les Satires du temps,* l'un & l'autre de l'Abbé Cotin. Voïez les Remarques ſur le Vers 60. de la Sat. III. & ſur le Vers 306. de la Sat. IX.

3. *De certains Lecteurs.*]. Ceci regarde particulierement M. ****.

d'une querelle du Parnasse, dont ils pouvoient, être spectateurs indifferens, ont mieux aimé prendre parti & s'affliger avec les Ridicules, que de se réjouïr avec les honnêtes gens. C'est pour les consoler que j'ai composé ma neuviéme Satire, où je pense avoir montré assez clairement, que sans blesser l'Etat, ni sa conscience, on peut trouver de méchans Vers méchans, & s'ennuier de plein droit à la lecture d'un sot Livre. Mais puisque ces Messieurs ont parlé de la liberté que je me suis donnée de nommer, comme d'un attentat inouï & sans exemple, & que des exemples ne se peuvent pas mettre en rimes, il est bon d'en dire ici un mot, pour les instruire d'une chose qu'eux seuls veulent ignorer; & leur faire voir, qu'en comparaison de tous mes Confreres les Satiriques, j'ai été un Poëte fort retenu.

Et pour commencer par Lucilius [a] inventeur de la Satire, quelle liberté, ou plûtôt, quelle licence ne s'est-il point donnée dans ses Ouvrages? Ce n'étoit pas seulement des Poëtes & des Autheurs qu'il attaquoit: [1] c'étoit des gens de la premiere qualité de Rome; c'étoit des personnes Consulaires. Cependant, Scipion & Lélius ne jugerent pas ce Poëte, tout déterminé Rieur qu'il étoit, indigne de leur amitié; & vraisemblablement dans les occasions ils ne lui refuserent pas leurs conseils sur ses Ecrits, non plus qu'à Terence. Ils ne s'aviserent point de prendre le parti de Lupus & de Métellus, qu'il avoit joüez dans ses Satires; & ils ne crurent pas lui donner rien du leur, en lui abandonnant tous les Ridicules de la République.

num

CHANGEMENS.

a. *Inventeur de la Satire.*] Au lieu de ces mots, il y avoit dans les prémieres éditions: *Satirique premier du nom.*

REMARQUES.

1. *C'étoit des gens de la premiere qualité.* &c.] Martial, Liv. I. Epître au Lecteur: Cùm (libelli mei) salvâ infimarum quoque *personarum reverentiâ, ludant; quæ adeò antiquis auctoribus defuit, ut nominibus non tantùm veris abusi sint, sed etiam magnis.*

num Lælius, aut qui

Horat.
Sat. 1. v. 65.
lib. 2.

Duxit ab oppreſſâ meritum Carthagine nomen.
Ingenio offenſi aut læſo doluère Metello,
Famoſiſve Lupo cooperto verſibus?

En effet Lucilius n'épargnoit ni petits ni grands : & ſouvent, des Nobles & des Patriciens, il deſcendoit juſqu'à la lie du peuple :

Primores populi arripuit, populumque tributim.

Hor. ibid.

On me dira que Lucilius vivoit dans une République, où ces ſortes de libertez peuvent être permiſes. Voions donc Horace, qui vivoit ſous un Empereur, dans les commencemens d'une Monarchie, où il eſt bien plus dangereux de rire qu'en un autre temps. Qui ne nomme-t-il point dans ſes Satires? & Fabius le grand cauſeur, & Tigellius le fantaſque, & Naſidiénus le ridicule, [b] & Nomentanus le débauché, & tout ce qui vient au bout de ſa plume. On me répondra que ce ſont des noms ſuppoſez. O la belle réponſe ! comme ſi ceux qu'il attaque n'étoient pas des gens connus d'ailleurs : comme ſi l'on ne ſçavoit pas que Fabius étoit un Chevalier Romain, qui avoit compoſé un livre de Droit : que Tigellius fut en ſon temps un Muſicien cheri d'Auguſte : que Naſidiénus Rufus étoit un ridicule célèbre dans Rome : que [c] Caſſius Nomentanus étoit un des plus fameux dèbauchez de l'Italie. Certainement il faut que ceux qui parlent de la ſorte, n'aient pas fort lû les Anciens, & ne ſoient pas fort inſtruits des affaires de la Cour d'Auguſte. Horace ne ſe contente pas d'appeler les gens par leur nom : il a ſi peur qu'on ne les méconnoiſſe, qu'il a ſoin de rapporter juſqu'à leur ſurnom, juſqu'au mètier qu'ils faiſoient, juſqu'aux Charges qu'ils avoient exercées. Voiez, par exemple, comme il parle d'Aufidius Luſcus, Préteur de Fondi :

Fundos

CHANGEMENS.

b *Et Nomentanus le débauché.*] Edition de 1668. *Et Tanais le chatré.*
c *Caſſius Nomentanus étoit* &c.] Au lieu de ces mots on liſoit dans la prémiere édition : *Tanais étoit un Affranchi de Mecénas.* Voiez Acron, Porphirion, & Suétone dans la Vie d'Auguſte, &c.

D I S C O U R S.

Horace
Sat. 5. v. 57.
li. 1.

Fundos Aufidio Lufco Prætore libenter
Linquimus, infani ridentes præmia Scribæ,
Prætextam & latum clavum, &c.

Nous abandonnames, dit-il, *avec joie le bourg de Fondi*, dont
étoit Préteur un certain *Aufidius Lufcus*; mais ce ne fut pas fans
avoir bien ri de la folie de ce Préteur, auparavant *Commis*, qui
faifoit le Sénateur, & l'Homme de qualité. Peut-on défigner un
homme plus précifément; & les circonftances feules ne fuffifoient-
elles pas pour le faire reconnoître? On me dira peut-être, qu'
Aufidius étoit mort alors: mais *Horace* parle là d'un voiage fait
depuis peu. Et puis, comment mes Cenfeurs répondront-ils à cet
autre paffage?

Sat.10.v.
36. li. 1.

Turgidus Alpinus jugulat dum Memnona, dumque
Diffingit Rheni luteum caput, hæc ego ludo.

Pendant, dit *Horace*, *que ce Poëte enflé d'Alpinus, égorge Mém-*
non dans fon Poëme, & s'embourbe dans la defcription du Rhin, je
me joüe en ces Satires. Alpinus vivoit donc du temps qu'Horace fe
joüoit en ces Satires; & fi Alpinus en cet endroit eft un nom fup-
pofé, l'Autheur du Poëme de Mémnon pouvoit-il s'y mécon-
noitre? Horace, dira-t-on, vivoit fous le regne du plus poli de tous les Empereurs: mais vivons-nous fous un regne
moins poli? Et veut-on qu'un Prince, qui a tant de qualités communes avec Augufte, foit moins dégouté que lui des méchans livres, & plus rigoureux envers ceux qui les blaf-
ment?

Examinons pourtant Perfe, qui écrivoit fous le regne de
Néron. Il ne raille pas fimplement les Ouvrages des Poëtes de
fon temps: il attaque les Vers de Néron même. Car enfin tout
le monde fçait, & toute la Cour de Néron le fçavoit, que
ces quatre Vers, *Torva Mimalloneis &c.* dont Perfe fait une
raillerie fi amére dans fa première Satire, (1) étoient des Vers
de

R E M A R Q U E S.

(1) *Etoient des Vers de Néron*]. Mr. Baylé | préaux appuioit le fentiment contraire fur
Dittion. Crit. au mot, Perfe: Poëte fatirique, | le témoignage du vieux Scholiafte de Perfe
Rem. D. ne croioit pas que ces Vers: *Torva* | qui a été fuivi par la plûpart des autres
Mimalloneis &c. fuffent de Néron. Mr. Def- | Commentateurs,

de Neron. Cependant on ne remarque point que Neron, tout Neron qu'il étoit, ᵃ ait fait punir Perfe; & ce Tiran, ennemi de la Raifon, & amoureux, comme on fçait, de fes Ouvrages, fut affez galant homme pour entendre raillerie fur fes Vers, & ne crût pas que l'Empereur, en cette occafion, dût prendre les interêts du Poëte.

Pour Juvénal, qui floriffoit fous Trajan, il eft un peu plus refpectueux envers les grands Seigneurs de fon fiécle. Il fe contente de répandre l'amertume de fes Satires fur ceux du regne précedent: mais à l'égard des Autheurs, il ne les va point chercher hors de fon fiécle. A peine eft-il entré en matiere, que le voilà en mauvaife humeur contre tous les Ecrivains de fon temps. Demandez à Juvénal ce qui l'oblige de prendre la plume. C'eft qu'il eft las d'entendre & la *Théfeïde* de Codrus, & l'*Orefte* de celui-ci, & le *Télephe* de cet autre, & tous les Poëtes enfin, comme il dit ailleurs, qui récitoient leurs Vers au mois d'Août, *ex Augufto recitantes menfe Poëtas.* Tant il eft vrai que le droit de blâmer les Autheurs eft un droit ancien, paffé en coûtume parmi tous les Satiriques, & fouffert dans tous les fiécles. Que s'il faut venir des anciens aux modernes; Regnier, qui eft prefque nôtre feul Poëte Satirique a été veritablement un peu plus difcret que les autres. Cela n'empêche pas néanmoins ᵗ qu'il ne parle hardiment de Gallet, ce célébre joüeur, qui *affignoit fes créanciers fur fept & quatorze*; & du Sieur de Provins, *qui avoit changé fon balandran*² *en manteau court*; & du Coufin, *qui abandonnoit fa maifon de peur de la réparer*; & de Pierre du Puis. & de plufieurs autres.

Que

C H A N G E M E N S.

ᵃ *Ait fait punir Perfe.*] Dans la prémiere édition il y avoit ici: Ait envoié *Perfe aux Galéres.* Cela faifoit allufion à une vivacité de M..... qui avoit répondu brufquement à une perfonne qui lui difoit que Monfr. Defpréaux étoit un excellent Poëte: *Hé bien, il faut l'envoier aux Galéres; couroné de lauriers.* Voiez la Remarque fur le Vers 136. de la Satire IX.

R E M A R Q U E S.

1. *Qu'il ne parle hardiment de Gallet,* &c.] Regnier parle de *Gallet,* du S. de *Provins,* & du *Coufin,* dans fa quatorziéme Satire.

2. *Balandran.*] Cafaque de Campagne.

1 Que répondront à cela mes Censeurs? Pour peu qu'on les
presse, ils chasseront de la République des Lettres tous les
Poëtes Satiriques, comme autant de perturbateurs du repos public. Mais que diront-ils de Virgile, le sage, le discret Virgile, qui dans une Eglogue, où il n'est pas question de Satire, tourne d'un seul Vers deux Poëtes de son temps en ridicule?

　　Qui Bavium non odit, amet tua carmina, Mævi:
dit un Berger satirique dans cette Eglogue. Et qu'on ne me-
dise point que Bavius & Mævius en cet endroit sont des
noms supposez: puisque ce seroit donner un trop cruel dé-
menti au docte Servius, qui assure positivement le contraire.
En un mot, qu'ordonneront mes Censeurs, de Catulle, de
Martial, & de tous les Poëtes de l'Antiquité, qui n'en ont
pas usé avec plus de discrétion que Virgile? Que penseront-
ils de Voiture, qui n'a point fait conscience de rire aux dépens du célèbre Neuf-Germain, quoi-qu'également recommand-
dable par l'antiquité de sa barbe, & par la nouveauté de sa
Poësie? Le banniront-ils du Parnasse, lui & tous les Poëtes de l'Antiquité, pour établir la sûreté des Sots & des
Ridicules? Si cela est; je me consolerai aisément de mon exil.
Il y aura du plaisir à être relegué en si bonne compagnie.
Raillerie à part, ces Messieurs veulent-ils être plus sages que Scipion & Lélius, plus délicats qu'Auguste, plus cruels que
Neron? Mais eux qui sont si rigoureux envers les Critiques,
d'où vient cette clémence qu'ils affectent pour les méchans Autheurs? Je voi bien ce qui les afflige: ils ne veulent pas être
détrompez. Il leur fâche 2 d'avoir admiré serieusement des
Ouvrages que mes Satires exposent à la risée de tout le monde, & de se voir condamnez à oublier, dans leur vieillesse,
ces mêmes Vers qu'ils ont autrefois appris par cœur comme
des chefs-d'œuvres de l'Art. Je les plains sans doute: mais quel
remède? Faudra-t-il, pour s'acommoder à leur goût particulier, renoncer au sens commun? Faudra-t-il applaudir indiffe-

　　　　　　　　　　　　　　　　　　　　　　　　rem-

R E M A R Q U E S.

1. *Que répondront à cela mes Censeurs;*] ce, Epître II. Liv. 2.
Ceci regarde toûjours M . . . . . .
2. *Il leur fâche d'avoir admiré &c.*] Hora-

*Vel quia nil rectum, nisi quod placuit sibi,
ducunt;*

　　　　　　　　　　　　　　　　　　　　　　Vel.

remment à toutes les impertinences qu'un Ridicule aura répanduës fur le papier? Et au lieu ' qu'en certains païs on condamnoit les méchans Poëtes à effacer leurs Ecrits avec la langue, les livres deviendront-ils deformais un afyle inviolable, où toutes les fottifes auront droit de bourgeoifie; où l'on n'ofera toucher fans profanation? J'aurois bien d'autres chofes à dire fur ce fujet. Mais comme j'ai déja traité de cette matiere dans ma neuviéme Satire, il est bon d'y renvoyer le Lecteur.

REMARQUES.

Vel quia turpe putant parere minoribus
&c que
Imberbes didicere, fenes perdenda fateri.
1. *En certains païs*] A Lion, dans un Temple célèbre, que les foixante Nations des Gaules firent bâtir en l'honneur de l'Empereur Augufte, au confluent du Rhône & de la Saône, dans l'endroit où eft à préfent l'Abbayé d'Ainai. L'Empereur Caligula y inftitua des Jeux, & y fonda des prix pour les difputes d'Eloquence & de Poëfie, qui s'y faifoient en Langue Gréque & Latine; mais il établit auffi des peines contre ceux qui ne réuffiroient pas en ces fortes de difpu-

tes. Les vaincus étoient obligez de donner des prix aux vainqueurs, & de compofer des difcours à leur loüange. Mais ceux dont les difcours avoient été trouvez les plus mauvais, étoient contraints de les éffacer avec la Langue, ou avec une éponge; pour éviter d'être battus de verges, ou d'être plongez dans le Rhône. *Suétone*, *Vie de Caligula*, 20. *Voiez l'Hiftoire abregée, ou l'Eloge H'ftorique de Lion*, Part 1. *Ch.* 12.
C'eft à ces fortes de peines que Juvénal a fait allufion dans fa première Satire:
Palleat, ut nudis preff't qui caltibus anguem,
Aut Lugdunenfem Rhetor dicturus ad Aram.

REMERCIMENT
A MESSIEURS
DE L'ACADEMIE
FRANÇOISE I

ESSIEURS,

L'honneur que je reçois aujourd'hui est quelque chose pour moi de si grand, de si extraordinaire, de si peu attendu, & tant

REMARQUES.

1. La mort de M. Colbert, arrivée le 6. de Septembre, 1683. aiant laissé une place vacante à l'Académie Françoise, quelques-uns des Académiciens, & entre autres M. l'Abbé Regnier & M. Rose, allèrent trouver M. Despréaux pour savoir s'il accepteroit cette place, au cas que l'Académie voulût la lui donner. M. Despréaux reçut fort bien cette proposition; mais comme il savoit qu'une des loix de cette compagnie étoit de n'offrir jamais ces sortes de places, il retint sur tout qu'il ne la demanderoit point. Ils y consentirent: de sorte qu'ils proposérent eux-mêmes M. Despréaux pour remplir la place de M. Colbert.

M. De la Fontaine, qui aspiroit à la même place, apprehendant l'exclusion s'il avoit M. Despréaux pour concurrent, le pria de s'en désister en sa faveur. M. Despréaux lui dit, que si l'Académie le nommoit, il ne pouvoit refuser cet honneur; mais il lui promit de ne faire aucune démarche pour l'obtenir.

L'Académie fut partagée entre ces deux grands Hommes. Mais quelques Académiciens, sensibles au chagrin de voir leurs noms dans les Satires de M. Despréaux, craignirent de l'avoir pour leur Confrére: ainsi la pluralité des suffrages fut pour Mr. De la Fontaine.

Le Roi ne fut pas content de cette élection: non pas que Mr. De la Fontaine ne fût très digne d'être choisi, mais parce qu'on l'avoit préféré à Mr. Despréaux. Quand les Députez de l'Académie Françoise allérent, selon l'usage de cette Compagnie, deman-

tant de fortes de raisons [1] fembloient devoir pour jamais m'en exclure, que dans le moment même où je vous en fais mes remercimens, je ne fçai encore ce que je dois croire. Eft-il poffible, eft-il bien vrai, que vous m'aiez en effet jugé digne d'être admis dans cette illuftre Compagnie, dont le fameux établiffement ne fait guéres moins d'honneur à la mémoire du Cardinal de Richelieu, que tant de chofes merveilleufes qui ont été exécutées fous fon miniftère? Et que penferoit ce grand Homme? Que penferoir [2] ce fage Chancelier qui a poffédé après lui la Dignité de vôtre Protecteur, & après lequel vous avez jugé ne pouvoir choifir d'autre Protecteur que le Roi même? Que penferoient-ils, dis-je, s'ils me voyoient aujourd'hui entrer dans ce Corps fi célèbre, l'objet de leurs foins & de leur eftime, & où par les loix qu'ils ont établies, par les maximes qu'ils ont maintenuës, perfonne ne doit être reçu qui ne foit d'un merite fans reproche, d'un efprit hors du commun, en un mot, femblable à vous? Mais à qui eft-ce encore que je fuccéde dans la place que vous m'y donnez? N'eft-ce pas à un Homme [3] également confiderable, & par fes grands emplois, & par fa profonde capacité dans les affaires; qui tenoit une des premieres places dans le Confeil, & qui en tant d'importantes occafions a été honoré de la plus étroite confiance de fon Prince; à un Magiftrat non moins fage qu'éclairé, vigilant, laborieux, & avec lequel, plus je m'examine, moins je me trouve de proportion?

Je

REMARQUES.

der au Roi fon agrément pour la nomination de Mr. De la Fontaine, Sa Majefté les renvoia fans leur expliquer fon intention, & les laiffa très-long-temps dans cette incertitude. Le Roi fit même la campagne de Luxembourg fans fe déclarer là-deffus.

Pendant cet intervale, Mr. de Bezons, Confeiller d'Etat, & l'un des Membres de l'Académie, vint à mourir. Cet illuftre Corps ne balança point à nommer Mr. Defpréaux pour fon Succeffeur: & le Roi, en approuvant ce choix, confirma celui qu'on avoit fait de Mr. De la Fontaine.

Mr. Defpréaux fût reçû le 3. de Juillet, 1684. Dans fon Rémerciment il affecta

beaucoup de modeftie, de peur de faire croire qu'il voulût tirer vanité de l'attention que le Roi avoit donnée à fa nomination.

1. *Sembloient devoir.... m'en exclure.*] L'Auteur avoit écrit contre plufieurs Académiciens.

2. *Ce Sage Chancelier.*] Mr. Seguier. Après fa mort, arrivée en 1672. le Roi voulût bien fe déclarer Protecteur de l'Académie Françoife, à laquelle il permit de tenir fes Affemblées au Louvre.

3. *N'eft-ce pas à un Homme &c,*] Mr. de Bezons (Claude Bazin) Confeiller d'Etat,

Je fçai bien, MESSIEURS, & perſonne ne l'ignore, que dans le choix que vous faites des Hommes propres à remplir les places vacantes de vôtre ſavante Aſſemblée, vous n'avez égard ni au rang ni à la dignité : que la politeſſe, le ſavoir, la connoiſſance des belles lettres, ouvrent chez vous l'entrée aux honnêtes gens, & que vous ne croiez point remplacer indignement un Magiſtrat du premier ordre, un Miniſtre de la plus haute élévation, en lui ſubſtituant un Poëte célébre, un Ecrivain illuſtre par ſes Ouvrages, & qui n'a ſouvent d'autre dignité que celle que ſon merite lui donne ſur le Parnaſſe. Mais en qualité même d'Homme de lettres, que puis-je vous offrir qui ſoit digne de la grace dont vous m'honnorez ? Seroit-ce un foible recueil de Poëſies, qu'une témerité heureuſe, & quelque adroite imitation des Anciens, ont fait valoir, plûtôt que la beauté des penſées, ni la richeſſe des expreſſions ? Seroit-ce une traduction ſi éloignée de ces grands chefs-d'œuvres que vous nous donnez tous les jours, & où vous faites ſi glorieuſement revivre les Thucydides, les Xenophons, les Tacites, & tous ces autres célébres Heros de la ſavante Antiquité ? Non MESSIEURS, vous connoiſſez trop bien la juſte valeur des choſes, pour payer d'un ſi grand prix des Ouvrages auſſi médiocres que les miens, [1] & pour m'offrir de vous-mêmes, s'il faut ainſi dire, ſur un ſi léger fondement, un honneur que la connoiſſance de mon peu de merite ne m'a pas laiſſé ſeulement la hardieſſe de demander.

Quelle eſt donc la raiſon qui vous a pû inſpirer ſi heureuſement pour moi en cette rencontre ? Je commence à l'entrevoir ; & j'oſe me flatter que je ne vous ferai point ſouffrir en la publiant. La bonté qu'a eu le plus grand Prince du monde, en voulant bien que je m'emploiaſſe [2] avec un de vos plus illuſtres Ecrivains à ramaſſer en un corps le nombre infini de ſes actions immortelles ; cette permiſſion, dis-je, qu'il m'a donnée,

REMARQUES.

1. *Et pour m'offrir de vous mêmes*, &c.] *Quem & abſentem in ampliſſimum Ordinem cooptarunt ; & ea non petenti detulerunt ; quæ multis petentibus denegarunt.* Cic. pro M. Cælio.

2. *Avec un de vos plus illuſtres Ecrivains.*] Mr. Racine avoit été reçu à l'Académie en 1673. Il fut nommé en 1677. avec Mr. Deſpréaux, pour écrire l'Hiſtoire du Roi.

née, m'a tenu lieu auprés de vous de toutes les qualités qui me manquent. Elle vous a entierement déterminez en ma faveur. Oüi, MESSIEURS, quelque juste sujet qui dût pour jamais m'interdire l'entrée de vôtre Académie, vous n'avez pas crû qu'il fût de vôtre équité de souffrir, qu'un Homme destiné à parler de si grandes choses, fût privé de l'utilité de vos leçons, ni instruit en d'autre Ecole qu'en la vôtre. Et en cela vous avez bien fait voir, que lorsqu'il s'agit de vôtre auguste Protecteur, quelque autre consideration qui vous pût retenir d'ailleurs, vôtre zèle ne vous laisse plus voir que le seul interêt de sa gloire.

Permettez pourtant que je vous désabuse, si vous vous êtes persuadez que ce grand Prince, en m'accordant cette grace, ait crû rencontrer en moi un Ecrivain capable de soûtenir en quelque sorte par la beauté du stile, & par la magnificence des paroles, la grandeur de ses exploits. C'est à vous, MESSIEURS, c'est à des plumes comme les vôtres, qu'il appartient de faire de tels chef-d'œuvres; & il n'a jamais conçu de moi une si avantageuse pensée. Mais comme tout ce qui s'est fait sous son regne tient beaucoup du miracle & du prodige, il n'a pas trouvé mauvais, qu'au milieu de tant d'Ecrivains célébres, qui s'apprêtent à l'envi à peindre ses actions dans tout leur éclat, & avec tous les ornemens de l'éloquence la plus sublime, un Homme sans fard, & accusé plûtôt de trop de sincerité que de flatterie, contribuât de son travail & de ses conseils à bien mettre en jour & dans toute la naïveté du stile le plus simple, la verité de ces actions, qui étant si peu vraisemblables d'elles-mêmes, ont bien plus besoin d'être fidelement écrites, [a] que fortement exprimées.

En effet, MESSIEURS, lorsque des Orateurs & des Poëtes, ou des Historiens même aussi entreprenans quelquefois que les Poëtes & les Orateurs, viendront à déploier sur une matiere si heureuse toutes les hardiesses de leur Art, toute la force de leurs expressions : Quand ils diront de LOUIS LE GRAND, à meilleur titre qu'on ne

CHANGEMENS.

a *Que fortement exprimées.*] *Fortement exagerées*, dans les prémieres éditions.

ne l'a dit d'un fameux Capitaine de l'Antiquité, qu'il a lui
seul plus fait d'exploits ' que les autres n'en ont lû ; qu'il a
plus pris de Villes que les autres Rois n'ont souhaité d'en prendre : Quand ils assureront, qu'il n'y a point de Potentat sur
la terre, quelque ambitieux qu'il puisse être, qui dans les
vœux secrets qu'il fait au Ciel, ose lui demander autant de prosperitez & de gloire, que le Ciel en a accordé liberalement à ce
Prince : Quand ils écriront, que sa conduite est maîtresse des
évenemens, que la Fortune n'oseroit contredire ses desseins :
Quand ils le peindront à la tête de ses armées, marchant à pas
de Géant au travers des fleuves & des montagnes, foudroiant
les remparts, brisant les rocs, terrassant tout ce qui s'oppose à sa
rencontre ; ces expressions paroîtront sans doute grandes, riches,
nobles, accommodées au sujet : mais en les admirant, on ne
se croira point obligé d'y ajoûter foi, & la verité sous ces
ornemens pompeux, pourra aisément être desavoüée ou mé-
connuë.

Mais lorsque des Ecrivains sans artifice, se contentant de rapporter fidelement les choses, & avec toute la simplicité de témoins
qui déposent, plûtôt même que d'Historiens qui racontent, ex-
poseront bien tout ce qui s'est passé en France depuis la fameuse
Paix des Pirénées, tout ce que le Roi a fait pour rétablir dans
ses Etats, l'ordre, les loix, la discipline : Quand ils compte-
ront bien toutes les Provinces que dans les guerres suivantes il
a ajoûtées à son Roiaume, toutes les Villes qu'il a conquises,
tous les avantages qu'il a eûs, toutes les victoires qu'il a remportées sur ses Ennemis : l'Espagne, la Hollande, l'Allema-
gne, l'Europe entiere trop foible contre lui seul, une guerre
toûjours féconde en prosperitez, une paix encore plus glorieuse :
Quand, dis-je, des plumes sinceres, & plus soigneuses de dire vrai que de se faire admirer, articuleront bien tous ces faits
disposez dans l'ordre des temps, & accompagnez de leurs veritables

R E M A R Q U E S.

1. *Que les autres n'en ont lû.*] Mot fameux *vincias confecit, quàm alii concupiverunt.* Pro
de Ciceron, en parlant de Pompée : *Plura* *Lege Manilia.*
bella gessit, quàm caeteri legerunt. Plures Pro-

tables circonstances ; qui est-ce qui en pourra disconvenir , je ne
dis pas de nos Voisins , je ne dis pas de nos Alliez , je dis de
nos Ennemis mêmes ? Et quand ils n'en voudroient pas tomber
d'accord, leurs puissances diminuées , leurs Etats resserrez dans des
bornes plus étroites , leurs plaintes, leurs jalousies , leurs fureurs,
leurs invectives même ne les en convaincront - ils pas malgré eux?
Pourront - ils nier , que l'année même où je parle , ce Prince voulant les contraindre d'accepter la Paix qu'il leur offroit pour le
bien de la Chrétienté , il a tout à coup , & lors qu'ils le publi-
oient entièrement épuisé d'argent & de forces , il a , dis-je , tout-
à-coup fait sortir comme de terre dans les Païs - bas deux armées
de quarante mille hommes chacune , & les y a fait subsister abondamment malgré la disette des fourrages & la sécheresse de la saison ? Pourront - ils nier , que tandis qu'avec une de ses armées il
faisoit assiéger Luxembourg , lui-même avec l'autre , tenant toutes les Villes du Hainaut & du Brabant comme bloquées ; par
cette conduite toute merveilleuse, ou plûtôt par une espèce d'enchantement , semblable à celui de [1] cette Tête si célèbre dans les
Fables, dont l'aspect convertissoit les hommes en rochers , il a
rendu les Espagnols immobiles spectateurs de la prise de cette place si importante, où ils avoient mis leur dernière ressource : Que
par un effet non moins admirable d'un enchantement si prodigieux , [2] cet opiniâtre Ennemi de sa gloire , cet industrieux Ar-
tisan de ligues & de querelles, qui travailloit depuis si long-
temps à remuer contre lui toute l'Europe , s'est trouvé lui - même dans l'impuissance , pour ainsi dire, de se mouvoir ; lié de
tous côtez , & réduit, pour toute vengeance , à semer des libelles, à pousser des cris & des injures ? Nos Ennemis , je le répète , pourront - ils nier toutes ces choses ? Pourront - ils ne pas a-
vouer, qu'au même temps que ces merveilles s'exécutoient dans
les Païs-bas , nôtre armée navale sur la Mer Méditerranée , après
avoir forcé Alger à demander la paix, faisoit sentir à Gènes ,
par un exemple à jamais terrible, la juste punition de ses insolen-
ces

R E M A R Q U E S.

[1]. *Cette Tête si fameuse.*] La Tête de | Le Prince d'Orange , Guillaume de Nas-
Meduse. | sau depuis Roi d'Angleterre.
[2]. *Cet opiniâtre Ennemi de sa gloire.*]

ces & de ses perfidies; enseveliſſoit ſous les ruines de ſes Palais
& de ſes Maiſons cette ſuperbe Ville , plus aiſée à détruire qu'à
humilier ? Non ſans doute , nos Ennemis n'oſeroient démentir
des veritez ſi ſreconnuës; ſur tout , lors qu'ils les verront écrites
avec cet air ſimple & naïf , & dans ce caractère de ſincerité &
de vraiſemblance , qu'au défaut des autres choſes je ne deſeſpe-
re pas abſolument de pouvoir, au moins en partie , fournir à
l'Hiſtoire.

Mais comme cette ſimplicité même , toute ennemie qu'elle eſt
de l'oſtentation & du faſte , a pourtant ſon art , ſa méthode ,
ſes agrémens; où pourrois-je mieux puiſer cet art & ces agrémens , que dans la ſource même de toutes les délicateſſes; dans
cette Académie qui tient depuis ſi long-temps en ſa poſſeſſion tous
les thréſors , toutes les richeſſes de nôtre langue ? C'eſt donc ,
Messieurs , ce que j'eſpère aujourd'hui trouver parmi vous?
c'eſt ce que j'y viens étudier , c'eſt ce que j'y viens apprendre.
Heureux ! ſi par mon aſſiduité à vous cultiver; par mon adreſſe
à vous faire parler ſur ces matieres , je puis vous engager à ne
me rien cacher de vos connoiſſances & de vos ſecrets. Plus
heureux encore ! ſi par mes reſpects , & par mes ſincères ſoû-
miſſions , je puis parfaitement vous convaincre de l'extrème reconnoiſſance , que j'aurai toute ma vie de l'honneur ineſperé que
vous m'avez fait.

DIS-

DISCOURS
SUR LE STILE
DES INSCRIPTIONS

Mr. Charpentier de l'Académie Françoise, aiant composé des Ins-
criptions pleines d'emphase, qui furent mises par ordre du Roi au
bas des Tableaux des Victoires de ce Prince, peints dans la
grande Galerie de Verfailles par Monfieur le Brun; Monfieur de
Louvois, qui fucceda à Monfieur Colbert dans la Charge de Sur-
Intendant des Bâtimens, fit entendre à fa Majefté, que ces
Infcriptions déplaifoient fort à tout le monde; & pour mieux lui
montrer que c'étoit avec raifon, me pria de faire fur cela un
mot d'écrit qu'il pût montrer au Roi. Ce que je fis auffi-tôt. Sa
Majefté lût cet Ecrit avec plaifir, & l'approuva. De forte que
la faifon l'appelant à Fontainebleau, il ordonna qu'en fon abfen-
ce on ôtât toutes ces pompeufes déclamations de Monfieur Char-
pentier, & qu'on y mît les Infcriptions fimples, qui y font;
que nous compofames prefque fur le champ, Monfieur Racine &
moi, & qui furent approuvées de tout le monde. C'eft cet Ef-
crit, fait à la priere de Monfieur de Louvois, que je donne
ici au Public.

Es Infcriptions doivent être fimples, courtes,
& familières. La pompe, ni la multitude des paroles n'y valent rien, & ne font point propres
au ftile grave, qui eft le vrai ftile des Infcriptions. Il eft abfurde de faire une déclamation
autour d'une Médaille, ou au bas d'un Tableau,
fur tout lors qu'il s'agit d'actions comme celles du Roi, qui étant

d'elles.

d'elles-mêmes toutes grandes & toutes merveilleuses, n'ont pas besoin d'être exagerées.

Il suffit d'énoncer simplement les choses pour les faire admirer. *Le passage du Rhin* dit beaucoup plus, que *le merveilleux passage du Rhin.* L'Epithète de *merveilleux* en cet endroit, bien loin d'augmenter l'action, la diminuë, & sent son déclamateur qui veut grossir de petites choses. C'est à l'Inscription à dire, *voilà le passage du Rhin;* & celui qui lit, saura bien dire sans elle, *Le passage du Rhin est une des plus merveilleuses actions qui ayent jamais été faites dans la guerre.* Il le dira même d'autant plus volontiers, que l'Inscription ne l'aura pas dit avant lui; les hommes naturellement ne pouvant souffrir qu'on prévienne leur jugement, n'y qu'on leur impose la nécessité d'admirer ce qu'ils admireront assez d'eux mêmes.

D'ailleurs, comme les Tableaux de la Galerie de Versailles font des espèces d'Emblêmes heroïques des actions du Roi, il ne faut dans les règles que mettre au bas du Tableau le fait historique, qui a donné occasion à l'Emblême. Le Tableau doit dire le reste, & s'expliquer tout seul. Ainsi, par exemple, lors qu'on aura mis au bas du premier Tableau, *Le Roi prend lui-même la conduite de son Roiaume, & se donne tout entier aux affaires, 1661.* Il sera aisé de concevoir le dessein du Tableau, où l'on voit le Roi fort jeune, qui s'éveille au milieu d'une foule de Plaisirs dont il est environné, & qui tenant de la main un timon, s'apprête à suivre la Gloire qui l'appelle, &c.

Au reste, cette simplicité d'Inscriptions est extrèmement du goût des Anciens, comme on le peut voir dans les Médailles, où ils se contentoient souvent de mettre pour toute explication la date de l'action qui est figurée, ou le Consulat sous lequel elle a été faite, ou tout au plus deux mots, qui apprennent le sujet de la Médaille.

Il est vrai que la langue Latine dans cette simplicité a une noblesse & une énergie, [1] qu'il est difficile d'attraper en nôtre langue

R E M A R Q U E S.

1. *Qu'il est difficile d'attraper en nôtre langue.*] La raison de cela est bien expliquée dans une Lettre que l'Auteur m'écrivit le 15. de Mai, 1705....... » Je n'aurai pas » grand peine à me déterminer là-dessus, » puisque je suis entièrement déclaré pour la » Langue Latine, qui est extrèmement pro-» pre, à mon avis, pour les Inscriptions,

langue. Mais si l'on n'y peut atteindre, il faut s'efforcer d'en
approcher ; & tout du moins ne pas charger nos Inscriptions
d'un verbiage & d'une enflûre de paroles, qui étant fort mauvaise par tout ailleurs, devient sur tout insupportable en ces
endroits.

Ajoûtez à tout cela, que ces Tableaux étant dans l'appartement du Roi, & aiant été faits par son ordre ; c'est en quelque sorte le Roi lui-même qui parle à ceux qui viennent voir
sa Galerie. C'est pour ces raisons qu'on a cherché une grande
simplicité dans les nouvelles Inscriptions, où l'on ne met proprement que le & titre la date, & où l'on a sur tout évité
le faste & l'ostentation.

R E M A R Q U E S.

à cause de ses Ablatifs absolus : au lieu
que la Langue Françoise, en de pareilles
occasions, traine & languit par ses Geron-
difs incommodes, & par ses Verbes auxi-
liaires, où elle est indispensablement assu-
jettie, & qui sont toûjours les mêmes. A-
joûtez, qu'aiant besoin, pour plaire, d'ê-
tre soûtenuë, elle n'admet point cette simplicité majestueuse du Latin ; & pour peu
qu'on l'orne, on donne dans un certain Phébus qui là rend sotte & fade. En effet,
Monsieur, Voiez, par exemple, qu'elle
comparaison il y auroit entre ces mots qui
me viennent au bout de la plume : *Regiâ*
Familiâ Urbem invisente ; & ceux-ci : *La*
Roiale Famille étant venuë voir la Ville. Avec
tout cela néanmoins peut être que je me
trompe ; & je me rendrai volontiers sur
cela à l'avis &c.

K k 2   A MON-

A MONSEIGNEUR LE DUC
DE VIVONNE
SUR SON ENTRÉE
DANS LE FARE DE MESSINE.
I. LETTRE I.

ONSEIGNEUR,

Savez-vous bien qu'un des plus sûrs moiens pour empêcher un homme d'être plaisant, c'est de lui dire: Je veux que vous le soiez? Depuis que vous m'avez deffendu le serieux, je ne me suis jamais senti si grave, & je ne parle plus que par sentences. Et d'ailleurs, vôtre derniere action a quelque chose de si grand, qu'en verité je ferois conscience de vous en écrire autre-

REMARQUES.

1. Cette Lettre est du 4. de Juin, 1675. Mr. le Duc de Vivonne commandoit alors l'armée navale que le Roi avoit envoiée au secours des Messinois. Après avoir battu la Flotte d'Espagne qui barroit le Port de Messine, & secouru la ville de vivres & de munitions, il manda à Mr. Despréaux qu'il le prioit de lui écrire quelque chose, qui le consolât des mauvaises harangues qu'il étoit obligé d'entendre. C'est ce qui donna lieu à l'Auteur d'imaginer ces deux Lettres, & il les composa de génie, étant chez Mr. de Lamoignon à Bâville, où il n'avoit sous les yeux ni les Lettres de Voiture, ni celles de Balzac. Au reste, il donnoit la préference à la seconde Lettre, c'est à dire, à celle qui imite le stile de Voiture.

autrement qu'en ſtile heroïque. Cependant je ne ſaurois me réſoudre à ne vous pas obéïr en tout ce que vous m'ordonnez. Ainſi dans l'humeur où je me trouve, je tremble également de vous fatiguer par un ſerieux fade, ou de vous ennuïer par une méchante plaiſanterie. Enfin, mon Apollon m'a ſecouru ce matin; & dans le temps que j'y penſois le moins, m'a fait trouver ſur mon chevet deux Lettres, qui, au défaut de la mienne, pourront peut-être vous amuſer agréablement. Elles ſont datées des Champs Elyſées. L'une eſt de Balzac, & l'autre de Voiture, qui tous deux charmez du récit de vôtre dernier Combat, vous écrivent de l'autre Monde, pour vous en féliciter.

Voici celle de Balzac. Vous la reconnoîtrez aiſément à ſon ſtile, qui ne ſauroit dire ſimplement les choſes, ni deſcendre de ſa hauteur.

M*ONSEIGNEUR,*

Aux champs Elyſées le 2. Juin.

Le bruit de vos actions reſſuſcite les Morts. Il réveille des gens endormis depuis trente années, & condamnez à un ſommeil éternel. Il fait parler le ſilence même. La belle, béclatante, la glorieuſe conquête que vous avez faite ſur les Ennemis de la France! Vous avez redonné le pain à une Ville qui a accoûtumé de le fournir à toutes les autres. Vous avez nourri la Mere-nourrice de l'Italie. Les tonnerres de cette flote, qui vous fermoit les avenuës de ſon port, n'ont fait que ſaluer vôtre entrée. Sa réſiſtance ne vous a pas arrêté plus long-temps qu'une réception un peu trop civile. Bien loin d'empêcher la rapidité de vôtre courſe, elle n'a pas ſeulement interrompu l'ordre de vôtre marche. Vous avez contraint à ſa vûë le Sud & le Nord de vous obéïr. ſans châtier la mer, comme Xerxès, vous l'avez

Tom.

R E M A R Q U E S

1. *Le bruit de vos actions &c.*] Ce commencement eſt imité d'une Lettre de Balzac à Corneille, Livre 16. Lettre 9. de l'édi-

tion in folio.

2. *Sans châtier la mer, comme Xerxès.*] Herodote, Livre 7. & Juvenal, Satire 10.

renduë diſciplinable. Vous avez plus fait encore; vous avez rendu
l'Eſpagnol humble : Après cela, que ne peut-on point dire de
vous ? Non, la Nature, je dis la Nature encore jeune, & du
temps qu'elle produiſoit les Alexandres & les Céſars, n'a rien produit
de ſi grand que ſous le regne de L O U I S quatorziéme. Elle a donné aux François, ſur ſon déclin, ce que Rome n'a pas obtenu d'elle
dans ſa plus grande maturité. Elle a fait voir au monde dans vôtre
ſiécle, en corps & en ame, cette valeur parfaite, dont on avoit à peine
entreveû l'idée dans les Romans & dans les Poëmes heroïques.
[1] N'en déplaiſe à un de vos Poëtes, il n'a pas raiſon d'écrire,
qu'au-delà du Cocyte le merite n'eſt plus connu. Le vôtre, MON-
SEIGNEUR, eſt vanté ici d'une commune voix des deux côtez du Styx. Il fait ſans ceſſe reſſouvenir de vous dans le ſé-
jour même de l'oubli. Il trouve des partiſans zélez dans le païs
de l'indifference. Il met l'Acheron dans les intérets de la Seine.
Diſons plus, il n'y a point d'Ombre parmi nous, ſi prévenuë des
principes du Portique, ſi endurcie dans l'Ecole de Zénon, ſi for-
tifiée contre la joie & contre la douleur, qui n'entende vos loüanges avec plaiſir, qui ne batte des mains, qui ne crie, miracle! au moment que l'on vous nomme, & qui ne ſoit prête de dire avec vôtre Malherbe:

[2] A la fin c'eſt trop de ſilence
En ſi beau ſujet de parler.

Pour moi, MONSEIGNEUR, [3] qui vous conçois encore beaucoup mieux, je vous médite ſans ceſſe dans mon repos; je m'occupe

R E M A R Q U E S.

1. N'en déplaiſe à un de vos Poëtes.]
Voiture, dans l'Epitre en Vers a Monſei-
gneur le Prince, à dit:
Au delà des bords du Cocyte:
Il n'eſt plus parlé de merite.
2. A la fin c'eſt trop de ſilence, &c.] Com-
mencement d'une Ode adreſſée à Mr. le Duc
de Bellegarde. Scarron a mis ces deux mêmes
Vers dans une Ode à Madame d'Eguillon.
Or çà, tout de bon je commence.
Auſſi bien, c'eſt trop de ſilence

En ſi beau ſujet de parler.
Ces Vers ſont ici d'importance ::
J'ai fort bien fait de les voler.
3. Qui vous conçois.] Quelques-uns
vouloient que l'Auteur mit, connois, au lieu
de conçois. Mais il leur fit voir que ce dernier mot, en cet endroit, renferme une
idée plus grande, & pour ainſi dire, plus
gigantesque; par conſequent plus propre de
Balzac.

rupe tout entier de vôtre idée, dans les longues heures de nôtre loisir; je crie continuellement, le grand Personnage! & si je souhaite de revivre, c'est moins pour revoir la lumiere, que pour joüir de la souveraine félicité de vous entretenir, & de vous dire de bouche, avec combien de respect je suis de toute l'étenduë de mon ame,

MONSEIGNEUR

Vôtre très-humble, & très-obéïssant serviteur, BALZAC.

Je ne sai, MONSEIGNEUR, si ces violentes exagerations vous plairont, & si vous ne trouverez point que le stile de Balzac s'est un peu corrompu dans l'autre Monde. Quoi qu'il en soit, jamais à mon avis il n'a prodigué ses hiperboles plus à propos. C'est à vous d'en juger. Mais auparavant lisez, je vous prie, la Lettre de Voiture.

MONSEIGNEUR.

Aux champs Elysées le 2. Juin.

Bien que nous autres Morts ne prenions pas grand interêt aux affaires des Vivans, & ne soions pas trop portez à rire, je ne saurois pourtant m'empêcher de me réjoüir des grandes choses que vous faites au dessus de nôtre tête. Serieusement, vôtre dernier combat fait un bruit de Diable aux Enfers. Il s'est fait entendre dans un lieu, où l'on n'entend pas Dieu tonner, & a fait connoître vôtre gloire dans un pays, où l'on ne connoît point le Soleil. Il est venu ici un bon nombre d'Espagnols qui y étoient, & qui nous en ont appris le détail. Je ne sai pas pourquoi on veut faire passer les gens de leur nation pour fanfarons. Ce sont, je vous assure, de fort bonnes gens; & le Roi, depuis quelque temps, nous les envoie ici fort humbles & fort honnêtes. Sans mentir, MONSEIGNEUR, vous avez bien fait des vôtres depuis peu. A voir de quel air vous courez la Mer Méditerranée, il semble qu'elle vous appartienne toute entiere. Il n'y a pas à

K k 4 l'heure

l'heure qu'il est, dans toute son étenduë, un seul Corsaire en sûreté ; & pour peu que cela dure, je ne voi pas dequoi vous voulez que Tunis & Alger subsistent. Nous avons ici les Césars, les Pompées, & les Alexandres. Ils trouvent tous que vous avez assez attrapé leur air dans vôtre maniere de combatre. Sur tout, César vous trouve très César. Il n'y a pas jusqu'aux Alarics, aux Genserics, aux Théodorics, & à tous ces autres Conquerans en ics, qui ne parlent fort bien de vôtre action : & dans le Tartare même, je ne sai si ce lieu vous est connu, il n'y a point de Diable, MONSEIGNEUR, qui ne confesse ingénûment, qu'à la tête d'une Armée vous êtes beaucoup plus Diable que lui. C'est une verité dont vos ennemis tombent d'accord. Néanmoins, à voir le bien que vous avez fait à Messine, j'estime pour moi que vous tenez plus de l'Ange que du Diable, [1] hors que les Anges ont la taille un peu plus légere que vous, [2] & n'ont point le bras en écharpe. Raillerie à part, l'Enfer est extrèmement déchaîné en vôtre faveur. On ne trouve qu'une chose à redire à vôtre conduite ; c'est le peu de soin que vous prenez quelquefois de vôtre vie. On vous aime assez en ce païs-ici, pour souhaiter de ne vous y point voir. Croiez-moi, MONSEIGNEUR, je lai déja dit en l'autre Monde, [3] C'est fort peu de chose qu'un Demi-Dieu quand il est mort. Il n'est rien tel que d'être vivant. Et pour moi, qui sais maintenant par experience ce que c'est que de ne plus être ; je fais ici la meilleure contenance que je puis. Mais, à ne vous rien celer, je meurs d'envie de retourner au monde ; ne fût-ce que pour avoir le plaisir de vous y voir. Dans le dessein même que j'ai de faire ce voiage, j'ai déja envoié plusieurs fois chercher les parties de mon corps, pour les rassembler : mais je n'ai jamais pû ravoir mon cœur, que j'avois laissé en partant [4] à ces sept Maitresses, que je servois

vois

R E M A R Q U E S.

[1] *Hors que les Anges ont la taille &c.*] Mr. de Vivonne étoit extrèmement gros.

[2] *Et n'ont point le bras en écharpe.*] Dans l'action qui suivit le fameux passage du Rhin, Mr. de Vivonne reçût une grande blessure à l'épaule gauche, & demeura estropié du bras, qu'il a toûjours porté en écharpe.

[3] *C'est fort peu de chose qu'un Demi-Dieu &c.*] Voiture, dans la même Epitre à Monsieur le Prince.

[4] *A ces sept Maitresses &c.*] Voiez l'Histoire de l'Académie Françoise, & la Pompe funèbre de Voiture.

vois, comme vous savez, si fidellement toutes sept à la fois
Pour mon esprit, à moins que vous ne l'ayez, on m'a assûré
qu'il n'étoit plus dans le monde. A vous dire le vrai, je vous
soupçonne un peu d'en avoir au moins l'enjouëment. Car on m'a
rapporté ici [1] quatre ou cinq mots de vôtre façon, que je voudrois de tout mon cœur avoir dits, & pour lesquels [2] je donnerois
volontiers le panégyrique de Pline, & deux de mes meilleures Lettres. Supposé donc que vous l'aiez, je vous prie de me le renvoier au plûtôt. Car en verité, vous ne sauriez croire quelle incommodité c'est, que de n'avoir pas tout son esprit ; sur tout lors
qu'on écrit à un Homme comme vous. C'est ce qui fait que mon
stile aujourd'hui est tout changé. Sans cela, vous me verriez encore
rire, comme autrefois, [3] avec mon compere le Brochet, & je
ne serois pas réduit à finir ma Lettre trivialement, comme je
fais, en vous disant que je suis ;

MONSEIGNEUR,

Vôtre très - humble, & très - obéïssant
serviteur VOITURE.

Voilà les deux Lettres telles que je les ai reçuës. Je vous les
envoie écrites de ma main : parce que vous auriez eu trop
de peine à lire les caractères de l'autre Monde, si je vous les
avois.

REMARQUES.

1. *Quatre ou cinq mots de vôtre façon.*]
Mr. de Vivonne étoit fertile en bons mots.
On se contentera d'en mettre ici un seul exemple. Un jour le Roi railloit Mr. de Vivonne sur sa grosseur extraordinaire, en présence de Mr. le Duc d'Aumont, qui n'étoit pas
moins gros que Mr. le Duc de Vivonne.
Vous grossissez à vûe d'œil, lui dit le Roi,
vous ne faites point d'exercice. Ah ! Sire, c'est
une médisance, reprit Mr. de Vivonne. Il
n'y a point de jour que je ne fasse au moins trois
fois le tour de mon Cousin d'Aumont. Il y a
une réponse à peu près semblable dans Ra-

belais, Liv. I. c. 24. J'ai raporté d'autres
mots de Mr. de Vivonne sur le Vers 107. de
l'Epître IV.

2. *Je donnerois volontiers le panégyrique de
Pline.*] Voiture se déclaroit hautement contre ce panégyrique, qu'il trouvoit peu naturel, & plein d'affectation. A lire aujour-
d'hui Voiture on diroit au contraire qu'un
Auteur peu naturel & plein d'affectation a dû
être de son gout.

3. *Avec mon Compere le Brochet.*] Voiez
la Lettre 143. de Voiture

avois envoiées en original. N'allez donc pas vous figurer, MON-
SEIGNEUR, que ce soit ici un pur jeu d'esprit, & une
imitation du style de ces deux Ecrivains. Vous savez bien que
Balzac & Voiture font deux Hommes inimitables. Quand il seroit vrai pourtant, que j'aurois eu recours à cette invention
pour vous divertir, aurois-je si grand tort ? Et ne devroit-
on pas au contraire m'estimer, d'avoir trouvé cette adresse pour
vous faire lire des loüanges que vous n'auriez jamais souffertes
autrement ? En un mot, pourrois-je mieux faire voir avec
quelle sincerité & quel respect je suis,

MONSEIGNEUR,

Vôtre, &c.

A MON-

A MONSEIGNEUR LE MARÉCHAL
DUC DE VIVONNE,
A MESSINE.

₁ *LETTRE II.*

ONSEIGNEUR,

Sans une maladie très-violente qui m'a tourmenté pendant quatre mois, & qui m'a mis très longtems dans un état moins glorieux à la vérité, mais presque aussi périlleux que celui où vous êtes tous les jours ; vous ne vous plaindriez pas de ma paresse.

Avant ce tems-là je me suis donné l'honneur de vous écrire plusieurs fois: & si vous n'avez pas reçû mes lettres, c'est la faute des courriers & non pas la mienne. Quoi qu'il en soit me voilà guéri : je suis en état de réparer mes fautes, si j'en ai commis quelques-unes ; & j'espère que cette Lettre-ci prendra une route plus sûre que les autres. Mais dites-moi, *Monseigneur*, sur quel ton faut-il maintenant vous parler ? Je savois assez bien autrefois dequel air il falloit écrire à *Monseigneur* de Vivonne, General

REMARQUES.

1. Cette Lettre n'a point été imprimée dans les éditions qui ont précedé celle-ci. L'original est sans date. L'Auteur n'y en voulut point mettre, parce que la Lettre devoit demeurer long-tems en chemin. Elle fut écrite en l'année 1676. Après les di-verses Victoires que Mr. de Vivonne remporta en Sicile sur les Espagnols & les Hollandois. L'année précedente il avoit été fait Maréchal de France, étant sur la Flotte en Sicile.

neral des Galères de France ; mais oseroit-on se familiariser de même avec ¹ le Libérateur de Messine, ² Le vainqueur de Ruyter, ³ Le Destructeur de la Flotte Espagnole ? Seriez vous le premier Héros qu'une extrême prospérité ne pût enorgueillir ? Etes-vous encore ce même grand Seigneur qui venoit souper chez un misérable Poëte, & y porteriez-vous sans honte vos nouveaux Lauriers au second & au troisième étage ? Non non, Monseigneur, je n'oserois plus me flater de cet honneur. Ce seroit assez pour moi que vous fussiez de retour à Paris ; & je me tiendrois trop heureux de pouvoir grossir les pelotons de peuple qui s'amasseroient dans les ruës, pour vous voir passer. Mais je n'oserois pas même esperer cette joie. Vous vous êtes si fort habitué à gagner des batailles, que vous ne voulez plus faire d'autre métier. Il n'y a pas moien de vous tirer de la Sicile. Cela accommode fort toute la France ; mais cela ne m'accommode point du tout. Quelques belles que soient vos victoires, je n'en saurois être content, puisqu'elles vous rendent d'autant plus nécessaire au païs où vous êtes ; & qu'en avançant vos conquêtes, elles reculent vôtre retour. Tout passionné que je suis pour vôtre gloire, je cheris encore plus vôtre personne, & j'aimerois encor mieux vous entendre parler ici de Chapelain & de Quinault, que d'entendre la Rénommée parler si avantageusement de Vous. Et puis, Monseigneur, combien pensez-vous que vôtre protection m'est nécessaire en ce Païs, dans les démêlez que j'ai incessamment sur le Parnasse ? Il faut que je vous en conte un, pour vous faire voir que je ne mens pas. Vous saurez donc, Monseigneur, qu'il y a un Medecin à Paris, nommé M. P....., très-grand ennemi de la santé & du bon sens ; mais en recompense, fort grand ami de Mr. Quinault. Un mouvement de pitié

R E M A R Q U E S.

1. *Le Liberateur de Messine.*] Il avoit secouru & délivré la Ville de Messine, en battant la Flotte Espagnole, le 11. de Fevrier, 1675, & le 17. Aoust suivant il prit la Ville d'Agosta en Sicile. Au mois de Mars, 1676., Il tailla en piéces sept mille hommes près de Messine.

2. *Le Vainqueur de Ruyter*] Le 22. d'A-

vril 1676. Il vainquit Michel Adrien Ruyter, Lieutenant-Amiral des Hollandois, qui fut blessé à mort dans le combat naval, donné devant Agosta.

3. *Le Destructeur de la Flotte Espagnole.*] Le 2. de Juin il detruisit le reste de la Flotte des Espagnols & des Hollandois au port de Palerme.

rié pour fon païs, ou plûtôt, le peu de gain qu'il faifoit dans
fon métier, lui en a fait à la fin embraffer un autre. ¹ Il a lû
Vitruve, il a fréquenté ² Mr. le Vau & Mr. Ratabon, & s'eft
enfin jetté dans l'Architecture, où l'on prétend qu'en peu d'années il a autant élevé de mauvais bâtimens, qu'étant Medecin
il avoit ruiné de bonnes fantés. Ce nouvel Architecte qui veut
fe méler auffi de Poëfie m'a pris en haine fur le peu d'eftime
que je faifois des ouvrages de fon cher Quinault. Sur cela il
s'eft déchainé contre moi dans le monde. Je l'ai fouffert quelque temps avec affez de moderation ; mais enfin la bile Satirique n'a pû fe contenir : Si bien que dans le quatriéme Chant
de ma Poëtique, à quelque temps de là, j'ai inferé la Métamorphofe d'un Medecin en Architecte. Vous l'y avez peut-
être vûë ; elle finit ainfi :

> Nôtre Affaffin renonce à fon art inhumain ;
> Et deformais la Régle & l'Equierre à la main,
> Laiffant de Galien la Science fufpecte,
> De méchant Medecin devient bon Architecte.

Il n'avoit pourtant pas fujet de s'offenfer, puifque je parle
d'un Medecin de Florence : & que d'ailleurs il n'eft pas le
premier Medecin qui dans Paris ait ³ quitté fa Robe pour la
Truelle. Ajoûtez, que, fi en qualité de Medecin il avoit
raifon de fe fâcher, vous m'avouerez qu'en qualité d'Architecte il me devoit des remerciemens. Il ne me remercia pas
pourtant. Au contraire, comme il a ⁴ un Frere chez Mr.
Col-

R E M A R Q U E S.

1. *Il a lû Vitruve.*] En 1673. Il publia
une Traduction Françoife de L'Architecture
de Vitruve accompagnée de Notes, avec
des figures.

2. *Mr. Le Vau, & Mr. Ratabon.*] Deux
fameux Architectes. M. Le Vau avoit été
Premier Architecte du Roi ; & Mr. Ratabon, qui avoit été Sur-Intendant des Bâtimens de fa Majefté, Vendit cette Charge à
Mr. Colbert, en 1664. Il étoit auffi Directeur de l'Académie Roiale de Peinture & de
Sculpture.

3. *Qui ait quitté fa Robe pour la Truel-*
le.] On indique ici Louis Savot, Medecin du
Roi, & de la Faculté de Paris, qui négligea
fa profeffion pour s'attacher à la Science des
Bâtimens. Il fit imprimer en 1624. &
en 1632. l'Architecture Françoife des bâtimens particuliers. Ce livre fut réimpri-
mé en 1673. avec des Notes de Monfieur
Blondel.

4. *Comme il a un Frere.*] Charles Perraut,
Contrôleur Général des Bâtimens du Roi
fous Mr. Colbert qui en étoit Sur-Intendant.
C'eft celui contre qui nôtre Auteur a écrit
les Réflexions Critiques fur Longin.

L l 3

Colbert, & qu'il eſt lui même emploié [1] dans les Bâtimens
du Roi, il cria fort hautement contre ma hardieſſe : juſques
là que mes amis eurent peur que cela ne me fît une affaire
auprès de cet illuſtre Miniſtre. Je me rendis donc à leurs ré-
monſtrances ; & pour racommoder toutes choſes, je fis une
réparation ſincère au Medecin, par l'Epigramme que vous allez voir.

> Oüi, j'ai dit dans mes vers, qu'un célèbre Aſſaſſin,
> Laiſſant de Galien la ſcience infertile,
> D'Ignorant Medecin devint Maſſon habile.
> Mais de parler de vous je n'eus jamais deſſein
> Lubin, ma Muſe eſt trop correcte.
> Vous êtes, je l'avouë, ignorant Medecin ;
> Mais non pas habile Architecte.

Cependant, regardez, Monſeigneur, comme les eſprits des
hommes ſont faits : cette réparation bien loin d'appaiſer l'Architecte, l'irrita encore davantage. Il gronda, il ſe plaignit, il
me menaça [2] de me faire ôter ma penſion. A tout cela je ré-
pondis que je craignois ſes remèdes, & non pas ſes menaces.
Le dénouëment de l'affaire eſt, que j'ai touché ma penſion ; que
l'Architecte s'eſt [3] brouillé auprès de Mr. Colbert ; & que ſi Dieu
ne regarde en pitié ſon peuple, nôtre Homme va ſe rejetter dans
la Medecine. Mais, Monſeigneur, je vous entretiens là d'étranges bagatelles. Il eſt temps, ce me ſemble de vous dire que je
ſuis avec toute ſorte de zéle & de reſpect,

MONSEIGNEUR,

Vôtre &c.

REMARQUES.

1. *Emploié dans les Bâtimens du Roi.*] Ce
fût, dit-on, ſur les deſſeins de Claude Perrault que fût élevée la façade du Louvre du
côté de Saint Germain l'Auxerrois. Il a
auſſi donné les deſſeins de l'Arc de Triomphe, de l'Obſervatoire, &c. Voiez la
premiere Réflex. Crit. ſur Longin.

2. *De me faire ôter ma penſion.*] Le Roi
avoit gratifié l'Auteur d'une penſion de deux

mille Livres, en 1671. *Voiez la Remarque ſur
le dernier vers de l'Epitre I. au Roi.*

3. *S'eſt brouillé auprès de Mr. Colbert.*]
Pour n'avoir pas bien reçu Mr. de Merille,
premier Valet de chambre de MONSIEUR
le Duc d'Orleans, qui alla lui demander
de la part de ce Prince quelques deſſeins
d'Architecture pour le Château de Saint.
Cloud.

¹
RÉPONSE A LA LETTRE QUE SON
Excellente Monsieur le Comte d'Ericeyra m'a écrite de Lisbone,
en m'envoiant la Traduction de mon Art Poëtique faite par lui
en Vers Portugais.

LETTRE III.

Monsieur,

Bien que mes ouvrages aient fait de l'éclat dans le monde,
je n'en ai point conçû une trop haute opinion de moi-même;
& si les loüanges qu'on m'a données m'ont flatté assez agreable-
ment, elles ne m'ont pourtant point aveuglé. Mais j'avoüe que
¹ la Traduction que vôtre Excellence a bien daigné faire de mon
Art Poëtique, & les éloges dont elle l'a accompagnée en me
l'envoiant, m'ont donné un veritable orgüeil. Il ne m'a plus
été possible de me croire un homme ordinaire en me voiant si
extraordinairement honoré; & il m'a paru que d'avoir un Traducteur

REMARQUES.

1. *La Traduction* &c.]Voici ce que M.
Despréaux m'en écrivit le 10. de Juillet
1701. en m'envoiant sa nouvelle édition *in*
quarto.

» Il y a environ quatre ans que Mr .le Com-
» te d'Ericeyra m'envoia la traduction en Por-
» tugais de ma Poëtique, avec une Lettre
» très-obligeante, & des Vers François à
» ma loüange. Je sai assez bien l'Espagnol,
» mais je n'entens point le Portugais qui est
» fort different du Castillan; & ainsi, c'est
» sur le raport d'autrui que j'ai loüé sa tra-
» duction. Mais les gens instruits de cette
» Langue, à qui j'ai montré cet Ouvrage,
» m'ont assuré qu'il étoit merveilleux. Au
» reste, Monsieur d'Ericeyra est un Sei-
» gneur des plus qualifez du Portugal, & a

» une Mere qui est, dit-on, un prodige
» de merite. On m'a montré des Lettres
» Françoises de sa façon, où il n'est pas
» possible de rien voir qui sente l'etranger.
» Ce qui m'a plû davantage de la Mere &
» du Fils, c'est qu'ils ne me paroissent ni
» l'un ni l'autre entêtés des pointes & des
» faux brillans de leur païs, & qu'on ne
» voit point que leur Soleil leur ait trop
» échauffé la cervelle. En vous envoiant
» la petite édition que l'on fait de mes œuvres,
» je vous enverrai aussi les Vers François qu'il
» m'a écrits. &c.

Le Pere du Comte d'Ericeyra étoit Directeur des Finances de la Reparatition des
Indes.

teur de vôtre capacité , & de vôtre élevation , étoit pour moi un titre de mérite , qui me diftinguoit de t ous les Ecrivains de nôtre fiécle. Je n'ai qu'une connoiffance très imparfaite de vôtre langue , & je n'en ai fait aucune étude particuliere. J'ai pourtant affez bien entendu vôtre Traduction pour m'y admirer moi-même , & pour me trouver beaucoup plus habile Ecrivain en Portugais qu'en François. En effet vous enrichiffez toutes mes penfées en les exprimant. Tout ce que vous maniez fe change en or; & les cailloux même , s'il faut ainfi parler , deviennent des pierres précieufes entre vos mains. Jugez après cela fi vous devez exiger de moi , que je vous marque les endroits où vous pouvez vous être un peu écarté de mon fens. Quand à la place de mes penfées vous m'auriez , fans y prendre garde , prêté quelques-unes des vôtres , bien loin de m'emploier à les faire ôter , je fongerois à profiter de vôtre méprife , & je les adopterois fur le champ pour me faire honneur. Mais vous ne me mettez nulle part à cette épreuve. Tout eft également jufte , exact, fidelle dans vôtre Traduction ; & bien que vous m'y aiez fort embelli , je ne laiffe pas de m'y reconnoitre par tout. Ne dites donc plus , MONSIEUR , que vous craignez de ne m'avoir pas affez bien entendu. Dites-moi plûtôt comment vous avez fait pour m'entendre fi bien , & pour apercevoir dans mon Ouvrage jufqu'à des fineffes , que je croïois ne pouvoir être fenties que par des gens nez en France , & nourris à la Cour de LOÜIS LE GRAND. Je voi bien que vous n'êtes étranger en aucun païs , & que par l'étenduë de vos connoiffances vous êtes de toutes les Cours , & de toutes les Nations. La Lettre & les Vers François , que vous m'avez fait l'honneur de m'écrire , en font un bon témoignage. On n'y voit rien d'étranger que vôtre nom , & il n'y a point en France d'homme de bon goût , qui ne voulût les avoir faits. Je les ai montrez à plufieurs de nos meilleurs Ecrivains. Il n'y en a pas un qui n'en ait été extrèmement frappé , & qui ne m'ait fait comprendre que s'il avoit reçû de vous de pareilles loüanges , il vous auroit déja récrit des volumes de profe & de Vers. Que penferez-vous donc de moi , de me contenter d'y répondre par une fimple Lettre de compliment ? Ne m'accuferez-vous point d'être ou méconnoiffant , ou groffier ? Non , MONSIEUR , je ne fuis ni l'un ni l'autre :
Mais

Mais franchement je ne fais pas des Vers, ni même de la
Profe, quand je veux. Apollon eft pour moi un Dieu bizarre, qui ne me donne pas comme à vous audience à toutes
les heures. Il faut que j'attende les moments favorables. J'aurai foin d'en profiter dès que je les trouverai : & il y a bien
du malheur fi je ne meurs enfin quitte d'une partie de vos éloges.
Ce que je puis vous dire par avance, c'eft qu'à la premiere
édition de mes Ouvrages, ¹ je ne manquerai pas d'y inferer
vôtre Traduction, & que je ne perdrai aucune occafion de faire
favoir à toute la Terre, que c'eft des extrémitez de nôtre
Continent, & ² d'aufli loin que les Colonnes d'Hercule, que
me font venuës les loüanges dont je m'applaudis davantage,
& l'ouvrage dont je me fens le plus honoré. Je fuis avec un
très-grand refpect,

DE VÔTRE EXCELLENCE,

Très-humble & très-obéiffant
ferviteur DESPREAUX.

R E M A R Q U E S.

¹. *Je ne manquerai pas d'y inferer vôtre
Traduction.*] L'Auteur ne s'eft pas acquité
de cette promeffe. La raifon qu'il en rend
dans la Préface de fes œuvres, eft que
malheureufement un de fes Amis, à qui il
avoit prêté cette Traduction, en avoit égaré le premier Chant. Cet Ami étoit Mr.
l'Abbé Regnier Des Marais, Secretaire de
l'Academie Françoife. Mais dans le fond,
cette excufe n'eft qu'une honnête défaite;
car Mr. Defpréaux ne voulut pas groffir fon
Livre, d'une Traduction Portugaife que perfonne n'auroit entenduë.

². *Et d'aufli loin que les Colonnes d'Hercule.*] En cet endroit l'Auteur a un peu
hauffé le ton, à deffein de s'acommoder au génie de la Nation Portugaife.

A MONSIEUR
PERRAULT
DE L'ACADEMIE FRANCOISE.

¹ LETTRE IV.

 ONSIEUR,

Puisque le Public a été instruit de nôtre démêlé, il est bon de lui apprendre aussi nôtre réconciliation, & de ne lui pas laisser ignorer, qu'il en a été de nôtre querelle sur le Parnasse, comme de ces Duels d'autrefois, que la Prudence du Roy a si sagement réprimez, où après s'être battu à outrance, & s'être quelquefois cruellement blessé l'un l'autre, on s'embrassoit & on devenoit sincèrement amis. Nôtre Duel Grammatical s'est même terminé encore plus noblement ; & je puis dire, si j'ose vous citer Homère, que nous avons fait comme Ajax & Hector dans l'Iliade, qui aussi-tôt après leur long combat en présence des Grecs & des Troiens, se comblent d'honnêtetez, & se font des présens. En effet, MONSIEUR, nôtre dispute n'étoit pas encore bien finie, que vous m'avez fait l'honneur de m'envoier vos Ouvrages, & que j'ai eu soin qu'on vous portât les miens

REMARQUES.

1 Cette Lettre fut faite en l'année 1700. & insérée dans l'édition que l'Auteur donna l'année suivante. C'est proprement une Dissertation, où il fixe le véritable point de la Controverse sur les Anciens & les Modernes.

miens. Nous avons d'autant mieux imité ces deux Heros du
Poëme qui vous plaît si peu, qu'en nous faisant ces civilitez
nous sommes demeurez comme Eux, chacun dans nôtre même
parti & dans nos mêmes sentimens; c'est-à-dire, vous toûjours
bien résolu de ne point trop estimer Homère ni Virgile, &
moi toûjours leur passionné Admirateur. Voila dequoi il est bon
que le Public soit informé: & c'étoit pour commencer à le lui
faire entendre, que peu de temps après nôtre réconciliation,
je composai une Epigramme qui a couru, & que vrai-semblablement vous avez vûe. La voici.

> Tout le trouble Poëtique
> A Paris s'en va cesser:
> Perrault l'anti-Pindarique,
> Et Despréaux l'Homerique,
> Consentent de s'embrasser.
> Quelque aigreur qui les anime,
> Quand, malgré l'emportement,
> Comme Eux l'un l'autre on s'estime,
> L'accord se fait aisément.
> Mon embarras est comment
> On pourra finir la guerre
> De Pradon & du Parterre.

Vous pouvez reconnoître, MONSIEUR, par ces Vers, où
j'ai exprimé sincèrement ma pensée, la difference que j'ay toûjours fait de vous, & de ce Poëte de Theâtre, dont j'ai mis
le nom en œuvre pour égaier la fin de mon Epigramme.
Aussi étoit-ce l'Homme du monde qui vous ressembloit le moins.
Mais maintenant que nous voilà bien remis, & qu'il ne
reste plus entre nous aucun levain d'animosité ni d'aigreur;
oserois-je, comme vôtre Ami, vous demander ce qui a pû depuis si long-temps vous irriter, & vous porter à écrire contre
tous les plus célèbres Ecrivains de l'Antiquité. Est-ce le peu
de cas qu'il vous a paru que l'on faisoit parmi nous des bons
Auteurs modernes? Mais où avez-vous vû qu'on les méprisât?
Dans quel siécle a-t-on plus volontiers applaudi aux bons Livres
naissans que dans le nôtre? Quels éloges n'y a-t-on point donnez aux Ouvrages de Monsieur Descartes, de Monsieur Arnauld,

de Monfieur Nicole , & de tant d'autres admirables Philofophes
& Théologiens , que la France a produits depuis foixante ans ,
& qui font en fi grand nombre , qu'on pourroit faire un petit
volume de la feule lifte de leurs Écrits. Mais pour ne nous
arrêter ici qu'aux feuls Auteurs qui nous touchent vous & moi
de plus près , je veux dire , aux Poëtes; quelle gloire ne s'y
font point acquis les Malherbes , les Racans , les Mainards? Avec
quels battemens de mains n'y a-t-on point reçû les ouvrages
de Voiture , de Sarrazin , & de la Fontaine ? Quels honneurs n'y
a-t-on point , pour ainfi dire , rendus à Monfieur de Corneille
& à Monfieur Racine ? Et qui eft-ce qui n'a point admiré les
Comédies de Moliere ? Vous-même , MONSIEUR , pouvez-vous
vous plaindre qu'on n'y ait pas rendu juftice à vôtre Dialogue
de l'Amour & de l'Amitié , à vôtre Poëme fur la Peinture , à
vôtre Epître fur Monfieur de la Quintinie , & à tant d'autres
excellentes piéces de vôtre façon ? On n'y a pas veritablement
fort eftimé nos Poëmes Heroïques : mais a-t-on eu tort ? Et ne
confeffez-vous pas vous-même , ¹ en quelque endroit de vos
Parallèles , que le meilleur de ces Poëmes eft fi dur & fi forcé ,
qu'il n'eft pas poffible de le lire ?

Quel eft donc le motif qui vous a tant fait crier contre les
Anciens ? Eft-ce la peur qu'on ne fe gâtât en les imitant ? Mais
pouvez-vous nier , que ce ne foit au contraire à cette imitation-
là même , que nos plus grands Poëtes font redevables du fuccès
de leurs Écrits? Pouvez-vous nier que ce ne foit dans Tite-Live ,
dans Dion Caffius , dans Plutarque , dans Lucain & dans Sénèque
que Monfieur de Corneille a pris fes plus beaux traits , a puifé
ces grandes idées qui lui ont fait inventer un nouveau genre de
Tragédie inconnu à Ariftote? Car c'eft fur ce pié , à mon avis ,
qu'on doit regarder quantité de fes plus belles piéces de Théatre ,
où fe mettant au deffus des règles de ce Philofophe , il n'a point
fongé , comme les Poëtes de l'ancienne Tragédie , à émouvoir la
Pitié & la Terreur ; mais à exciter dans l'ame des Spectateurs , par
la

R E M A R Q U E S.

1. *En quelque endroit de vos Parallèles.*] celle d'Orleans , par Chapelain.
Tome III. où il parle du Poëme de la Pu-

la fublimité des penfées , & par la beauté des fentimens , [1] une
certaine admiration , dont plufieurs Perfonnes , & les jeunes gens
fur tout , s'accommodent fouvent beaucoup mieux que des véritables paffions Tragiques. Enfin , MONSIEUR , pour finir cette
periode un peu longue , & pour ne me point écarter de mon fujet , pouvez-vous ne pas convenir , que ce font Sophocle &
Euripide qui ont formé Monfieur Racine ? Pouvez-vous ne pas
avoüer que c'eft dans Plaute & dans Terence que Moliere a
appris les plus grandes fineffes de fon Art ?

　D'où a pû donc venir vôtre chaleur contre les Anciens ?
Je commence , fi je ne m'abufe , à l'apercevoir. Vous avez
vrai-femblablement rencontré , il y a long-temps , dans le monde ,
quelques-uns de ces faux-Savans , tels que le Préfident de vos
Dialogues , qui ne s'étudient qu'à enrichir leur mémoire , &
qui n'aiant d'ailleurs ni efprit , ni jugement , ni goût , n'efti-
ment les Anciens , que parce qu'ils font Anciens ; ne penfent
pas que la Raifon puiffe parler une autre langue , que la Grecque ou la Latine , & condamnent d'abord tout Ouvrage en
langue vulgaire , fur ce fondement feul , qu'il eft en langue
vulgaire. Ces ridicules Admirateurs de l'Antiquité vous ont
revolté contre tout ce que l'Antiquité a de plus merveilleux.
Vous n'avez pû vous réfoudre d'être du fentiment de gens
fi déraifonnables dans la chofe même où ils avoient raifon.
Voilà , felon toutes les apparences , ce qui vous a fait
faire vos Parallèles. Vous vous êtes perfuadé qu'avec l'efprit que vous avez , & que ces gens-là n'ont point , avec
quelques argumens fpécieux , vous déconcerteriez aifément la
vaine habileté de ces foibles Antagoniftes ; & vous y avez
fi bien réuffi , que fi je ne me fuffe mis de la partie ,

le

le champ de bataille, s'il faut ainſi parler, vous demeuroit :
ces faux Savans n'aiant pû, & les vrais Savans, par une
hauteur un peu trop affectée, n'aiant pas daigné vous répondre.
Permettez-moi cependant de vous faire reſſouvenir, que ce
n'eſt point à l'approbation des faux ni des vrais Savans, que
les grands Ecrivains de l'Antiquité doivent leur gloire : mais
à la conſtante & unanime admiration de ce qu'il y a eu
dans tous les ſiécles d'Hommes ſenſez & délicats, entre leſ-
quels on compte plus d'un Alexandre & plus d'un Céſar.
Permettez-moi de vous repréſenter, qu'au-jourd'hui même encore ce ne ſont point, comme vous vous le figurez, les
Schrévélius, les Perarédus, les Ménagius, ni, pour me ſervir des
termes de Moliere, les Savans en us, qui goûtent davantage
Homère, Horace, Ciceron, Virgile. Ceux que j'ai toûjours
vûs le plus frapez de la lecture des Ecrits de ces grands Perſonnages, ce ſont des Eſprits du premier ordre, ce ſont des
Hommes de la plus haute élévation. Que s'il falloit néceſſairement vous en citer ici quelques-uns, je vous étonnerois
peut-être par les noms illuſtres que je mettrois ſur le papier ;
& vous y trouveriez non ſeulement des Lamoignons, des
Dagueſſeaux, 1 des Troiſvilles, mais des Condez, des Contis,
& des Turennes.

Ne pourroit-on point donc, MONSIEUR, auſſi galant homme
que vous l'êtes, vous réünir de ſentimens avec tant de ſi galans Hommes ? Oüi, ſans doute, on le peut ; & nous ne ſommes
pas même, vous & moi, ſi éloignez d'opinion que vous penſez.
En effet, qu'eſt-ce que vous avez voulu établir par tant de Poëmes, de Dialogues & de Diſſertations ſur les Anciens & ſur les
Modernes ? Je ne ſai ſi j'ai bien pris vôtre penſée : mais la voici ;

ce

R E M A R Q U E S.

1. Des Troiſvilles.] Henri-Joſeph de Pey-
ne, Comte de Troiſville, qui ſe prononce
Tréville, aïant quitté la profeſſion des armes en 1667. vécut enſuite dans la retraite,
& s'y appliqua uniquement à l'étude & à la
dévotion. Il fit de grands progrès dans l'u-
ne & dans l'autre : ſur tout par une étude
continuelle des Peres Grecs, qu'il préferoit
aux Latins. C'étoit un Eſprit ſi juſte & ſi
exact, qu'il parloit toûjours Comme un Livre.
Auſſi diſoit-on que cette eſpèce de proverbe
ſembloit avoir été faite pour lui. Il avoit
eu l'honneur d'être élevé près de la Perſonne du Roi. Il mourut à Paris au mois
d'Août, 1708. âgé de 66. ans ; & fut en-
terré à Saint Nicolas du Chardonnet, ſa
Parroiſſe.

ce me femble. Vôtre deffein eft de montrer, que pour la connoiffance, fur tout des beaux Arts, & pour le merite des belles Lettres, nôtre Siécle, ou pour mieux parler, le Siécle de
LOUIS LE GRAND, eft non feulement comparable,
mais fuperieur à tous les plus fameux fiécles de l'Antiquité, &
même au Siécle d'Augufte. Vous allez donc être bien éton-
né, quand je vous dirai, que je fuis fur cela entierement de
vôtre avis; & que même, fi mes infirmitez & mes emplois
m'en laiffoient le loifir, je m'offrirois volontiers de prouver
comme vous cette propofition la plume à la main. A la verité j'emploierois beaucoup d'autres raifons que les vôtres, car
chacun a fa maniere de raifonner; & je prendrois des
précautions & des mefures que vous n'avez point prifes.

Je n'oppoferois donc pas, comme vous avez fait, nôtre
Nation & nôtre Siécle feuls, à toutes les autres Nations &
à tous les autres Siécles joints enfemble. L'entreprife, à mon
fens, n'eft pas foûtenable. J'examinerois chaque Nation &
chaque Siécle l'un aprés l'autre; & aprés avoir mûrement
pefé en quoi ils font au-deffus de nous, & en quoi nous
les furpaffons, je fuis fort trompé, fi je ne prouvois invincible-
ment, que l'avantage eft de nôtre côté. Ainfi, quand je vien-
drois au Siécle d'Augufte, je commencerois par avoüer fin-
cerement, que nous n'avons point de Poëtes heroïques, ni
d'Orateurs, que nous puiffions comparer aux Virgiles & aux
Cicerons. Je conviendrois que nos plus habiles Hiftoriens
font petits devant les Tite-Lives & les Salluftes. Je pafferois
condamnation fur la Satire & fur l'Elégie; quoi qu'il y ait [1] des
Satires de Regnier admirables, & des Elégies de Voiture, de Sarrazin, de la Comteffe de la Suze, d'un agrément infini. Mais
en même temps je ferois voir que pour la Tragédie nous
fommes beaucoup fuperieurs aux Latins, qui ne fauroient oppofer à tant d'excellentes piéces Tragiques que nous avons en
nôtre Langue, que quelques déclamations plus pompeufes que
                                                        rai-

REMARQUES.

1. *Des Satires de Regnier admirables*] Mr. | ce filence a bien de la grandeur,
Defpréaux ne parle point de fes Satires; |

raiſonnables d'un prétendu Sénéque, & un peu de bruit qu'ont fait en leur temps le Thyeſte de Varius, & la Médée d'Ovide. Je ferois voir, que bien loin qu'ils aient eu dans ce ſiécle-là des Poëtes Comiques meilleurs que les nôtres, ils n'en ont pas eu un ſeul dont le nom ait merité qu'on s'en ſouvint : les Plautes, les Cécilius & les Terences étant morts dans le ſicéle précedent. Je montrerois que ſi pour l'Ode nous n'avons point d'Auteurs ſi parfaits qu'Horace, qui eſt leur ſeul Poëte Lyrique, nous en avons néanmoins un aſſez grand nombre, qui ne lui ſont guéres inferieurs en délicateſſe de Langue & en juſteſſe d'expreſſion, & dont tous les Ouvrages, mis enſemble, ne feroient peut-être pas dans la balance un poids de merite moins conſiderable, que les cinq Livres d'Odes qui nous reſtent de ce grand Poëte. Je montrerois qu'il y a des genres de Poëſie, où non ſeulement les Latins ne nous ont point ſurpaſſé ; mais qu'ils n'ont pas même connus : comme par exemple, ces Poëmes en proſe que nous appelons *Romans*, & dont nous avons chez nous des modéles, qu'on ne ſauroit trop eſtimer, à la Morale près qui y eſt fort vicieuſe, & qui en rend la lecture dangereuſe aux jeunes perſonnes. Je ſoûtiendrois hardiment qu'à prendre le Siécle d'Auguſte dans ſa plus grande étendüe, c'eſt-à-dire, depuis Ciceron juſqu'à Corneille Tacite, [1] on ne ſauroit pas trouver parmi les Latins un ſeul Philoſophe, qu'on puiſſe mettre pour la Phyſique en paralléle avec Deſcartes, ni même avec Gaſſendi. Je prouverois que pour le grand ſavoir & la multiplicité de connoiſſances, leurs Varrons & leurs Plines, qui ſont leurs plus doctes Ecrivains, paroîtroient de médiocres Savans devant nos Bignons, nos Scaligers, nos Saumaiſes, nos Peres Sirmonds, & nos Peres Pétaux. Je triompherois avec vous du peu d'étendüe de leurs lumieres ſur l'Aſtronomie, ſur la Géographie, & ſur la Navigation. Je les deffierois de me citer, à l'exception du ſeul Vitruve, qui eſt même plûtôt un bon Docteur d'Architecture, qu'un excellent Architecte, je les deffierois, dis-je,

de

REMARQUES.

1. *On ne ſauroit pas trouver.*] Il faudroit dire, ſuivant l'uſage & les Grammai- | riens : *on ne ſauroit trouver.*

me nommer un seul habile Architecte, un seul habile Sculpteur,
un seul habile Peintre Latin: Ceux qui ont fait du bruit à
Rome dans tous ces Arts, étant des Grecs d'Europe & d'Asie,
qui venoient pratiquer chez les Latins, des Arts que les Latins,
pour ainsi dire, ne connoissoient point: au lieu que toute la
Terre aujourd'hui est pleine de la reputation & des Ouvrages de
nos Poussins, de nos le Bruns, de nos Girardons & de nos
Mansards. Je pourrois ajoûter encore à cela beaucoup d'autres
choses: mais ce que j'ai dit est suffisant, je croi, pour vous
faire entendre, comment je me tirerois d'affaire à l'égard du
Siécle d'Auguste. Que si de la comparaison des Gens de Lettres & des illustres Artisans, il falloit passer à celle des Heros
& des grands Princes, peut-être en sortirois-je avec encore
plus de succés. Je suis bien sûr au moins que je ne serois
pas fort embarrassé à montrer, que l'Auguste des Latins ne
l'emporte pas sur l'Auguste des François. Par tout ce que je
viens de dire, vous voiez, MONSIEUR, qu'à proprement
parler, nous ne sommes point d'avis different sur l'estime qu'on
doit faire de nôtre Nation & de nôtre Siécle: mais que nous
sommes differemment de même avis. Aussi n'est-ce point vôtre
sentiment que j'ai attaqué dans vos Parallèles; mais la maniere hautaine & méprisante, dont vôtre Abbé & vôtre Chevalier y traitent des Ecrivains, pour qui, même en les blâmant, on ne sauroit à mon avis marquer trop d'estime, de
respect, & d'admiration. Il ne reste donc plus maintenant, pour
assurer nôtre accord, & pour étouffer entre nous toute semen-
ce de dispute, que de nous guérir l'un & l'autre; Vous, d'un
penchant un peu trop fort à rabaisser les bons Ecrivains de
l'Antiquité, & Moi d'une inclination un peu trop violente à
blâmer les méchans, & mêmes les médiocres Auteurs de nôtre
Siécle. C'est à quoi nous devons serieusement nous appliquer.
Mais quand nous n'en pourrions venir à bout, je vous répons que
de mon côté cela ne troublera point nôtre réconciliation; & que pourvû que vous ne me forciez point à lire le Clovis ni sa
Pucelle, je vous laisserai tout à vôtre aise critiquer l'Iliade
& l'Eneïde; me contentant de les admirer, sans vous demander
pour elles cette espéce de culte tendant à l'adoration, que

vous vous plaignez ¹ en quelqu'un de vos Poëmes, qu'on
veut exiger de vous; & que Stace semble en effet avoir
eû pour l'Eneïde, quand il se dit à lui-même:

nec tu divinam Æneïda tenta:
Sed longè sequere, & vestigia semper adora.

Voila, MONSIEUR, ce que je suis bien aise que
le Public sache: & c'est pour l'en instruire à fond, que je
me donne l'honneur de vous écrire aujourd'hui cette Lettre, que
j'aurai soin de faire imprimer dans la nouvelle Edition, qu'on
fait en grand & en petit de mes Ouvrages. J'aurois bien voulu pouvoir adoucir en cette nouvelle Edition quelques railleries un peu fortes, qui me sont échapées dans mes Réflexions
sur Longin; mais il m'a paru que cela seroit inutile, à cause
des deux Editions qui l'ont précedée, ausquelles on ne man-
queroit pas de recourir, aussi bien qu'aux fausses Editions qu'on
en pourra faire dans les Païs étrangers, où il y a de l'apparence qu'on prendra soin de mettre les choses en l'état qu'elles
étoient d'abord. J'ai crû donc, que le meilleur moien d'en corriger la petite malignité, c'étoit de vous marquer ici, comme
je viens de le faire, mes vrais sentimens pour vous. J'espére
que vous serez content de mon procedé, & que vous ne vous
choquerez pas même de la liberté que je me suis donnée
de faire imprimer dans cette derniere Edition la Lettre que
l'illustre Monsieur Arnauld vous a écrite au sujet de ma dixiéme Satire.

Car outre que cette Lettre a déja été renduë publique dans
deux Recueils des Ouvrages de ce grand Homme, Je vous
prie, MONSIEUR, de faire réflexion, que dans la Préface de
vôtre Apologie des Femmes, contre laquelle cet Ouvrage me
défend, vous ne me reprochez pas seulement des fautes de Raisonnement & de Grammaire: mais que vous m'accusez d'avoir dit
des mots sales, d'avoir ² glissé beaucoup d'impuretez, & d'a-
voir

REMARQUES.

1. *En quelqu'un de vos Poëmes.*] Au commencement du Poëme intitulé ; *Le siècle de
Louis le Grand.*

2. *Glissé.*] Le verbe *Glisser* est mis là
dans le sens actif, dequoi on trouve peu
d'exemples.

voir fait des médifances. Je vous fuplie, dis-je, de confiderer, que ces reproches regardant l'honneur, ce feroit en
quelque forte reconnoître qu'ils font vrais, que de les paffer
fous filence. Qu'ainfi je ne pouvois pas honnêtement me
difpenfer de m'en difculper moi-même dans ma nouvelle Edition, ou d'y inferer une Lettre qui m'en difculpe fi honora-
blement. Ajoûtez que cette Lettre eft écrite avec tant d'honnêteté & d'egards pour celui même contre qui elle eft écrite,
qu'un honnête homme, à mon avis, ne fauroit s'en offenfer. J'ofe donc me flater, je le répète, que vous la verrez
fans chagrin; & que, comme j'avouë franchement que le dépit de me voir critiqué [1] dans vos Dialogues m'a fait dire
des chofes qu'il feroit mieux de n'avoir point dites, vous con-
fefferez auffi que le déplaifir d'être attaqué [2] dans ma dixiéme Satire, vous y a fait voir des médifances & des faletez
qui n'y font point. Du refte, je vous prie de croire que je
vous eftime comme je dois, & que je ne vous regarde pas
fimplement comme un très-bel Efprit, mais comme un des
Hommes de France qui a le plus de probité & d'honneur.
Je fuis,

MONSIEUR,

Vôtre &c.

R E M A R Q U E S

1. *Dans vos Dialogues.*] Parallèle des | ge 228. & fuivantes, de l'édition de Paris.
Anciens & des Modernes, Tome III. pa- | 2. *Dans ma dixiéme Satire.*] Vers 45.

N n 2   LET-

LETTRE
DE MONSIEUR
ARNAULD
DOCTEUR DE SORBONE.

A Mr. P** au ſujet de ma dixiéme Satire.

¹ LETTRE V.

Vous pouvez être ſurpris, Monſieur, de ce que j'ai tant differé à vous faire réponſe, aiant à vous remercier de vôtre préſent, & de la maniere honnête dont vous me faites ſouvenir de l'affection que vous m'avez toûjours témoignée, vous & Meſſieurs vos Freres, depuis que j'ai le bien de vous connoître. Je n'ai pû lire vôtre Lettre ſans m'y trouver obligé. Mais, pour vous parler franchement, la lecture que je fis enſuite de la Préface de vôtre Apologie des Femmes, me jetta dans un grand embarras & me fit trouver cette réponſe plus difficile que je ne penſois. En voici la raiſon.

REMARQUES.

1. Cette Lettre fut écrite au mois de Mai, 1694. peu de tems avant la mort de Mr. Arnauld; & c'eſt ſon dernier Ouvrage. Il l'envoia ouverte à un de ſes Amis à Paris, afin qu'il la fit lire à Mr. Despréaux; & cet Ami en garda une copie, avant que de la rendre à Mr. Perrault.

Tout le monde fait que Monfieur Defpréaux eft de mes meilleurs amis, & qu'il m'a rendu des témoignages d'eftime & d'amitié en toutes fortes de temps. Un de mes Amis m'avoit envoié fa derniere Satire. Je témoignai à cet ami la fatisfaction que j'en avois euë, & lui marquai en particulier, que ce que j'en eftimois le plus, par rapport à la Morale, C'étoit la maniere fi ingénieufe, & fi vive dont il avoit repréfenté les mauvais effets que pouvoient produire dans les jeunes perfonnes les Opera, & les Romans. Mais comme je ne puis m'empêcher de parler à cœur ouvert à mes Amis, je ne lui diffimulai pas que j'aurois fouhaité qu'il n'y eût point parlé ¹ de l'Auteur de Saint Paulin. Cela a été écrit avant que j'euffe rien fçû de l'Apologie des Femmes, que je n'ai reçuë qu'un mois après. J'ai fort approuvé ce que vous y dites en faveur des peres & des meres, qui portent leurs enfans à embraffer l'état du Mariage par des motifs honnêtes & Chrétiens ; & j'y ai trouvé beaucoup de douceur & d'agrément dans les Vers.

Mais aiant rencontré dans la Préface diverfes chofes que je ne pouvois approuver fans bleffer ma confcience, cela me jetta dans l'inquiétude de ce que j'avois à faire. Enfin, je me fuis déterminé à vous marquer à vous-même quatre ou cinq points qui m'y ont fait le plus de peine, dans l'efperance que vous ne trouveriez pas mauvais que j'agiffe à vôtre égard avec cette naïve & cordiale fincerité, que les Chrétiens doivent pratiquer envers leurs Amis.

La premiere chofe que je n'ai pû approuver, c'eft que vous aiez attribué à vôtre Adverfaire cette propofition générale : *Que l'on ne peut manquer en fuivant l'exemple des Anciens ; & que vous aiez conclu, que parce qu'Horace & Juvénal ont déclamé contre les Femmes d'une maniere fcandaleufe, il avoit penfé qu'il étoit en droit de faire la-même chofe.* Vous l'accufez donc d'avoir déclamé contre les Femmes d'une maniere fcan-

pa-

¹. *De l'Auteur de Saint Paulin.*] Dans la premiere édition de la Satire X. l'Auteur avoit mis quatorze Vers, contre Mr. Perrault Auteur du Poëme de Saint Paulin. Mais ces vers ónt été retranchez dans les éditions fuivantes. Voiez la Remarque fur le Vers 458. de la Satire. X.

daleufe, & en des termes qui bleſſent la pudeur, & de s'être crû en droit de le faire à l'exemple d'Horace & de Juvénal. Mais bien loin de cela, il déclare poſitivement le contraire. Car après avoir dit dans ſa Préface, *qu'il n'appréhende pas que les Femmes s'offenfent de ſa Satire*, il ajoûte, *qu'une choſe au moins dont il eſt certain qu'Elles le loüëront, c'eſt d'avoir trouvé moien, dans une matiere auſſi délicate que celle qu'il y traitoit, de ne pas laiſſer échapper un ſeul mot qui pût bleſſer le moins du monde la pudeur.* C'eſt ce que vous-même, Monſieur, avez raporté de lui dans vôtre Préface ; & ce que vous prétendez avoir réfuté par ces paroles : *Quelle erreur. Eſt-ce que des Heros à voix luxurieuſe, des Morales lubriques, des rendez-vous chez la Cornu, & les plaiſirs de l'Enfer qu'on goûte en Paradis, peuvent ſe préſenter à l'eſprit, ſans y faire des images dont la pudeur eſt offenſée ?*

Je vous avoüe, Monſieur, que j'ai été extrèmement ſurpris de vous voir ſoûtenir une accuſation de cette nature contre l'Auteur de la Satire, avec ſi peu de fondement. Car il n'eſt point vrai que les termes que vous raportez ſoient des termes deshonnêtes, & qui bleſſent la pudeur : & la raiſon que vous en donnez ne le prouve point. S'il étoit vrai que la pudeur fût offenſée de tous les termes qui peuvent préſenter à nôtre eſprit certaines choſes dans la matiere de la pureté, vous l'au-riez bien offenſée vous-même, quand vous avez dit, *Que les anciens Poëtes enſeignoient divers moiens pour ſe paſſer du ma-riage, qui ſont des crimes parmi les Chrétiens, & des crimes abominables.* Car y a-t-il rien de plus horrible & de plus infame, que ce que ces mots de *crimes abominables* préſentent à l'eſprit ? Ce n'eſt donc point par là qu'on doit juger ſi un mot eſt deshonnête, ou non.

On peut voir ſur cela [1] une Lettre de Ciceron à Papirius Pœtus, qui commence par ces mots, *Amo verecundiam, tu potiùs libertatem loquendi.* Car c'eſt ainſi qu'il faut lire, & non pas *Amo verecundiam, vel potiùs libertatem loquendi*, qui eſt une faute viſible qui ſe trouve preſque dans toutes les éditi-ons.

REMARQUES.

1. *Une Lettre de Ciceron.*] Livre IX. Epît. 22.

ons de Ciceron. Il y traite fort au long cette queſtion, ſur laquelle les Philoſophes étoient partagez : S'il y a des paroles qu'on doive regarder comme mal-honnêtes, & dont la modeſtie ne permette pas que l'on ſe ſerve. Il dit que les Stoïciens nioient qu'il y en eut : il raporte leurs raiſons. Ils diſoient que l'obſcénité, pour-parler ainſi, ne pouvoit être que dans les mots ou dans les choſes ; Qu'elle n'étoit point dans les mots, puiſque pluſieurs mots étant équivoques, & aiant diverſes ſignifications, ils ne paſſoient point pour des-honnêtes ſelon une de leurs ſignifications, dont il apporte pluſieurs exemples : Qu'elle n'étoit point auſſi dans les choſes ; parce que la même choſe pouvant être ſignifiée par pluſieurs façons de parler, il y en avoit quelques-unes, dont les Perſonnes les plus modeſtes ne faiſoient point de difficulté de ſe ſervir ; Comme, dit-il, perſonne ne ſe bleſſoit d'entendre dire, *Virginem me quondam invitam is per vim violat* : au lieu que ſi on ſe fût ſervi d'un autre mot que Ciceron laiſſe ſous-entendre, & qu'il n'a eu garde d'écrire, *Nemo*, dit-il, *tuliſſet*, perſonne ne l'auroit pû ſouffrir.

Il eſt donc conſtant, ſelon tous les Philoſophes, & les Stoïciens mêmes, que les Hommes ſont convenus, que la même choſe étant exprimée par de certains termes, elle ne bleſſeroit pas la pudeur ; & qu'étant exprimée par d'autres, elle la bleſſeroit. Car les Stoïciens mêmes demeuroient d'accord de cette ſorte de convention : mais la croiant déraiſonnable, ils ſoûtenoient qu'on n'étoit point obligé de la ſuivre. Ce qui leur faiſoit dire, *nihil eſſe obſcænum, nec in verbo nec in re*; & que le Sage appeloit chaque choſe par ſon nom.

Mais comme cette opinion des Stoïciens eſt inſoûtenable, & qu'elle eſt contraire à ſaint Paul, qui met entre les vices, *Turpiloquium*, les mots ſales ; il faut néceſſairement reconnoître, que la même choſe peut être exprimée par de certains termes, qui ſeroient fort deshonnêtes ; mais qu'elle peut auſſi être exprimée, par de certains termes, qui ne le ſont point du tout au jugement de toutes les perſonnes raiſonnables. Que ſi on veut en ſçavoir la raiſon, que Ciceron n'a point donnée, on peut voir ce qui en a été écrit dans *l'Art de penſer*, premiére Partie, chap. 13.

Mais ſans nous arrêter à cette raiſon, il eſt certain que
dans

dans toutes les Langues policées , car je ne fai pas s'il en est de même des Langues fauvages ; il y a de certains termes que l'ufage a voulu qui fuffent regardez comme deshonnêtes , & dont on ne pourroit fe fervir fans bleffer la pudeur; & qu'il y en a d'autres , qui fignifiant la même chofe ou les mêmes actions , mais d'une maniere moins groffière , & pour ainfi dire , plus voilée , n'étoient point cenfez deshonnêtes. Et il falloit bien que cela fût ainfi. Car fi certaines chofes qui font rougir , quand on les exprime trop groffièrement , ne pouvoient être fignifiées par d'autres termes dont la pudeur n'eft point offenfée , il y a de certains vices dont on n'auroit point pû parler , quelque néceffité qu'on en eût , pour en donner de l'horreur , & pour les faire éviter.

Cela étant donc certain , comment n'avez-vous point vû que les termes que vous avez repris , ne pafferont jamais pour deshonnêtes ? Les premiers font *les voix luxurieufes* , & *la Morale lubrique de l'Opera.* Ce que l'on peut dire de ces mots, *luxurieux* & *lubrique* , eft qu'ils font un peu vieux : ce qui n'empêche pas qu'ils ne puiffent bien trouver place dans une Satire. Mais il eft inoüi qu'ils aïent jamais été pris pour des mots deshonnêtes , & qui bleffent la pudeur. Si cela étoit , auroit-on laiffé le mot de *luxurieux* dans les Commandemens de Dieu que l'on apprend aux enfans ? *Les rendez-vous chez la Cornu* font affurément de vilaines chofes pour les perfonnes qui les donnent. C'eft auffi dans cette vûë que l'Auteur de la Satire en a parlé , pour les faire détefter. Mais quelle raifon auroit-on de vouloir que cette expreffion foit malhonnête? Eft-ce qu'il auroit mieux valu nommer le métier de la Cornu par fon propre nom ? C'eft au contraire ce qu'on n'auroit pû faire fans bleffer un peu la pudeur. Il en eft de même *des plaifirs de l'Enfer goutez en Paradis.* Et je ne voi pas que ce que vous en dites foit bien fondé. *C'eft*, dites-vous, *une expreffion fort obfcure.* Un peu d'obfcurité ne fied pas mal dans ces matieres. Mais il n'y en a point ici que les gens d'efprit ne dévelopent fans peine. Il ne faut que lire ce qui précède dans la Satire, qui eft la fin [1] de la fauffe Dévote :

Voilà

REMARQUES.

1. *La fin de la fauffe Dévote.*] Il a voulu dire : *La fin du portrait de la fauffe Dévote.*

Voilà le digne fruit des soins de son Docteur.
Encore est - ce beaucoup, si ce Guide imposteur,
Par les chemins fleuris d'un charmant Quiétisme
Tout - à - coup l'amenant au vrai Molinozisme,
Il ne lui fait bien-tôt, aidé de Lucifer,
Gouter en Paradis les plaisirs de L'Enfer.

N'est-il pas loüable d'avoir cherché les plus noires couleurs qu'il a pû, pour donner de l'horreur d'un si détestable abus, dont on a vû depuis peu de si terribles exemples? On voit assez que ce qu'il a entendu par ce que nous venons de rapporter, est le crime d'un Directeur hypocrite, qui aidé du Démon, fait gouter des plaisirs criminels, dignes de l'Enfer, à une Malheureuse qu'il auroit feint de conduire en Paradis. *Mais, dites-vous, l'on ne peut creuser cette pensée, que l'imagination ne se salisse effroiablement.* Si creuser une pensée de cette nature, c'est s'en former dans l'imagination une image sale, quoi qu'on n'en eût donné aucun sujet, tant pis pour ceux, qui comme vous dites, creuseroient celle-ci. Car ces sortes de pensées revétuës de termes honnêtes, comme elles le font dans la Satire, ne présentent rien proprement à l'imagination, mais seulement à l'esprit, afin d'inspirer de l'aversion pour la chose dont on parle. Ce qui bien loin de porter au vice, est un puissant moien d'en détourner. Il n'est donc pas vrai qu'on ne puisse lire cet endroit de la Satire, sans que l'imagination en soit salie: à moins qu'on ne l'ait fort gâtée par une habitude vicieuse d'imaginer ce que l'on doit seulement connoître pour le fuïr, selon cette belle parole de Tertullien, si ma mémoire ne me trompe, *Spiritualia nequitiæ non amicâ conscientiâ, sed inimicâ scientiâ novimus.*

Cela me fait souvenir de la scrupuleuse pudeur du P. Bouhours, qui s'est avisé de condamner tous les Traducteurs du Nouveau Testament pour avoir traduit, *Abraham genuit Isaac, Abraham engendra Isaac;* parce, dit-il, que ce mot *engendra*, salit l'imagination. Comme si le mot Latin, *genuit*, donnoit une autre idée que le mot *engendrer* en François. Les personnes sages & modestes ne font point de ces sortes de réflexions, qui banniroient de nôtre Langue une infinité de mots, comme celui de *concevoir*, d'user du *Mariage*, de consommer le *Mariage*,

& plufieurs autres. Et ce feroit auffi en vain que les Hébreux joüero ent la chafteté de la Langue Sainte dans ces façons de parler, *Adam connut fa femme, & elle enfanta Caïn.* Car ne peut-on pas dire qu'on ne peut creufer ce mot, *connoître fa femme*, que l'imagination n'en foit falie ? Saint Paul a-t-il eu cette crainte, quand il a parlé en ces termes de la fornication, dans la prémiere Epître aux Corinthiens, chapitre 6. *Ne favez-vous pas*, dit-il, *que vos corps font les membres de Jefus-Chrift ? Arracherai-je donc à Jefus-Chrift fes propres membres, pour en faire les membres d'une Proftituée? A Dieu ne plaife. Ne favez-vous pas que celui, qui fe joint à une Proftituée, devient un même corps avec elle ? Car ceux qui étoient deux, ne font plus qu'une même chair*, dit l'Ecriture : *mais celui qui demeure attaché au Seigneur, eft un même efprit avec lui. Fuiez la fornication.* Qui peut douter que ces paroles ne préfentent à l'efprit des chofes qui feroient rougir, fi elles étoient exprimées en certains termes que l'honnêteté ne fouffre point ? Mais outre que les termes dont l'Apôtre fe fert, font d'une nature à ne point bleffer la pudeur ; l'idée qu'on en peut prendre, eft accompagnée d'une idée d'exécration, qui non feulement empêche que la pudeur n'en foit offenfée, mais qui fait de plus que les Chrétiens conçoivent une grande horreur du vice dont cet Apôtre a voulu détourner les Fidelles. Mais veut-on favoir ce qui peut être un fujet de fcandale aux Foibles ? C'eft quand un faux Délicat leur fait appréhender une faleté d'imagination, où perfonne avant lui n'en avoit trouvé. Car il eft caufe par là qu'ils penfent à quoi ils n'auroient point penfé, fi on les avoit laiffez dans leur fimplicité. Vous voiez donc, Monfieur, que vous n'avez pas eu fujet de reprocher à vôtre Adverfaire qu'il avoit eu tort de fe vanter, *qu'il ne lui étoit pas échappé un feul mot, qui pût bleffer le moins du monde la pudeur.*

La feconde chofe qui m'a fait beaucoup de peine, Monfieur, c'eft que vous blâmiez dans vôtre Préface les endroits de la Satire, qui m'avoient paru les plus beaux, les plus édifians, & les plus capables de contribuer aux bonnes mœurs, & à l'honnêteté publique. J'en rapporterai deux ou trois exemples. J'ai été charmé, je vous l'avoüe, de ces Vers de la page fixiéme.

L'Epou-

L'Epouse que tu prens , sans tache en sa conduite ,
Aux vertus , m'a-t-on dit , dans Port-Roial instruite ,
Aux Loix de son devoir régle tous ses desirs.
Mais qui peut t'assûrer qu'invincible aux plaisirs,
Chez toi dans une vie ouverte à la licence ,
Elle conservera sa premiere innocence ?
Par toi-même bien-tôt conduite à l'Opera ,
De quel air penses-tu que ta Sainte verra
D'un spectacle enchanteur la pompe harmonieuse ,
Ces danses , ces Heros à voix luxurieuses ;
Entendra ces discours sur l'amour seul roulans ,
Ces doucereux Renauds , ces insensez Rolans ;
Sçaura d'eux qu'à l'Amour , comme au seul Dieu suprème ,
On doit immoler tout , jusqu'à la Vertu même :
Qu'on ne sauroit trop tôt se laisser enflammer .
Qu'on n'a reçû du Ciel un cœur que pour aimer ;
Et tous ces Lieux-communs de morale lubrique ,
Que Lulli rechauffa des sons de sa Musique ?
Mais de quels mouvemens dans son cœur excitez,
Sentira-t-elle alors tous ses sens agitez ?

On trouvera quelque chose de semblable dans un Livre imprimé il y a dix ans. Car on y fait voir par l'autorité des
Paiens mêmes , combien c'est une chose pernicieuse de faire un
Dieu de l'Amour , & d'inspirer aux jeunes personnes qu'il n'y
a rien de plus doux que d'aimer. Permettez moi, Monsieur,
de rapporter ici ce qui est dit dans ce Livre , qui est assez
rare. *Peut-on avoir un peu de zéle pour le salut des ames ,*
qu'on ne déplore le mal que font dans l'esprit d'une infinité de per-
sonnes , les Romans , les Comédies , & les Opera ? Ce n'est
pas qu'on n'ait soin présentement de n'y rien mettre qui soit gros-
sierement deshonnête : mais c'est qu'on s'y étudie à faire paroître
l'Amour comme la chose du monde la plus charmante & la plus
douce. Il n'en faut pas davantage pour donner une grande pente
à cette malheureuse passion. Ce qui fait souvent de si grandes
plaies , qu'il faut une grace bien extraordinaire pour en guérir.
Les Paiens mêmes ont reconnu combien cela pouvoit causer de de-

O o 2   *sordres.*

fordres dans les mœurs. ¹ *Car Cicéron aiant rapporté les Vers
d'une Comédie , où il eſt dit que l'Amour eſt le plus grand des
Dieux (ce qui ne ſe dit que trop dans celles de ce temps-ci)
il s'écrie avec raiſon : O la belle réformatrice des mœurs que la
Poëſie , qui nous fait une divinité de l'Amour , qui eſt une ſource de tant de folies & de déreglemens honteux ! Mais il n'eſt pas
étonnant de lire de telles choſes dans une Comédie : puiſque nous
n'en aurions aucune , ſi nous n'approuvions ces deſordres : De Co-
mœdia loquor , quæ , ſi hæc flagitia non approbaremus , nul-
la eſſet omnino.*

Mais ce qu'il y a de particulier dans l'Auteur de la Satire ,
& en quoi il eſt le plus loüable, c'eſt d'avoir repreſenté avec
tant d'eſprit & de force, le ravage que peuvent faire dans les
bonnes mœurs les Vers de l'Opera, qui roulent tous ſur l'A-
mour, chantez ſur des airs, qu'il a eu grande raiſon d'appel-
ler *luxurieux* ; puiſqu'on ne ſauroit s'en imaginer de plus propres à enflammer les paſſions, & à faire entrer dans les cœurs
la Morale lubrique des Vers. Et ce qu'il y a de pis , c'eſt que
² le poiſon de ces chanſons laſcives ne ſe termine pas au lieu
où ſe joüent ces piéces, mais ſe répand par toute la France , où une infinité de gens s'appliquent à les apprendre par
cœur , & ſe font un plaiſir de les chanter par tout où ils ſe
trouvent.

Cependant, Monſieur, bien loin de reconnoître le ſervice
que l'Auteur de la Satire a rendu par-là au Public, vous
voudriez faire croire, que c'eſt pour donner un coup de dent
à Monſieur Quinault , Auteur de ces Vers de l'Opera, qu'il
en

REMARQUES.

¹. *Car Cicéron aiant rapporté les Vers d'une Coméd'e.*] Du Poëte Cécilius. Après quoi Cicéron s'écrie : *O præclaram emendatricem ri-ta , poeticam ! quæ Amorem , flagitii & le-vitatis auctorem, in concilio Deorum collocan-dum putes. De Comædia loquor* &c. Cic. Tuſcul. Liv. 4. Vers la fin.

². *le poiſon de ces chanſons laſcives.*] Ce que Monſieur Arnauld & Monſieur Deſpréaux ont dit de la *Morale lubrique* & des chanſons de l'Opera, Cicéron l'avoit dit auparavant des Poëtes. *Sed Videſne* , dit-il , *Poëtæ quid mali afferant ? Lamentantes inducunt fortiſſi-mos viros : molliunt animos noſtros : ita ſunt deinde dulces, ut non legantur modò, ſed etiam ediſcantur. Sic ad malam domeſticam diſ-ciplinam, vitamque umbratilem & delicatam cùm acceſſerunt etiam Poëtæ nervos omnes vir-tutis elidunt.* Tuſcul. Liv. 2. avant le milieu.

en a parlé ſi mal : & c'eſt dans cet endroit-là même, que
vous avez crû avoir trouvé des mots deshonnêtes dont la pudeur eſt offenſée.

Ce qui m'a auſſi beaucoup plû dans la Satire, c'eſt ce qu'il
dit contre les mauvais effets de la lecture des Romans. Trouvez bon, Monſieur, que je le rapporte encore ici.

> *Suppoſons toutefois, qu'encor fidelle & pure,*
> *Sa vertu de ce choc revienne ſans bleſſure ;*
> *Bien-tôt dans ce grand monde, où tu vas l'entraîner,*
> *Au milieu des écueils qui vont l'environner,*
> *Crois-tu que toûjours ferme aux bords du précipice.*
> *Elle pourra marcher ſans que le pied lui gliſſe ;*
> *Que toûjours inſenſible aux diſcours enchanteurs*
> *D'un idolatre amas de jeunes Séducteurs ;*
> *Sa ſageſſe jamais ne deviendra folie ?*
> *D'abord tu la verras, ainſi que dans Clélie,*
> *Recevant ſes Amans ſous le doux nom d'Amis,*
> *S'en tenir avec eux aux petits ſoins permis ;*
> *Puis bien-tôt en grande eau ſur le fleuve de Tendre*
> *Naviger à ſouhait, tout dire, & tout entendre.*
> *Et ne préſume pas que Vénus, ou Satan,*
> *Souffre qu'elle en demeure aux termes du Roman.*
> *Dans le crime il ſuffit qu'une fois on débute,*
> *Une chûte toûjours attire une autre chûte :*
> *L'Honneur eſt comme une Iſle eſcarpée & ſans bords ;*
> *On n'y peut plus rentrer dès qu'on en eſt dehors.*

Peut-on mieux répreſenter le mal, que ſont capables de faire les Romans les plus eſtimez, & par quels degrez inſenſi-
bles ils peuvent mener les jeunes gens, qui s'en laiſſent empoi-
ſonner, bien loin au delà des termes du Roman, & juſqu'aux
derniers deſordres ? Mais parce qu'on y a nommé la Clélie,
il n'y a preſque rien dont vous faſſiez un plus grand crime à
l'Auteur de la Satire. *Combien*, dites-vous, *a-t-on été indigné*
de voir continuer ſon acharnement ſur la Clélie ? L'eſtime qu'on
a toûjours faite de cet Ouvrage, & l'extrème vénération qu'on a
tou-

toûjours euë [1] *pour l'Illuſtre Perſonne qui l'a compoſé, ont fait ſoû-*
lever tout le monde contre une attaque ſi ſouvent & ſi inutile-
ment répetée. Il paroît bien que le vrai merite eſt bien plûtôt
une raiſon pour avoir place dans ſes Satires, qu'une raiſon d'en
être exempt.

Il ne s'agit point, Monſieur, du merite de la Perſonne qui
a compoſé la Clélie, ni de l'eſtime qu'on a faite de cet Ouvrage. Il en a pû meriter pour l'eſprit, pour la politeſſe,
pour l'agrément des inventions, pour les caractères bien ſuivis, & pour les autres choſes qui rendent agréable à tant
de perſonnes la lecture des Romans. Que ce ſoit, ſi vous
voulez, le plus beau de tous les Romans : mais enfin c'eſt
un Roman. C'eſt tout dire. Le caractère de ces pièces eſt de
rouler ſur l'Amour & d'en donner des leçons d'une maniere
ingenieuſe, & qui ſoit d'autant mieux reçuë, qu'on en écarte
le plus en apparence tout ce qui pourroit paroître de trop groſ-
ſiérement contraire à la pureté. C'eſt par-là qu'on va inſen-
ſiblement juſqu'au bord du précipice, s'imaginant qu'on n'y tom-
bera pas, quoi qu'on y ſoit déja à demi tombé par le plaiſir qu'on a pris à ſe remplir l'eſprit & le cœur de la doucereuſe Morale qui s'enſeigne au païs de Tendre. Vous pouvez
dire, tant qu'il vous plaira, que cet Ouvrage eſt en vénerati-
on à tout le monde. Mais voici deux faits dont je ſuis trés-bien
informé. Le premier eſt que feuë Madame la Princeſſe de
Conti, & Madame de Longueville, ayant ſû que Monſieur
Deſpréaux avoit fait [2] une pièce en proſe contre les Romans
où la Clélie n'étoit pas épargnée, comme ces Princeſſes con-
noiſſoient mieux que perſonne, combien ces lectures ſont dangereuſes, elles lui firent dire qu'elles ſeroient bien aiſes de la
voir. Il la leur recita ; & elles en furent tellement ſatis-
faites, qu'elles témoignerent ſouhaiter beaucoup qu'elle fût imprimée. Mais il s'en excuſa, pour ne pas s'attirer ſur les bras
de nouveaux Ennemis.　　　　　　　　　　　　　　　L'autre

R E M A R Q U E S.

1. *Pour l'illuſtre Perſonne qui l'a compoſé.*] | C'eſt le Dialogue, qui eſt dans ce Volu-
Mademoiſelle de Scuderi.　　　　　　　　| me.
　2. *Une pièce en proſe contre les Romans.*] |

L'autre fait eſt , qu'un Abbé de grand merite , & qui n'a-
voit pas moins de piété que de lumière, ſe réſolut de lire la
Clélie , pour en juger avec connoiſſance de cauſe ; & le jugement qu'il en porta , fut le même que celui de ces deux
Princeſſes. Plus on eſtime l'illuſtre Perſonne à qui on attribuë
cet Ouvrage , plus on eſt porté à croire qu'elle n'eſt pas à
cette heure d'un autre ſentiment que ces Princeſſes ; & qu'elle
a un vrai repentir de ce qu'elle a fait autrefois lorſqu'elle étoit
moins éclairée. Tous les Amis de ¹ Monſieur de Gomberville,
qui avoit auſſi beaucoup de merite , & qui a été un des pré-
miers Académiciens , ſavent que ç'a été ſa diſpoſition à l'égard
de ſon Polexandre ; & qu'il eût voulu , ſi cela eût été poſſible , l'avoir éffacé de ſes larmes. Suppoſé que Dieu ait fait
la même grace à la perſonne que l'on dit Auteur de la Clélie,
c'eſt lui faire peu d'honneur , que de la repréſenter comme tellement attachée à ce qu'elle a écrit autrefois , qu'elle ne puiſſe ſouffrir qu'on y reprenne ce que les règles de la piété Chrétienne y font trouver de repréhenſible.

Enfin , Monſieur , j'ai fort éſtimé , je vous l'avouë , ce
qui eſt dit dans la Satire contre un miſerable Directeur , qui
feroit paſſer ſa Dévote du Quiétiſme au vrai Molinoziſme.
Et nous avons déja vû que c'eſt un des endrois où vous avez
trouvé le plus à redire. Je vous ſupplie , Monſieur , de faire
ſur cela de ſerieuſes réflexions

Vous dites à l'entrée de vôtre Préface que *dans cette diſpute entre vous & Monſieur Deſpréaux , il s'agit non ſeulement
de la défenſe de la Verité , mais encore des bonnes mœurs &
de l'honnêteté publique.* Permetez moi , Monſieur , de vous
demander , ſi vous n'avez point ſujet de craindre , que ceux
qui compareront ces trois endroits de la Satire avec ceux
que vous y oppoſez , ne ſoient portez à juger que c'eſt plûtôt
de ſon côté que du vôtre , qu'eſt la défenſe des bonnes mœurs,
& de l'honnêteté publique. Car ils voient du côté de la Satire , 1°. Une très-juſte & très-Chrétienne condamnation des Vers
de

R E M A R Q U E S.

1. *Monſieur de Gomberville.*] Marin Le   poſé encore deux autres Romans ; ſavoir,
Roi , Sieur de Gomberville , de l'Académie   *la Cythère* & *la jeune Alciane.*
Françoiſe. Outre ſon Polexandre , il a com-

de l'Opera, foûtenus par les airs efféminez de Lulli. 2°. Les pernicieux effets des Romans, repréfentez avec une force capable de porter les peres & les meres qui ont quelque crainte de Dieu, à ne les pas laiffer entre les mains de leurs enfans. 3°. Le Paradis, le Démon, & l'Enfer, mis en œuvre pour faire avoir plus d'horreur d'une abominable profanation des chofes faintes. Voilà, diront-ils, comme la Satire de Monfieur Defpréaux eft contraire aux bonnes mœurs, & à l'honnêteté publique.

Ils verront d'autre part dans vôtre Préface, 1°. ces mêmes Vers de l'Opera, jugez fi bons, ou au moins fi innocens, qu'il y a, felon vous, Monfieur, fujet de croire qu'ils n'ont été blâmez par Monfieur Defpréaux, que pour donner un coup de dent à Monfieur Quinault qui en eft l'Auteur : 2°. Un fi grand zèle pour la défenfe de la Clélie, qu'il n'y a guères de chofes que vous blamiez plus fortement dans l'Auteur de la Satire, que de n'avoir pas eû pour cet Ouvrage affez de refpeét & de vénération : 3°. Un injufte reproche, que vous lui faites d'avoir offenfé la pudeur, pour avoir eu foin de bien faire fentir l'énormité du crime d'un faux Directeur. En verité, Monfieur, je ne fai fi vous avez lieu de croire que ce qu'on jugeroit fur cela vous pût être favorable.

Ce que vous dites de plus fort contre Monfieur Defpréaux, paroît appuié fur un fondement bien foible. Vous prétendez que fa Satire eft contraire aux bonnes mœurs; & vous n'en donnez pour preuve que deux endroits. Le premier eft ce qu'il dit, en badinant avec fon Ami,

Quelle joie, &c.
De voir autour de foi croître dans fa maifon
De petits Citoiens, dont on croit être Pere ?

L'autre eft dans la page fuivante, où il ne fait encore que rire.

On peut trouver encor quelques Femmes fidélles.
Sans doute, & dans Paris fi je fai bien compter,
Il en eft jufqu'à trois que je pourrois citer.

Vous dites fur le premier; *Qu'il fait entendre par là,*
qu'un

qu'un homme n'eſt guères fin ni guères inſtruit des choſes du
monde, quand il croit que ſes enfans ſont ſes enfans. Et
vous dites ſur le ſecond, *Qu'il fait auſſi entendre, que ſelon ſon*
calcul, & le raiſonnement qui en réſulte, nous ſommes preſque
tous des enfans illégitimes.

Plus une accuſation eſt atroce, plus on doit éviter de s'y
engager, à moins qu'on n'ait de bonnes preuves. Or ç'en eſt
une aſſurément fort atroce, d'imputer à l'Auteur de la Satire,
d'avoir fait entendre *qu'un homme n'eſt guères fin, quand il croit*
que les enfans de ſa femme ſont ſes enfans, & qu'il n'y a que
trois femmes de bien dans une Ville, où il y en a plus de deux
cens mille. Cependant, Monſieur, vous ne donnez pour preuve de ces étranges accuſations, que les deux endroits que j'ai
raportez. Mais il vous étoit aiſé de remarquer, que l'Auteur
de la Satire a clairement fait entendre, qu'il n'a parlé qu'en riant
dans ces endroits, & ſur tout dans le dernier. Car il n'entre
dans le ſerieux, qu'à l'endroit où il fait parler Alcippe en faveur du Mariage, qui commence par ces Vers :

Jeune autrefois par vous dans le monde conduit, &c.

Et finit par ceux - ci qui contiennent une verité que les Païens
n'ont point connuë, & que ſaint Paul nous a enſeignée : *Quî*
ſe non continet, nubat ; melius eſt nubere, quàm uri.

> *L'Hyménée eſt un joug ; & c'eſt ce qui m'en plaît.*
> *L'Homme en ſes paſſions toûjours errant ſans guide,*
> *A beſoin qu'on lui mette & le mords & la bride ;*
> *Son pouvoir malheureux ne ſert qu'à le gêner ;*
> *Et pour le rendre libre, il le faut enchaîner.*

Que répond le Poëte à cela ? Le contredit-il ? Le réfute-t-il ?
Il l'approuve au contraire en ces termes :

> *Ha, bon ! voilà parler en docte Janſéniſte,*
> *Alcippe, & ſur ce point ſi ſavamment touché,*
> *Deſmares dans ſaint Roch n'auroit pas mieux prêché.*

Et c'eſt enſuite qu'il témoigne qu'il va parler ſerieuſement &
ſans raillerie.

Mais C'eſt trop t'inſulter ; quittons la raillerie ;
Parlons ſans hiperbole & ſans plaiſanterie.

Peut-on plus expreſſément marquer , que ce qu'il avoit dit
auparavant de ces trois Femmes fidelles dans Paris, n'étoit que
pour rire ; Des hiperboles ſi outrées ne ſe diſent qu'en badinant.
Et vous même, Monſieur, voudriez-vous qu'on vous crût,
quand vous dites, *Que pour deux ou trois Femmes dont le cri-*
me eſt averé, on ne doit pas les condamner toutes.

De bonne foi, croiez-vous qu'il n'y en ait gueres davantage dans Paris, qui ſoient diffamées par leur mauvaiſe vie?
Mais une preuve évidente, que l'Auteur de la Satire n'a pas
crû qu'il y eût ſi peu de femmes fidelles, c'eſt que dans une
vingtaine de portraits qu'il en fait, il n'y a que les deux premiers qui aient pour leur caractére l'infidelité ; ſi ce n'eſt que
dans celui de la fauſſe Dévote, il dit ſeulement que ſon Directeur pourroit l'y précipiter.

Pour ce qui eſt de ces termes, *dont on croit être Pere ;* il
n'eſt pas vrai qu'il faſſe entendre *qu'un Mari n'eſt gueres fin*
ni gueres inſtruit des choſes du monde, quand il croit que ſes en-
fans ſont ſes enfans. Car outre que l'Auteur parle-là en badinant, ils ne diſent au fond, que ce qui eſt marqué par cette régle de Droit : *Pater eſt quem nuptiæ demonſtrant ;* c'eſt-à
dire, que le Mari doit être regardé comme le Pere des enfans nez dans ſon mariage, quoi que cela ne ſoit pas toûjours vrai. Mais cela fait-il qu'un Mari doive croire, à moins
que de paſſer pour peu fin, & pour peu inſtruit des choſes
du monde, qu'il n'eſt pas le Pere des enfans de ſa femme?
C'eſt tout le contraire. Car à moins qu'il n'en eût des preuves certaines, il ne pourroit croire qu'il ne l'eſt pas, ſans
faire un jugement témeraire très criminel contre ſon Epou-
ſe.

Cependant, Monſieur, comme c'eſt de ces deux endroits,
que vous avez pris ſujet de faire paſſer la Satire de Monſieur
Deſpréaux pour une déclamation contre le mariage, & qui bleſſoit l'honnêteté & les bonnes mœurs ; jugez ſi vous l'avez
pû faire ſans bleſſer vous même la juſtice & la charité.

Je trouve dans vôtre Préface deux endroits très-propres à
juſtifier la Satire, quoi que ce ſoit en la blâmant. L'un eſt
ce que vous dites en la page cinquiéme , *que tout homme qui*
compo-

compose une Satire, doit avoir pour but, d'inspirer une bonne Morale; & qu'on ne peut, sans faire tort à Monsieur Despréaux, présumer qu'il n'a pas eû ce dessein. L'autre est la réponse que vous faites à ce qu'il avoit dit à la fin de la Préface de sa Satire, *que les Femmes ne seront pas plus choquées des prédications qu'il leur fait dans cette Satire contre leurs défauts, que des Satires que les Prédicateurs font tous les jours en Chaire contre ces mêmes défauts.*

Vous avoüez qu'on peut comparer les Satires avec les Prédications, & qu'il est de la nature de tous les deux de combattre les vices: mais que ce ne doit être qu'en général, sans nommer les personnes. Or Monsieur Despréaux n'a point nommé les personnes, en qui les vices qu'il décrit, se rencontroient; & on ne peut nier que les vices qu'il a combatus, ne soient de veritables vices. On le peut donc loüer avec raison d'avoir travaillé à inspirer une bonne Morale; puis que c'en est une partie de donner de l'horreur des vices, & d'en faire voir le ridicule. Ce qui souvent est plus capable, que les discours serieux, d'en détourner plusieurs personnes, selon cette parole d'un Ancien,

Ridiculum acri

Fortiùs ac meliùs magnas plerùmque secat res. [1]

Et ce seroit en vain qu'on objecteroit, qu'il ne s'est point contenté, dans son quatriéme portrait, de combattre l'Avarice en géneral, l'aiant appliquée à deux personnes connuës. Car ne les aiant point nommées, il n'a rien appris au public qu'il ne sût dèja. Or, comme ce seroit porter trop loin cette prétenduë régle de ne point nommer les personnes, que de vouloir qu'il fût interdit aux Prdicéateurs de se servir quelquefois d'histoires connuës de tout le monde, pour porter plus efficacement leurs Auditeurs à fuïr de certains vices; ce seroit aussi en abuser que d'étendre cette interdiction jusqu'aux Auteurs de Satires.

Ce n'est point aussi comme vous le prenez. Vous prétendez que

[1] Horace, Liv. I. Sat. 10. v. 14.

que Monsieur Despréaux a encore nommé les personnes dans
cette derniere Satire, & d'une maniére qui a déplû aux plus en-
clins à la médisance. Et toute la preuve que vous en donnez,
est qu'il a fait revenir sur les rangs Chapelain, Cotin, Pradon, Coras, & plusieurs autres : *ce qui est*, dites-vous, *la chose
du monde la plus ennuieuse, & la plus dégoûtante.* Pardonnez
moi si je vous dis, que vous ne prouvez point du tout par-
là ce que vous aviez à prouver. Car il s'agissoit de savoir, si
Monsieur Despréaux n'avoit point contribué à inspirer une bonne
Morale, en blâmant dans sa Satire les mêmes défauts, que
les Prédicateurs blâment dans leurs Sermons. Vous aviez répondu que, pour inspirer une bonne Morale, soit par les Satires, soit par les Sermons, on doit combatre les vices en géneral, sans nommer les personnes. Il falloit donc montrer,
que l'Auteur de la Satire avoit nommé les Femmes dont il
combattoit les défauts. Or Chapelain, Cotin, Pradon, Coras, ne sont pas des noms de femmes, mais de Poëtes. Ils
ne sont donc pas propres à montrer que Monsieur Despréaux,
combattant differens vices des Femmes, ce que vous avoüez
lui avoir été permis, se soit rendu coupable de médisance, en
nommant des Femmes particulières, à qui il les auroit attribués.

Voilà donc Monsieur Despréaux justifié selon vous-même
sur le sujet des Femmes, qui est le capital de sa Satire. Je
veux bien cependant examiner avec vous, s'il est coupable de
médisance à l'égard des Poëtes.

C'est ce que je vous avoüe ne pouvoir comprendre. Car
tout le monde a crû jusques ici, qu'un Auteur pouvoit écrire
contre un Auteur, remarquant les défauts qu'il croioit avoir
trouvez dans ses Ouvrages, sans passer pour médisant ; pour-
vu qu'il agisse de bonne foi, sans lui imposer, & sans le
chicaner ; lors sur tout qu'il ne reprend que de veritables
défauts.

Quand, par exemple, le Pere Goulu, Général des Feüil-
lans, publia, il y a plus de soixante ans, deux volumes contre
les Lettres de Monsieur de Balzac, qui faisoient grand bruit
dans le monde ; le Public s'en divertit. Les uns prenoient parti pour Balzac, les autres pour le Feüillant ; mais personne ne
s'avisa de l'accuser de médisance. Et on ne fit point non plus
de reproche à Javersac, qui avoit écrit contre l'un, & contre
                                                    l'autre.

l'autre. Les guerres entre les Auteurs paſſent pour innocentes, quand elles ne s'attachent qu'à la Critique de ce qui regarde la Litterature, la Grammaire, la Poëſie, l'Eloquence ; & que l'on n'y mêle point de calomnies & d'injures perſonnelles. Or que fait autre choſe Monſieur Deſpréaux à l'égard de tous les Poëtes qu'il a nommez dans ſes Satires, Chapelain, Cotin, Pradon, Coras, & autres, ſinon d'en dire ſon jugement, & d'avertir le Public que ce ne ſont pas des modéles à imiter ? Ce qui peut être de quelque utilité pour faire éviter leurs défauts, & peut contribuer même à la gloire de la Nation, à qui les Ouvrages d'eſprit font honneur, quand ils ſont bien faits ; comme au contraire, ç'a été un deshonneur à la France, d'avoir fait tant d'eſtime des pitoiables Poëſies de Ronſard.

Celuy dont Monſieur Deſpréaux a le plus parlé, c'eſt Monſieur Chapelain. Mais qu'en a-t-il dit ; Il en rend lui-même compte au Public dans ſa neuviéme Satire.

> Il a tort, dira l'un ; pourquoi faut-il qu'il nomme ?
> Attaquer Chapelain ! Ah ! c'eſt un ſi bon homme.
> Baizac en fait l'éloge en cent endroits divers.
> Il eſt vrai, s'il m'eût crû, qu'il n'eût point fait de Vers.
> Il ſe tuë à rimer : que n'écrit-t-il en Proſe ?
> Voilà ce que l'on dit ; & que dis-je autre choſe ?
> En blâmant ſes Ecrits, ai-je d'un ſtile affreux
> Diſtilé ſur ſa vie un venin dangereux ?
> Ma Muſe, en l'attaquant, charitable & diſcréte,
> Sait de l'Homme d'honneur diſtinguer le Poëte.
> Qu'on vante en lui la foi, l'honneur, la probité ;
> Qu'on priſe ſa candeur, & ſa civilité ;
> Qu'il ſoit doux, complaiſant, officieux, ſincere ;
> On le veut, j'y ſouſcris, & ſuis prêt de me taire.
> Mais que pour un modéle on montre ſes Ecrits.
> Qu'il ſoit le mieux renté de tous les beaux Eſprits ;
> Comme Roi des Auteurs qu'on béleve à l'Empire,
> Ma bile alors s'échaufe, & je brûle d'écrire.

Cependant, Monſieur, vous ne pouvez pas douter que ce ne ſoit être médiſant, que de taxer de médiſance celui qui n'en ſeroit pas coupable. Or ſi on prétendoit que Monſieur

Despréaux s'en fût rendu coupable, en disant que Monsieur Chapelain, quoi que d'ailleurs honnête, civil & officieux, n'étoit pas un fort bon Poëte, il lui seroit bien aisé de con fondre ceux qui lui feroient ce reproche. Il n'auroit qu'à leur faire lire ces Vers de ce grand Poëte sur la belle Agnès,

On voit hors des deux bouts de ses deux courtes manches
Sortir à découvert deux mains longues & blanches,
Dont les doigts inégaux, mais tout ronds & menus,
Imitent l'embompoint des bras ronds & charnus.

Enfin, Monsieur, je ne comprens pas comment vous n'avez point appréhendé, qu'on ne vous appliquât ce que vous dites de Monsieur Despréaux dans vos Vers, *Qu'il croit avoir droit de maltraiter dans ses Satires ce qu'il lui plaît; & que la Raison a beau lui crier sans cesse, que l'équité naturelle nous deffend de faire à autrui ce que nous ne voudrions pas qui nous soit fait à nous-mêmes. Cette voix ne l'émeut point.* Car si vous le trouvez blâmable d'avoir fait passer la Pucelle & le Jonas pour de méchans Poëmes, pourquoi ne le seriez-vous pas d'avoir parlé avec tant de mépris de son Ode Pindarique, qui paroît avoir été si estimée, que [1] trois des meilleurs Poëtes Latins de ce temps ont bien voulu prendre la peine d'en faire chacun une Ode Latine. Je ne vous en dis pas davantage. Vous ne voudriez pas sans doute, contre la deffense que Dieu en fait, avoir deux poids & deux mesures. Je vous supplie, Monsieur, de ne pas trouver mauvais qu'un Homme de mon âge vous donne ce dernier avis en vrai ami.

On doit avoir du respect pour le jugement du Public; & quand il s'est déclaré hautement pour un Auteur, ou pour un Ouvrage, on ne peut guères le combattre de front & le contredire ouvertement, qu'on ne s'expose à en être maltraité. Les vains efforts du Cardinal de Richelieu contre le Cid en font un grand exemple; & on ne peut rien voir de plus heureusement exprimé que ce qu'en dit vôtre Adversaire.

REMARQUES.

[1] *Trois des meilleurs Poëtes Latins.*] Messieurs Rollin, Lenglet, & de Saint-Remi.

En vain contre le Cid un Ministre se ligue :
Tout Paris pour Chimène a les yeux de Rodrigue ;
L'Académie en corps a beau le censurer ;
Le Public revolté s'obstine à l'admirer.

Jugez par-là, Monsieur, de ce que vous devez esperer du mépris que vous tâchez d'inspirer pour les Ouvrages de Monsieur Despréaux dans vôtre Préface. Vous n'ignorez pas combien ce qu'il a mis au jour a été bien reçu dans le monde, à la Cour, à Paris, dans les Provinces, & même dans tous les Païs étrangers, où l'on entend le François. Il n'est pas moins certain que tous les bons Connoisseurs trouvent le même esprit, le même art, & les mêmes agrémens dans ses autres Piéces, que dans ses Satires. Je ne sai donc, Monsieur, comment vous vous êtes pû promettre qu'on ne seroit point choqué de vous en voir parler d'une manière si opposée au jugement du Public ? Avez-vous crû, que supposant sans raison que tout ce que l'on dit librement des défauts de quelque Poëte, doit être pris pour médisance, on applaudiroit à ce que vous dites, *Que ce ne sont que ses médisances qui ont fait rechercher ses Ouvrages avec tant d'empressement. Qu'il va toûjours terre à terre, comme un Corbeau qui va de charogne en charogne. Que tant qu'il ne fera que des Satires comme celles qu'il nous a données, Horace & Juvénal viendront toûjours revendiquer plus de la moitié des bonnes choses qu'il y aura mises. Que Chapelain, Quinaut, Cassagne, & les autres qu'il y aura nommez, prétendront aussi qu'une partie de l'agrément qu'on y trouve, viendra de la célébrité de leurs noms, qu'on se plaît d'y voir tournez en ridicule. Que la malignité du cœur humain, qui aime tant la médisance & la calomnie, parce qu'elles élevent secretement celui qui lit, au dessus de ceux qu'elles rabaissent, dira toûjours que c'est elle qui fait trouver tant de plaisir dans les Ouvrages de Monsieur Despréaux, &c.*

Vous reconnoissez donc, Monsieur, que tant de gens qui lisent les Ouvrages de Monsieur Despréaux, les lisent avec grand plaisir. Comment n'avez-vous donc pas vû, que de dire, comme vous faites, que ce qui fait trouver ce plaisir est la malignité du cœur humain, qui aime la médisance & la calomnie, c'est attribuer cette méchante disposition à tout ce qu'il y a de gens d'esprit à la Cour & à Paris ?

Enfin, vous devez attendre qu'ils ne feront pas moins......uez
du peu de cas que vous faites de leur jugement, lors que vous
prétendez que Monfieur Defpréaux a fi peu réüffi, quand il a voulu traiter des fujets d'un autre genre que ceux de la Satire, qu'il
pourroit y avoir de la malice à lui confeiller de travailler à d'autres Ouvrages.

Il y a d'autres chofes dans vôtre Préface que je voudrois que
vous n'euffiez point écrites : mais celles-là fuffifent pour m'acquitter
de la promeffe que je vous ai faite d'abord de vous parler avec
la fincerité d'un Ami Chrétien, qui eft fenfiblement touché de
voir cette divifion entre deux Perfonnes, qui font tous deux profeffion de l'aimer. Que ne donnerois-je pas pour être en état de
travailler à leur réconciliation plus heureufement que les gens
d'honneur, que vous m'apprenez n'y avoir pas réüffi ? Mais mon
éloignement ne m'en laiffe guères le moien. Tout ce que je puis
faire, Monfieur, eft de demander à Dieu qu'il vous donne à l'un
& à l'autre cet efprit de charité & de paix, qui eft la marque
la plus affurée des vrais Chrétiens. Il eft bien difficile que dans
ces conteftations on ne commette de part & d'autre des fautes,
dont on eft obligé de demander pardon à Dieu. Mais le moien
le plus efficace que nous avons de l'obtenir, c'eft de pratiquer
ce que l'Apôtre nous recommande, *de nous fupporter les uns les
autres, chacun remettant à fon frere le fujet de plainte qu'il pouvoit
avoir contre lui, & nous entrepardonnant, comme le Seigneur nous a
pardonné.* On ne trouve point d'obftacle à entrer dans des fentimens d'union & de paix, lors qu'on eft dans cette difpofition.
Car l'Amour propre ne regne point où regne la Charité ; & il
n'y a que l'Amour propre qui nous rende pénible la connoiffance
de nos fautes, quand la raifon nous les fait appercevoir. Que
chacun de vous s'applique cela à foi-même, & vous ferez bien-
tôt bons amis. J'en prie Dieu de tout mon cœur, & fuis tres-
fincèrement,

MONSIEUR,

May 1694.　　　　　　　　Vôtre très-humble & très obeïffant
　　　　　　　　　　　　　　　ferviteur,
　　　　　　　　　　　　　　　A. ARNAULD.
　　　　　　　　　　　　　　　　　　REMER-

REMERCIMENT
A M^r. ARNAULD,
SUR LA LETTRE PRÉCÉDENTE.

LETTRE VI.

E ne ſaurois, Monſieur, aſſez vous témoigner ma reconnoiſſance, de la bonté que vous avez euë de vouloir
bien permettre, qu'on me montrât la Lettre que
vous avez écrite à Monſieur Perrault ſur ma derniere
Satire. Je n'ai jamais rien lû qui m'ait fait un ſi grand plaiſir; &
quelques injures que ce galant Homme m'ait dites, je ne ſaurois
plus lui en vouloir de mal, puis qu'elles m'ont attiré une ſi honorable Apologie. Jamais cauſe ne fut ſi bien défenduë que la
mienne. Tout m'a charmé, ravi, édifié dans vôtre Lettre : mais
ce qui m'y a touché davantage, c'eſt cette confiance ſi bien fondée avec laquelle vous y déclarez que vous me croiez ſincére-
ment vôtre Ami. N'en doutez point, Monſieur, je le ſuis;
& c'eſt une qualité dont je me glorifie tous les jours en préſence de vos plus grands ennemis. Il y a des Jéſuites qui me
font l'honneur de m'eſtimer, & que j'eſtime & honore auſſi
beaucoup. Ils me viennent voir dans ma ſolitude d'Auteüil, &
ils y ſéjournent même quelquefois. Je les reçois du mieux que
je puis : mais la premiere convention que je fais avec eux, c'eſt
qu'il me ſera permis dans nos entretiens de vous loüer à outrance. J'abuſe ſouvent de cette permiſſion, & l'Echo des murailles

REMARQUES.

3. Cette Lettre fut écrite en Juin, 1694.

railles de mon jardin a retenti plus d'une fois de nos contestations sur vôtre sujet. La verité est pourtant qu'ils tombent sans peine d'accord de la grandeur de vôtre génie, & de l'étenduë de vos connoissances. Mais je leur soutiens moi, que ce sont là vos moindres qualitez, & que ce qu'il y a de plus estimable en vous, c'est la droiture de vôtre esprit, la candeur de vôtre ame, & la pureté de vos intentions. C'est alors que se font les grands cris. Car je ne démords point sur cet article, non plus que sur celui des Lettres au Provincial, que, sans examiner [1] qui des deux partis au fond a droit ou tort, je leur vante toûjours comme le plus parfait Ouvrage de Prose, qui soit en nôtre Langue. Nous en venons quelquefois à des paroles assez aigres. A la fin néanmoins tout se tourne en plaisanterie : *ridendo dicere verum quid vetat?* Ou quand je les voi trop fâchez, je me jette sur les loüanges du R. P. de la Chaize, que je révére de bonne foi, & à qui j'ai en effet tout recemment encore une trés-grande obligation, puisque c'est en partie à ses bons offices que je dois la Chanoinie de la Sainte Chapelle de Paris, que j'ai obtenuë de Sa Majesté, [2] pour mon Frere le Doien de Sens. Mais, Monsieur, pour revenir à vôtre Lettre, je ne sai pas pourquoi les Amis de Monsieur Perrault refusent de la lui montrer. Jamais Ouvrage ne fut plus propre à lui ouvrir les yeux, & à luy inspirer l'esprit de paix & d'humilité, dont il a besoin aussi bien que moi. Une preuve de ce que je dis, c'est qu'à mon égard, à peine en ai-je eû fait la lecture, que frappé des salutaires leçons que vous nous y faites à l'un & à l'autre, je lui ai envoyé dire qu'il ne tiendroit qu'à lui que nous ne fussions bons Amis : que s'il vouloit demeurer en paix sur mon sujet, je m'engageois à ne plus rien écrire dont il pût se choquer ; & lui ai même fait entendre que je le laisserai tout à son aise faire, s'il vouloit, un Monde renversé du Parnasse, en y plaçant les Chapelains, & les Cotins

REMARQUES.

1. *Qui des deux partis.*] Mr. Despréaux se piquoit sur tout d'être franc. On en voit ici une belle preuve, puisqu'écrivant à Mr. Arnauld lui-même, il dit, *qu'il n'examine pas qui des deux partis au fond a droit ou* tort.

2. *Pour mon Frere le Doien de Sens.*] Le Roi lui avoit donné ce Canonicat l'année précedente, 1693.

tins, au deſſus des Horaces & des Virgiles. Ce ſont les paroles que Monſieur Racine, & Monſieur l'Abbé Tallemant lui ont portées de ma part. Il n'a point voulu entendre à cet accord, & a exigé de moi, avant toutes choſes, pour ſes Ouvrages une eſtime & une admiration, que franchement je ne lui ſaurois promettre ſans trahir la raiſon, & ma conſcience. Ainſi nous voila plus brouïllez que jamais, au grand contentement des Rieurs, qui étoient déja fort affligez du bruit qui couroit de nôtre réconciliation. Je ne doute point que cela ne vous faſſe beaucoup de peine. Mais pour vous montrer que ce n'eſt pas de moi que la rupture eſt venuë ; c'eſt qu'en quelque lieu que vous ſoiez, je vous déclare, Monſieur, que vous n'avez qu'à me mander ce que vous ſouhaittez que je faſſe pour parvenir à un accord, & je l'exécuterai ponctuellement ; ſachant bien que vous ne me preſcrirez rien que de juſte, & de raiſonnable. Je ne mets qu'une condition au Traitté que je ferai. Cette condition eſt que vôtre Lettre verra le jour, & qu'on ne me privera point, en la ſupprimant, du plus grand honneur que j'aie reçû en ma vie. Obtenez cela de vous & de lui ; & je lui donne ſur tout le reſte la carte blanche. Car pour ce qui regarde l'eſtime qu'il veut que je faſſe de ſes Ecrits, je vous prie, Monſieur, d'examiner vous même ce que je puis faire là-deſſus. Voici une liſte des principaux Ouvrages qu'on veut que j'admire. Je ſuis fort trompé ſi vous en avez jamais lû aucun.

Le Conte de Pêau-d'Aſne, & l'Hiſtoire de la Femme au nez de boudin, mis en Vers par Monſieur Perrault de l'Académie Françoiſe.

La Métamorphoſe d'Orante en Miroir.

L'Amour Godenot.

Le Labyrinthe de Verſailles, ou les Maximes d'Amour & de Galanterie, tirées des Fables d'Eſope.

Elégie à Iris.

La Proceſſion de Sainte Geneviéve.

Paralléles des Anciens & des Modernes, où l'on voit la Pöëſie portée à ſon plus haut point de perfection dans les Opera de Monſieur Quinaut.

Saint Paulin, Pöëme Héroïque.

Réflexions ſur Pindare, où l'on enſeigne l'Art de ne point entendre ce grand Pöëte.

Je ris, Monfieur, en vous écrivant cette lifte, & je crois que vous aurez de la peine à vous empêcher auffi de rire en la lifant. Cependant je vous fuplie de croire que l'offre que je vous fais eft trés-ferieufe, & que je tiendrai exactement ma parole. Mais foit que l'accommodement fe faffe ou non, je vous répons, puifque vous prenez fi grand interêt à la mémoire de feu Monfieur Perrault le Medecin, qu'à la premiere Edition qui paroîtra de mon Livre, il y aura dans la Préface un Article exprès en faveur de ce Medecin, qui fûrement n'a point fait la Façade du Louvre, ni l'Obfervatoire, ni l'Arc de Triom- phe, comme on le prouvera dans peu démonftrativement: mais qui au fond étoit un homme de beaucoup de merite, grand Phyficien, & ce que j'eftime encore plus que tout cela, qui avoit l'honneur d'être vôtre Ami. Je doute même quelque mine que je faffe du contraire, qu'il m'arrive jamais de prendre de nouveau la plume pour écrire contre Monfieur Perrault l'Acadé- micien, puifque cela n'eft plus néceffaire. En effet, pour ce qui eft de fes Ecrits contre les Anciens, beaucoup de mes Amis font perfuadez, que je n'ai déja que trop emploié de papier dans mes Réflexions fur Longin, à réfuter des Ouvrages fi pleins d'i- gnorance, & fi indignes d'être réfutez. Et pour ce qui regarde fes Critiques fur mes mœurs& fur mes Ouvrages, le feul bruit, ajoû- tent-ils, qui a couru que vous aviez pris mon parti contre lui, eft fuffifant pour me mettre à couvert de fes invectives. J'avouë qu'ils ont raifon. La verité eft pourtant, que pour rendre ma gloire compléte, il faudroit que vôtre Lettre fût publiée. Que ne fe- rois-je point pour en obtenir de vous le confentement? Faut- il fe dédire de tout ce que j'ai écrit contre Monfieur Perrault? Faut-il fe mettre à genoux devant lui? Faut-il lire tout Saint Paulin? Vous n'avez qu'à dire: Rien ne me fera difficile. Je fuis avec beaucoup de refpect, &c.

A MON-

A MONSIEUR
LE VERRIER.
¹ *LETTRE VII.*

'ETE s-vous plus fâché, Monsieur, du peu de complaisance que j'eûs hier pour vous ? Non sans doute, vous ne l'êtes plus, & je suis persuadé, qu'à l'heure qu'il est, vous goûtez toutes mes raisons. Supposé pourtant que vôtre colère dure encore, je m'offre d'aller aujourd'hui chez-vous à midi & demi vous prouver le vetre à la main, par plus d'un argument en forme, qu'un homme comme moi n'est point obligé de préferer son plaisir à sa santé, ni de demeurer à souper, même avec la meilleure compagnie du monde, quand il sent que cela le pourroit incommoder, & quand il a, pour s'en excuser, ² soixante & six raisons aussi bonnes & aussi valables, que celles que ³ *la Vieillesse avec ses doigts pesans m'a jettées sur la tête.* Et pour commencer ma preuve, je vous dirai ces Vers d'Horace à Mécénas.

Quam mihi das ægro, dabis ægrotare timenti,
Mecenas, veniam. ⁴

En cas donc que vous vouliez que j'achève ma démonstration, mandez-moi,
                                                              Si

REMARQUES

1. L'original de cette Lettre est entre les mains de l'Auteur de ces Remarques. Elle fut écrite en 1703.
2. *Soixante & six raisons.*] Il en avoit bien Soixante & sept : étant né en 1636.
3. *La vieillesse avec ses doigts pesans, &c.*] Termes de l'Épitre X. Vers 25.
4. Horace, Liv. I. Ep. 7. V. 4.

Si validus, fi lætus eris, fi denique pofces. ¹

Autrement ordonnez qu'on ne m'ouvre point chez vous.
J'aime encore mieux n'y point entrer que d'y être mal reçû.
Au refte, j'ai foigneufement relû vôtre plainte contre les Tui-
leries, & j'y ai trouvé des Vers fi bien tournez, que franchement en les lifant je n'ai pû me deffendre d'un moment de
jaloufie Poëtique contre vous. De forte qu'en la remaniant,
j'ai plûtôt fongé à vous furpaffer qu'à vous réformer. C'eft
cette jaloufie qui m'a fait mettre la pièce en l'état où vous
l'allez voir. Prenez la peine de la lire.

PLAINTE CONTRE LES TUILERIES.

Agréables jardins, où les Zéphirs & Flore
Se trouvent tous les jours au lever de l'Aurore,
Lieux charmans, qui pouvez dans vos fombres réduits
Des plus triftes Amans adoucir les ennuis,
Ceffez de rappeler dans mon ame infenfée
De mon premier bonheur la gloire enfin paffée.
Ce fut, je m'en fouviens, dans cet antique bois
Que Philis m'apparut pour la première fois:
C'eft ici que fouvent, diffipant mes alarmes,
Elle arrêtoit d'un mot mes foupirs & mes larmes;
Et que me regardant d'un œil fi gracieux,
Elle m'offroit le Ciel ouvert dans fes beaux yeux.
Aujourdhui cependant, injuftes que vous êtes,
Je fai qu'à mes Rivaux vous prêtez vos retraites;
Et qu'avec elle affis fur vos tapis de fleurs,
Ils triomphent contens de mes vaines douleurs.
Allez, jardins dreffez par une main fatale,
Triftes Enfans de l'Art du malheureux Dédale,
Vos bois, jadis pour moi fi charmans & fi beaux;
Ne font plus qu'un Defert, réfuge de Corbeaux,
Qu'un féjour infernal, où cent mille Viperes
Tous les jours en naiffant affaffinent leurs Meres.

Je ne

R E M A R Q U E S.

1. Horcae. Liv. I. Epître 13. v. 3.

Je ne sai ; Monſieur, ſi dans tout cela voüs reconnoitrés vôtre Ouvrage, & ſi vous vous accommoderez des nouvelles penſées que je vous prête. Quoi qu'il en ſoit, faites-en tel uſage que vous jugerez à propos. Car pour moi, je vous déclare que je n'y travaillerai pas davantage. Je ne vous ca-cheray pas même que j'ai une eſpèce de confuſion, d'avoir par une molle complaiſance pour vous, emploié quelques heu-res à un Ouvrage de cette nature, & d'être moi-même tombé dans le ridicule dont j'accuſe les autres, & dont je me ſuis ſi bien moqué par ces Vers de la Satire à mon Eſprit :

> *Faudra-t-il de ſens froid, & ſans être amoureux,*
> *Pour quelque Iris en l'air faire le langoureux ;*
> *Lui prodiguer les noms de Soleil & d'Aurore,*
> *Et toûjours bien mangeant, mourir par métaphore ?*

Ce qu'il y a de ſûr, c'eſt que je ne retomberai plus dans une pareille foibleſſe, & que c'eſt à ces Vers d'Amourettes bien plus juſtement qu'à ceux [1] de ma pénultieme Epître, qu'aujourd'hui je dis très-ſerieuſement,

Adieu, mes Vers, adieu pour la dernière fois.

Du reſte, je ſuis parfaitement Vôtre, & c.

R E M A R Q U E S.

[1]. *De ma pénultième Epître.*] C'eſt de l'antépénultième ; c'eſt-à-dire, de la dixième.

A MON:

A MONSIEUR
RACINE.
1 *LETTRE VIII.*

E crois que vous ferez bien aife d'être inftruit de ce qui s'eft paffé dans la vifite, que nous avons, fuivant vôtre confeil, renduë ce matin, mon Frére le Docteur de Sorbone & moi, au Révérend Pére de la Chaife. Nous fommes arrivez chez lui fur les neuf heures, & fi tôt qu'on lui a dit nôtre nom, il nous a fait entrer. Il nous a reçûs avec beaucoup d'agrément, m'a interrogé fort obligeamment fur l'état de ma fanté, & a paru fort content de ce que je lui ai dit que 2 mon incommodité n'augmentoit point. Enfuite il a fait aporter des chaifes, s'eft mis tout proche de moi, 3 afin que je le pûffe mieux entendre, & auffi-tôt entrant en matière, m'a dit, que vous lui aviez lû un Ouvrage de ma façon, où il y avoit beaucoup de bonnes chofes : mais que la matière que j'y traitois, étoit une matière fort délicate, & qui demandoit beaucoup de favoir. 4 Qu'il avoit autrefois enfeigné

REMARQUES.

1. Cette Lettre a été écrite en 1697. Mr. Racine étoit à la Cour, en qualité de Gentil-homme Ordinaire du Roi.

2. *Mon incommodité.*] Un Afthme, ou une difficulté de refpirer, à laquelle Mr. Defpréaux a été fujet prefque toute fa vie.

3. *Afin que je le pûffe mieux entendre.*] Le P. P. De la Chaize étoit alors âgé de Soixante & treize ans, & avoit la voix foible. Mr. Defpréaux avoit peine à entendre, fur tout de l'oreille gauche. C'eft, pour le dire en paffant, ce qui l'obligeoit de prier ceux qui alloient le voir, de fe mettre à fa droite, quand même cette place n'étoit pas la plus honorable par la fituation où l'on fe trouvoit.

4. *Qu'il avoit autrefois enfeigné la Théologie.*] Au Collége de Lion.

feigné la Théologie, & qu'ainfi il devoit être inftruit de cette matiére à fond. Qu'il falloit faire une grande difference de l'Amour
affectif d'avec l'Amour effectif. Que ce dernier étoit abfolument néceffaire, & entroit dans l'Attrition ; au lieu que l'A-
mour affectif venoit de la Contrition parfaite, & qu'ainfi il
juftifioit par lui-même le Pécheur ; mais que l'Amour effectif
n'avoit d'effet qu'avec l'abfolution du Prêtre. Enfin il nous a
débité en très-bons termes tout ce que beaucoup d'habiles Auteurs Scholaftiques ont écrit fur ce fujet, fans pourtant dire,
comme quelques-uns d'eux, que l'Amour de Dieu, abfolument
parlant, n'eft point néceffaire pour la juftification du Pécheur.
Mon frére applaudiffoit à chaque mot qu'il difoit, paroiffant
être enchanté de fa Doctrine, & encore plus de fa manière de
l'énoncer. Pour moi je fuis demeuré dans le filence. Enfin
lorfqu'il a ceffé de parler, je lui ai dit, que j'avois été fort
furpris, qu'on m'eût prêté des charitez auprès de lui, & qu'on
lui eût donné à entendre que j'avois fait un Ouvrage contre
les Jéfuites ; ajoûtant que ce feroit une chofe bien étrange,
fi, foûtenir qu'on doit aimer Dieu, s'appeloit écrire contre les
Jéfuites. Que mon frere avoit apporté avec lui vingt paffages
de dix ou douze de leurs plus fameux Ecrivains, qui foûte-
noient en termes beaucoup plus forts que ceux de mon Epître,
que pour être juftifié, il faut indifpenfablement aimer Dieu.
Qu'enfin j'avois fi peu fongé à écrire contre les Jéfuites, que
les premiers à qui j'avois lû mon Ouvrage, c'étoit fix Jéfuites
des plus célèbres, qui m'avoient tous dit, qu'un Chrétien ne
pouvoit pas avoir d'autres fentimens fur l'Amour de Dieu, que
ceux que j'énonçois dans mes Vers. J'ai ajoûté enfuite, que
depuis peu j'avois eû l'honneur de réciter mon Ouvrage à
Monfeigneur l'Archevêque de Paris, & à Monfeigneur l'Evêque
de Meaux, qui en avoient tous deux paru, pour ainfi dire,
transportez. Qu'avec tout cela néanmoins, fi fa Réverence
croioit mon Ouvrage périlleux, je venois préfentement pour
le lui lire, afin qu'il m'inftruisît de mes fautes. Enfin je lui
ai fait le même compliment que je fis à Monfeigneur l'Archevêque, lorfque j'eûs l'honneur de le lui réciter, qui étoit,
que je ne venois pas pour être loüé, mais pour être jugé :
que je le priois donc de me prêter une vive attention, &
de trouver bon même que je lui réperaffe beaucoup d'endroits.

Il a fort approuvé ma propofition ; & je lui ai lû mon Epître très-pofément ; jettant au refte dans ma lecture toute la force & tout l'agrément que j'ai pû. J'oubliois de vous avertir que je lui ai auparavant dit encore une particularité, qui l'a affez agréablement furpris ; c'eft à favoir que je prétendois n'avoir proprement fait autre chofe dans mon Ouvrage, que mettre en Vers la Doctrine qu'il venoit de nous débiter, & l'ai affûré que j'étois perfuadé que lui-même n'en difconviendroit pas. Mais pour en revenir au récit de ma Piéce, croiriez vous, Monfieur, que la chofe eft arrivée comme je l'avois prophétifé, & qu'à la réferve des deux petits fcrupules, qu'il vous a dits, & qu'il nous a répetez, qui lui étoient venus au fujet de ma hardieffe à traiter en Vers une matière fi délicate, il n'a fait d'ailleurs que s'écrier, PULCHRE', BENE', RECTE'. *Cela eft vrai. Cela eft indubitable ; Voilà qui eft merveilleux. Il faut lire cela au Roy. Répetez moi encore cet endroit. Eft-ce-là ce que Monfieur Racine m'a lû?* Il a été fur tout extrémement frapé de ces Vers, que vous lui aviez paffez, & que je lui ai recitez avec toute l'énergie dont je fuis capable.

> *Cependant on ne voit que Docteurs, même auftéres,*
> *Qui les femant par tout s'en vont picufement*
> *De toute Piété faper le fondement, &c.*

Il eft vrai que je me fuis heureufement avifé d'inferer dans mon Epître huit Vers que vous n'avez point approuvez, & que mon Frere juge très à propos de rétablir. Les voici. C'eft enfuite de ce Vers,

> *Oüi, dites - vous. Allez, vous l'aimez, croiez moi.*

> *Qui fait exactement ce que ma Loi commande,*
> *A pour moi, dit ce Dieu, l'amour que je demande.*
> *Faites le donc ; & fûr qu'il nous veut fauver tous,*
> *Ne vous alarmez point pour quelques vains dégoûts.*
> *Qu'en fa faveur fouvent la plus fainte Ame éprouve.*
> *Marchez, courez à lui. Qui le cherche, le trouve ;*
> *Et plus de vôtre cœur il paroît s'écarter,*
> *Plus par vos actions fongez à l'arrêter.*

Il

Il m'a fait redire trois fois ces huit Vers. Mais je ne saurois vous exprimer avec quelle joïe, quels éclats de rire il a entendu la Prosopopée de la fin. En un mot, j'ai si bien échauffé le Réverend Pere, que sans une visite, que dans ce temps-là [1] Monsieur son Frere lui est venu rendre, il ne nous laissoit point partir, que je ne lui eusse récité aussi les deux autres nouvelles Epîtres de ma façon, que vous avez lûës au Roi. Encore ne nous a-t-il laissé partir, qu'à la charge que nous l'irions voir [2] à sa maison de Campagne : & il s'est chargé de nous faire avertir du jour où nous l'y pourrions trouver seul. Vous voiez donc, Monsieur, que si je ne suis pas bon Poëte, il faut que je sois bon Récitateur. Après avoir quitté le Pere de la Chaize, nous avons été voir le Pere Gaillard, à qui j'ai aussi, comme vous pouvez penser, récité l'Epître. Je ne vous dirai point les loüanges excessives qu'il m'a données. Il m'a traité d'homme inspiré de Dieu, & m'a dit qu'il n'y avoit que des Coquins, qui pussent contredire mon opinion. Je l'ai fait ressouvenir [3] du petit Théologien, avec qui j'eûs une prise devant lui chez Monsieur de Lamoignon. Il m'a dit que ce Théologien étoit le dernier des hommes. Que si sa Société avoit à être fâchée, ce n'étoit pas de mon Ouvrage, mais de ce que des gens osoient dire que cet Ouvrage étoit fait contre les Jésuites. Je vous écris tout ceci à dix heures du soir, au courant de la plume. Je vous prie de retirer la Copie que vous avez mise entre les mains de Madame de ...... afin que je lui en donne une autre, où l'Ouvrage soit dans l'état où il doit demeurer. Je vous embrasse de tout mon cœur, & suis tout à vous.

REMARQUES.

1. *Monsieur son Frere*] Le Comte de la Chaize, Capitaine de la Porte du Roi.

2. *A sa Maison de Campagne.*] A Mont-Louis: maison à une demi-lieüe de Paris qui appartient aux Jésuites de la rüe Saint-Antoi-ne, Le R. P. de la Chaise, qui l'avoit fort embellie, y passoit ordinairement toutes les Semaines deux ou trois jours.

3. *Du petit Théologien.*] Voiez la Remarque sur le Vers 191. de l'Epître XII.

A MONSIEUR
DE MAUCROIX.
1 LETTRE IX.

E s chofes hors de vrai-femblance, qu'on m'a dites de Monfieur de la Fontaine, font à peu prés celles que vous avez devinées : je veux dire, que ce font ces haires, ces cilices, & ces difciplines, dont on m'a affûré qu'il affligeoit fréquemment fon Corps, & qui m'ont paru d'autant plus incroiables de nôtre défunt Ami, que jamais rien, à mon avis, ne fut plus éloigné de fon caractére que ces mortifications. Mais quoi ? La grace de Dieu ne fe borne pas à des changements ordinaires, & c'eft quelquefois de véritables métamorphofes qu'elle fait. Elle ne paroît pas s'être répanduë de la même forte fur le pauvre ²Mr. Caffandre, qui eft mort tel qu'il a vé-

REMARQUES.

1. Cette Lettre, qui eft du 29. Avril 1695. & dont j'ai l'Original entre les mains, parut la prémière fois dans un Recueil imprimé à Paris chez Jaques Etienne, 1710. Sous le titre d'*Oeuvres poftumes de Mr. de Maucroix.* Les Journaliftes de Trevoux, parlant de ce Volume dans leur mois d'Octobre de la même année, dirent que c'eft *de chef-dœuvre d'un Ecrivain, qui profitant de fes réflexions & des critiques, a toûjours été attentif à perfectionner fes Ouvrages ; & qui dans ceux-ci parois s'être entièrement corrigé de ce ftile un peu lâche qu'on blâme dans fes prémières Traductions.* En effet, les Traductions que Monfieur de Maucroix avoit publiées de fon vivant, & la plûpart de celles qui entrent dans ce Recueil, font d'un ftile & d'un goût fi different,

que le Public ne tarda pas à mettre une partie de celles-ci fur le compte de l'Editeur. Cependant l'Editeur, zèlé pour la mémoire de Monfieur de Maucroix, auroit perfifté à ne rien avouër, s'il n'avoit été trahi obligeamment par quelques Amis, qu'il avoit emploiez à la révifion de ces Ouvrages, & nommément par Monfieur Defpréaux lui-même. Ce qui fut caufe que dans la Seconde Edition de Paris, & dans celle de Hollande, ce Recueil (perdant fon premier titre d'*Oeuvres poftumes* &c. fut imprimé fous celui de *Traductions diverfes pour former le goût de l'Eloquence, fur les modèles de l'Antiquité.*
2. *Monfieur Caffandre.*] J'ai parlé de lui dans la Remarque fur le I. Vers de la I. Satire.

vécu ; c'est à savoir trés-milanthrope, & non seulement haïssant les hommes, mais aiant même assez de peine à se réconcilier avec Dieu, à qui, disoit-il, si le raport qu'on m'a fait est veritable, il n'avoit nulle obligation. Qui eût crû que de ces deux hommes, c'étoit Monsieur de la Fontaine [1] qui étoit le Vase d'élection ? Voila, Monsieur, de quoi augmenter les réflexions sages & Chrétiennes, que vous me faites dans vôtre Lettre, & qui me paroissent partir d'un cœur sincérement persuadé de ce qu'il dit.

Pour venir à vos Ouvrages, j'ai déja commencé à conferer le Dialogue des Orateurs avec le Latin. Ce que j'en ai vû me paroît extrémement bien. La Langue y est parfaitement écrite. Il n'y a rien de gêné, & tout y paroît libre & original. Il y a pourtant des endroits, où je ne conviens pas du sens que

REMARQUES.

[1]. *Qui étoit le Vase d'élection.*] Rien de plus certain que la conversion de Monsieur de la Fontaine. En pourroit-on douter après le témoignage qu'on voit ici ? Ceux qui l'ont connu particuliérement, assurent qu'il ne s'étoit point forgé de Système contraire à la Foi ; & que c'étoit seulement un Esprit indéterminé & indolent sur la Religion, comme sur la plûpart des autres choses. Environ deux ans avant sa mort, il envisagea l'autre vie avec une telle fraieur, que ses Amis crûrent qu'il se troubleroit : ce qui pourtant n'empêcha pas que dans certains intervales, où son inconstance naturelle reprenoit le dessus, il ne rimât encore deux ou trois petits Contes assez gais, dont on lui avoit fait le récit. Et même, peu de jours avant sa derniére maladie, étant à diner chez Mr. de Sillery, Evêque de Soissons, comme le discours tomba sur le goût de ce Siécle : *Vous trouverez encore parmi nous*, dit-il de tout son serieux, *une infinité de gens qui estiment plus Saint Augustin que Rabelais.* On éclata de rire à cette proposition, sans que La Fontaine s'aperçût qu'elle dût être rectifiée. La veille de sa mort il repeta plusieurs fois, que s'il demandoit au Seigneur une prolongation de quelques jours, c'étoit pour se faire traîner dans un tombereau par les rues de Paris, afin que personne n'ignorât combien il detestoit les Poësies licentieuses qu'il avoit eu le malheur de composer. Enfin, pour ne rien omettre ici de ce qui regarde la sincerité de sa conversion, & les vives fraieurs dont elle fut accompagnée, je vais raporter une Lettre, qui lui fut écrite par son ami Maucroix le 14. de Février, 1695. C'est à dire, un mois avant sa mort ; car il mourut le 13. de Mars suivant. Cette Lettre qui m'a été remise en original, est imprimée parmi les prétenduës Oeuvres posthumes de Monsieur de Maucroix. La voici. „ Mon „ cher Ami, la douleur que ta derniere Let „ tre me cause, est telle que tu te la dois ima „ giner. Mais en même tems je te dirai que „ j'ai bien de la consolation des dispositions „ Chrétiennes où je te vois. Mon très-cher, „ les plus justes ont besoin de la misericorde „ de Dieu. Prens-y donc une entiere confi „ ance, & souviens-toi qu'il s'appelle le „ Pere des misericordes, & le Dieu de tou „ te consolation. Invoque-le de tout ton „ cœur. Qu'est-ce qu'une véritable contri „ tion ne peut obtenir de cette bonté infinie? „ Si Dieu te fait la grace de te renvoier la „ santé, j'espère que tu viendras passer avec „ moi les restes de ta vie, & que souvent „ nous parlerons ensemble des misericordes „ de Dieu. Cependant, si tu n'as pas la for „ ce de m'écrire, prie Monsieur Racine de me „ rendre cet office de charité, le plus grand „ qu'il me puisse jamais rendre. Adieu, mon „ bon, mon ancien, mon veritable Ami. „ Que Dieu, par sa très-grande bonté, „ prenne soin de la Santé de ton corps, & „ de celle de ton ame.

que vous avez fuivi. J'en ai marqué quelques-uns avec du craion, & vous y trouverez ces marques quand on vous les renvoiera. Si j'ai le temps, je vous expliquerai mes objections : car je doute fans cela que vous les puiffiez bien comprendre. En voici une que par avance je vais vous écrire, parce qu'elle me paroît plus de conféquence que les autres. C'eft à la page 6. de vôtre Manufcrit, où vous traduifez, *Minimum inter tot ac tanta locum obtinent imagines, ac tituli & ftatuæ, quæ neque ipfa tamen negliguntur : Au prix de ces talens fi eftimables, qu'eft-ce que la nobleffe & la naiffance, qui pourtant ne font pas mefprifées.* Il ne s'agit point à mon fens dans cet endroit de la nobleffe ni de la naiffance, mais des Images, des Infcriptions, & des Statuës, qu'on faifoit faire fouvent à l'honneur des Orateurs, & qu'on leur envoioit chez eux. Juvénal [1] parle d'un Avocat de fon temps, qui prenoit beaucoup plus d'argent que les autres, à caufe qu'il en avoit une équeftre. Sans raporter ici toutes les preuves, que je vous pourrois alléguer, Maternus lui même, dans vôtre Dialogue, fait entendre clairement la même chofe, lorfqu'il dit que *ces Statuës & ces Images fe font emparées malgré lui de fa maifon.* ÆRA, & imagines, quæ etiam me nolente in domum meam irruperunt. Excufez, Monfieur, la liberté que je prends de vous dire fi fincérement mon avis. Mais ce feroit dommage, qu'un auffi bel Ouvrage que le vôtre eût de ces taches où les Savans s'arrêtent, & qui pourroient donner occafion de le ravaler. Et puis vous m'avez donné tout pouvoir de vous dire mon fentiment.

Je fuis bien aife que mon goût fe rencontre fi conforme au vôtre, dans tout ce que je vous ai dit de nos Auteurs, & je fuis perfuadé auffi bien que vous, que Monfieur Godeau eft un Poëte fort eftimable. Il me femble pourtant qu'on peut dire de lui ce que [2] Longin dit d'Hyperide, qu'il eft toûjours à jeun, & qu'il n'a rien qui remuë, ni qui échauffe: en un mot qu'il n'a

R E M A R Q U E S.

1. *Juvénal parle d'un Avocat.*] Satire VII.
v. 124.
Æmilio dabitur, quantum petet: (& melius nos
Egimus) hujus enim ftat currus aheneus, alti.

Quadrijuges in veftibulis, atque ipfe feroci
Bellatore fedens curvatum haftile minatur
Eminus, & ftatuâ meditatur prælia fufcâ.
2. *Longin dit d'Hyperide,*] Traité du Sublime, chap. 28.

n'a point cette force de ftile, & cette vivacité d'expreffion, qu'on
cherche dans les Ouvrages, & qui les font durer. Je ne fais point
s'il paffera à la Pofterité: mais il faudra pour cela qu'il reffuf-
cite; puifqu'on peut dire qu'il eft déja mort, n'étant prefque plus
maintenant lû de perfonne. Il n'en eft pas ainfi de Malherbe, qui
croît de réputation à mefure qu'il s'éloigne de fon fiécle. La verité eft pourtant, & c'étoit le fentiment de nôtre cher Ami Patru, que la nature ne l'avoit pas fait grand Poëte. Mais il
corrige ce défaut par fon efprit & par fon travail. Car perfonne
n'a plus travaillé fes Oavrages que lui, comme il paroît affez
par le petit nombre de Piéces qu'il a faites. Nôtre Langue
veut être extrêmement travaillée. Racan avoit plus de génie que
luí; mais il eft plus négligé, & fonge trop à le copier. Il excelle fur tout, à mon avis, à dire les petites chofes, & c'eft
en quoi il reffemble mieux aux Anciens, que j'admire fur tout
par cet endroit. Plus les chofes font féches & malaifées à dire
en Vers, plus elles frapent quand elles font dites noblement,
& avec cette élégance qui fait proprement la Poëfie. Je me fouviens que Monfieur de la Fontaine m'a dit plus d'une fois,
que les deux Vers de mes Ouvrages qu'il eftimoit davantage,
c'étoit ceux où je louë le Roi d'avoir établi la manufacture des
Points de France, à la placé des Points de Venife. Les voici. C'eft
dans la premiere Epître à fa Majefté.

> *Et nos Voifins fruftrez de ces tributs ferviles,*
> *Que paivit à leur Art le Luxe de nos Villes.*

Virgile & Horace font divins en cela, auffi bien qu'Homère.
C'eft tout le contraire de nos Poëtes, qui ne difent que des chofes vagues, que d'autres ont déja dites avant eux, & dont les
expreffions font trouvées. Quand ils fortent de là, ils ne fauroient
plus s'exprimer, & ils tombent dans une féchereffe qui eft encore pire que leurs larcins. Pour moi je ne fais pas fi j'y ai réu-
fi: mais quand je fais des Vers, je fonge toûjours à dire ce
qui ne s'eft point encore dit en nôtre Langue. C'eft ce que j'ai
principalement affecté [1] dans une nouvelle Epître, que j'ai faite
à

1. *Dans une nouvelle Epître.*] L'Epître X. à fes Vers.

à propos de toutes les Critiques qu'on a imprimées contre ma dernière Satire. J'y conte tout ce que j'ai fait depuis que je suis au monde. J'y rapporte mes défauts, mon âge, mes inclinations, mes mœurs. J'y dis de quel Pere & de quelle Mere je suis né. J'y marque les degrez de ma fortune; comment j'ai été à la Cour, comment j'en suis sorti; les incommoditez qui me sont survenuës; les Ouvrages que j'ai faits. Ce sont bien de petites choses dites en assez peu de mots, puisque la Piéce n'a pas plus de cent trente Vers. Elle n'a pas encore vû le jour, & je ne l'ai pas même encore écrite. Mais il me paroît que tous ceux à qui je l'ai récitée, en sont aussi frapez que d'aucun autre de mes Ouvrages. Croiriez-vous, Monsieur, qu'un des endroits où ils se récrient le plus, c'est un endroit qui ne dit autre chose, sinon qu'aujourd'hui, [1] que j'ai cinquante-sept-ans, je ne dois plus prétendre à l'approbation publique. Cela est dit en quatre Vers que je veux bien vous écrire ici, afin que vous me mandiez si vous les approuvez.

Mais aujourdhui qu'enfin la Vieillesse venuë,
Sous mes faux cheveux blonds déja toute chénuë,
A jetté sur ma tête, avec ses doigts pesans,
Onze Lustres complets [2] *surchargez de deux ans.*

Il me semble que la Perruque est assez heureusement frondée dans ces quatre Vers. Mais, Monsieur, à propos des petites choses qu'on doit dire en Vers, il me paroît qu'en voila beaucoup que je vous dis en Prose, & que le plaisir que j'ai à vous parler de moi, me fait assez mal-à-propos oublier à vous parler de vous. J'espère que vous excuserez un Poëte nouvellement délivré d'un Ouvrage. Il n'est pas possible qu'il s'empêche d'en parler, soit à droit, soit à tort.

Je reviens [3] aux Piéces que vous m'avez mises entre les mains.

Il

R E M A R Q U E S.

1. *Que j'ai cinquante-sept- ans.*] Il en avoit cinquante-huit & demi, quand il écrivoit ceci.

2. *Surchargez de deux ans.*] L'Auteur mit *de trois ans*, quand il fit imprimer l'Epître. X.

3. *Aux Piéces que vous m'avez mises entre les mains.*] C'étoient *la Vieillesse*, *l'Amitié*, & *la premiere Tusculane* de Ciceron, avec le Dialogue *de Causis corruptæ Eloquentiæ*. Monsieur de Maucroix vouloit faire un Volume de ces quatre Traductions, & il les avoit données aux Reviseurs ordinaires pour avoir l'Approbation & le Privilège. Monsieur Du-

Bois, de l'Académie Françoise, qui de son côté avoit traduit les Traitez *de la Vieillesse* & *de l'Amitié*; obtint des Reviseurs qu'ils garderoient près d'un an le Manuscrit de Mr. de Maucroix, & pendant ce temps-là il fit imprimer le sien. Monsieur de Maucroix, après avoir bien grondé dans sa Province contre la lenteur des Reviseurs de Paris, apprit enfin le tour que Monsieur Du-Bois lui avoit joüé. C'est-à ce sujet que Monsieur Despréaux lui dit ici: *le Devot dont vous vous plaignez.* Sa colère alla jusqu'à ne vouloir

Il n'y en a pas une qui ne soit très-digne d'être imprimée.
Je n'ai point vû les Traductions des Traitez de la Vieilleffe &
de l'Amitié, qu'a faites auffi bien que vous le Devot dont
vous vous plaignez. Tout ce que je fais, c'eft qu'il a eû la
hardieffe, pour ne pas dire l'impudence, de retraduire les Con-
feffions de Saint Auguftin, après Meffieurs de Port-Roial ; &
qu'étant autrefois leur humble & rampant Ecolier, il s'étoit
tout à coup voulu ériger en Maître. Il a fait une Préface
au devant de fa traduction des Sermons de Saint Auguftin,
qui, quoi qu'affez bien écrite, eft un chef-d'œuvre d'impertinence & de mauvais fens. Monfieur Arnauld, un peu avant
que de mourir, a fait contre cette Préface une Differtation
qui eft imprimée. Je ne fais fi on vous l'a envoiée : mais je
fuis fûr que fi vous l'avez lûë, vous convenez avec moi qu'il
ne s'eft rien fait en nôtre Langue de plus beau ni de plus
fort fur les matiéres de Rhétorique. C'eft ainfi que toute la
Cour & toute la Ville en ont jugé, & jamais Ouvrage n'a
été mieux réfuté que la Préface du Dèvot. Tout le monde
voudroit qu'il fût en vie, pour voir ce qu'il diroit en fe voiant fi bien foudroié. Cette Differtation eft le pénultiéme
Ouvrage de Monfieur Arnauld, & j'ai l'honneur que c'eft par-
mes loüanges que ce grand Perfonnage a fini, puifque la Lettre qu'il a écrite fur mon fujet à Monfieur Perrault eft fon dernier Ecrit. Vous favez fans doute ce que c'eft que cette Lettre qui
me fait un fi grand honneur ; & Monfieur le Verrier en a une
Copie, qu'il pourra vous faire tenir quand vous voudrez, fup-
pofé qu'il ne vous l'ait pas déja envoiée. Il eft furprenant
qu'un homme dans l'extrême vieilleffe ait confervé toute cette
vigueur d'efprit & de mémoire, qui paroît dans ces deux
Ecrits, qu'il n'a fait pourtant que dicter ; la foibleffe de fa
vûë ne lui permettant plus d'écrire lui-même.　　Il

R E M A R Q U E S.

publier enfuite aucune de ces Traductions.
On n'a imprimé après fa mort que celle du
Dialogue *de Cunfi* &c.

　1. Le P. Lamy Bénédictin, dans fes Traitez *De la connoiffance de foi-même*, & dans
fes Eclairciffemens fur ces Traitez, fe décla-
ra contre la Rhétorique, ou plûtôt contre
l'Eloquence, à l'exemple de Monfieur Du-
Bois. Monfieur de Sillery Evêque de Soiffons,

le refuta auffi vivement que poliment ; &
l'ouvrage de cet illuftre Prélat fut imprimé
en 1700. avec la Differtation de Monfieur Arnauld, & une Préface du P. Bouhours, dans
un Recueil qui a pour titre, *Réflexions fur
l'Eloquence*. Le P. Lamy aïant renouvelé cette difpute, Monfieur Gibert, Savant Profeffeur de Rhétorique au Collège de Mazarin, a
écrit contre lui avec beaucoup de Succez.

Il me semble, Monsieur, que voila une longue Lettre. Mais quoi? le loisir que je me suis trouvé aujourd'huy à Auteuïl, m'a comme transporté à Rheims, où je me suis imaginé que je vous entretenois dans vôtre jardin, & que je vous revoiois encore, [1] comme autrefois, avec tous ces chers Amis que nous avons perdus, & qui ont disparu, [2] *velut somnium surgentis*. Je n'espère plus de m'y revoir. Mais vous, Monsieur, est-ce que nous ne vous reverrons plus à Paris, & n'avez vous point quelque curiosité de voir ma solitude d'Auteuïl? Que j'aurois de plaisir à vous y embrasser, & à déposer entre vos mains les chagrins, que me donne tous les jours le mauvais goût [3] de la plûpart de nos Académiciens, gens assez comparables aux Hurons & aux Topinamboux, comme vous savez bien que je l'ai déja avancé dans mon Epigramme: *Clio vint l'autre jour* &c. J'ai supprimé cette Epigramme, & ne l'ai point mise dans mes Ouvrages, parce qu'au bout du compte je suis de l'Académie, & qu'il n'est pas honnête de diffamer un Corps dont on est. Je n'ai même jamais montré à personne une baderie que je fis ensuite pour m'excuser de cette Epigramme. Je vais la mettre ici pour vous divertir; mais c'est à la charge que vous me garderez le secret, & que ni vous ne la retiendrez par cœur, ni ne la montrerez à personne.

J'ai

R E M A R Q U E S.

1. *Comme autrefois.*] Quand Monsieur Despréaux eut l'honneur d'accompagner le Roi en Alsace, il passa par Rheims.

2. *Velut somnium surgentis.*] On lit dans le Pseaume 72. V. 20. *Somnium surgentium.*

3. *De la plûpart de nos Académiciens,* &c.] Dans le Recüeil dont j'ai parlé ci-dessus, *Remarque* 1. de cette lettre, on avoit mis: *De la plûpart de nos Ecrivains modernes. Adieu, Monsieur, je suis extrèmement à Vous.* Et cette Lettre finissoit là. Le surplus, que j'ajoûte ici conformément à l'Original, fut supprimé par l'Editeur. On en verra la raison dans un billet que Monsieur Despréaux lui écrivit de sa Maison au Collége de Louis le Grand, le 13. de Decembre, 1709. & dont je crois qu'on me pardonnera de transcrire ici une partie: ne fût-ce que pour faire connoître les sentimens que Monsieur Despréaux avoit, & que j'ai moi-même pour un si digne Ami.

» Vous m'avez fait un très-grand plaisir » de m'envoyer la Lettre que j'ai écrite à » Monsieur de Maucroix. Car comme elle a » été écrite fort à la hâte, &, comme on » dit, *currente calamo*, il y a des négligen- » ces d'expression qu'il sera bon de corriger. » Vous faites fort bien, au reste, de ne » point inserer dans vôtre copie la fin de cette » Lettre, parce que cela me pourroit faire des » affaires avec l'Académie, & qu'il est bon » de ne point réveiller les anciennes querel- » les. J'oublois à vous dire, qu'il est vrai » que mes Libraires me pressent fort de don- » ner une nouvelle Edition de mes Ouvrages; » mais que je n'y suis nullement disposé, » évitant de faire parler de moi, & fuiant » le bruit, avec autant de soin que je l'ai » cherché autrefois. Je vous en dirai davan- » tage la première fois que j'aurai le bonheur

J'ai traité de Topinamboux
Tous ces beaux Censeurs, je l'avoüe,
Qui de l'Antiquité si follement jaloux,
Aiment tout ce qu'on hait, blâment tout ce qu'on loüe.
Et l'Académie, entre nous,
Souffrant chez soi de si grands fous,
Me semble un peu Topinamboue.

C'est une folie, comme vous voiez, mais je vous la donne pour telle. Adieu, Monsieur, je vous embrasse de tout mon cœur, & suis entièrement à vous,

DESBREAUX.

REMARQUES.

de vous voir. Ce ne sauroit être trop tôt. Faites moi donc la grace de me mander quand vous voulez que je vous envoie mon carrosse. Il sera sans faute à la porte de vôtre Collége, à l'heure que vous me marquerez. Le droit du jeu pourtant seroit que j'allasse moi-même vous dire tout cela chez vous: mais comme je ne saurois presque plus marcher qu'on ne me soûtienne, & qu'il faut monter les degrez de vôtre escalier, pour avoir le plaisir de vous entretenir, je crois que le meilleur est de nous voir chez moi. Adieu, mon très-Révérend Pere. Croiez que je sens, comme je dois, les bontés que vous avez pour moi; & que je ne vous donne pas une petite place entre tant d'excellens hommes de vôtre Société que j'ai eus pour amis, & qui m'ont fait l'honneur, comme vous, de m'aimer un peu; sans s'effraïer de l'estime très-bien fondée que j'avois pour Monsieur Arnauld, & pour quelques personnes de Port-Roial, ne m'étant jamais mélé des querelles de la Grace.

1. Voiez ce qui a été dit sur cette Epigramme, au premier Tome, où elle est rapportée en son rang.

S. f. 2 RE

REPONSE
DE MONSIEUR
DE MAUCROIX,[1]
A MONSIEUR DESPRE'AUX.

LETTRE X.

23. *Mai*, 1695.

 'Ai differé quelque temps à vous répondre, Monsieur. C'est moins par négligence que par discrétion. Il ne faut pas sans cesse interrompre vos études, ou vôtre repos.

Mais au lieu de commencer par les remercîmens que je vous dois, souffrez que je vous fasse des reproches. Pourquoi me demander que j'excuse *la liberté que vous prenez de me dire si sincèrement vôtre avis?* Vous ne sau-

REMARQUES.

1. François de Maucroix, Chanoine de Rheims, étoit né à Noyon le 7. de Janvier, 1619. & mourut à Rheims dans sa quatre-vingt dixième année, le 9. d'Avril, 1708. Il avoit été reçû Avocat, & il fréquenta le barreau jusqu'à l'âge de trente ans. On voulut alors l'engager à se marier: sur quoi il fit l'Epigramme suivante, qui est peut-être ce qu'il a fait de meilleur.

Ami, je vois beaucoup de bien
Dans le parti qu'on me propose :
Mais toutefois ne pressons rien;
Prendre femme est étrange chose.
Il faut y penser mûrement.

Gens Sages, en qui je me fie,
M'ont dit que c'est fait prudemment
Que d'y songer toute sa vie.

Il se régla tellement sur cette maxime, que contre le gré de ses Amis, & lorsqu'ils s'y attendoient le moins, il prit le parti de l'Eglise. Ses Amis en murmurérent, ils le voioient avec regret quitter Paris; & ce fut à ce sujet que Monsieur de la Fontaine fit la Fable qui a pour titre : Le Meunier, son fils, & l'Ane. Les quatre Lettres initiales, A. M. D. M. qui sont après le titre, signifient *A Monsieur de Maucroix*.

ſauriez je vous jure, me faire plus de plaiſir. Autant de coups
de craïon ſur mes Ouvrages, autant d'obligations que vous
vous acquerez ſur moi. Mais cela, Monſieur, c'eſt la pure vérité. Je conviens de bonne foi que je ne ſuis point entré dans
le ſens de l'Auteur ſur ces mots *imagines ac tituli & ſtatuæ*.
Au cas que ma Traduction s'imprime, non-ſeulement je profi-
terai de vôtre correction, mais j'avertirai le public qu'elle vient
de vous, ſi vous l'agréez;° & par là je me ſerai honneur,
car on verra du moins que je ſuis un peu de vos amis. Il y
a encore dans ce Dialogue beaucoup d'autres endroits que je
n'ai pas rendus ſcrupuleuſement en nôtre Langue, parce qu'il
auroit fallu des Notes pour les faire entendre à la plûpart
des Lecteurs, qui ne ſont point inſtruits des Coûtumes de l'Antiquité, & qui ſont cependant bien aiſes qu'on leur épargne
la peine de ſe rabattre ſur des Notes. Vous ſavez d'ailleurs que
le Texte de cet Ouvrage eſt fort corrompu; la lettre y eſt ſouvent défectueuſe: Comment donc le traduire ſi litéralement ?

Venons à Monſieur Godeau. Je tombe d'accord qu'il écrivoit
avec beaucoup de facilité, diſons, avec trop de facilité. Il faiſoit deux & trois cens Vers, comme dit Horace, *ſtans pede
in uno.* Ce n'eſt pas ainſi que ſe font les bons vers. Je m'en
rapporte volontiers à vôtre expérience. Néantmoins, parmi les
vers négligez de Monſieur Godeau, il y en a de beaux qui lui
échapent. Par exemple, lorſqu'il dit à Virgile, en lui parlant de ſes Géorgiques,

Soit que d'un coûtre d'or tu fendes les guérets.

Ne trouvez-vous pas que ce vers-là eſt heureux ? Mais pour
vous dire la vérité, dès nôtre jeuneſſe même nous nous ſommes
apperçûs que Monſieur Godeau ne varie point aſſez. La plûpart de ſes Ouvrages ſont comme des Logogriphes, car il
commence toûjours par exprimer les circonſtances d'une choſe,
& puis il y joint le mot. On ne voit point d'autre figure dans
ſon *Benedicite*, dans ſon *Laudate*, & dans ſes Cantiques. A
l'égard de Malherbe & de Racan, ſelon moi vous en jugez
très-bien, & comme toute ma vie j'en ai entendu juger aux plus
habiles. Ce que nôtre ami la Fontaine vous a dit ſur les deux
Vers qu'il eſtimoit le plus dans vos Ouvrages, il me l'a dit auſ-

fi ; & je ne fais pas même fi je ne lui ai point dit cela le prémier, je n'en voudrois pas répondre. Du refte, j'ai bien reconnu, il y a long-temps, que vous ne dîtes point les chofes comme les autres. Vous ne vous laiffez pas gourmander, s'il faut ainfi dire, par la Rime. C'eft à mon avis, l'écueil de nôtre verfification, & je fuis perfuadé que c'eft par-là que les Grecs & les Latins ont un fi grand avantage fur nous. Quand ils avoient fait un vers, ce vers demeuroit ; mais pour nous ce n'eft rien que de faire un vers, il en faut faire deux, & que le Second ne paroiffe pas fait pour tenir compagnie au premier. 1

L'endroit de vôtre derniére Epître, dont vous me régalez, me fait fouhaiter le refte avec une extrème impatience. J'aime bien cette *Vieilleffe qui eft venuë fous vos cheveux blonds*, & fi tout le refte eft de la Sorte, vous pourrez dire comme Malherbe, 2 *Les puiffantes faveurs dont Parnaffe m'honore, non loin de mon berceau commencérent leur cours. Je les poffédai jeune, & les poffédé encore à la fin de mes jours.* Ne trouvez-vous pas plaifant que j'écrive des vers comme fi c'étoit de la profe ? Racan n'écrivoit pas autrement fes Poëfies.

J'ai lû la Differtation de Monfieur Arnauld fur la Préface du Devot. Je fus fâché, en la lifant, de n'être pas un peu plus vindicatif que je ne fuis ; car j'aurois eû bien du Plaifir à voir tirer de fi belle force les oreilles à mon homme. Qu'auroit-il pû répondre à tant de bonnes raifons, qui détruifent fon ridicule fiftème d'Eloquence ? Faites-moi la grace de m'envoïer cette Lettre que Monfieur Arnauld écrit à Monfieur Perrault, & où il parle de vous comme toute la France en doit parler. Monfieur Perrault eft un galant homme, qui entend raifon fur tout, excepté fur les Modernes. Depuis qu'il a époufé leur parti, il s'aveugle même fur le merite des Modernes qui défendent les Anciens. Nôtre fiécle, il eft vrai, a

pro—

REMARQUES.

1. Quand le fecond Vers étoit plus foible que le premier, Monfieur Defpréaux l'appelloit le *Frere-chapeau* : faifant allufion à l'ufage des moines qui font accompagnez d'un Frere, quand ils fortent du Couvent. On *ne verra point*, difoit-il, *de Frere-Chapeau* parmi mes Vers. Auffi faifoit-il ordinairement le Second Vers avant le premier, comme je l'ai dit ailleurs.

2. Ces quatre vers de Malherbe font la ftance trentefixiéme de fon Ode pour le Roi allant châtier la rebellion des Rochelois.

produit de très-grands hommes en toute forte d'Arts & de Sciences. La magnanimité des Romains fe retrouve toute entiére dans
Corneille , & il y a beaucoup de Scènes dans Moliére qui dé-
concerteroient la gravité du plus févère des Stoïques. Mais nous
ne fommes pas contens de ces loüanges , & à moins de mettre les Anciens fous nos pieds , nous ne croïons pas être affez
élevez. Quand nous en ferions nous mêmes les juges, nous de-
vrions avoir honte de prononcer en nôtre faveur. C'eft de la
Pofterité qu'il faut attendre un jugement décifif ; & il y a certainement peu de nos Ecrivains, qui comme vous , Monfieur,
ne doivent pas craindre de paroître un jour devant fon tribunal.

Pour moi, & les Traduƈteurs [1] mes confréres, c'eft inu-
tilement que nous le craindrions. Vous m'avez dit plus d'u-
ne fois que la Traduƈtion n'a jamais mené perfonne à l'Immor-
talité. Mettant la main à la confcience , je crois auffi que
j'aurois tort d'y prétendre. Je ne m'en flatte point. *Oportet
unumquemque de Mortalitate aut de immortalitate fua cogitare.*
Ce mot de Pline le Jeune me paroit une des meilleures chofes
qu'il ait dites. Pour écrire, il me faudroit un grand fonds de
Science , & peu de pareffe. Je fuis fort pareffeux , & je ne
fais pas beaucoup. La Traduƈtion répare tout cela. Mon Auteur eft favant pour moi ; les matiéres font toutes digérées ;
l'invention & la difpofition ne me regardent pas ; je n'ai
qu'à m'énoncer. Un avantage que je trouve encore dans la
Traduƈtion , & dont tout le monde ne s'avife point , c'eft
qu'elle nous fait connoitre parfaitement un Auteur ; elle nous
le fait voir tout nud , fi j'ofe parler ainfi : le Traduƈteur découvre toutes fes beautés & tous fes défauts. Je n'ai jamais fi
bien connu Ciceron , que je fais préfentement ; & fi j'étois auffi
hardi que les Critiques de fon fiécle , j'oferois peut-être , comme eux , lui reprocher en quelques endroits un peu de Verbiage ; mais il ne m'appartient pas de parler avec fi peu de ref-
peƈt

REMARQUES.

1. Monfieur de Maucroix ne prend ici que la qualité de Traduƈteur : cependant il a fait des Poëfies, & même on peut dire qu'il n'y réuffiffoit pas mal , à en juger par le peu que nous en avons , dans quelques Recüeils.

peſt d'un ſi grand Orateur. Je vous avoüe pourtant que ſi la fortune m'eût fixé à Paris, je me ſerois hazardé à compoſer une Hiſtoire de quelqu'un de nos Rois. Mais je me trouve dans un lieu où l'on manque de tous les ſecours néceſſaires à un Ecrivain. Ainſi j'ai été contraint de me borner à la Traduction. Je ne ſaurois m'en repentir, ſi j'ai le bonheur de vous plaire un peu. Aimez-moi toûjours, je vous ſupplie, & aſſurez le cher Mr. Racine, que je ſerai éternellement ſon très-humble ſerviteur, auſſi bien que le vôtre.

LETTRE
DE Mʳ RACINE
A L'AUTEUR
DES HERESIES
IMAGINAIRES,
ET DES DEUX VISIONAIRES.

LETTRE XI.

M ONSIEUR,

E vous déclare que je ne prens point de parti entre Monfieur Defmarêts & Vous. Je laiffe à juger au monde quel eft le Vifionaire de vous deux. J'ai lû jufqu'ici vos Lettres avec affez d'indifference, quelquefois avec plaifir, quelquefois avec dégoût, felon qu'elles me fembloient bien

ou

REMARQUES.

1 J'ai 'déja averti dans les Remarques fur l'Epigramme à Monfieur Racine, que je raporterois tout au long une de fes Lettres. Le nom de l'Auteur, & le merite de cette Piéce, m'ont intereffé à la conferver ; & j'ai crû pouvoir avec bienféance affocier un Ouvrage de Mr. Racine à ceux de Mr. Defpréaux fon ami & fon confrere. En voici le fujet. Mr. Racine aiant fait fes études à Port-Roial des Champs, vint à Paris, & tourna toutes fes vûës du côté de la Poëfie. Quand Desmarêts écrivit contre Port-Roial Mr. Nicole repliqua à Defmarêts par huits Lettres, intitulées *Vifionaires* ; & dans la premiere de ces Lettres, qui eft datée du dernier jour de Décembre, 1665. il traita les faifeurs de Romans,

& les Poëtes de Théatre, d'*Empoifonneurs pu-blics*, *& de gens horribles parmi les Chrétiens.* Monfieur Racine qui avoit déja donné au public fes deux prémieres Tragédies, crût avoir fujet de penfer que ce trait là tomboit en particulier fur lui : il prit la défenfe du Théatre, & attaqua Meffieurs de Port-Roial. Ces Meffieurs, alarmez par cette Lettre, qui les menaçoit d'un Ecrivain auffi redoutable que Pafcal, trouvèrent le moien d'appaifer le jeune Racine, & même ils le regagnèrent tellement, que jufqu'à fa mort il a été un de leurs plus zélez partifans.

2. *A l'Auteur des Herefies* &c.]. En 1664. & 1665. MM. de Port-Roial publièrent fuc-

ou mal écrites. Je remarquois que vous prétendiez prendre la place de l'Auteur [1] des petites Lettres, mais je remarquois en même temps que vous étiez beaucoup au deffous de lui, & qu'il y avoit une grande différence entre une Provinciale, & une Imaginaire.

Je m'étonnois même de voir le Port-Roial aux mains avec [2] Monfieur Chamillard & Defmarêts. Où eft cette fierté, di-fois-je, qui n'en vouloit qu'au Pape, aux Archevêques, & aux Jéfuites ? Et j'admirois en fecret la conduite de ces Peres qui vous ont fait prendre le change, & qui ne font plus maintenant que les fpectateurs de vos querelles. Ne croiez pas pour cela que je vous blâme de les laiffer en repos. Au contraire, fi j'ai à vous blâmer de quelque chofe, c'eft d'étendre vos inimitiez trop loin, & d'intereffer dans le démêlé que vous avez avec Defmarêts, cent autres perfonnes dont vous n'avez aucun fujet de vous plaindre.

Et qu'eft-ce que les Romans & les Comédies peuvent avoir de commun avec le Janfénifme ? Pourquoi voulez-vous que ces Ouvrages d'efprit foient une occupation peu honorable devant les hommes, & horrible devant Dieu ? Faut-il, parce que Defmarêts a fait autrefois un Roman, & des Comédies, que vous preniez en averfion tous ceux qui fe font mêlez d'en faire ? Vous avez affez d'ennemis ; Pourquoi en chercher de nouveaux ? O ! que le Provincial étoit bien plus fage que vous. Voiez comme il flatte l'Académie dans le temps même qu'il perfécute la Sorbone. Il n'a pas voulu fe mettre tout le monde fur les bras. Il a ménagé les faifeurs de Romans. Il s'eft fait violence pour les loüer. Car Dieu-merci vous ne loüez jamais que ce que vous faites. Et croiez-moi, ce font peut-être les feules gens qui vous étoient favorables.

Mais, fi vous n'étiez pas content d'eux, il ne falloit pas tout d'un coup les injurier. Vous pouviez emploier des termes

REMARQUES.

ceffivement dix Lettres, intitulées les *Imaginaires*, ou *Lettres fur l'Herefie imaginaire*; & en 1666. ils en donnèrent de même huit autres, fous le titre de *Vifionaires*, qui étoient une fuite des précedentes. On attribuë ces Lettres à Monfieur Nicole. Quand Monfieur Racine compofa celle-ci on n'avoit encore publié que les deux premières *Vifionaires*, en Janvier, 1666.

1. *Des petites Lettres.*] Des Lettres Provinciales.

2. *Monfieur Chamillard.*] Docteur de Sorbone.

mes plus doux que ces mots ' *d'Empoifonneurs publics* , & de
gens horribles parmi les Chrétiens. Penfez-vous que l'on vous
en croie fur vôtre parole ? Non , non , Monfieur , on n'eft
point accoûtumé à vous croire fi légèrement. Il y a vingt ans·
que vous dites tous les jours que les cinq Propofitions ne font
pas dans Janfénius : cependant on ne vous croit pas encore.

Mais nous connoiſſons l'aufterité de vôtre Morale. Nous ne
trouvons point étrange que vous danniez les Pöëtes. Vous
en dannez bien d'autres qu'eux. Ce qui nous furprend , c'eſt
de voir que vous voulez empêcher les hommes de les honorer.
Hé! Monfieur , contentez-vous de donner les rangs dans l'autre
Monde , ne règlez point les récompenfes de celui - ci. Vous
l'avez quitté , il y a long-temps. Laiſſez le juger des chofes
qui lui appartiennent. Plaignez-le , fi vous voulez , d'aimer des
bagatelles & d'eſtimer ceux qui les font. Mais ne leur
enviez point de miferables honneurs , aufquels vous avez re-
noncé.

Aufſi bien il ne vous fera pas facile de les leur ôter. Ils
en font en poſſeſſion depuis trop de fiécles. Sophocle , Euripide , Terence , Homère & Virgile , nous font encore en vé-
neration , comme ils l'ont été dans Athènes & dans Rome.
Le temps qui a abbatu les Statuës qu'on leur a élevées à
tous , & les Temples mêmes qu'on a élevez à quelques-uns·
d'eux , n'a pas empêché que leur mémoire ne vînt juſqu'à nous.
Nôtre fiécle , qui ne croit pas être obligé de fuivre vôtre jugement en toutes chofes , nous donne tous les jours les marques de l'eſtime qu'il fait de ces fortes d'Ouvrages , dont vous·
parlez avec tant de mépris ; & malgré toutes ces maximes fé-
vères que toûjours quelque paffion vous infpire , il ofe prendre
la liberté de confiderer toutes les perfonnes en qui l'on voit·
luire quelques étincelles du feu qui échauffa autrefois ces grands·
Génies de l'Antiquité. Vous·

R E M A R Q U E S.

1. *D'Empoifonneurs publics* &c.] Voici le
paſſage de la premiere Vifionaire. *Ces qualités*
[*de faire des Romans & des piéces de Théâtre*] *qui ne font pas fort honorables au jugement*
des honnêtes gens , font horribles étant confide- | *rées felon les principes de la Religion Chrétienne ,*
& les règles de l'Evangile. Un faifeur de Ro-
mans , & un Pöëte de Théâtre eſt un empoifon-
neur public , non des corps , mais des ames
&c.

Tt 2

Vous croiez fans doute qu'il eft bien plus honorable de faire * des Enluminures, des Chamillardes, & des Onguents pour la brûlure. Que voulez-vous? Tout le monde n'eft pas capable de s'occuper à des chofes fi importantes, tout le monde ne peut pas écrire contre les Jéfuites. On peut arriver à la gloire par plus d'une voie.

Mais direz-vous, il n'y a plus maintenant de gloire à compofer des Romans & des Comédies. Ce que les Paiens ont honoré eft devenu horrible parmi les Chrétiens. Je ne fuis pas un Théologien comme Vous. Je prendrai pourtant la liberté de vous dire, que l'Eglife ne nous deffend point de lire les Poëtes, qu'elle ne nous commande point de les avoir en horreur. C'eft en partie dans leur Lecture que les anciens Peres fe font formez. Saint Grégoire de Nazianze n'a pas fait de difficulté de mettre la Paffion de Nôtre Seigneur en Tragédie. Saint Auguftin cite Virgile auffi fouvent que vous citez Saint Auguftin.

Je fai bien qu'il s'accufe de s'être laiffé attendrir à la Comédie, & d'avoir pleuré en lifant Virgile. Qu'eft-ce que vous concluez de là? Direz-vous qu'il ne faut plus lire Virgile, & ne plus aller à la Comédie. Mais Saint Auguftin s'accufe auffi d'avoir pris trop de plaifir aux chants de l'Eglife; Eft-ce à dire qu'il ne faut plus aller à l'Eglife?

Et vous autres qui avez fuccedé à ces Peres, dequoi vous êtes-vous avifez de mettre en François les Comédies de Terence? Falloit-il interrompre vos faintes occupations pour devenir des Traducteurs de Comédies? Encore, fi vous nous les aviez données avec leurs graces, le Public vous feroit obligé de la peine que vous avez prife. Vous direz peut-être que vous en avez retranché quelques libertez. Mais vous dites auffi que le foin qu'on prend de couvrir les paffions d'un voile d'honnêteté ne fert qu'à les rendre plus dangereufes. Ainfi vous voilà vous-mêmes au rang des Empoifonneurs.

Eft-ce que vous êtes maintenant plus faints, que vous n'étiez en ce temps-là? Point du tout. Mais en ce temps-là Defmarêts n'avoit

REMARQUES.

1. *Des Enluminures, des Chamillardes, &c.*] meffieurs de Port-Roial écrivoient en ce tems-Ce font les Titres de quelques Livres, que | là contre leurs Adverfaires.

n'avoit pas écrit contre vous. Le crime du Poëte vous a irritez
contre la Poësie. Vous n'avez pas confideré que ni Monsieur
d'Urfé, ni Corneille, ni Gomberville vôtre ancien ami n'étoient
point responsables de la conduite de Desmarêts. Vous les avez
tous enveloppez dans sa disgrace. Vous avez même oublié que
Mademoiselle de Scudery avoit fait une Peinture avantageuse du
Port-Roial dans sa Clélie. Cependant j'avois oüi dire que vous
aviez souffert patiemment qu'on vous eût loüez dans ce Livre
horrible. L'on fit venir au desert le volume qui parloit de Vous.
Il y courut de main-en-main, & tous les Solitaires voulurent
voir l'endroit où ils étoient traitez d'illustres. Ne lui a-t-on pas
même rendu ses loüanges dans l'une des Provinciales, & n'est-ce
pas elle que l'Auteur entend lors qu'il parle d'une Personne qu'il
admire sans la connoître?

Mais, Monsieur, si je m'en souviens, on a loüé même Desmarêts dans ces Lettres. D'abord l'Auteur en avoit parlé avec mépris, sur le bruit qui couroit qu'il travailloit aux Apologies des Jésuites. Il vous fit savoir qu'il n'y avoit point de part. Aussi-tôt il
fut loüé comme un homme d'honneur, & comme un homme d'esprit.

Tout de bon, Monsieur, ne vous semble-t-il pas qu'on pourroit
faire sur ce procédé les mêmes réflexions que vous avez faites tant
de fois sur le procédé des Jésuites. Vous les accusez de n'envisager dans les personnes que la haine ou l'amour qu'on avoit pour
leur Compagnie. Vous deviez éviter de leur ressembler. Cependant on vous a vûs de tout temps loüer & blâmer le même homme selon que vous étiez contens ou mal satisfaits de
lui. Surquoi je vous ferai souvenir d'une petite Histoire que m'a
contée autrefois un de vos Amis. Elle marque assez bien vôtre caractère.

Il disoit qu'un jour deux Capucins arrivèrent au Port-Roial,
& y demanderent l'hospitalité. On les reçût d'abord assez froi-
dement, comme tous les Religieux y étoient reçûs. Mais enfin
il étoit tard, & l'on ne pût pas se dispenser de les recevoir. On
les mit tous deux dans une chambre, & on leur porta à souper.
Comme ils étoient à table, le Diable qui ne vouloit pas que ces
bons Peres soupassent à leur aise, mit dans la tête de quelqu'un de
vos Messieurs, que l'un de ces Capucins étoit un certain Pere

　Mail-

¹ Maillard, qui s'étoit depuis peu fignalé à Rome en follicitant la Bulle du Pape contre Janfénius. Ce bruit vint aux oreilles de la ² Mere Angélique. Elle accourut au Parloir avec précipitation, & demande, qu'eſt-ce qu'on a fervi aux Capucins, quel pain & quel vin on leur a donné? La Tourrierre lui répond qu'on leur a donné du pain blanc & du vin des Meſſieurs. Cette Superieure zelée commande qu'on le leur ôte, & que l'on mette devant eux du pain des valets & du cidre. L'ordre s'exécute. Ces bons Peres qui avoient bû chacun un coup, font bien étonnez de ce changement. Ils prennent pourtant la chofe en patience, & fe couchent, non fans admirer le foin qu'on prenoit de leur faire faire pénitence. Le lendemain ils demandèrent à dire la Meſſe. Ce qu'on ne pût pas leur refufer. Comme ils la difoient, Monfieur de Bagnols entra dans l'Eglife, & fut bien furpris de trouver le vifage d'un Capucin de fes parens dans celui que l'on prenoit pour le Pere Maillard. Monfieur de Bagnols avertit la Mere Angélique de fon erreur, & l'affura que ce Pere étoit un fort bon Religieux, & même dans le cœur affez ami de la verité. Que fit la Mere Angélique? Elle donna des ordres tout contraires à ceux du jour de devant. Les Capucins furent conduits avec honneur de l'Eglife dans le Réfectoir, où ils trouvérent un bon déjeuner qui les attendoit, & qu'ils mangérent de fort bon cœur, beniffant Dieu qui ne leur avoit pas fait manger leur pain blanc le premier.

Voila, Monfieur, comme vous avez traité Defmarêts, & comme vous avez toûjours traité tout le monde. Qu'une femme fût dans le defordre, qu'un homme fût dans la débauche, s'ils fe difoient de vos Amis, vous efperiez toûjours de leur falut. s'ils vous étoient peu favorables, quelque vertueux qu'ils fuffent, vous appréhendiez toûjours le jugement de Dieu pour eux. La Sience étoit traitée comme la Vertu. Ce n'étoit pas affez pour être favant, d'avoir étudié toute fa vie, d'avoir lû tous les Auteurs, il falloit avoir lû Janfénius, & n'y avoir point lû les Propofitions.

Je

R E M A R Q U E S.

1. *Pere Maillard.*] Il eſt nommé Pere mullard, dans la Réponfe qu'un Ecrivain de Port-Roial fit à cette Lettre, le Premier d'Avril, 1666.

2. *Mere Angélique.*] Angélique Arnauld, Abbeſſe de Port-Roial. Elle étoit Sœur de Monfieur Arnauld, Docteur de Sorbone, &c: de Monfieur d'Andilly.

Je ne doute point que vous ne vous juftifiiez par l'exemple de quelque Pere. Car qu'eft-ce que vous ne trouvez point dans les Peres? Vous nous direz que S. Jerôme a loüé Rufin comme le plus favant homme de fon Siécle, tant qu'il a été fon ami; & qu'il traita le même Rufin comme le plus ignorant homme de fon Siécle, depuis qu'il fe fut jetté dans le parti d'Origéne. Mais vous m'avoüerez que ce n'eft pas cette inégalité de fentimens qui l'a mis au rang des Saints & des Docteurs de l'Eglife.

Et fans fortir encore de l'exemple de Defmarêts. Quelles ex-clamations ne faites-vous point, fur ce qu'un homme qui a fait autrefois des Romans, & qui confeffe, à ce que vous dites qu'il a mené une vie déréglée, a la hardieffe d'écrire fur les matiéres de la Religion. Dites-moi, Monfieur, Que faifoit dans le mon-de Monfieur le Maiftre. Il plaidoit, il faifoit des Vers : tout cela eft également profane felon vos Maximes. Il avoüe auffi dans une Lettre, qu'il a été dans le déréglement, & qu'il s'eft re-tiré chez vous pour pleurer fes crimes. Comment donc avez-vous fouffert qu'il ait tant fait de Traductions, tant de Livres fur les matiéres de la Grace ? Ho, ho, direz-vous, il a fait auparavant une longue & ferieufe pènitence. Il a été deux ans entiers à bêcher le jardin, à faucher les prez, à laver les vaif-felles. Voila ce qui l'a rendu digne de la Doctrine de S. Au-guftin. Mais, Monfieur, vous ne favez pas quelle a été la pénitence de Defmarêts. Peut-être a-t-il fait plus que tout cela. Croiez-moi, vous n'y regarderiez point de fi près, s'il avoit écrit en vôtre faveur. C'étoit là le feul moïen de fanctifier une plume profanée par des Romans & des Comédies.

Enfin, je vous demanderois volontiers ce qu'il faut que nous lifions, fi ces fortes d'Ouvrages nous font défendus. Encore faut-il que l'efprit fe délaffe quelquefois. Nous ne pouvons pas toûjours lire vos Livres. Et puis, à vous dire la verité, vos Livres ne fe font plus lire comme ils faifoient. Il y a long-temps que vous ne dites plus rien de nouveau. En combien de façons avez-vous conté l'Hiftoire du Pape Honorius ? Que l'on regarde tout ce que vous avez fait depuis dix ans, vos Dif-quifitions, vos Differtations, vos Réflexions, vos Confiderations, vos Obfervations ; on n'y trouvera autre chofe finon que les Propofitions ne font pas dans Janfénius. Hé ! Meffieurs, demeurez

rez en là. Ne le dites plus. Aussi bien à vous parler franchement, nous sommes résolus d'en croire plûtôt le Pape &
le Clergé de France, que vous.

Pour vous, Monsieur, qui entrez maintenant en lice contre
Desmarêts, nous ne refusons point de lire vos Lettres. Pouf-
sez vôtre Ennemi à toute rigueur. Examinez chrétiennement
ses mœurs & ses Livres. Feüilletez les Regiſtres du Châtelet.
Emploiez l'autorité de S. Auguſtin & de S. Bernard, pour le
déclarer Viſionaire. Etabliſſez de bonnes règles pour nous aider
à reconnoître les fous. Nous nous en ſervirons en temps &
lieu. Mais ne lui portez point de coups qui puiſſent retomber
ſur les autres. Sur tout, je vous le répète: Gardez-vous bien
de croire vos Lettres auſſi bonnes que les Lettres Provinciales.
Ce ſeroit une étrange viſion que cela. Je voi bien que
vous voulez attraper ce genre d'écrire. L'enjoüëment de Monſieur Paſcal a plus ſervi à vôtre parti que tout le ſerieux de
Monſieur Arnauld. Mais cet enjoüëment n'eſt point du tout
vôtre caractère. Vous retombez dans les froides plaiſanteries
des Enluminures. Vos bons mots ne ſont d'ordinaire que de
baſſes alluſions. Vous croiez dire, par exemple, quelque choſe
de fort agréable, quand vous dites ſur une exclamation que
fait Monſieur Chamillard, que *ſon grand O. n'eſt qu'un o en
chiffre*; & quand vous l'avertiſſez de ne pas ſuivre le grand
nombre, *de peur d'être un Docteur à la douzaine*. On voit bien
que vous vous efforcez d'être plaiſant. Mais ce n'eſt pas le
moien de l'être.

Retranchez-vous donc ſur le ſerieux. Rempliſſez vos Lettres de
longues & doctes periodes. Citez les Peres. Jettez-vous ſouvent
ſur les injures, & preſque toûjours ſur les Antithéſes. Vous êtes
appèlé à ce ſtile. Il faut que chacun ſuive ſa vocation. Je ſuis,
&c.

DISSERTATION
SUR LA JOCONDE: [1]
A MONSIEUR
L'ABBÉ LE VAYER.
LETTRE XII.

Monsieur,

Otre gageure est sans doute fort plaisante ; & j'ai ri de tout mon cœur de la bonne foi avec laquelle vôtre Ami soûtient une opinion aussi peu raisonnable que la sienne. Mais cela ne m'a point du tout surpris : ce n'est pas d'aujourdhui que les plus méchans Ouvrages ont trouvé de sincères

REMARQUES.

[1] Il parut en 1663. deux Traductions en Vers François de la Joconde, l'une desquelles étoit du célebre La Fontaine, & l'autre du Sr. Boüillon, très-méchant Poëte. Il y eut une gageure considerable sur la préference de ces deux Ouvrages, entre Monsieur l'Abbé Le Vayer, & Monsieur de St. Gilles. Moliere étoit leur ami commun : ils le prirent pour Juge ; mais il refusa de dire son sentiment, pour ne pas faire perdre la gageure à St. Gilles, qui avoit parié pour la Joconde du Sr. Boüillon. Monsieur Despréaux, jeune alors, décida le different par cette Dissertation en forme de Lettre, qu'il adressa à Monsieur l'Abbé Le Vayer. Il ne l'a jamais fait imprimer parmi ses autres Ouvrages, ne se faisant pas honneur d'avoir emploié sa plume à défendre une piéce du caractère de la Joconde.

Ce Monsieur de St. Gilles étoit un homme de la vieille Cour, d'un caractère singulier. C'est lui que Moliere a peint dans son Misanthrope, Acte 2. Sc. 4. sous le nom de Timante.

C'est de la tête aux pieds, un homme tout mistére ,
Qui vous jette en passant, un coup d'œil égaré ,
Et sans aucune affaire, est toûjours affairé.
Tout ce qu'il vous débite en grimaces abonde ;
A force de façons il assomme le monde.
Sans cesse il a tout bas, pour rompre l'entretien ,
Un secret à vous dire, & ce secret n'est rien.
De la moindre vetille il fait une merveille ,
Et jusques au bon-jour, il dit tout à l'oreille.

cères protecteurs , & que des opiniâtres ont entrepris de
combattre la Raison à force ouverte. Et pour ne vous point
citer ici d'exemples du commun , il n'eſt pas que vous n'a-
iez ouï parler du goût bizarre [1] de cet Empereur , qui pré-
fera les Ecrits d'un je ne ſai quel Poëte , aux Ouvrages d'Homère , & qui ne vouloit pas que tous les hommes enſemble , pendant près de vingt ſiécles , euſſent eu le ſens commun.

   Le ſentiment de vôtre Ami a quelque choſe , d'auſſi monſ-
trueux. Et certainement quand je ſonge à la chaleur avec laquelle il va , le livre à la main , défendre [2] la Joconde de
Monſieur Boüillon , il me ſemble voir Marfiſe dans l'Arioſte (puis
qu'Arioſte il y a) qui veut faire confeſſer à tous les Che-
valiers errans , que cette Vieille qu'il a en croupe , eſt un
chef-d'œuvre de beauté. Quoi qu'il en ſoit , s'il n'y prend
garde , ſon opiniâtreté lui coûtera un peu cher , & quelque
mauvais paſſe-temps qu'il y ait pour lui à perdre Cent Piſtoles , je le plains encore plus de la perte qu'il va faire de
ſa réputation dans l'eſprit des habiles gens.

   Il a raiſon de dire qu'il n'y a point de comparaiſon entre
les deux Ouvrages dont vous êtes en diſpute , puis qu'il n'y a
point de comparaiſon entre un Conte plaiſant , & une narration froide : entre une invention fleurie & enjoüée , & une
Traduction ſèche & triſte. Voilà en effet , la proportion qui
eſt entre ces deux Ouvrages. Monſieur de la Fontaine a pris
à la verité ſon ſujet d'Arioſte ; mais en même tems il s'eſt rendu maître de ſa matière : ce n'eſt point une copie qu'il ait tirée un trait après l'autre ſur l'original ; c'eſt un original qu'il
a formé ſur l'idée qu'Arioſte lui a fournie. C'eſt ainſi que
Virgile a imité Homère ; Terence , Ménandre ; & le Taſſe,
Virgile ? Au contraire , on peut dire de Monſieur Boüillon
que c'eſt un Valet timide qui n'oſeroit faire un pas ſans le congé de ſon maître , & qui ne le quitte jamais que quand il ne
                                            le

R E M A R Q U E S.

  1. *De cet Empereur.*] Caligula. Voiez Suétone.
  2. La Joconde de monſieur Boüillon.) Ses | Poïſies furent imprimées à Paris , chez
Guignard , en 1663.

le peut plus fuivre. C'eft un Traducteur maigre & décharné : Les plus belles fleurs qu'Ariofte, lui fournit, deviennent féches entre fes mains, & à tous momens quittant le François pour s'attacher à l'Italien, il n'eft ni Italien ni François.

Voilà à mon avis ce qu'on doit penfer de ces deux piéces. Mais je paffe plus avant, & je foûtiens que non feulement la Nouvelle de Monfieur de la Fontaine eft infiniment meilleure que celle de ce Monfieur, mais qu'elle eft même plus agréablement contée que celle d'Ariofte. C'eft beaucoup dire, fans doute, & je vois bien que par-là je vais m'attirer fur les bras tous les amateurs de ce Poëte. C'eft pourquoi vous trouverés bon que je n'avance pas cette opinion, fans l'apuier de quelques raifons.

Premièrement je ne vois pas par quelle licence Poëtique Ariofte a pû, dans un Poëme heroïque & ferieux mêler une Fable, & un Conte de Vieille, pour ainfi dire, auffi burlefque qu'eft l'Hiftoire de Joconde. *Je fai bien,* [1] *dit un Poëte, grand Critique, qu'il y a beaucoup de chofes permifes aux Poëtes & aux Peintres ; qu'ils peuvent quelquefois donner carriere à leur imagination ; & qu'il ne faut pas toûjours les refferrer dans les bornes de la raifon étroite & rigoureufe. Bien loin de leur vouloir ravir ce privilége, je leur accorde pour eux, & je le demande pour moi. Ce n'eft pas à dire toutefois qu'il leur foit permis pour cela de confondre toutes chofes, de renfermer dans un même Corps mille efpèces differentes, auffi confufes que les rêveries d'un malade ; de mêler enfemble des chofes incompatibles ; d'accoupler les Oifeaux avec les Serpens, les Tigres avec les Agneaux.* Comme vous voiés, Monfieur, ce Poëte avoit fait le procès à Ariofte, plus de mille ans avant qu'Ariofte eût écrit. En effet, ce corps compofé de mille efpèces differentes, n'eft-ce pas proprement l'image du Poëme de Roland le furieux ? Qu'y a-t-il de plus grave & de plus heroïque que certains endroits de ce Poëme ? Qu'y

a-t-il

REMARQUES.

1. Dit un Poëte.] Horace, Art poëti. vers 9. & fuiv. — Pictoribus atque Poëtis.

Quidlibet audendi femper fuit æqua poteftas. &c.

a-t-il de plus bas & de plus bouffon que d'autres ? Et sans
chercher si loin , peut-on rien voir de moins serieux que l'Histoire de Joconde & d'Astolphe ? Les avantures de Buscon &
de Lazarille , ont-elles quelque chose de plus extravagant ? sans
mentir , une telle bassesse est bien éloignée du goût de l'Antiquité ; & qu'auroit-on dit de Virgile, bon Dieu ! si à la descente d'Enée dans l'Italie , il lui avoit fait conter par un hô-
telier , l'Histoire de Peau-d'Asne , ou les Contes de ma Mere-l'Oye ? Je dis les Contes de ma Mere-l'Oye , car l'Histoire
de Joconde n'est guères d'un autre rang. Que si Homère a été
blâmé dans son Odyssée (qui est pourtant un Ouvrage tout comique , comme l'a remarqué Aristote) si , dis-je , il a été repris par de fort habiles Critiques , pour avoir mêlé dans cet
Ouvrage l'Histoire des Compagnons d'Ulysse changés en Pourceaux , comme étant indigne de la majesté de son sujet ; que
diroient ces Critiques , s'ils voioient celle de Joconde dans un
Poëme Heroïque ? N'auroient ils pas raison de s'écrier , que
si cela est reçû , le bon sens ne doit plus avoir de Jurisdiction sur les Ouvrages d'esprit , & qu'il ne faut plus parler
d'Art ni de Régles ? Ainsi , Monsieur , quelque bonne que
soit d'ailleurs la Joconde de l'Arioste , il faut tomber d'accord
qu'elle n'est pas en son lieu.

Mais examinons un peu cette Histoire en elle même. Sans
mentir , j'ai de la peine à souffrir le serieux avec lequel Arioste écrit un Conte si bouffon. Vous diriez que non seulement , c'est une Histoire très-veritable , mais que c'est une
chose très-noble & très-heroïque qu'il va raconter : Et certes s'il vouloit décrire les exploits d'un Alexandre , ou d'un
Charlemagne , il ne débuteroit pas plus gravement.

> *Astolfo Re de' Longobardi , quello*
> *A cui lasciò il fratel monaco il Regno ,*
> *Fu ne la giovanezza sua si bello ,*
> *Che mai poch' altri giunsero à quel segno.*
> *N'havria à fatica un tal fatto a pennello*
> *Appelle , Zeusi , ò se v'è alcun più degno.*

Le bon messer Ludovico ne se souvenoit pas , ou plûtôt ne se
soucioit pas du précepte de son Horace.

Versibus exponi Tragicis res Comica non vult.

Cependant il est certain que ce précepte est fondé sur la pure raison , & que comme il n'y a rien de plus froid que de
conter une chose grande en stile bas , aussi n'y a-t-il rien de
plus ridicule , que de raconter une Histoire comique & absurde en termes graves & serieux : [1] à moins que ce serieux ne soit
affecté tout exprès , pour rendre la chose encore plus burlesque.
Le secret donc en contant une chose absurde , est de s'énoncer d'une telle maniere , que vous fassiés concevoir au Lecteur,
que vous ne croiés pas vous même la chose que vous lui
contés. Car alors il aide lui même à se décevoir , & ne
songe qu'à rire de la plaisanterie agréable d'un Auteur qui se
joüe & ne lui parle pas tout de bon. Et cela est si veritable,
qu'on dit même assez souvent des choses qui choquent directement la raison & qui ne laissent pas néanmoins de passer , à
cause qu'elles excitent à rire. Telle est cette hiperbole d'un ancien Poëte Comique , pour se moquer d'un homme qui avoit
une terre de fort petite étendüe : *Il possedoit* , dit ce Poëte ,
*une terre à la Campagne , qui n'étoit pas plus grande qu'une Epi-
tre de Lacédémonien.* Y a-t-il rien , [2] ajoûte un Ancien Rhéteur,
de plus absurde que cette pensée ? Cependant elle ne laisse
pas de passer pour vrai-semblable , parce qu'elle touche la passion , je veux dire qu'elle excite à rire. Et n'est-ce pas en effet ce qui a rendu si agréables certaines Lettres de Voiture ,
comme [3] celle du Brochet & de la Carpe , dont l'invention
est absurde d'elle même , mais dont il a caché les absurdités
par l'enjoüment de sa narration , & par la manière plaisante
dont il dit toutes choses ? C'est ce que Monsieur de la Fontaine a observé dans sa Nouvelle ; il a crû que dans un Conte
comme celui de Joconde , il ne falloit pas badiner serieusement
Il raporte à la verité des avantures extravagantes, mais il les
donne

REMARQUES.

1. *A moins que ce serieux ne soit affecté &c.*] | Traité du Sublime , chap. 31.
Pour n'en point chercher d'exemple ailleurs, tel | 3. *Celle du Broch.t &c.*] Lettr. 143.ep
est le serieux du Lutrin. | Voiture.
2. *Ajoûte un ancien Rhéteur* ,] Longin, |

V u 3

donne pour telles ; par tout il rit & il joüe ; & fi le Lecteur
lui veut faire un procès fur le peu de vrai-femblance qu'il y a
aux chofes qu'il raconte , il ne va pas, comme Ariofte , les
appuier par des raifons forcées , & plus abfurdes encore que la
chofe même ; mais il s'en fauve en riant , & en fe joüant
du Lecteur , qui eft la route qu'on doit tenir en ces rencontres.

Ridiculum acri
Fortius ,& melius magnas plerumque fecat res.

Ainfi , lors que Joconde , par exemple , trouve fa Femme cou-
chée entre les bras d'un Valet , il n'y a pas d'aparence que
dans la fureur il n'éclate contre elle , ou du moins contre ce
Valet. Comment eft-ce donc qu'Ariofte fauve cela ? Il dit
que la violence de l'amour ne lui permit pas de faire ce déplaifir à fa Femme.

Ma , da l'amor che porta al fuo difpetto ,
A l'ingrata moglier , li fu interdetto.

Voilà , fans mentir , un Amant bien parfait , & Céladon
ni Silvandre ne font jamais parvenus à ce haut degré de perfection. Si je ne me trompe , c'étoit bien plûtôt là une raifon,
non feulement pour obliger Joconde à éclater , mais c'en étoit
affez pour lui faire poignarder dans la rage fa Femme , fon
Valet , & foi-même ; puis qu'il n'y a point de paffion plus tragique & plus violente que la jaloufie qui naît d'un extrème
amour. Et certainement , fi les hommes les plus fages & les
plus moderés , ne font pas maîtres d'eux-mêmes , dans la chaleur de cette paffion , & ne peuvent s'empêcher quelquefois de
s'emporter jufqu'à l'excès , pour des fujets fort légers ; que devoit
faire un jeune homme comme Joconde , dans les premiers
accez d'une jaloufie auffi-bien fondée que la fienne ? Etoit-il en
état de garder encore des mefures avec une perfide , pour qui
il ne pouvoit plus avoir que des fentimens d'horreur & de
mépris ? Monfieur de la Fontaine a bien vû l'abfurdité qui s'en-
fuivoit de là : Il s'eft donc bien gardé de faire Joconde amoureux , d'un amour Romanesque & Extravagant ; cela ne ferviroit de rien , & une paffion comme celle là n'a point de raport
avec le caractère dont Joconde nous eft dépeint , ni avec
fes avantures amoureufes. Il l'a donc repréfenté feulement ,

comme un homme perſuadé à fonds de la vertu & de l'honnêteté de ſa Femme. Ainſi, quand il vient à reconnoître l'infidélité de cette Femme, il peut fort bien, par un ſentiment d'honneur, comme le ſuppoſe Monſieur de la Fontaine, n'en rien témoigner puis qu'il n'y a rien qui faſſe plus de tort à un homme d'honneur en c'es ſortes de rencontres, que l'éclat.

Tous deux dormoient : dans cet abord Joconde
Voulut les envoier dormir dans l'autre monde ;
   Mais cependant il n'en fit rien,
   Et mon avis eſt qu'il fit bien.
   Le moins de bruit que l'on peut faire
      En telle affaire,
   Eſt le plus ſûr de la moitié.
   Soit par prudence, ou par pitié,
   Le Romain ne tua perſonne.

Que ſi Arioſte n'a ſuppoſé l'extrème amour de Joconde, que pour fonder la maladie & la maigreur qui lui vint enſuite, cela n'étoit point néceſſaire, puiſque la ſeule penſée d'un affront n'eſt que trop ſuffiſante pour faire tomber malade un homme de cœur. Ajoûtés à toutes ces raiſons, que l'image d'un honnête homme lâchement trahi par une ingrate qu'il aime, tel que Joconde nous eſt repreſenté dans l'Arioſte, a quelque choſe de tragique, qui ne vaut rien dans un Conte pour rire : au lieu que la peinture d'un mari qui ſe réſou à ſouffrir diſcrètement les plaiſirs de ſa femme, comme l'a dépeint Monſieur de la Fontaine, n'a rien que de plaiſant & d'agréable, & c'eſt le ſujet ordinaire de nos Comédies.

Arioſte n'a pas mieux réüſſi dans cet autre endroit, où Joconde aprend au Roi l'abandonnement de ſa Femme avec le plus laid monſtre de la Cour. Il n'eſt pas vrai-ſemblable que le Roi n'en témoigne rien. Que fait donc l'Arioſte pour fonder cela ? Il dit que Joconde, avant que de découvrir ce ſecret au Roi, le fit jurer ſur le Saint Sacrement, ou ſur *l'Agnus Dei*, ce ſont ſes termes, qu'il ne s'en reſſentiroit point. Ne voilà-t-il pas une invention bien agréable ? Et le Saint Sacrement n'eſt-il pas là bien placé ? Il n'y a que la licence Italienne qui puiſſe mettre une ſemblable impertinence à couvert, & de pareilles ſottiſes
ne

ne fe fouffrent point en Latin ni en François. Mais comment eft-ce qu'Ariofte fauvera toutes les autres abfurdités qui s'enfuivent de là ? Où eft-ce que Joconde trouve fi vîte une Hoftie facrée pour faire jurer le Roi ? Et quelle apparance qu'un Roi s'engage ainfi légerement à un fimple Gentil-homme , par un ferment fi exécrable ? Avoüons que Monfieur de la Fontaine s'eft bien plus fagement tiré de ce pas , par la plaifanterie de Joconde , qui propofe au Roi , pour le confoler de cet accident , l'exemple des Rois & des Céfars qui avoient fouffert un femblable malheur avec une conftance toute heroïque ; & peut-on en fortir plus agréablement qu'il en fait par ces vers ?

> Mais enfin il le prit en homme de courage ,
> En galant homme ; & pour le faire court ,
> En veritable homme de Cour.

Ce trait ne vaut-il pas mieux lui feul que tout le ferieux de l'Ariofte ? Ce n'eft pas pourtant qu'Ariofte n'ait cherché le plaifant autant qu'il a pû. Et on peut dire de lui , ce que[1] Quintilien dit de Demofthène : *Non difplicuiffe illi jocos , fed non contigiffe* : qu'il ne fuïoit pas les bons mots ; mais qu'il ne les trouvoit pas. Car quelquefois de la plus haute gravité de fon ftile , il tombe dans des baffeffes à peine dignes du Burlefque. En effet , qu'y a-t-il de plus ridicule que cette longue généalogie qu'il fait du Reliquaire que Joconde reçut en partant de fa femme ? Cette raillerie contre la Religion n'eft elle pas bien en fon lieu ? Que peut-on voir de plus fale que cette métaphore ennuieufe , prife de l'exercice des Chevaux , de la quelle Aftolfe & Joconde fe fervent pour fe reprocher l'un à l'autre leur lubricité ? Que peut-on imaginer de plus froid que cette équivoque qu'il emploie à propos du retour de Joconde à Rome ? On croioit , dit-il , qu'il étoit allé à Rome , & il étoit allé à Cornetto,

Credeano

R E M A R Q U E S.

1. *Quintilien dit de Demofthène.*] Quin- | gia , Chap. 28. du Sublime. til. Inftit. Orat. L. 6. c. 3. Voiez auffi Lon- |

Credeano che da lor ſi fóſſe tolto
Per gire à Roma, è gito era à Corneto.

Si Monſieur de la Fontaine avoit mis une ſemblable ſottiſe dans
toute ſa piéce, trouveroit-il grace auprès de ſes Cenſeurs ? Et
une impertinence de cette force n'auroit elle pas été capable de
décrier tout ſon Ouvrage, quelques beautés qu'il eût eu d'ailleurs?
Mais certes, il ne falloit pas appréhender cela de lui. Un homme formé, comme je vois bien qu'il l'eſt au goût de Terence
& de Virgile, ne ſe laiſſe pas emporter à ces extravagances
Italiennes, & ne s'écarte pas ainſi de la route du bon ſens.
Tout ce qu'il dit eſt ſimple & naturel, & ce que j'eſtime ſur
tout en lui, c'eſt une certaine Naïveté de Langage, que peu
de gens connoiſſent, & qui fait pourtant tout l'agrément du diſcours. C'eſt cette Naïveté inimitable qui a été tant eſtimée
dans les écrits d'Horace & de Terence, à laquelle ils ſe ſont
étudiez particulierement, juſqu'à rompre pour cela la meſure
de leurs Vers, comme a fait Monſieur de la Fontaine en beaucoup d'endroits. En effet, c'eſt ce *molle* & ce *facetum* qu'Horace a attribué à Virgile, & qu'Apollon ne donne qu'à ſes Fa-
voris. En voulez-vous des exemples?

> *Marié depuis peu ; Content je n'en ſai rien.*
> *Sa femme avoit de la jeuneſe,*
> *De la beauté, de la délicateſſe.*
> *Il ne tenoit qu'à lui qu'il ne s'en trouvât bien.*

S'il eût dit ſimplement, que Joconde vivoit content avec ſa
femme, ſon diſcours auroit été aſſez froid ; mais par ce doute
où il s'embaraſſe lui même, & qui ne veut pourtant dire que
la même choſe, il enjoüe ſa narration, & occupe agréablement le Lecteur. C'eſt ainſi qu'il faut juger de ces Vers de
Virgile dans une de ſes Eglogues, à propos de Médée, à
qui une fureur d'amour & de jalouſie avoit fait tuër ſes enfans:

> *Crudelis mater magis, an puer improbus ille ?*
> *Improbus ille puer ; crudelis tu quoque mater.*

Il en eſt de même encore de cette réflexion que fait Monſieur de la la Fontaine ; à propos de la défolation que fait paroître la femme de Joconde , quand fon mari eft prêt à partir.

Vous autres bonnes gens auriez crû que la Dame ,
Une heure après eût rendu l'ame.
Moi qui fait ce que c'eft que l'efprit d'une femme , &c.

Je pourrois vous montrer beaucoup d'endroits de la même force , mais cela ne ferviroit de rien pour convaincre vôtre ami. Ces fortes de beautés font de celles qu'il faut fentir , & qui ne fe prouvent point. C'eft ce je ne fai quoi qui nous charme , & fans lequel la beauté même n'auroit ni grace ni beauté. Mais après tout , c'eft un je ne fai quoi ; & fi vôtre ami eft aveugle , je ne m'engage pas à lui faire voir clair : & c'eft auffi pourquoi vous me difpenferés , s'il vous plait , de répondre à toutes les vaines objections qu'il vous a faites. Ce feroit combattre des Fantômes qui s'évanoüiffent d'eux mêmes ; & je n'ai pas entrepris de diffiper toutes les chimères qu'il eft d'humeur à fe former dans l'efprit.

Mais il y a deux difficultés , dites vous , qui vous ont été propofées par un fort galant homme , & qui font capables de vous embaraffer. La première regarde l'endroit où ce Valet d'hôtellerie trouve le moien de coucher avec la commune Maîtreffe d'Aftolfe & de Joconde , au milieu de ces deux Galans. Cette avanture , dit-on , paroît mieux fondée dans l'Original , parce qu'elle fe paffe dans une hôtellerie où Aftolfe & Joconde viennent d'arriver fraichement , & d'où ils doivent partir le lendemain : ce qui eft une raifon fuffifante pour obliger ce Valet à ne point perdre de temps , & à tenter ce moien , quelque dangereux qu'il puiffe être , pour joüir de fa maîtreffe ; parce que s'il laiffe échaper cette occafion , il ne la pourra plus recouvrer : au lieu que dans la Nouvelle de Monfieur de la Fontaine , tout ce miftere arrive chez un Hôte où Aftolfe & Joconde font un affez long féjour. Ainfi ce Valet logeant avec celle qu'il aime , & étant avec elle tous les jours , vrai-femblablement il pouvoit trouver d'autres voies plus fûres pour coucher avec elle , que celle dont il fe fert.

A cela je répons , que fi ce Valet a recours à celle-ci , c'eft qu'il n'en peut imaginer de meilleure , & qu'un gros brutal ,

tal , tel qu'il nous eſt repréſenté par Monſieur de la Fontaine
& tel qu'il devoit être en effet , pour faire une entrepriſe
comme celle là , eſt fort capable de hazarder tout pour ſe
ſatisfaire , & n'a pas toute la prudence que pourroit avoir un
honnête homme. Il y auroit quelque choſe à dire ſi Monſieur
de la Fontaine nous l'avoit repréſenté comme un amoureux de
Roman, tel qu'il eſt dépeint dans Arioſte , qui n'a pas pris
garde que ces paroles de tendreſſe & de paſſion qu'il lui met dans
la bouche, ſont fort bonnes pour un Tircis , mais ne conviennent pas trop bien à un Muletier. Je ſoûtiens en ſecond lieu ,
que la même raiſon qui dans Arioſte empêche tout un jour ce
Valet & cette fille de pouvoir exécuter leur volonté ; cette
même raiſon , dis-je , a pû ſubſiſter pluſieurs jours ; & qu'ainſi
étant continuellement obſervez l'un & l'autre par les gens d'Aſtolfe & de Joconde, & par les autres Valets de l'Hôtellerie ,
il n'eſt pas dans leur pouvoir d'accomplir leur deſſein, ſi ce n'eſt
la nuit. Pourquoi donc , me direz vous , Monſieur de la Fontaine n'a-t-il point exprimé cela ? Je ſoûtiens qu'il n'étoit point
obligé de le faire , parce que cela ſe ſuppoſe aiſément de ſoi-
même , & que tout l'artifice de la narration conſiſte à ne marquer que les circonſtances qui ſont abſolument néceſſaires. Ainſi , par exemple , quand je dis qu'un tel eſt de retour de
Rome , je n'ai que faire de dire qu'il y étoit allé ; puis que
cela s'enſuit de là néceſſairement. De même , lorſque dans la
Nouvelle de Monſieur de la Fontaine , La Fille dit au Valet
qu'elle ne lui peut pas accorder ſa demande, parce que ſi elle le
faiſoit, elle perdroit infailliblement l'Anneau qu'Aſtolfe & Joconde
lui avoient promis : il s'enſuit de là infailliblement qu'elle ne lui
pouvoit accorder cette demande ſans être découverte , autrement
l'Anneau n'auroit couru aucun riſque.

Qu'étoit-il donc beſoin que Monſieur de la Fontaine allât perdre en paroles inutiles, le temps qui eſt ſi cher dans une
narration ? On me dira peut-être que Monſieur de la Fontaine
après tout , n'avoit que faire de changer ici l'Arioſte. Mais
qui ne voit au contraire , que par là il a évité une abſurdité manifeſte , c'eſt à ſavoir ce marché qu'Aſtolfe & Joconde font
avec leur Hôte , par lequel ce pere vend ſa fille à beaux de-
niers contans. En effet , ce marché n'a-t-il pas quelque choſe
de choquant , ou plûtôt d'horrible ? Ajoûtez que dans la Nouvelle

X x 2

velle de Monfieur de la Fontaine , Aftolfe & Joconde font trompez bien plus plaifamment , parce qu'ils regardent tous deux cette fille , qu'ils ont abufée , comme une jeune Innocente à qui ils ont donné , comme il dit ,

La première Leçon du plaifir amoureux.

Au lieu que dans Ariofte , c'eft une Infame qui va courir le païs avec eux , & qu'ils ne fauroient regarder que comme une Abandonnée.

Je viens à la feconde objection. Il n'eft pas vrai-femblable , vous a-t-on dit , que quand Aftolfe & Joconde , prennent réfolution de courir enfemble le païs , le Roi , dans la douleur où il eft , foit le premier qui s'avife d'en faire la propofition ; & il femble qu'Ariofte ait mieux réüffi de la faire faire par Joconde. Je dis que c'eft tout le contraire ; & qu'il n'y a point d'apparence qu'un fimple Gentil-homme faffe à un Roi une propofition fi étrange , que celle d'abandonner fon Roiaume , & d'aller expofer fa perfonne en des Païs éloignés , puifque même la feule penfée en eft coupable : au lieu qu'il peut fort bien tomber dans l'efprit d'un Roi , qui fe voit fenfiblement outragé en fon honneur , & qui ne fauroit plus voir fa femme qu'avec cha-grin, d'abandonner fa Cour pour quelque temps , afin de s'ôter de devant les yeux un objet qui ne lui peut caufer que de l'ennui.

Si je ne me trompe, Monfieur , voilà vos doutes affez bien réfolus. Ce n'eft pas pourtant que de là je veüille inferer que Monfieur de la Fontaine ait fauvé toutes les abfurdités qui font dans l'Hiftoire de Joconde : il y auroit eu de l'abfurdité à lui même d'y penfer. Ce feroit vouloir extravaguer fagement , puis qu'en effet toute cette Hiftoire n'eft autre chofe qu'une extra-vagance affez ingénieufe , continuée depuis un bout jufqu'à l'au-tre. Ce que j'en dis n'eft feulement que pour vous faire voir qu'aux endroits où il s'eft écarté de l'Ariofte , bien loin d'a-voir fait de nouvelles fautes , il a rectifié celles de cet Auteur. Après tout néanmoins , il faut avoüer que c'eft à Ariofte qu'il doit fa principale invention. Ce n'eft pas que les chofes qu'il a ajoûtées de lui même , ne püffent entrer en parallèle avec tout ce qu'il y a de plus ingénieux dans l'Hiftoire de Joconde.

Telle

Telle eſt l'invention du Livre blanc que nos deux Avanturiers em-
portérent pour mettre les noms de celles qui ne ſeroient pas rebelles à leurs vœux : car cette badinerie me ſemble bien auſſi
agréable que tout le reſte du Conte. Il n'en faut pas moins dire de cette plaiſante conteſtation qui s'émeut entre Aſtolfe & Joconde, pour le pucelage de leur commune Maîtreſſe, qui n'é-
toît pourtant que les reſtes d'un Valet. Mais, Monſieur, je
ne veux point chicaner mal-à-propos. Donnons, ſi vous vou-
lés, à Arioſte toute la gloire de l'invention, ne lui démions pas
le prix qui lui eſt juſtement dû pour l'élégance, la netteté, &
la briéveté inimitable avec laquelle il dit tant de choſes en ſi
peu mots; ne rabaiſſons point malicieuſement, en faveur de
nôtre Nation, le plus ingénieux Auteur des derniers ſiécles.
Mais que les graces & les charmes de ſon eſprit ne nous en-
chantent pas de telle ſorte, qu'elles nous empêchent de voir
les fautes de jugement qu'il a faites en pluſieurs endroits; &
quelque harmonie de Vers dont il nous frape l'oreille, confeſ-
ſons que Monſieur de la Fontaine aiant conté plus plaiſamment
une choſe très-plaiſante, il a mieux compris l'idée & le caractère de la narration.

Après cela, Monſieur, je ne penſe pas que vous vouluſſiez éxi-
ger de moi de vous marquer ici exactement tous les défauts qui
ſont dans la piéce de Monſieur Boüillon. J'aimerois autant être
condamné à faire l'analyſe exacte d'une Chanſon du Pont-neuf,
par les règles de la Poëtique d'Ariſtote. Jamais ſtile ne fut plus
vicieux que le ſien, & jamais ſtile ne fut plus éloigné de celui de Monſieur de la Fontaine. Ce n'eſt pas, Monſieur, que je
veüille faire paſſer ici l'Ouvrage de Monſieur de la Fontaine pour
un Ouvrage ſans défauts; je le tiens aſſez galant homme pour
tomber d'accord lui même des négligences qui s'y peuvent rencontrer : & où ne s'en rencontre-t-il point? Il ſuffit pour moi
que le bon y paſſe infiniment le mauvais, & c'eſt aſſez pour
faire un Ouvrage exellent.

*Ergo ubi plura nitent in carmine, non ego paucis
Offendar maculis* (Hor. Art poet.)

Il n'en eſt pas ainſi de Monſieur Boüillon, c'eſt un Auteur ſec
& aride, toutes ſes expreſſions ſont rudes & forcées, il ne

X x 3   dit

dit jamais rien qui ne puisse être mieux dit ; & bien qu'il bron-
che à chaque ligne , son Ouvrage est moins à blâmer pour les
fautes qui y sont , que pour l'esprit & le génie qui n'y est pas.
Je ne doute point que vos sentimens en cela ne soient d'accord avec
les miens , mais s'il vous semble que j'aille trop avant , je veux
bien , pour l'amour de vous , me faire un effort , & en examiner seulement une page.

Astolfe , Roi de Lombardie ,
A qui son frére plein de vie ;
Laissa l'Empire glorieux ,
Pour se faire Religieux :
Naquit d'une forme si belle ,
Que Zeuxis , & le grand Apellé ,
De leur docte & fameux pinceau
N'ont jamais rien fait de si beau.

Que dites-vous de cette longue Periode ? N'est-ce pas bien entendre la manière de conter , qui doit être simple & coupée,
que de commencer une Narration en Vers , par un enchaine-
ment de paroles à peine supportable dans l'exorde d'une Oraison?

A qui son frere plein de vie.

Plein de vie est une cheville , d'autant plus qu'il n'est pas du
texte. Monsieur Boüillon l'a ajoûté de sa grace , car il n'y a
point en cela de beauté qui l'y ait contraint.

Laissa l'Empire glorieux.

Ne semble-t-il pas que selon Monsieur Boüillon il y a un Empire particulier des Glorieux , comme il y a un Empire des Ot-
tomans , & des Romains ; & qu'il a dit *l'Empire glorieux* , comme un autre diroit *l'Empire Ottoman ?* Ou bien il faut tomber
d'accord que le mot de *glorieux* en cet endroit là est une cheville , & une cheville grossière & ridicule.

Pour se faire Religieux.

Cette manière de parler est basse , & nullement Poëtique.

Naquit

Nâquit d'une forme si belle.

Pourquoi *Nâquit* ? N'y a-t-il pas des gens qui naissent fort beaux, & qui déviennent fort laids dans la suite du temps ? Et au contraire n'en voit-on pas qui viennent fort laids au monde, & que l'âge ensuite embellit ?

Que Zeuxis, & le grand Apelle.

On peut bien dire qu'*Apelle* étoit un grand Peintre ; mais qui a jamais dit *le grand* Apelle ? Cette Epithète de *grand* tout simple, ne se donne jamais qu'à des Conquerans, & à nos Saints. On peut bien appeler Ciceron un *grand* Orateur ; mais il seroit ridicule de dire *le grand* Ciceron ; & cela auroit quelque chose d'enflé & de puerile. Mais qu'a fait ici le pauvre *Zeuxis*, pour demeurer sans Epithète, tandis qu'Apelle est *le grand Apelle* ? Sans mentir, il est bien malheureux que la mesure du Vers ne l'ait pas permis, car il auroit été du moins *le brave* Zeuxis.

> *De leur docte & fameux pinceau,*
> *N'ont jamais fait rien de si beau.*

Il a voulu exprimer ici la pensée de l'Arioste, que quand Zeuxis & Apelle auroient épuisé tous leurs efforts pour peindre une beauté douée de toutes les perfections, cette beauté n'auroit pas égalé celle d'Astolfe. Mais qu'il y a mal réüssi ! & que cette façon de parler est grossière ! *N'ont jamais rien fait de si beau de leur pinceau.*

> *Mais si sa grace sans pareille.*

Sans pareille est là une cheville ; & le Poëte n'a pas pû dire cela d'Astolfe, puis qu'il déclare dans la suite qu'il y avoit un homme au monde plus beau que lui, c'est à savoir Joconde.

> *Etoit du monde la merveille.*

Cette transposition ne se peut souffrir.

> *Ni les avantages que donne*
> *Le Roïal éclat de son sang.*

Ne diriés-vous pas que le sang des Astolfes de Lombardie est-ce qui donne ordinairement de l'eclat ? Il falloit dire, *ni les avantages que lui donnoit le Roial éclat de son sang.*

Dans les Italiques Provinces.

Cette maniere de parler sent le Poëme Epique, où même elle ne seroit pas fort bonne ; & ne vaut rien du tout dans un Conte, où les façons de parler doivent être simples & naturelles.

Elevoient *au dessus des Anges.*

Pour parler François, il faloit dire, *élevoient au dessus de ceux des Anges.*

Au prix des charmes *de son Corps.*

De son Corps, est dit bassement, & pour rimer. Il faloit dire de sa beauté.

Si jamais il avoit vû naître.

Naître est maintenant aussi peu nécessaire qu'il l'étoit tantôt.

Rien qui fût comparable à lui.

Ne voilà-t-il pas un joli Vers ?

Sire, je crois que le Soleil
Ne void rien qui vous soit pareil,
Si ce n'est mon frere Joconde,
Qui n'a point de pareil au monde.

Le pauvre Boüillon s'est terriblement embarassé dans ces termes de *pareil,* & de *sans pareil.* Il a dit là bas que la beauté d'Astolfe n'a point de pareille ; ici il dit, que c'est la beauté de Joconde qui est sans pareille : de là il conclud que la beauté sans pareille du Roi, n'a de pareille que la beauté sans pareille de Joconde. Mais sauf l'honneur de l'Arioste que Monsieur Boüillon a suivi en cet endroit, je trouve ce compliment fort impertinent, puisqu'il n'est pas vrai-semblable qu'un Courtisan aille de but en blanc dire à un Roi qui se pique d'être le plus bel homme de son siécle : *J'ai un frere plus beau que vous.*

Monsieur

Monſieur de la Fontaine a bien fait d'éviter cela, & de dire ſimplement que ce Courtiſan prit cette occaſion de loüer la beauté de ſon frere, ſans l'élever néanmoins au deſſus de celle du Roi. Comme vous voïés, Monſieur, il n'y a pas un Vers où il n'y ait quelque choſe à réprendre, & que Quintilien n'envoiât rebatre ſur l'enclume.

Mais en voilà aſſez, & quelque réſolution que j'aie priſe d'éxaminer la page entiére, vous trouverez bon que je me faſſe grace à moi-même, & que je ne paſſe pas plus avant. Et que ſeroit ce, bon Dieu ! Si j'allois rechercher toutes les impertinences de cet Ouvrage, les mauvaiſes façons de parler, les rudeſſes, les incongrüités, les choſes froides & platement dites qui s'y rencontrent par tout ? Que dirions nous *de ces murailles dont les ouvertures baaillent? De ces erremens qu'Aſtolfe & Joconde ſuivent dans les païs Flamans? ſuivre des erremens*, juſte Ciel ! quelle langue eſt ce-là ? Sans mentir, je ſuis honteux pour Monſieur de la Fontaine, de voir qu'il ait pû être mis en parallèle avec un tel Auteur ; mais je ſuis encore plus honteux pour vôtre Ami. Je le trouve bien hardi ſans doute, d'oſer ainſi hazarder Cent Piſtoles ſur la foi de ſon jugement. S'il n'a point de meilleure Caution, & qu'il faſſe ſouvent de ſemblables gageures, il eſt au hazard de ſe ruiner. Voilà, Monſieur, la manière d'agir ordinaire des demi-Critiques ; de ces gens, dis-je, qui ſous l'ombre d'un ſens commun, tourné pourtant à leur mode, prétendent avoir droit de juger ſouverainement de toutes choſes, corrigent, diſpoſent, réforment, loüent, approuvent, condamnent tout au hazard. J'ai peur que vôtre Ami ne ſoit un peu de ce nombre. Je lui pardonne cette haute eſtime qu'il fait de la piéce de Monſieur Boüillon ; je lui pardonne même d'avoir chargé ſa mémoire de toutes les ſottiſes de cet Ouvrage : mais je ne lui pardonne pas la confiance avec laquelle il ſe perſuade que tout le monde confirmera ſon ſentiment. Penſe-t-il donc que trois des plus Galans Hommes de France, aillent de gaieté de cœur ſe perdre d'eſtime dans l'eſprit des habiles gens, pour lui faire gagner Cent Piſtoles ? Et depuis Midas, d'impertinente mémoire, s'eſt-il trouvé perſonne qui ait rendu un jugement auſſi abſurde que celui qu'il attend d'eux ? Mais, Monſieur, il me ſemble qu'il y a aſſez long-temps que je vous entretiens, & ma Lettre pourroit enfin

Tom. II. Y y paſſer

paſſer pour une Diſſertation préméditée ? Que voulez vous ? C'eſt que vôtre gageure me tient au cœur , & j'ai été bien aiſe de vous juſtifier à vous-même le droit que vous avez ſur les Cent Piſtoles de vôtre Ami. J'eſpere que cela ſervira à vous faire voir avec combien de paſſion je ſuis , &c.

PREFA.

PREFACES

DIVERSES.

PREFACE

de la premiére édition faite en 1666.

& des éditions suivantes, jusqu'en 1674.

LE LIBRAIRE AU LECTEUR.

 Es Satires dont on fait part au Public, n'auroient jamais couru le hazard de l'impreſſion, ſi l'on eût laiſſé faire leur Auteur. Quelques applaudiſ-ſemens qu'un aſſez grand nombre de perſonnes amoureuſes de ces ſortes d'Ouvrages, ait don-nez aux ſiens; ſa modeſtie lui perſuadoit, que de les faire imprimer, ce ſeroit augmenter le nombre des mé-chans Livres, qu'il blâme en tant de rencontres, & ſe rendre par là digne lui-même en quelque façon d'avoir place dans ſes Satires. C'eſt ce qui lui a fait ſouffrir fort long-temps, avec une patience qui tient quelque choſe de l'Heroïque dans un Au-teur, les mauvaiſes Copies qui ont couru de ſes Ouvrages, ſans être tenté pour cela de les faire mettre ſous la preſſe. Mais enfin, toute ſa conſtance l'a abandonné à la vûë [1] de cette monſtrueuſe édition qui en a paru depuis peu. Sa tendreſſe de pere s'eſt réveillée à l'aſpect de ſes enfans ainſi défigurez & mis en piéces, ſur tout lorſqu'il les a vûs accompagnez de cette Proſe fade & inſipi-de, que tout le Sel de ſes Vers ne pourroit pas relever : Je veux
dire

REMARQUES.

1. *De cette monſtrueuſe édition.*] Elle avoit été faite à Roüen, en 1665.

Y y 3

dire de ce [1] *Jugement fur les Sciences*, qu'on a coufu fi peu judicieufement à la fin de fon Livre. Il a eu peur que fes Satires n'achevaffent de fe gâter en une fi méchante compagnie : & il a crû enfin, que puifqu'un Ouvrage, tôt ou tard, doit paffer par les mains de l'Imprimeur, il valoit mieux fubir le joug de bonne grace, & faire de lui-même ce qu'on avoit déja fait malgré lui. Joint que ce galant-Homme qui a pris le foin de la première édition, y a mêlé les noms de quelques perfonnes que l'Auteur honore, & devant qui il eft bien aife de fe juftifier. Toutes ces confiderations, dis-je, l'ont obligé à me confier les véritables Originaux de fes Pièces, [2] augmentées encore de deux autres, pour lefquelles il apprehendoit le même fort. Mais en même temps il m'a laiffé la charge de faire fes excufes aux Auteurs qui pourront être choquez de la liberté qu'il s'eft donnée, de parler de leurs Ouvrages en quelques endroits de fes Ecrits. Il les prie donc de confiderer que le Parnaffe fut de tout temps un Païs de Liberté : que le plus habile y eft tous les jours expofé à la cenfure du plus ignorant: que le fentiment d'un feul homme ne fait point de loi ; & qu'au pis aller, s'ils fe perfuadent qu'il ait fait du tort à leurs Ouvrages, ils s'en peuvent vanger fur les fiens, dont il leur abandonne jufqu'aux points & aux virgules. Que fi cela ne les fatisfait pas encore ; il leur confeille d'avoir recours à cette bien-heureufe Tranquillité des grands Hommes, comme eux, qui ne manquent jamais de fe confoler d'une femblable difgrace [3] par quelque exemple fameux, pris des plus célébres Auteurs de l'Antiquité, dont ils fe font l'application tout feuls. En un mot, il les fupplie de faire réflexion ; que fi leurs Ouvrages font mauvais, ils meritent d'être cenfurez: & que s'ils font bons, tout ce qu'on dira contre eux ne les fera pas trouver mauvais.

R E M A R Q U E S.

1. *Jugement fur les Sciences.*] C'eft un petit Difcours en profe, de monfieur de Saint Evremond. Monfieur Defpréaux ne favoit pas alors qui en étoit l'Auteur ; mais il ne paroit pas que monfieur de Saint Evremond fe foit jamais plaint du jugement que l'on fait ici de fon Ouvrage: au contraire, il a donné dans fes écrits de grandes loüanges à monfieur Defpréaux.

2. *Augmentées de deux autres.*] De la Satire III. fur un feftin ridicule, & de la Satire V. fur la Nobleffe.

3. *Par quelque exemple fameux.*] Socrate affifta à la repréfentation de la Comédie des Nuées d'Ariftophane, quoi que cette Comédie fût faite contre lui, & qu'il y fût même nommé.

vais. ¹ Au reste, comme la malignité de ses Ennemis s'efforce depuis peu de donner un sens coupable à ses pensées, même les plus innocentes ; il prie les honnêtes gens, de ne se pas laisser surprendre aux Subtilitez raffinées de ces petits Esprits, qui ne savent se vanger que par des voies lâches, & qui lui veulent souvent faire ² un crime affreux d'une élégance Poëtique.

J'ai chargé encore d'avertir ceux qui voudront faire des Satires contre les Satires, de ne se point cacher. Je leur répons, que l'Auteur ne les citera point devant d'autres Tribunal que celui des Muses. Parce que si ce sont des injures grossières, les Beurrieres lui en feront raison ; & si c'est une raillerie delicate, il n'est pas assez ignorant dans les Loix, pour ne pas savoir qu'il doit porter la peine du Talion. Qu'ils écrivent donc librement: comme ils contribueront sans doute à rendre l'Auteur plus illustre, ils feront le profit du Libraire : & cela me regarde. Quelque interêt pourtant que j'y trouve, je leur conseille d'attendre quelque temps, & de laisser meurir leur mauvaise humeur. On ne fait rien qui vaille dans la colere. Vous avez beau vomir des injures sales & odieuses : cela marque la bassesse de vôtre ame, sans rabaisser la gloire de celui que vous attaquez : & le Lecteur, qui est de sang froid, n'épouse point les sottes passions d'un Rimeur emporté. Il y auroit aussi plusieurs choses à dire, touchant le reproche qu'on fait à l'Auteur, d'avoir pris ses pensées dans Juvénal & dans Horace. Mais, tout bien consideré, il trouve l'objection si honorable pour lui, qu'il croiroit se faire tort d'y répondre.

R E M A R Q U E S.

1. *Au reste*, &c.] Tout ce qui suit, jusqu'à la fin de la Préface, fut ajoûté dans l'édition de 1668.

2. *Un crime affreux d'une élégance poëtique.*] Voiez les Remarques sur le Vers 302. de la Satire IX.

PREFACE

pour l'édition de 1674. in quarto.

AU LECTEUR.

'Avois médité une affez longue Préface, où, suivant la coûtume reçuë parmi les Ecrivains de ce temps, j'efperois rendre un compte fort exact de mes Ouvrages, & juftifier les libertés que j'y ay prifes. Mais depuis j'ai fait Réflexion, que ces fortes d'Avant-propos ne fervoient ordinairement qu'à mettre en jour la Vanité de l'Auteur, & au lieu d'excufer fes fautes, fourniffoient fouvent de nouvelles Armes contre lui. D'ailleurs je ne crois point mes Ouvrages affez bons pour meriter des Eloges, ni affés criminels pour avoir befoin d'Apologie. Je ne me loüerai donc ici, ni ne me juftifierai de rien. Le Lecteur faura feulement que je lui donne une Edition de mes Satires plus correcte que les précedentes, [1] deux Epîtres nouvelles, l'Art Poëtique en vers, [2] & quatre Chants du Lutrin. J'y ai ajoûté auffi la Traduction du Traité que le Rhéteur Longin a compofé du Sublime ou du Merveilleux dans le Difcours. J'ai fait originairement cette Traduction pour m'inftruire, plûtôt que dans le deffein de la donner au Public. Mais j'ai crû qu'on ne feroit pas fâché de la voir ici à la fuite de la Poëtique, avec laquelle ce Traité a quelque rapport, & où

j'ai

REMARQUES.

1. *Deux Epîtres nouvelles.*] [L'Epître II. & l'Epître III. Car la quatrième, adreffe au Roi, Avoit déja été publiée en 1672.

2. *Et quatre Chants du Lutrin.*] Le cinquiéme & le fixéme Chants ne furent publiés qu'en 1683.

j'ai même inferé plufieurs préceptes qui en font tirez. J'avois deffein
d'y joindre auffi ¹ quelques Dialogues en Profe que j'ai compofez:
mais des confiderations particulieres m'en ont empêché. J'efpere
en donner quelque jour un volume à part. Voilà tout ce que
j'ai à dire au Lecteur. Encore ne fai-je fi je ne lui en ai
point déja trop dit; & fi en ce peu de paroles je ne fuis point
tombé dans le défaut que je voulois éviter.

R E M A R Q U E S.

1. *Quelques Dialogues en Profe.*] Il n'a donné dans la fuite que le Dialogue fur les Romans. Il en avoit compofé un autre, pour
montrer qu'on ne fauroit bien parler, ou du
moins, s'affurer qu'on parle bien une Langue
morte. mais il ne l'a jamais voulu publier,
de peur d'offenfer plufieurs de nos Poëtes Latins, qui étoient fes Amis & fes Traducteurs.
Il ne l'a pas même *confié au papier.* Cependant il m'en récita un jour ce que fa mémoire
lui pût fournir, & j'allai fur le champ écrire ce que j'en avois retenu. Quoique je n'aie
confervé ni les graces de fa Diction, ni toute la fuite de fes penfées, peut-être ne fera-
t-on pas fâché de voir mon Extrait, pour juger à peu près du tour qu'il avoit imaginé.
*Apollon, Horace, des Mufes, & des Poëtes,
font les Interlocuteurs.*

HORACE. Tout le monde eft furpris,
grand Apollon, des abus que vous laiffez
regner fur le Parnaffe.

APOLLON. Et depuis quand, Ho-
race, vous avifez-vous de parler François?

HORACE. Les François fe mêlent
bien de parler Latin. Ils eftropient quelques-
uns de mes Vers: ils en font de même à mon
Ami Virgile; & quand ils ont accroché, je
ne fais comment, *difjecti membra Poëta,* ainfi
que je parlois autrefois, ils veulent figurer
avec nous.

APOLLON. Je ne comprens rien à
vos plaintes. De qui donc me parlés-vous ?

HORACE. Leurs noms me font in-
connus. C'eft aux Mufes de nous les apprendre.

APOLLON. Calliope, dites-moi, qui
font ces gens-là ? C'eft une chofe étrange, que
vous les infpiriez, & que je n'en fache rien.

CALLIOPE. Je vous jure que je
n'en ai aucune connoiffance. ma Sœur Erato,
fera peut-être mieux inftruite que moi.

ERATO. Toutes les nouvelles que
j'en ai, c'eft par un pauvre Libraire, qui faifoit dernièrement retentir nôtre Vallon de cris

affreux. Il s'étoit ruiné à imprimer quelques
Ouvrages de ces Plagiaires, & il venoit fe
plaindre ici de] Vous & de Nous, comme fi
nous devions répondre de leurs actions, fous
prétexte qu'ils fe tiennent au pié du Parnaffe.

APOLLON. Le bon homme croit-il
que nous fachions ce qui fe paffe hors de nôtre enceinte ? mais nous voilà bien embarr-
fez pour favoir leurs noms. Puifqu'ils ne font
pas loin de nous, faifons les monter pour un
moment. Horace, allez leur ouvrir une defpot.es.

CALLIOPE. Si je ne me trompe,
leur figure fera réjouiffante, ils nous donne-
ront la Comédie.

HORACE. Quelle troupe! Nous al-
lons être accablez, s'ils entrent tous. Meffieurs, doucement: les uns après les autres.

Un POETE, s'adreffant à Apollon.
Da, Tymbræe, loqui.......

Autre POETE, à Calliope. *Dic mihi,
Mufa, Virum......*

Troifiéme POETE, à Erato. *Nunc
age, qui Reges, Erato.......*

APOLLON. Laiffez vos complimens, &
dites nous d'abord vos noms.

Un POETE. *Menaginus.*

Autre POETE. *Pererius.*

Troifiéme POETE. *Santolius.*

APOLLON. Et ce vieux Bouquin que
je vois parmi vous, comment s'appelle-t-il ?

TEXTOR. Je me nomme *Ravifius
Textor.* Quoique je fois en la compagnie de
ces Meffieurs, je n'ai pas l'honneur d'être Poëte; mais ils veulent m'avoir avec eux, pour
leur fournir des Epithètes au befoin.

Un POETE. *Latonæ proles divina, Jovifque.... Jovifque...... Jovifque.....
Heus tu, Textor! Jovifque........*

TEXTOR. *Magni.*

Le POETE. *Non.*

TEXTOR. *Omnipotentis.*

Le POETE. *Non, non.*

TEXTOR. *Bicornis.*

Le POETE. *Bicornis, optimè. Jovisque bicornis.*

Latona proles divina. Jovisque bicornis.

APOLLON. Vous avez donc perdu l'esprit ? Vous donnez des cornes à mon Pere.

Le POETE. C'est pour finir le Vers. J'ai pris la premiere Epithète que Textor m'a donnée.

APOLLON. Pour finir le Vers, faloit-il dire une énorme sottise ? Mais vous, Horace, faites aussi des Vers François ?

HORACE. C'est-à-dire, qu'il faut que je vous donne aussi une Scène à mes dépens & aux dépens du sens commun.

APOLLON. Ce ne sera qu'aux dépens de ces Etrangers. Rimez toûjours.

HORACE. Sur quel sujet ? Qu'importe ? Rimons, puisqu'Apollon l'ordonne. Le sujet viendra après.

Sur la rive du fleuve amassant de l'arène. . . . .

Un POETE. Alte là. On ne dit point en nôtre Langue : sur *la rive du fleuve*, mais sur *le bord* de la Rivière ; Amasser *de l'arène*, ne se dit pas non plus ; il faut dire, *du sable.*

HORACE. Vous êtes plaisant. Est-ce que *Rive* & *Bord*, ne sont pas des mots Synonimes, aussi bien que *Fleuve* & *Rivière* ? Comme si je ne savois pas que dans vôtre Cité de Paris la Seine passe sous le *Pont-nouveau*. Je sais tout cela sur l'extrémité du doigt.

Un POETE. Quelle pitié ! Je ne conteste pas que toutes vos expressions ne soient Françoises ; mais je dis que vous les employez mal. Par exemple, quoique le mot de Cité soit bon en soi, il ne vaut rien où vous le placez : on dit, *la Ville de Paris*. De même, on dit *le Pont-neuf*, & non pas le *Pont-nouveau* ; Savoir une chose *sur le bout du doigt*, & non pas, *sur l'extrémité du doigt*.

HORACE. Puisque je parle si mal vôtre Langue, croiez vous, Messieurs les faiseurs de Vers Latins, que vous soiez plus habiles dans la nôtre ? Pour vous dire nettement ma pensée, Apollon devroit vous défendre aujourdhui pour jamais de toucher plume ni papier.

APOLLON. Comme ils ont fait des Vers sans ma permission, ils en seroient encore malgré ma défense. Mais puisque dans les grands abus, il faut des remèdes violens, punissons-les de la manière la plus terrible. Je crois l'avoir trouvée. C'est qu'ils soient obligez desormais à lire exactement les Vers les uns des autres. Horace, faites leur savoir ma volonté.

HORACE. De la part d'Apollon, il est ordonné &c.

SANTEUL. Que je lise le galimatias de Du Perier. Moi ! Je n'en ferai rien. C'est à lui de lire mes Vers.

Du PERIER. Je veux que Santeul commence par me reconnoître pour son Maître, & après cela je verrai si je puis me résoudre à lire quelque chose de son Phébus.

Ces Poëtes continuent à se quereller, ils s'accablent réciproquement d'injures ; & Apollon les fait chasser honteusement du Parnasse.

PREFACE

pour l'Edition de 1675.

AU LECTEUR.

E m'imagine que le Public me fait la justice de croi-re, que je n'aurois pas beaucoup de peine à ré-pondre aux Livres qu'on a publiés contre moi ; mais j'ai naturellement une espèce d'aversion pour ces longues Apologies qui se font en faveur de bagatelles aussi bagatel-les que font mes Ouvrages. Et d'ailleurs aiant attaqué, com-me j'ai fait, de gayeté de cœur, plusieurs Ecrivains célè-bres, je serois bien injuste, si je trouvois mauvais qu'on m'attaquât à mon tour. Ajoûtez, que si les objections qu'on me fait sont bonnes, il est raisonnable qu'elles passent pour telles ; & si elles sont mauvaises, il se trouvera assez de Lecteurs sensés pour redresser les petits Esprits qui s'en pour-roient laisser surprendre. Je ne répondrai donc rien à tout ce qu'on a dit, ni à tout ce qu'on a écrit contre moi : & si je n'ai donné aux Auteurs de bonnes règles de Poë-sie, j'espère leur donner par là une leçon assez belle de moderation. Bien loin de leur rendre injures pour injures, ils trouveront bon que je les remercie ici du soin qu'ils pren-nent de publier que ma Poëtique est une Traduction de la Poëtique d'Horace. Car puisque dans mon Ouvrage, qui est d'onze cens Vers, il n'y en a pas plus de cinquante ou soixante tout au plus, imités d'Horace, ils ne peuvent pas faire un plus bel éloge du reste qu'en le supposant tra-duit de ce grand Poëte ; & je m'étonne après cela qu'ils osent combattre les règles que j'y débite. Pour Vida [1] dont ils m'accusent d'avoir pris aussi quelque chose, mes Amis savent bien que je ne l'ai jamais lû, & j'en puis faire tel Serment qu'on voudra, sans craindre de blesser ma conscience.

REMARQUES.

1. *Pour Vida.*] Marc Jérôme Vida, de Crémone, Evêque d'Albe, Poëte célèbre, qui fleurissoit au commencement du Seizième Siécle, Il a composé un Art Poëtique en trois Livres, outre plusieurs autres Poësies Latines.

PRE-

PREFACE

pour les Editions de 1683. & 1694.

Oici une Editon de mes Ouvrages * beaucoup plus exacte que les précedentes, qui ont toutes été affez peu correctes. J'y ai joint ² cinq Epîtres nouvelles que j'avois compofées long-temps avant que d'être engagé ³ dans le glorieux emploi qui m'a tiré du métier de la Poëfie. Elles font du même ftile que mes autres écrits, & j'ofe me flater qu'elles ne leur feront point de tort. Mais c'eft au Lecteur à en juger, & je n'emploîrai point ici ma Préface, non plus que dans mes autres éditions, à le gagner, par des flateries, ou à le prévenir par des raifons dont il doit s'avifer de lui même. Je me contenterai de l'avertir d'une chofe dont il eft bon qu'on foit inftruit. C'eft qu'en attaquant dans mes Satires les défauts de quantité d'Ecrivains de nôtre Siécle, je n'ai pas prétendu pour cela ôter à ces Ecrivains le merite & les bonnes qualitez qu'ils peuvent avoir d'ailleurs. Je n'ai pas prétendu, dis-je, que Chapelain, par exemple, quoi qu'affez méchant Poëte ⁴ n'ait pas fait autrefois, je ne fai comment, une affez belle Ode; & qu'il n'y eût point d'efprit ni d'agrément dans les Ouvrages de Monfieur Quinaut, quoi que fi éloignez de la

REMARQUES.

1. *Beaucoup plus exacte &c.*] Dans l'édition de 1683. on lifoit : *beaucoup plus exacte & plus correcte que les précedentes, qui ont toutes été affez fautives.*

2. *Cinq Epîtres nouvelles.*] Les Epîtres. V. VI. VII. VIII. & IX.

3. *Dans le glorieux emploi &c.*] En 1677. le Roi avoit nommé M. M. Defpréaux & Ra cine, pour écrire fon Hiftoire.

4. *N'ait pas fait autrefois...... une affez belle Ode.*] Au lieu de ces mots, on lifoit dans l'édition de 1683. *Ne fût pas bon Grammairien.* Chapelain avoit fait une Ode à la gloire du Cardinal de Richelieu, & fur cette Ode feule Chapelain avoit été regardé comme le premier Poëte de fon tems.

la perfection de Virgile. [1] J'ajoûterai même sur ce dernier, que dans le temps où j'écrivis contre lui, nous étions tous-deux fort jeunes, & qu'il n'avoit pas fait alors [2] beaucoup d'Ouvrages qui lui ont dans la suite acquis une juste réputation. Je veux bien aussi avoüer qu'il y a du génie dans les écrits de Saint Amand, de Brebeuf, de Scuderi, & de plusieurs autres que j'ai Critiquez, & qui sont en effet d'ailleurs, aussi bien que moi, très dignes de Critique. En un mot, avec la même sincerité que j'ai raillé ce qu'ils ont de blâmable, je suis prêt à convenir de ce qu'ils peuvent avoir d'excellent. Voilà, ce me semble, leur rendre justice, & faire bien voir que ce n'est point un esprit d'envie, & de médisance qui m'a fait écrire contre eux. Pour revenir à mon Edition : [3] outre mon Remercîment à l'Académie & quelques Epigrammes que j'y ai jointes, j'ai aussi ajoûté au Poëme du Lutrin deux Chants nouveaux qui en font la conclusion. Ils ne sont pas, à mon avis, plus mauvais que les quatre autres Chants, & je me persuade qu'ils consoleront aisément les Lecteurs de quelques Vers que j'ai rétranchez à l'Episode [4] de l'Horlogère, qui m'avoit toûjours paru un peu trop long. [5] Il seroit inutile maintenant de nier que ce Poëme a été composé à l'occasion d'un differend assez léger qui s'émût dans une des plus célèbres Eglises de Paris, entre le Trésorier & le Chantre. Mais c'est tout ce qu'il y a de vrai. Le Reste, depuis le commencement jusqu'à la fin, est une pure fiction : & tous les Personnages y sont non seulement inventez ; mais j'ai eu soin même de les faire d'un caractère directement opposé au caractère de ceux qui déservent cette Eglise, dont la plûpart, & particulierement les Chanoines,
font

R E M A R Q U E S.

1. *J'ajoûterai même &c.*] Toute cette phrase, jusqu'à ces mots : *Je veux bien aussi &c.* fut ajoûtée par l'Auteur dans l'édition de 1694.

2. *Beaucoup d'Ouvrages &c.*] On voit que nôtre Auteur distingue ici deux temps dans la réputation de M. Quinaut : le tems de ses Tragédies, & celui de ses Opera. Il n'avoit encore fait que des Tragédies quand Monsieur Despréaux le nomma dans ses Satires.

3. *Outre mon Remercîment . . . . & quelques Epigrammes que j'y ai jointes.*] Addition faite dans l'édition de 1694.

4. *De l'Horlogère.*] De la Perruquière. Voiez les Remarques sur le Lutrin.

5. *Il seroit inutile &c.*] Tout ce qui suit a été détaché d'ici dans l'édition de 1701. & placé devant le Poëme du Lutrin, où il sert d'*Avertissement au Lecteur.*

Z z 3

font tous gens non feulement d'une fort grande probité ,
mais de beaucoup d'efprit , & entre lefquels il y en a tel
à qui je demanderois auffi volontiers fon fentiment fur mes
Ouvrages , qu'à beaucoup de Meffieurs de l'Académie. Il ne
faut donc pas s'étonner fi perfonne n'a été offenfé de l'impreffion de ce Poëme , puifqu'il n'y a en effet perfonne qui
y foit veritablement attaqué. Un prodigue ne s'avife guères
de s'offenfer de voir rire d'un Avare ; ni un Dévot de voir
tourner en ridicule un Libertin. Je ne dirai point comment
je fus engagé à travailler à cette bagatelle * fur une efpèce de défi qui me fut fait en riant par feu Monfieur le Premier Préfident de Lamoignon , qui eft celui que j'y peins
fous le nom d'Arifte. Ce détail , à mon avis , n'eft pas
fort néceffaire. Mais je croirois me faire un trop grand tort,
fi je laiffois échaper cette occafion d'apprendre à ceux qui
l'ignorent , que ce grand Perfonnage , durant fa vie, m'a
honoré de fon amitié. Je commençai à le connoître dans le
temps que mes Satires faifoient le plus de bruit ; & l'accez
obligeant qu'il me donna dans fon illuftre Maifon , fit
avantageufement mon Apologie contre ceux qui vouloient m'accufer alors de libertinage & de mauvaifes mœurs. C'étoit
un homme d'un favoir étonnant , & paffionné admirateur
de tous les bons Livres de l'Antiquité ; & c'eft ce qui lui fit plus
aifément fouffrir mes Ouvrages , où il crût entrevoir quelque
goût des Anciens. Comme fa piété étoit fincère , elle étoit
auffi fort gaïe , & n'avoit rien d'embarraffant. Il ne s'effraia
pas du nom de Satires que portoient ces Ouvrages , où il
ne vit en effet que des Vers & des Auteurs attaquez. Il me
loüa même plufieurs fois d'avoir purgé, pour ainfi dire , ce
genre de Poëfie de la Saleté qui lui avoit été jufqu'alors comme affectée. J'eus donc le bonheur de ne lui être pas dèsagreable.
Il m'appèla à tous fes plaifirs & à tous fes divertiffemens ,
c'eft à dire à fes Lectures & à fes promenades. Il me fa-
vorifa même quelquefois de fa plus étroite confidence , &
me

R E M A R Q U E S.

. Sur une efpèce de défi.] Voiez la Remarque fur cet endroit , au commencement du Lutrin.

me fit voir à fond son ame entière. Et que n'y vis-je point?
Quel trésor surprenant de probité & de justice ! Quel fonds
inépuisable de piété & de zèle ! Bien que sa vertu jettât
un fort grand éclat au dehors , c'étoit toute autre chose au
dedans ; & on voioit bien qu'il avoit soin d'en temperer les
rayons , pour ne pas blesser les yeux d'un Siécle aussi corrompu que le nôtre. Je fus sincèrement épris de tant de qualités admirables ; & s'il eût beaucoup de bonne volonté pour
moi , j'eus aussi pour lui une très-forte attache. Les soins
que je lui rendis ne furent mêlez d'aucune raison d'interêt
mercénaire : & je songai bien plus à profiter de sa conversation que de son crédit ' Il mourut dans le temps que cette amitié étoit en son plus haut point , & le souvenir de sa
perte m'afflige encore tous les jours. Pourquoi faut-il que des
Hommes si dignes de vivre soient si-tôt enlevez du monde ,
tandis que des miserables & des gens de rien arrivent à une
extrême vieillesse ? Je ne m'étendrai pas davantage sur un
sujet si triste : car je sens bien que si je continuois à en parler , je ne pourrois m'empêcher de moüiller peut-être de larmes la Préface d'un Livre de Satires & de plaisanteries.

R E M A R Q U E S.

ʀ. *Il mourut.*] Au mois de Décembre , 1677.

AVERTISSEMENT

mis après la Préface, en 1694.

AU LECTEUR.

J'Ai laissé ici la même Préface qui étoit dans les deux Editions précedentes : à cause de la justice que j'y rends à beaucoup d'Auteurs que j'ai attaquez. Je croiois avoir assez fait connoître par cette démarche, où personne ne m'obligeoit, que ce n'est point un esprit de malignité qui m'a fait écrire contre ces Auteurs ; & que j'ai été plûtôt sincére à leur égrad, que Médisant. Monsieur Perrault néanmoins n'en a pas jugé de la sorte. Ce galant Homme, au bout de prés[1] de vingt-cinq ans qu'il y a que mes Satires ont été imprimées la première fois, est venu tout à coup, & dans le temps qu'il se disoit de mes Amis, réveiller des querelles entierement oubliées, & me faire sur mes Ouvrages un procez que mes Ennemis ne me faisoient plus. Il a compté pour rien les bonnes raisons que j'ai mises en rimes pour montrer qu'il n'y a point de médisance à se moquer des méchans écrits : & sans prendre la peine de réfuter ces raisons, a jugé à propos de me traitter[2] dans un Livre, en termes assez peu obscurs, de Médisant, d'Envieux, de Calomniateur, d'Homme qui n'a songé qu'à établir sa réputation sur la ruine de celle des autres. Et cela fondé principalement sur ce que j'ai dit dans mes Satires, que Chapelain avoit fait des vers durs, & qu'on étoit à l'aise aux sermons de l'Abbé Cotin.

Ce sont en effet les deux grands crimes qu'il me reproche,

REMARQUES.

1. *De vingt-cinq ans.*] Il faloit dire : *de près de trente ans* ; Car la première édition des Satires fut faite en 1666.

2. *Dans un Livre.*] Parallèle des Anciens & des Modernes, Tome III,

proche, jufqu'à vouloir me faire comprendre que je ne dois jamais efpèrer de remiffion du mal que j'ai caufé, en donnant par là occafion à la pofterité de croire que fous le regne de Loüis le Grand il y a eu en France un Poëte ennuieux, & un Prédicateur affez peu fuivi. Le plaifant de l'affaire eft, que dans le Livre qu'il fait pour juftifier nôtre Siécle de cette étrange calomnie, il avoüe lui-même que Chapelain eft un Poëte très-peu divertiffant, & fi dur dans fes expreffions, qu'il n'eft pas poffible de le lire. Il ne convient pas ainfi du défert qui étoit aux prédications de l'Abbé Cotin. Au contraire il affure qu'il a été fort preffé à un des Sermons de cet Abbé ; mais en même tems il nous apprend cette jolie particularité de la vie d'un fi grand Prédicateur : que fans ce Sermon, où heureufement quelques-uns de fes Juges fe trouvèrent, la Juftice, fur la requête de fes parens, lui alloit donner un Curateur comme à un imbécille. C'eft ainfi que Monfieur P. fait deffendre fes Amis, & mettre en ufage les leçons de cette belle Rhétorique moderne inconnuë aux Anciens, où vrai-femblablement il a appris à dire ce qu'il ne faut point dire. Mais je parle affez de la juftefle d'efprit de Monfieur P. dans mes Réflexions Critiques fur Longin; & il eft bon d'y renvoier les Leéteurs.

Tout ce que j'ai ici à leur dire, c'eft que je leur donne dans cette nouvelle Edition, outre mes anciens Ouvrages exaétement revûs, ma Satire contre les Femmes, l'Ode fur Namur, quelques Epigrammes, & mes Réflexions Critiques fur Longin. Ces Réflexions, que j'ai compofées à l'occafion des Dialogues de Monfieur P. fe font multipliées fous ma main beaucoup plus que je ne croiois, & font caufe que j'ai divifé mon Livre en deux volumes. J'ai mis à la fin du fecond volume les Traduétions Latines qu'ont faites de mon Ode les deux plus cèlébres Profeffeurs en Eloquence de l'Univerfité : je veux dire Monfieur Lenglet & Monfieur Rollin. Ces Traduétions ont été géneralement admirées, & ils m'ont fait en cela tous deux d'autant plus d'honneur, qu'ils favent bien que c'eft la feule Leéture de mon Ouvrage qui les a excités à entreprendre ce travail. J'ai auffi joint à ces Traduétions

Tom. II. A a a quatre

quatre Epigrammes Latines que ¹ le Reverend Pere Fraguier Jésuite a faites contre le Zoïle Moderne. Il y en a deux qui sont imitées d'une des miennes. On ne peut rien voir de plus poli ni de plus élegant que ces quatre Epigrammes; & il semble que Catulle y soit ressuscité pour vanger Catulle. J'espère donc que le Public me saura quelque gré du présent que je lui en fais.

Au reste dans le tems que cette nouvelle édition de mes Ouvrages alloit voir le jour ² le Reverend Pere de la Landelle autre célèbre Jésuite m'a apporté une Traduction Latine qu'il a aussi faite de mon Ode , & cette Traduction m'a paru si belle , que je n'ai pû résister à la tentation d'en enrichir encore mon Livre , où on la trouvera avec les deux autres à la fin du second tome. ³

R E M A R Q U E S.

1. *Le R. P. Fraguier.*] Aujourdhui de l'Académie Françoise , & de l'Académie Roiale des Inscriptions & des Médailles.

2. *Le R. P. de la Landelle.*] C'est le même qui dans les éditions suivantes a pris le nom de Saint-Remi.

3. Les plus célèbres Poëtes du Roiaume se sont appliquez à traduire en Vers Latins presque toutes les Poësies de Monsieur Despréaux, dont quelques-unes ont été aussi traduites en Grec. Les Etrangers mêmes, qui ne font pas moins de cas que nous de cet excellent Ecrivain, ont pareillement traduit ses œuvres en presque toutes les Langues de l'Europe. Il y en a une Traduction complette en Anglois. Monsieur le Comte d'Ericeyra , un des plus beaux Esprits & des plus grands Seigneurs de la Cour de Portugal , a traduit l'Art Poëtique en Vers Portugais. m. l'Abbé Mezzabarba , Gentil-homme Milanois , a traduit en Vers Italiens l'Ode sur Namur , & plusieurs autres Piéces. Ce savant Abbé m'aiant donné ces mêmes Traductions , je les envoiai à Monsieur Despréaux , qui m'écrivit le 6. de Mars , 1705. en ces termes : ,, Pour ce qui est de sa Traduction de mon Ode ,, sur Namur , je ne vous dirai pas qu'il y est ,, plus moi-même que moi-même ; mais je vous ,, dirai hardiment , que bien que j'aie sur tout ,, songé à y prendre l'esprit de Pindare , Mon- ,, sieur de Mezzabarba y est beaucoup plus ,, Pindare que moi.

Il y a apparence que l'on fera un Recueil de toutes ces Traductions.

AVERTISSEMENT,

pour la première Ed. de la Satire IX. imprimée séparément en 1668.

LE LIBRAIRE AU LECTEUR.

Oici le dernier Ouvrage qui est sorti de la plume du Sieur Despréaux. L'Auteur, après avoir écrit [1] contre tous les Hommes en géneral, a crû qu'il ne pouvoit mieux finir qu'en écrivant contre lui-même, & que c'étoit le plus beau champ de Satire qu'il pût trouver. Peut-être que ceux qui ne sont pas fort-instruits des démêlez du Parnasse, & qui n'ont pas beaucoup lû les autres Satires du même Auteur, ne verront pas tout l'agrément de celle-ci, qui n'en est, à bien parler, qu'une suite. Mais je ne doute point que les Gens de Lettres, & ceux sur-tout qui ont le goût délicat, ne lui donnent le prix, comme à celle où il y a le plus d'art, d'invention & de finesse d'esprit. Il y a déja du tems qu'elle est faite : l'Auteur s'étoit en quelque sorte résolu de ne la jamais publier. Il vouloit bien épargner ce chagrin aux Auteurs qui s'en pourront choquer. [2] Quelques libelles diffamatoires que l'Abbé Kautin & plusieurs autres eussent fait imprimer contre lui, il s'en tenoit assez vangé par le mépris que tout le monde a fait de leurs Ouvrages, qui n'ont été lûs de personne, & que l'impression même n'a pû rendre publics. [3] Mais une copie de cette Satire étant tombée, par une fatalité inévitable, entre les mains des Libraires, ils ont réduit l'Auteur à recevoir encore la loi d'eux. C'est donc à moi qu'il a confié l'Original de sa Piéce, & il l'a accompagné [4] d'un petit Discours en Prose, où il justifie par l'autorité des Poëtes Anciens & Modernes la liberté qu'il s'est donnée dans ses Satires. Je ne doute donc point que le Lecteur ne soit bien aise du présent que je lui en fais.

REMARQUES.

1. *Contre tous les Hommes &c.*] Dans la Satire VIII.

2. *Quelques libelles diffamatoires que l'Abbé Kautin &c.*] L'Abbé Cotin avoit publié une Satire en Vers, contre Mr. Despréaux, & un libelle en prose intitulé, *Critique des-interessée sur les Satires du tems.* Boursaut avoit fait imprimer *la Satire des Satires :* C'étoit une Comédie où il faisoit la Critique des Satires de nôtre Auteur.

3. *Mais une copie de cette Satire.*] Voicz la première Remarque sur la Satire IX.

4. *D'un petit Discours en Prose.*] Discours suivi la Satire, imprimé dans ce volume.

A a a 2 AVERTI.

AVERTISSEMENT,

pour la seconde Edition de l'Epître I. en 1672.

AVIS AU LECTEUR.

JE m'étois persuadé que la Fable de l'Huître que j'avois mise à la fin de cette Epître au Roi, pourroit y délasser agréablement l'Esprit des Lecteurs qu'un Sublime trop sérieux peut enfin fatiguer, [1] joint que la correction que j'y avois mise sembloit me mettre à couvert d'une faute dont je faisois voir que je m'appercevois le premier. Mais j'avoûë qu'il y a eu des personnes de bon sens qui ne l'ont pas approuvée. J'ai néanmoins ballancé long-tems si je l'ôterois, parce qu'il y en avoit plusieurs qui la loüoient avec autant d'excez que les autres la blâmoient. Mais enfin je me suis rendu à l'autorité [2] d'un Prince non moins considérable par les lumières de son Esprit, que par le nombre de ses Victoires. Comme il m'a déclaré franchement que cette Fable, quoi que très-bien contée, ne lui sembloit pas digne du reste de l'Ouvrage ; je n'ai point resisté, j'ai mis une autre fin à ma Piéce, & je n'ai pas crû pour une vingtaine de Vers devoir me broüiller avec le premier Capitaine de nôtre Siécle. Au reste, je suis bien aise d'avertir le Lecteur, qu'il y a quantité de piéces impertinentes qu'on s'efforce de faire courir sous mon nom, & entre autres [3] une Satire contre les maltôtes Ecclésiastiques. Je ne crains pas que les habiles gens m'attribuent toutes ces piéces ; parce que mon stile, bon ou mauvais, est aisé à reconnoître. Mais comme le nombre des sots est grand, & qu'ils pourroient aisément s'y méprendre, il est bon de leur faire savoir, que hors les [4] onze piéces qui sont dans ce Livre, il n'y a rien de moi entre les mains du Public, ni imprimé, ni en manuscrit.

REMARQUES.

1. *Joint que la correction que j'y avois mise.*] Voïez la Remarque sur le Vers 150. de l'Epître I.

2. *D'un Prince.*] Le Prince de Condé.

3. *Une Satire contre les Maltôtes Ecclesiastiques.*] Elle commence ainsi :

Quel est donc ce tahos, & quelle extravagance
Agite maintenant l'esprit de nôtre France? &c.

On attribue cette Satire au P. Loüis Sanlecque, Chanoine Régulier de la Congrégation de Sainte Geneviéve.

4. *Onze piéces &c.*] Le Discours au Roi, neuf Satires, & l'Epître I. l'Auteur ne comptoit pas son *Discours sur la Satire*, quoi qu'imprimé avec le reste, dans le même volume. Mais il ne parloit que des Ouvrages en Vers.

AVER-

AVERTISSEMENT,

pour la première Edition de l'Epître IV. en 1672.

AU LECTEUR.

E ne fai fi les rangs de ceux qui paffèrent le Rhin à la nage devant Tolhus, font fort exactement gardez dans le Poëme que je donne au Public ; & je n'en voudrois pas être garand: parce que franchement je n'y étois pas, & que je n'en fuis encore que fort médiocrement inftruit. Je viens même d'apprendre en ce moment que Monfieur de Soubize, dont je ne parle point ¹ eft un de ceux qui s'y eft le plus fignalé. Je m'imagine qu'il en eft ainfi de beaucoup d'autres, & j'efpère de leur faire juftice dans une autre édition. Tout ce que je fai, c'eft que ceux dont je fais mention ont paffé des premiers. Je ne me déclare donc caution que de l'Hiftoire du Fleuve en colère, que j'ai apprife d'une de fes Naïades qui s'eft réfugiée dans la Seine. J'aurois bien pû auffi parler de la fameufe rencontre qui fuivit le paffage : mais je la réferve pour un Poëme à part. C'eft là que j'efpère rendre aux mânes de ² Monfieur de Longueville l'honneur que tous les Ecrivains lui doivent, & que je peindrai cette Victoire qui fut arrofée du plus illuftre Sang de l'Univers. Mais il faut un peu reprendre haleine pour cela.

REMARQUES.

1. *Eft un de ceux qui s'y eft le plus fignalé.*] *Qui s'y font le plus fignalez* ; cette expreffion feroit plus correcte.

2. *Mr. de Longueville.*] Charles-Paris d'Orleans, Duc de Longueville, tué après le paffage du Rhin, en 1672.

PRE-

PREFACE

pour la première Edition du Lutrin, en 1674.

AU LECTEUR.

E ne ferai point ici comme ¹ Arioſte, qui quelquefois ſur le point de débiter la Fable du monde la plus abſurde, la garantit vraye d'une verité reconnuë, & l'appuie même de l'autorité ² de l'Archevêque Turpin. Pour moi je déclare franchement que tout le Poëme du Lutrin n'eſt qu'une pure fiction, & que tout y eſt inventé, juſqu'au nom même du Lieu où l'action ſe paſſe. ³ Je l'ai appèlé *Pourges*, du nom d'une petite Chapelle qui étoit autre fois proche de Montlhéry. C'eſt pourquoi le Lecteur ne doit pas s'étonner que pour y arriver de Bourgogne la Nuit prenne le chemin de Paris & de Montlhéry.

C'eſt une aſſez bizarre occaſion qui a donné lieu à ce Poëme. Il n'y a pas long-tems que dans une aſſemblée où j'étois, la converſation tomba ſur le Poëme Heroïque. Chacun en parla, ſuivant ſes lumieres. A l'égard de moi, comme on m'en eut demandé mon avis, je ſoûtins ce que j'ai avancé dans

REMARQUES.

1. *Arioſte.*] Louis Arioſte, Poëte Italien, qui a compoſé le Poëme de *Roland le furieux*, & pluſieurs autres Poëſies. Il mourut l'an 1533.

2. *De l'Archevêque Turpin.*] Hiſtorien fabuleux des actions de Charlemagne & de Roland. L'Auteur de ce Roman ridicule a emprunté le nom de Turpin, Archevêque de Rheims, Prélat d'une grande réputation, qui avoit accompagné Charlemagne dans la plûpart de ſes voiages, & qui, ſelon Trithème, avoit écrit la vie de cet Empereur, en deux Livres que nous n'a-

vons plus. Le ſavant Mr. Huet (*Origine des Romans*) croit que le Livre des faits de Charlemagne, attribué à l'Archevêque Turpin, lui eſt poſterieur de plus de 200. ans ; & Mr. Allard, dans ſa Bibliothèque de Dauphiné, aſſure que ce Roman a été compoſé dans Vienne, par un Moine de Saint André, l'an 1092.

3. *Je l'ai appèlé* Pourges.] Voiez la Remarque ſur le Vers 3. du premier Chant du Lutrin.

dans ma Poëtique : qu'un Poëme Heroïque, pour être excellent, devoit être chargé de peu de matière , & que c'étoit à l'Invention à la soûtenir & à l'étendre. La chose fût fort contestée. On s'échauffa beaucoup ; mais après bien des raisons alleguées pour & contre , il arriva ce qui arrive ordinairement en toutes ces sortes de disputes ; je veux dire qu'on ne se persuada point l'un l'autre , & que chacun demeura ferme dans son opinion. La chaleur de la dispute étant passée , on parla d'autre chose , & on se mit à rire de la manière dont on s'étoit échauffé sur une question aussi peu importante que celle-là. On moralisa fort sur la folie des hommes qui passent presque toute leur vie , à faire serieusement de très grandes bagatelles , & qui se font souvent une affaire considerable d'une chose indifferente. A propos de cela , [1] un Provincial raconta un Démêlé fameux , qui étoit arrivé autrefois dans une petite Eglise de sa Province, entre le Tréforier & le Chantre , qui font les deux premières Dignitez de cette Eglise , pour savoir si un Lutrin feroit placé à un endroit ou à un autre. La chose fut trouvée plaisante. Sur cela [2] un des Savans de l'assemblée, qui ne pouvoit pas oublier si-tôt la dispute , me demanda: Si moi , qui voulois si peu de matière pour un Poëme Heroïque , j'entreprendrois d'en faire un , fur un Démêlé aussi peu chargé d'incidens que celui de cette Eglise. J'eus plûtôt dit, pourquoi non ? que je n'eus fait réflexion fur ce qu'il me demandoit. Cela fit faire un éclat de rire à la compagnie , & je ne pûs m'empêcher de rire comme les autres : ne pensant pas en effet moi-même que je dûsse jamais me mettre en état de tenir parole. Néanmoins le Soir me trouvant de loisir , je rêvai à la chose , & aiant imaginé en géneral la plaisanterie que le Lecteur va voir , j'en fis vingt vers que je montrai à mes Amis. Ce commencement les réjoüit assez. Le plaisir que je vis qu'ils y prenoient , m'en fit faire encore vingt autres : Ainsi de vingt vers

REMARQUES.

[1]. *Un Provincial raconta &c.*] Cette circonstance est inventée pour dépaïser les Lecteur.]

[2]. *Un des Savans de l'assemblée.*] Monsieur le Premier Président de Lamoignon.

vers en vingt vers , j'ai pouſſé enfin l'Ouvrage [1] à près de neuf cens Vers. Voilà toute l'Hiſtoire de la bagatelle que je donne au Public. J'aurois bien voulu la lui donner achevée ; Mais [2] des raiſons très-ſecretes , & dont le Lecteur trouvera bon que je ne l'inſtruiſe pas , m'en ont empêché. Je ne me ſerois pourtant pas preſſé de le donner imparfait , comme il eſt , n'eût été les miſerables fragmens , qui en ont couru. C'eſt un Burleſque nouveau , dont je me ſuis aviſé en nôtre Langüe. Car au lieu que dans l'autre Burleſque Didon & Enée parloient comme des Harangeres & des Crocheteurs ; dans celui-ci [3] une Horlogère & un Horloger parlent comme Didon & Enée. Je ne ſai donc ſi mon Poëme aura les qua-lités propres à ſatisfaire un Lecteur : mais j'oſe me flater qu'il aura au moins l'agrément de la nouveauté , puiſque je ne penſe pas , qu'il y ait d'Ouvrage de cette nature en nôtre Langue : [4] La défaite des Bouts-rimez de Sarrazin étant plû-tôt une pure Allegorie , qu'un Poëme comme celui-ci.

R E M A R Q U E S.

1. *A près de neuf-cens Vers.*] Cela n'eſt vrai qu'a l'égard de la première édition du Lutrin , qui ne contenoit que quatre Chants.

2. *Des raiſons très-ſecrettes.*] Ces raiſons très-ſecrettes ſont que le Poëme n'étoit pas encore achevé.

3. *Une Horlogère & un Horloger.*] Une Perru-quière & un Perruquier. Voiez le Lutrin , & les Remarques.

4. *La défaite &c.*] *Dulot vaincu , ou la dé-faite des Bouts-rimez* , Poëme en quatre Chants, par Mr. Sarrazin.

AVIS DES LIBRAIRES

C E volume étant moins gros que le premier, nous avons jugé à propos d'inferer à la fin, les Piéces fuivantes, qui ont du raport aux Oeuvres de Mr. BOILEAU DESPREAUX : Et nous l'avons fait, avec d'autant moins de fcrupule, qu'elles ont déja paru dans quelques Journaux & dans une Edition des Oeuvres de cet Auteur, faite depuis quelque tems en Hollande.

EXAMEN *

DU SENTIMENT DE

LONGIN

SUR CE PASSAGE DE LA GENESE

ET DIEU DIT: QUE LA LUMIERE SOIT FAI-
TE, ET LA LUMIERE FUT FAITE.

PAR Mr. HUET, *ancien Evêque d'Avranches.*

* Tiré de la *Biblio-theque Choi-fie* de Mr. Le Clerc, Tome X. p. 211. & fuiv.

IL y a quelque tems que cette Differtation du fa-vant Mr. *Huet* me tomba entre les mains. Je la lûs avec plaifir, & comme je croi qu'il a raifon, je jugeai qu'il feroit utile qu'elle vît le jour, & j'euf-fe fouhaité que l'Auteur lui-même l'eût publiée. Mais ayant apris qu'il ne vouloit pas fe donner cette peine, j'ai crû qu'il ne feroit nullement fâché qu'elle parût ici, & qu'on lui don-nât place dans la *Bibliotheque Choifie*, en y joignant quelques réflexions pour la confirmer, que l'on pourra diftinguer des paroles de cet illuftre Prélat, par les Guillemets, qu'on voit à côté de ces mêmes paroles; au lieu qu'il n'y en a point à côté de ce que l'on y ajoûte.

Bbb 2   A MR.

DISSERTATION

À MR. LE DUC DE MONTAUSIER.

,, Vous avez voulu , Monseigneur , que je prisse parti ;
,, dans le différend , que vous avez eu * avec Mr. *l'Abbé de S.*
,, *Luc* , touchant *Apollon.* J'en ai un autre à mon tour avec
,, Mr. *Despréaux* , dont je vous supplie très-humblement de vou-
,, loir être juge. C'est sur un passage de *Longin* , qu'il faut
,, vous raporter , avant toutes choses. Le voici mot-à-mot :
,, † *Ainsi le Législateur des Juifs , qui n'étoit pas un homme du*
,, *Commun , ayant connu la puissance de Dieu , selon sa digni-*
,, *té , il l'a exprimée de même , ayant écrit au commencement*
,, *de ses Loix en ces termes :* Dieu dit. *Quoi ?* Que la lumie-
,, re soit faite , & la Lumiere fut faite ; que la Terre soit fai-
,, te , & elle fut faite.

Il y a proprement , dans l'Hebreu , *que la lumiere soit* , &
la lumiere fut ; ce qui a meilleure grace , que de dire : *que
la lumiere soit faite & la lumiere fut faite* , car à lire ces
dernieres paroles , on diroit que Dieu commanda à quelque
autre Etre de faire la lumiere , & que cet autre Etre la fit.
Ce qui a fait traduire ainsi , c'est la Vulgate qui a mis : *fiat
lux , & lux facta est* , parce qu'elle suivoit le Grec , qui dit
γενηθήτω φῶς, κỳ ἐγένετο φῶς, & qu'elle traduit ordinairement γίνεσθαι
par *fieri* ; au lieu que ce verbe signifie souvent simplement *être*.
Si la Vulgate a fait commettre cette faute aux Traducteurs Catholiques de la Bible ; les Traducteurs de *Longin* n'y devoient
pas tomber , comme ils ont fait , en Latin & en François. Mais
ce n'est pas sur quoi roule la dispute de Mrs. *Huet* & *Despréaux.* Le premier continuë ainsi.

,, Dès la premiere lecture , que je fis de *Longin* , je fus cho-
,, qué de cette remarque , & il ne me parut pas , que le passa-
,, ge de Moïse fût bien choisi , pour un exemple du Sublime.
,, Il me souvient qu'étant un jour chez vous , Monseigneur ,
,, long-tems avant que j'eusse l'honneur d'être chez Monseigneur
,, le Daufin , je vous dis mon sentiment sur cette observation ;
,, & quoi que la Compagnie fût assez grande , il ne s'en trou-
,, va qu'un seul , qui fût d'un avis contraire. Depuis ce tems-
,, là , je me suis trouvé obligé de rendre public ce sentiment,
,, dans le Livre que j'ai fait , pour prouver la verité de nôtre
Reli-

,, Religion; car ayant entrepris le dénombrement des Auteurs
,, Profanes, qui ont rendu témoignage à l'antiquité des Livres
,, de Moïse, je trouvai *Longin* parmi eux, & parce qu'il ne rap-
,, portoit ce qu'il dit de lui, que sur la foi d'autrui, je me
,, sentis obligé de tenir compte au Public de cette conjecture, &
,, de lui en dire la principale raison; qui est, que s'il avoit vû
,, ce qui suit & ce qui précede le passage de Moïse, qu'il allegue,
,, il auroit bien-tôt reconnu qu'il n'a rien de sublime. Voici mes
,, paroles : * Longin *Prince des Critiques, dans l'excellent Livre,*   * Demonst.
,, *qu'il a fait* touchant le Sublime, *donne un très-bel Eloge à Moï-*   Evang.
,, *se, car il dit* qu'il a connu & exprimé la puissance de Dieu se-   Propos. IV.
,, lon sa dignité, ayant écrit au commencement de ses Loix, que   Cap. II. §. 1.
,, Dieu dit que la lumiere soit faite, & elle fut faite; que la
,, Terre soit faite, & elle fut faite. *Néanmoins ce que* Longin
,, *raporte ici de Moïse, comme une expression sublime & figurée,*
,, *me semble très-simple. Il est vrai que Moïse raporte une cho-*
,, *se, qui est grande; mais il l'exprime d'une façon, qui ne*
,, *l'est nullement. C'est ce qui me persuade que* Longin *n'avoit pas*
,, *pris ces paroles, dans l'Original ; car s'il eût puisé à la sour-*
,, *ce, & qu'il eût eû les Livres mêmes de Moïse, il eût trouvé par-*
,, *tout une grande simplicité; & je crois que Moïse l'a affectée, à*
,, *cause de la dignité de la matiére, qui se fait assez sentir,*
,, *étant raportée nuëment, sans avoir besoin d'être relevée, par*
,, *des ornemens recherchez; quoi que l'on connoisse bien d'ailleurs,*
,, *& par ses Cantiques, & par le livre de Job, dont je crois*
,, *qu'il est Auteur, qu'il étoit fort entendu dans le Sublime.*
,, Quoi que je susse bien que Mr. *Despréaux* avoit travaillé sur
,, *Longin,* que j'eusse même lû son Ouvrage, & qu'après l'avoir
,, examiné soigneusement, j'en eusse fait le jugement qu'il mérite,
,, je ne crus pas qu'il eût pris cet Auteur sous sa protection, &
,, qu'il se fût lié si étroitement d'interêt avec lui, que de repren-
,, dre cet Auteur ce fût lui faire une offense; non plus qu'à trois
,, ou quatre Savans Hommes, qui l'ont traduit avant lui. A
,, Dieu ne plaise, que je voulusse épouser toutes les querelles
,, d'*Origene,* & prendre fait & cause pour lui, lors qu'on le trai-
,, te tous les jours d'hérétique & d'idolatre ! Vous savez cepen-
,, dant, Monseigneur, que j'ai pris des engagemens avec lui du
,, moins aussi grands que Mr. *Despréaux* en a pris avec *Longin.*
,, Ainsi à dire la verité, je fus un peu surpris, lors qu'ayant

trou-

„ trouvé l'autre jour sur vôtre table, la nouvelle Edition de
„ ses Oeuvres, à l'ouverture du Livre je tombai sur ces * paro-
„ les : *Mais que dirons-nous d'un Savant de ce siecle , qui quoi*
„ *qu'éclairé des lumieres de l'Evangile ne s'est pas apperçû de la beau-*
„ *té de cet endroit* (il parle du passage de Moïse raporté par
„ *Longin*) *a osé, dis-je, avancer, dans un Livre qu'il a fait pour*
„ *démontrer la Religion Chrétienne, que* Longin *s'étoit trompé, lors*
„ *qu'il avoit crû que ces paroles étoient sublimes ? J'ai la satisfa-*
„ *ction au moins que des personnes non moins considerables par leur*
„ *pieté, que par leur savoir, qui nous ont donné depuis peu la*
„ *Traduction du Livre de la Genese n'ont pas été de l'avis de ce*
„ *Savant, & dans leur Préface, entre plusieurs preuves excel-*
„ *lentes, qu'ils ont apportées, pour faire voir que c'est l'Esprit*
„ *Saint, qui a dicté ce Livre, ont allegué le passage de* Longin;
„ *pour montrer combien les Chrétiens doivent être persuadez d'une*
„ *verité si claire, & qu'un Payen même a sentie, par les seules*
„ *lumieres de la Raison.* Je fus surpris, dis-je, de ce discours,
„ Monseigneur ; car nous avons pris des routes si differentes ,
„ dans le païs des Lettres, Mr. *Despréaux* & moi, que je ne
„ croyois pas le rencontrer jamais, dans mon chemin, & que
„ je pensois être hors des atteintes de sa redoutable Critique.
„ Je ne croyois pas non plus que tout ce qu'a dit *Longin* fussent
„ mots d'Evangile, qu'on ne pût contredire sans audace; qu'on
„ fût obligé de croire, comme un article de foi, que ces
„ paroles de Moïse sont sublimes ; & que de n'en demeurer
„ pas d'accord, ce fût douter que les Livres de Moïse soient
„ l'Ouvrage du S. Esprit. Enfin je ne me serois pas attendu à
„ voir *Longin* canonizé, & moi presque excommunié, comme
„ je le suis par Mr. *Despréaux.* Cependant, quelque bizarre
„ que soit cette censure, il pouvoit l'exprimer d'une maniere
„ moins farouche & plus honnête. Pour moi, Monseigneur,
„ je prétends vous faire voir, pour ma justification, que non-
„ seulement, il n'y a rien d'approchant du Sublime, dans ce
„ passage de Moïse, mais même que s'il y en avoit, comme
„ le veut *Longin*, le Sublime seroit mal employé, s'il est per-
„ mis de parler en ces termes d'un Livre Sacré.
„   C'est une maxime reçüe de tous ceux qui ont traité de
„ l'Eloquence, que rien ne donne plus de force au Sublime,
„ que de lui bien choisir sa place, & que ce n'est pas un
„   „ moindre

„ moindre défaut d'employer le Sublime , là où le difcours
„ doit être fimple ; que de tomber dans le genre fimple ,
„ lors qu'il faut s'élever au Sublime. *Longin* lui-même , fans
„ en alleguer d'autres , en eft un bon témoin. Quand les
„ Auteurs ne le diroient pas , le Bons Sens le dit aſſez. Com-
„ bien eft-on choqué d'une baſſeſſe , qui fe rencontre dans un
„ Diſcours noble & pompeux ? Combien eft-on furpris , au
„ contraire , d'un Diſcours , qui étant fimple & dépouillé de
„ tout ornement , fe guinde tout d'un coup , & s'emporte en
„ quelque figure éclatante ? Croiroit-on qu'un homme fût fa-
„ ge , qui racontant à fes Amis quelque évenement furprenant,
„ dont il auroit été témoin , après avoir raporté le commen-
„ cement de l'aventure , d'une manière commune & ordinai-
„ re , s'aviſeroit tout d'un coup d'apoſtropher celui qui auroit eu
„ la principale part à l'action ; quoi qu'il fût abſent , & re-
„ viendroit enſuite à fa première fimplicité , & réciteroit la fin
„ de fon hiſtoire du même air , que le commencement ? Cette
„ apoſtrophe pourroit-elle paſſer pour un exemple du Sublime ,
„ & ne paſſeroit-elle pas , au contraire , pour un exemple
„ d'extravagance ?

„ On accuſe cependant Moïſe d'avoir peché contre cette re-
„ gle , quand on ſoûtient qu'il s'eſt élevé au deſſus du langa-
„ ge ordinaire , en raportant la création de la lumiere. Car ſi
„ on examine tout le premier Chapitre de la Geneſe , où eſt ce
„ paſſage , & même tous les cinq Livres de la Loi , hormis
„ les Cantiques , qui font d'un autre genre , & tous les Li-
„ vres Hiſtoriques de la Bible , on y trouvera une fi grande
„ fimplicité , que des gens de ces derniers fiecles , d'un eſprit
„ poli à la verité , mais gâté par un trop grand uſage des Let-
„ tres Profanes , & S. *Auguſtin* , lors qu'il étoit encore Pay-
„ en , n'en pouvoient ſouffrir la lecture.

Aux Cantiques , il faut ajoûter les Propheties , qui ſont d'un
ſtile plus élevé que la narration , & que les Hebreux nomment
maſchal , ou figuré. Voyez Geneſ. XLIX. & Deut. XXXIII.
Du reſte , toute la narration de Moïſe eſt la plus fimple du
monde. Ceux qui ne pouvoient ſouffrir le ſtyle de la Bible
étoient , à ce que l'on dit , *Ange Politien* & *Pierre Bembe* ,
qui ne la liſoient point , de peur de ſe gâter le ſtyle.
Mais leur dégout tomboit plûtôt fur la Vulgate , que fur les
Originaux.

„ Je ne fortirai point de ce premier Chapitre ; pour faire
„ voir ce que je dis. Y a-t-il rien de plus fimple, que l'en-
„ trée du recit de la Création du monde : *Au commencement,*
„ *Dieu créa le Ciel & la Terre, & la Terre étoit vuide & in-*
„ *forme, & les ténebres étoient fur la face de l'abîme, & l'Ef-*
„ *prit de Dieu étoit porté fur les eaux.* Moïfe fentoit bien
„ que fon fujet portoit avec foi fa recommandation, & fon
„ Sublime ; que de le raporter nuëment, c'étoit affez s'éle-
„ ver ; & que le moins, qu'il y pourroit mettre du fien,
„ ce feroit le mieux ; & comme il n'ignoroit pas qu'un difcours
„ relevé (ce que *Longin* lui-même a reconnu) n'eft pas bon
„ par tout, lors qu'il a voulu annoncer aux hommes une ve-
„ rité, qui confond toute la Philofophie profane, en leur
„ apprenant que Dieu, par fa parole, a pû faire quelque
„ chofe du néant, il a crû ne devoir enfeigner ce grand
„ principe, qu'avec des expreffions communes & fans ornement.
„ Pourquoi donc, après avoir raporté la Création du Ciel
„ & de la Terre d'une manière fi peu étudiée, feroit-il forti
„ tout d'un coup de fa fimplicité, pour narrer la Création de
„ la Lumiere d'une manière fublime ? *Et Dieu dit que la lumie-*
„ *re foit faite, & elle fut faite.* Pourquoi feroit-il retombé
„ dans fa fimplicité, pour n'en plus fortir ? *Et Dieu vit que*
„ *la lumiere étoit bonne, & il divifa la lumiere des ténebres,*
„ *& il appella la Lumiere Jour, & les Ténebres Nuit : & du foir*
„ *& du matin fe fit le premier Jour.* Tout ce qui fuit porte le
„ même caractere : *Et Dieu dit que le Firmament foit fait au*
„ *milieu des eaux, & fépare les eaux des eaux. Et Dieu di-*
„ *vifa les eaux, qui étoient fous le Firmament, & il fut fait*
„ *ainfi ; & Dieu appella le Firmament Ciel, & du foir & du*
„ *matin fe fit le fecond Jour.* Dieu forma le Firmament de la
„ même manière, qu'il a formé la lumiere ; c'eft-à-dire, par
„ fa parole. Le récit, que Moïfe fait de la Création de la
„ lumiere, n'eft point d'un autre genre que la Création du
„ Firmament. Puis donc qu'il eft évident que le récit de la Cré-
„ ation du Firmament eft très-fimple, comment peut-on
„ foûtenir que le récit de la Création de la lumiere eft
„ fublime ?

Ces raifons font très-folides, pour ceux qui ont lû avec
attention les Ecrits de Moïfe dans l'Original, ou au moins dans
les verfions, & qui font un peu accoûtumez au ftyle des Hebreux

breux. Mais deux choses peuvent empêcher qu'on ne s'apper-
çoive du peu de fondement qu'il y a, en ce que dit *Longin*.
La première est la grande idée, que l'on s'est formée avec raison de Moïse, comme d'un homme tout extraordinaire. Dans
cette supposition, on lui attribue, sans y penser, un style
tel que l'on croit que doit avoir un homme, dont on a une
si haute idée; & l'on s'imagine que son langage doit être sublime, lors qu'il parle de grandes choses, & au contraire
médiocre, lors qu'il parle de choses médiocres, & simple,
lors qu'il s'agit de choses communes, selon les regles ordinaires de l'art, que les Rheteurs Grecs & Latins nous ont données. Ainsi quand on vient à lire ses Ecrits, avec cette préven-
tion, on y trouve ce que l'on croit y devoir être, & qui n'y
est néanmoins pas. On croit voir des figures de Rhetorique,
où il n'y en a point, & on lui attribue des vûës fines & recherchées, auxquelles il n'a jamais pensé. Que si l'on dit
que l'Esprit saint, qui a conduit la plume de Moïse, a été capable des vûës les plus relevées, & que par conséquent on
ne sauroit expliquer ce qu'il dit d'une manière trop sublime; je
réponds à cela que personne ne peut douter des grands desseins
du S. Esprit, mais à moins qu'il ne les fasse connoître lui-
même, il n'est pas permis de les imaginer, comme l'on
trouve à propos, & de lui attribuer des projets, seulement
parce qu'on les juge dignes de lui. J'ose même dire qu'il a
executé ses desseins par des instrumens foibles & incapables d'eux-
mêmes d'y contribuer; aussi-bien sous le Vieux, que sous le
Nouveau Testament; c'est en quoi la Providence Divine est
admirable, & cela fait voir que l'établissement du culte d'un
seul Dieu & sa propagation pendant tant de siecles, est un effet de
sa puissance, & non des moyens humains. Ainsi sans avoir aucun égard aux regles de la Rhetorique, qui étoient déja établies, ou que les siecles à venir devoient établir; les Livres Sacrez nous ont appris ce qu'il étoit nécessaire que nous
sussions, de la manière du monde la plus simple & la plus
éloignée de l'art, que les hommes ont accoûtumé d'employer
dans leurs Discours. Mr. *Huet* en parlera dans la suite. L'autre chose qui a fait que *Longin* a crû voir une expression sublime,
dans Moïse, & que l'on a applaudi à sa remarque, c'est que
l'on a consideré cette expression à part, *Dieu dit que la lumiere soit,*

& elle fut ; comme fi on l'avoit trouvée dans un Orateur Grec, ou Latin, qui l'auroit employée dans une piece d'éloquence, où il auroit tâché de repréfenter la Puiffance Divine, dans les termes les plus relevez. A confiderer de la forte cette expreffion, elle paroît en effet fublime, & c'eft ce qui a trompé *Longin,* qui apparemment n'avoit jamais lû Moïfe, comme il paroitra par la fuite. Depuis, les Chrétiens, prévenus de la manière, que j'ai déja dite, & voyant qu'un Payen avoit trouvé cette expreffion fublime, ils ont crû devoir parler de même de Moïfe, comme s'il leur eût été honteux de n'admi er pas dans fes Ecrits, ce qu'un Payen y avoit admiré. Mr. *Defpréaux* a fait valoir ce prejugé populaire, contre Mr. *Huet* ; mais s'il l'examine de près, il trouvera que ce n'eft qu'un préjugé fans fondement. Pour l'autorité de Mr. de *Sacy,* quelque pieté qu'il ait pû avoir d'ailleurs, elle ne peut pas être fort grande en matiere de Critique, & d'explication exacte de l'Ecriture Sainte ; à moins qu'on n'ait aucune idée de l'une, ni de l'autre. Mais écoutons nôtre Prélat.

„ Toute la fuite répond parfaitement à ce commencement, il
„ fe tient toûjours dans fa fimplicité, pour nous apprendre
„ comment Dieu forma les Aftres & y renferma la lumiere.
„ *Et Dieu dit : qu'il fe faffe des luminaires dans le Firmament, qui*
„ *divifent le jour & la nuit & fervent de fignes pour marquer*
„ *les tems, les jours & les années, & luifent dans le Firmament & éclai-*
„ *rent la Terre ; & il fut fait ainfi. Et Dieu fit deux grans lu-*
„ *minaires, le plus grand luminaire, pour préfider au Jour &*
„ *le plus petit luminaire, pour préfider à la Nuit, & les Etoiles ;*
„ *& il les mit au Firmament, pour luire fur la Terre, & pré-*
„ *fider au Jour & à la Nuit, & divifer la lumiere des ténebres ;*
„ *& Dieu vit que cela étoit bon.* La Création même de l'hom-
„ me, qui devoit commander à la Terre, qui devoit porter
„ l'image de Dieu, & qui devoit être fon Chef-d'œuvre, ne
„ nous eft enfeignée qu'en des termes communs, & des expref-
„ fions vulgaires. *Et Dieu dit : faifons l'homme à nôtre image & à*
„ *nôtre reffemblance & qu'il préfide aux poiffons de la Mer & aux oi-*
„ *feaux du Ciel & aux bêtes & à toute la Terre, & à tous*
„ *les reptiles, qui fe remuent fur la Terre. Et Dieu créa l'hom-*
„ *me à fon image, il le créa à l'image de Dieu & il les créa mâ-*
„ *le & femelle.* Si en tout ceci il n'y a nulle ombre de fu-

blime,

,, blime , je demande par quelle prérogative la Création de la
,, lumiere a mérité d'être raportée d'une manière fublime ; lors
,, que tant d'autres chofes plus grandes & plus nobles ,
,, font raportées d'un air qui eft au-deffous du médio-
,, cre ?

,, J'ajoûte encore , que fi ces paroles font fublimes, elles pe-
,, chent contre un autre précepte d'éloquence , qui veut que
,, les entrées des Ouvrages les plus grands & les plus fubli-
,, mes foient fimples , pour faire fortir la flamme du milieu
,, de la fumée , pour parler comme un grand Maître de
,, l'art. S. *Auguftin* affujettit à cette Loi ceux même , qui
,, annoncent les Myfteres de Dieu : *il faut* , dit-il , *que dans*
,, *le genre fublime, les commencemens foient médiocres.* Moïfe fe
,, feroit bien écarté de cette regle , fi le fentiment de *Longin*
,, étoit veritable ; puifque les Livres de la Loi auroient un
,, exorde fi augufte.

,, Auffi ne voyons-nous pas qu'aucun des anciens Peres de
,, l'Eglife , ni des Interprêtes de l'Ecriture ait trouvé rien de
,, relevé dans ce paffage , hormis la matiere , qui étant
,, très-haute & très-illuftre , frappe vivement l'efprit du Lec-
,, teur ; en forte que , s'il n'a pas toute l'attention néceffaire,
,, il attribuë aifément à l'artifice des paroles ce qui ne vient
,, que de la dignité du fujet. Mais s'il confidere cette expref-
,, fion en elle-même , faifant abftraction de ce grand fens , qui
,, la foûtient , il la trouvera fi fimple , qu'elle ne peut l'être
,, davantage : de forte que fi *Longin* avoit donné les regles
,, du Simple , comme il a donné celles du Sublime , il au-
,, roit trouvé , fans y penfer , que les paroles qu'il a rap-
,, portées de Moïfe , y font entierement conformes.

Il eft certain que la grandeur de la matiere fait fouvent que
l'on s'imagine , fans y pendre garde , que celui qui en parle
tient un langage fublime , quoi qu'il s'exprime d'une manière
très-fimple. C'eft ce que l'ancien Rheteur , dont nous avons
un Traité du Style , fous le nom de *Demetrius de Phalere* a
très-bien * remarqué. *Il y a un Magnifique* , dit-il , *qui*
confifte dans les chofes , comme eft un grand & illuftre combat * Tom. 75.
par Terre , ou par Mer , ou lors que l'on parle du Ciel , ou
de la Terre : car ceux qui entendent parler d'une grande chofe
s'imaginent d'abord que celui qui parle a un Style grand & fu-

blime , & c'eſt en quoi ils ſe trompent. Il faut conſidérer,
non ce que l'on dit , mais la manière dont on le dit ;
car on peut dire en ſtyle ſimple de grandes choſes , en ſorte
que l'on ne parle pas d'une manière , qui leur convienne. C'eſt
pourquoi on dit que certains Auteurs ont un ſtyle grand , qui diſent de grandes choſes qu'ils n'expriment pas d'une manière relevée, comme Theopompe. On peut dire la même choſe de ceux,
qui cherchent du Sublime en certains endroits de l'Ecriture
Sainte, où il n'y en a point ; ſeulement parce qu'il s'agit de
grandes choſes. C'eſt ce qui eſt arrivé à feu Mr. *Tollius* ,
dans ſa note Latine ſur le paſſage de *Longin* , où il réfute
Mr. *Huet*. Il confond viſiblement le ſtyle ſublime , avec la
choſe même ; ſans prendre garde que tous ceux qui parleront
de grandes choſes , en termes qui ne ſoient pas tout-à-fait
bas , parleront toûjours , à ſon compte , d'une manière ſublime. Mr. *Huet* a très-bien montré , par toute la ſuite du
diſcours de Moïſe , qu'il n'y a rien de ſublime dans l'expreſſion,
quoi que Dieu & la Création ſoient les choſes du monde les
plus ſublimes.

„ La verité de ceci , continue-t-il , paroîtra par des
„ exemples. Pourroit-on ſoupçonner un homme de vouloir s'é-
„ noncer figurément , & noblement , qui parleroit ainſi :
„ *quand je ſortis je dis à mes gens , ſuivez-moi & ils me ſui-*
„ *virent.* Trouveroit-on du merveilleux , dans ces paroles :
„ *je priai mon ami de me prêter ſon cheval & il me le prêta.*
„ On trouveroit ſans doute au contraire, qu'on ne ſauroit parler
„ d'une manière plus ſimple. Mais ſi le ſublime ſe trouvoit dans
„ la choſe même , il paroîtroit dans l'expreſſion , quelque nuë
„ qu'elle fût. *Xerxés commanda qu'on enchaînât la Mer , & la Mer*
„ *fut enchaînée. Alexandre dit : qu'on brûle Tyr & que l'on égor-*
„ *ge les Tyriens , & Tyr fut brûlée & les Tyriens furent égorgez.*
„ Il y a en cela de l'élevation & du grand , mais il vient du
„ ſujet , & ne pas faire cette diſtinction c'eſt confondre les cho-
„ ſes avec les paroles ; c'eſt ne ſavoir pas ſéparer l'Art
„ de la Nature , l'Ouvrage de la matiere, ni l'adreſſe de
„ l'Hiſtorien de la grandeur & de la puiſſance du Heros.

* Pag. 191.
Ed. El-
menhorſtii.
C'eſt pourquoi Mr. *Tollius* lui-même , dans une note
ſur le paſſage de *Longin* , avouë qu'il n'y a rien de ſublime
dans ces paroles d'*Apulée* , qui ſont au * Liv. VII. de ſa
Méta-

Métamorphofe : *noluit effe Cæfar Hæmi latronis collegium , & confeftim interiit. Tantùm poteft nutus etiam magni Principis* !
„ L'Empereur voulut qu'il n'y eût plus de bande du brigand
„ Hemus , & cette bande perit promptement. Tant eft gran-
„ de la force de la feule volonté d'un puiffant Prince ! „ Mr.
Tollius a raifon de fe moquer d'*Apulée* , & de dire que fans
les dernieres paroles on n'auroit pas compris ce que veut dire
fa figure. Elle eft même fans fondement , parce que ce ne fut
pas par fa feule volonté que l'Empereur anéantit la bande d'Hemus , mais par le moyen de fes troupes , qu'il mit à la pour-
fuite de ces brigans , & qui les prirent ou les tuerent avec affez de peine.

„ Je ne puis pas croire qu'un homme d'un jugement auffi ex-
„ quis que *Longin* eût pû s'y méprendre , s'il avoit lû tout l'Ou-
„ vrage de Moïfe ; & c'eft ce qui m'a fait foupçonner qu'il
„ n'avoit pas vû ce paffage dans l'Original. J'en ai même une
„ autre preuve , qui me paroit inconteftable ; c'eft qu'il fait
„ dire à Moïfe ce qu'il ne dit point. *Dieu dit.* Quoi ? *Que*
„ *la lumiere foit faite & elle fut faite ; que la Terre foit faite*
„ *& elle fut faite.* Ces dernieres paroles ne font point dans
„ Moïfe , non plus que cette interrogation , * *quoi ?* & ap-
„ paremment *Longin* avoit lû cela , dans quelque Auteur , * Mr. Def-
„ qui s'étoit contenté de raporter la fubftance des chofes que *preaux l'a omife dans*
„ Moïfe a écrites , fans s'attacher aux paroles. Mr. *le Févre* *fa verfion.*
„ ne s'éloigne pas de ce fentiment : *il eft affez croiable,* dit-
„ il , *que Longin avoit lû quelque chofe dans les Livres de Moï-*
„ *fe , ou qu'il en avoit entendu parler.*

„ Le Philofophe *Ariftobule* , tout Juif qu'il étoit & paffion-
„ né pour Moïfe , comme tous ceux de fa nation , n'a pas
„ laiffé de bien diftinguer la parole dont Dieu fe fervit , pour
„ créer le Monde , d'avec la parole , que Moïfe a employée
„ pour nous en faire le récit. *Il ne faut pas nous imaginer,*
„ * dit-il , *que la voix de Dieu foit renfermée dans un cer-*
„ *tain nombre de paroles , comme un difcours , mais il faut* * Apud
„ *croire que c'eft la difpofition même des chofes , & c'eft en ce* Eufebium
„ *fens que Moïfe appelle la Création de l'Univers la voix de* *vang. Lib.*
„ *Dieu ; car il dit de tous fes Ouvrages :* Dieu dit , & il fut XIII. c. 12.
„ fait. Vous voyez , Monfeigneur , que cette remarque n'eft
„ pas faite pour la Création feule de la lumiere , mais pour la

C c c 3   créa-

,, création de tous les Ouvrages de Dieu , & que , felon
,, cet Auteur , le Merveilleux & le Sublime, qui fe trou-
,, vent dans l'hiftoire de la Création , font dans la parole de
,, Dieu , qui eft fon operation même. *Ariftobule* pourfuit en ces
,, termes : *& c'eft à mon avis à quoi* Pythagore, Socrate *&*
,, Platon *ont eu égard quand ils ont dit que , lors qu'ils confide-*
,, *roient la Création du Monde , il leur fembloit entendre la voix*
,, *de Dieu.* Ces Philofophes admiroient le fublime de cette voix
,, toute-puiffante , & n'en avoient remarqué aucun dans les
,, paroles de Moïfe , quoi qu'ils ne les ignoraffent pas.
,, Car , felon le témoignage du même *Ariftobule* , on a-
,, voit traduit en Grec quelques parties de la Sainte Ecriture
,, avant Alexandre ; & c'eft cette traduction que Platon avoit
,, lûë.

Je ne croi pas que *Platon* ait jamais lû rien de Moïfe ,
& j'ai dit les raifons , que j'en ai , dans l'*Ars Critica* Tom.
3. Ep. VII. Cet *Ariftobule* , Juif & Peripateticien , m'eft
extrêmement fufpect , auffi-bien qu'à Mr. *Hody* , que l'on
peut confulter dans fon Ouvrage de la Verfion des Septante , Liv.
I. Ch. 9. Quand même fes Livres feroient veritablement d'un
Juif , qui auroit en effet vêcu dans le tems de *Ptolomée Phila-*
metor , fous lequel *Ariftobule* doit avoir vêcu , je ne croirois pas pour cela que *Platon* eût pillé l'Ecriture Sainte, pendant que je n'en voi aucune preuve folide , & que j'ai même de très-fortes raifons de ne le point croire. Mais quoi qu'il
en foit , cet *Ariftobule* vrai , ou faux, a affez bien réüffi ,
dans fon explication de ces mots , *& Dieu dit.* J'en ai déja parlé dans mon Commentaire fur la Genefe , & je ne ré-
peterai pas ici ce que j'y ai dit. Voyons ce qu'ajoûte nôtre
Prélat.

,, Je dis de plus que tant s'en faut que cette expreffion de
,, Moïfe foit fublime , elle eft au contraire très-commune &
,, très-familiere aux Auteurs Sacrez ; de forte que fi c'étoit une
,, figure , étant employée auffi fouvent qu'elle l'eft, elle cefferoit
,, d'être fublime ; parce qu'elle cefferoit de toucher le Lecteur,
,, & de faire impreffion fur fon efprit , à caufe de fa trop fré-
,, quente répétition. Car , felon * *Quintilien* , les figures per-
,, dent le nom de figures , quand elles font trop communes
,, & trop maniées. J'en pourrois donner mille exemples , mais

il

* *Lib. IX.*
c. 3.

,, il fuffira d'en raporter quelques - uns, qu'on ne peut foup-
,, çonner d'être fublimes. Dieu dit à Moïfe, dans le VIII.
,, Chapitre de l'Exode : *dites à Aaron qu'il étende fa verge, &*
,, *qu'il frappe la pouffiére de la Terre, & qu'il y ait de la ver-*
,, *mine dans toute l'Egypte, & ils firent ainfi, & Aaron étendit*
,, *fa main, tenant fa verge, & frappa la pouffiere de la Terre,*
,, *& il y eut de la vermine dans les hommes & dans les ani-*
,, *maux.* Voilà le même langage que dans le 1. Chapitre de la
,, Genefe, & ce n'eft point ici le commencement de la Loi,
,, que *Longin* a crû que Moïfe avoit voulu rendre plus augufte
,, par une expreffion fublime. En voici une autre du Chap. IX.
,, de l'Exode, qui ne l'eft pas davantage ; *& Dieu dit à*
,, *Moïfe, étendez vôtre main vers le Ciel, afin qu'il fe faffe*
,, *de la grêle dans toute la Terre d'Egypte. Et Moïfe étendit fa*
,, *verge vers le Ciel & Dieu fit tomber de la grêle fur la Terre*
,, *d'Egypte.* Dans le XVII. Chapitre du même Livre, Moï-
,, fe dit à Jofué : *combattez contre les Amalecites. Jofue fit*
,, *comme Moïfe lui avoit dit, & combattit contre les Amaleci-*
,, *tes.* Dans le 1. Chapitre des Paralipomenes, où nous li-
,, fons que David ayant défait les Philiftins prit leurs Idoles,
,, & les fit brûler, le Texte porte : *& David dit, & elles*
,, *furent brûlées dans le feu.* Ceci reffemble encore mieux à
,, du Sublime, que ce qui a impofé à *Longin* ; & cependant
,, tout le narré & tout le livre des Paralipomenes font affez
,, voir que l'Hiftorien Sacré n'a penfé à rien moins, qu'à s'ex-
,, pliquer, en cet endroit, par une figure. Dans l'Evangile, lors
,, que le Centurion veut épargner à Nôtre Seigneur la peine
,, d'aller chez lui, pour guérir fon fils : Seigneur, dit-il, fans
,, vous donner la peine de venir chez moi, vous n'avez qu'à
,, dire une parole & mon fils fera guéri, car j'obéïs à ceux qui
,, font au deffus de moi, & les Soldats, qui font fous ma
,, charge m'obéïffent, *& je dis à l'un va, & il va ; & à*
,, *l'un vient, & il vient, & à mon valet, fais cela & il*
,, *le fait.* Ce Centurion avoit-il lû les Livres des Rheteurs &
,, les Traitez du Sublime, & vouloit-il faire voir à Nôtre
,, Seigneur, par ce trait de Rhetorique, la promptitude avec
,, laquelle il étoit obéï ? Quand St. Jean raporte en ces ter-
,, mes, le miracle de la guérifon de l'aveugle-né, *Jefus lui*
,, *dit, allez, lavez vous dans la pifcine de Siloé. Il s'y en alla*

&

„ *s'y lava* ; & quand l'aveugle raconte ainſi enſuite ſa guéri-
„ſon: *il m'a dit , allez à la piſcine de Siloé & vous y lavez,*
„ *j'y ai été , je m'y ſuis lavé & je voi* ; l'aveugle & l'Evangeliſte
„ uſent-ils de cette expreſſion figurée , pour faire admirer da-
„ vantage le miracle ? Croyent-ils qu'il ne paroîtra pas aſſez
„ grand , s'il n'eſt rehauſſé , par le ſecours du Sublime ? Eſt-ce
„ dans cette vûë , que le même Evangeliſte raportant la guéri-
„ſon du malade de trente-huit ans , s'explique ainſi : *Jeſus*
„ *lui dit: levez-vous, prenez vôtre lit & marchez; & cet hom-*
„ *me fut auſſi-tôt guéri , & prit ſon lit & marcha ?* S. Matthieu
„ prétend-il orner le récit de ſa vocation , quand il dit par-
„ lant de ſoi-même : *Jeſus lui dit , ſuivez-moi ; & lui s'étant le-*
„ *vé le ſuivit ?* A-t-il le même deſſein , lors que parlant de
„ l'homme , qui avoit une main ſeche , & qui fut guéri
„ par Nôtre Seigneur , il uſe de ces termes : *alors il dit à cet*
„ *homme , étendez vôtre main & il l'étendit.*

Les exemples , que Mr. *Huet* raporte ici , peuvent être en
quelque ſorte conteſtez , parce qu'il s'y agit de paroles veritablement proferées , & executées en leur ſens propre , par
des hommes. On ne pouvoit pas exprimer les choſes , dont
il eſt parlé , plus ſimplement & plus naturellement. Mais dans
cette deſcription de la Création du Monde , *Dieu dit & ſes*
commandemens furent executez , l'action de Dieu eſt repréſentée
figurément , ſous l'image d'un commandement , pour dire qu'il
fit tout par ſa volonté ; & c'eſt en quoi conſiſte la figure,qui
n'a néanmoins rien de Sublime , dans Moïſe , qui dans ſes narrations n'a rien moins penſé qu'à s'exprimer d'une manière relevée.

„ Ces façons de parler , continue Mr. *Huet* , ne ſont pas
„ particulieres aux Auteurs Sacrez ; quand les Juifs , qui ſont
„ venus après eux , parlent de Dieu , ils le nomment ſouvent
„ ainſi : *Celui qui a dit & le Monde a été fait* ; pour dire , ce-
„ lui qui a créé le Monde par ſa parole. Ils le nomment ain-
„ ſi , dans des Ouvrages dogmatiques , dénuez de toutes ſortes
„ d'ornemens & de figures. La loüange la plus ordinaire , que
„ Mahomet donne à Dieu , dans l'Alcoran , c'eſt que lors qu'il
„ veut quelque choſe *il dit , ſois* ; & *elle eſt.* Tout cela fait
„ voir manifeſtement , que quand Moïſe a écrit: *Dieu dit que la*
„ *lumiere ſoit faite , & la lumiere fut faite* , ce n'eſt qu'un tour
„de

„de la Langue Hebraïque, qui n'a point d'autre fignification,
„ni d'autre force, que s'il avoit dit : Dieu créa la lumie-
„re, par fa parole. Comme cette expreffion, qui eft fi
„commune & fi naturelle, dans la Langue Hebraïque, ne
„s'employe guere dans la Greque, que par figure, le pas
„étoit gliffant pour *Longin*, & il lui a été aifé de tomber
„dans l'erreur ; particulierement l'ayant trouvée répetée coup
„fur coup, dans les Livres, qu'il avoit vûs, où ce paffa-
„ge étoit autrement raporté, que Moïfe ne l'avoit écrit : *Que*
„*la lumiere foit faite, & elle fut faite.* Cette répetition,
„dis-je, qui eft fouvent figurée, parmi les Grecs, & qui
„ne l'eft point, parmi les Hebreux, a paru à *Longin* avoir   *Lib. VIII.*
„été faite avec deffein ; car, felon * *Quintilien*, la répeti-   c. 5.
„tion feule fait une figure. Et même l'interrogation, qui pré-
„cede : *Dieu dit, quoi ? que la lumiere foit faite* ; cette in-
„terrogation, dis-je, qui n'eft pas de Moïfe, excitant, com-
„me elle fait, l'attention du Lecteur, & préparant fon efprit
„à apprendre quelque chofe de grand, & n'étant point du
„langage ordinaire, a dû lui paroître venir de l'Art. C'eft
„en vain que quelques-uns prétendent, que ce *quoi* n'a pas
„été mis là comme venant de Moïfe & faifant partie du paf-
„fage qu'il raporte, mais qu'il l'a mis comme venant de lui-
„même. A quoi feroit bonne cette interrogation? Si la fu-
„blimité prétenduë du paffage confiftoit purement dans ces pa-
„roles, *que la lumiere foit faite* ; on pourroit croire qu'il au-
„roit voulu réveiller par-là l'efprit du Lecteur, pour les lui
„faire mieux entendre. Mais fi ce Sublime confifte, felon l'o-
„pinion de nos Adverfaires, dans l'expreffion vive de l'obéïf-
„fance de la Créature à la voix du Créateur, il s'étend au-
„tant fur ce qui précede l'interrogation, que fur ce qui la
„fuit, & ainfi elle auroit été mife là fort mal-à-propos par
„*Longin* ; outre que ce n'eft pas fa coûtume que de fe mê-
„ler ainfi, parmi les Auteurs, qu'il cite. Dans tous les paffa-
„ges, dont fon Ouvrage eft rempli, il raporte nuëment leurs
„paroles, fans y rien mettre du fien. Ainfi on peut dire,
„que fi l'on n'a égard qu'aux paroles de Moïfe altérées, &
„peu fidelement raportées, telles qu'il les avoit lûës, le ju-
„gement qu'il en fait peut s'excufer. Mais il n'eft pas fuppor-
„table, fi on le raporte à ce que Moïfe a dit en effet ; &

Tom. II.   D d d   c'eft

,, c'eſt cet Original que Mr. *Deſpréaux* devoit conſulter.

C'eſt auſſi ce qu'il a fait, comme il ſemble, bien plus que ce qu'il liſoit dans ſon exemplaire de *Longin*, puiſque dans la citation du paſſage de Moïſe, il a ôté ce *quoi* ? Je ſuis ſurpris qu'il n'en ait rien dit, dans ſes notes, & que nôtre Prélat ne lui ait pas reproché ce retranchement ; car enfin, comme il le remarque très-bien, *quoi* fait tomber le Sublime ſeulement ſur les paroles ſuivantes, au lieu qu'on prétend qu'il ne conſiſte pas moins dans ces paroles, & *Dieu dit*. Il n'eſt pas permis de retrancher rien, dans un paſſage de cette ſorte, en le traduiſant. Autrement on fait dire à un Auteur non ce qu'il a dit, mais ce qu'il a dû dire effectivement.

,, Il ſe trouve d'autres expreſſions dans l'Ecriture Sainte, qu'on
,, a crû figurées & ſublimes, & qui dans leur Langue Origi-
,, nale ne le ſont nullement. Un des plus polis Ecrivains de
,, ce ſiecle a mis dans ce genre ce paſſage du I. Livre des
,, Maccabées, * où il eſt dit *que la Terre ſe tut devant Ale-*
,, *xandre* ; prenant ce ſilence pour une expreſſion métaphori-
,, que de la ſoumiſſion que la Terre domptée eut pour ce
,, Conquerant ; & cela faute de ſavoir que l'origine de cette
,, façon de parler vient d'un mot de la Langue Hebraïque qui
,, ſignifie *ſe taire*, *ſe repoſer* & *être en paix*. Il ſeroit aiſé d'en
,, raporter pluſieurs exemples ; de ſorte que ce qui paroiſſoit
,, ſublime dans nôtre Langue, & dans la Langue Latine, n'eſt
,, en Hebreu qu'une façon de parler ſimple & vulgaire. Auſſi
,, dans ce même Livre des Maccabées, on trouve ces paroles,
,, *& ſiluit terra dies paucos ; & ſiuit terra annis duobus*, où le
,, Grec porte, ἡσύχασεν, *fut en paix* : de même que dans S. Luc,
,, lors qu'il eſt dit que les femmes de Galilée *ſabbatho ſiluerunt*
,, pour dire qu'elles ſe tinrent en repos le jour du Sabbat. Le
,, Lecteur jugera ſi ces expreſſions ſont ſublimes.

Ch. I. 3.

Il eſt certain que c'eſt un Hebraïſme, car on dit en He-breu *ſchaketah erets* ; le païs ſe tut, pour dire qu'il ſe repoſa. Voyez Joſué X I. 23.

,, Je ne deſavouërai pas que David n'ait parlé figurément,
,, quand il a dit au Pſeaume XXXII. † en parlant de Dieu ; *car*
,, *il a dit*, *& il a été. Il a commandé & il s'eſt arrêté.* C'eſt
,, ainſi que porte l'Original. Tout le tiſſu de ce Pſeaume, en-
,, richi de tant de figures ſi nobles & ſi hautes, fait aſſez
,, voir

† Ou
XXXII. 9.

„ voir ce qu'on doit penfer de celle-ci, & elle porte auffi en
„ elle-même des marques du Sublime ; car en difant que Dieu
„ *a dit* , fans ajoûter quoi , & que ce qu'il a dit *a été*, le
„ Prophete ne donne aucunes bornes à l'Imagination du Lecteur,
„ & par deux paroles, il lui fait parcourir tout le Ciel & tou-
„ te la Terre, & tous les grands Ouvrages, qui font fortis
„ de la main de Dieu. Il fait enfuite une gradation, & de
„ la fimple parole, il paffe au commandement, pour faire con-
„ noître la puiffance infinie de cette parole & la fouveraineté
„ de Dieu. Quand il ajoûte qu'à ce commandement, *il s'eft*
„ *arrêté*, fans dire ce qui s'eft arrêté ; foit qu'il veuille ra-
„ peller le fouvenir du miracle, qui arriva à la bataille de Ga-
„ baon, quand le Soleil s'arrêta, ou qu'il veuille faire enten-
„ dre le pouvoir abfolu que Dieu a toûjours fur fes créatures,
„ pour les tenir dans le repos & dans le mouvement, pour
„ les créer & les conferver ; ne déterminant rien, il porte nô-
„ tre efprit jufques dans l'infini, & c'eft-là ce qui mérite le nom
„ de Sublime.

Il eft certain qu'il en eft tout autrement d'une fimple narration, comme le commencement de la Genefe, & d'un Cantique, tel qu'eft le Pfeaume, que Mr. *Huet* cite. Ce qui eft fimple, dans l'un, devient fublime dans l'autre, par le fens qu'on
lui donne. Par exemple, le Pfalmifte dit, verfet 6. *Par la*
parole du Créateur les Cieux ont été faits & par le fouffle de
fa bouche toute leur Armée. Il eft vifible que ces expreffions
font fublimes, non-feulement parce qu'elles le font en elles-
mêmes, mais parce qu'elles font inferées dans un Cantique.
Pour le verfet 9. je croirois qu'il faut le traduire : *il dit & le*
monde *fut* ; *il commanda, & il fe préfenta à lui*, en Latin :
dixit & orbis fuit; imperavit, & fe ei ftitit ; car le verbe
jahamod, ne fe raporte pas à Dieu, mais à la Créature, ou
au mot *thebel*, qui eft le dernier du verfet précédent & qui
fignifie *le monde.* C'eft comme S. *Jerôme* l'a entendu, dans fa
verfion fur l'Hebreu, dont voici les termes : *quia ipfe dixit &*
factus eft (orbis) *ipfo præcipiente, ftetit.* Mr. *Huet* continue de
la forte.

„ Pour mieux juger encore du paffage de Moïfe, il faut
„ faire une diftinction des divers genres du Sublime, différente
„ de celle de *Longin*, & en établir de quatre fortes, qui étant

„ bien reconnuës feront la décifion entière de nôtre Differend;
„ le Sublime des termes , le Sublime du tour de l'expreffion ,
„ le Sublime des penfées & le Sublime des chofes. *Le Sublime*
„ *des termes* eft une élevation du difcours , qui ne confifte que
„ dans un choix de beaux & grands mots , qui ne renferment
„ qu'une penfée commune ; & quelques-uns ne croyent pas que
„ ce genre mérite proprement le nom de Sublime. *Le Sublime*
„ *du tour de l'expreffion* vient de l'arrangement & de la difpofi-
„ tion des paroles , qui mifes en un certain ordre ébranlent
„ l'Ame , & qui demeurant au contraire dans leur ordre natu-
„ rel la laiffent fans aucune émotion. *Le Sublime des penfées*
„ part immédiatement de l'efprit & fe fait fentir par lui-même,
„ pourvû qu'il ne foit point affoibli , ou par la baffeffe des
„ termes , ou par leur mauvaife difpofition. Pour le *Sublime des*
„ *chofes* il dépend uniquement de la grandeur & de la digni-
„ té du fujet , que l'on traite ; fans que celui qui parle ait
„ befoin d'employer aucun artifice , pour le faire paroître auffi
„ grand qu'il l'eft. Ainfi tout homme qui faura raporter quel-
„ que chofe de grand , tel qu'il eft , fans en rien dérober à
„ la connoiffance de l'Auditeur , & fans y mettre du fien; quel-
„ que groffier & quelque ignorant qu'il foit d'ailleurs , il pourra
„ être eftimé , avec juftice , veritablement fublime dans fon dif-
„ cours, mais non pas de ce Sublime enfeigné par *Longin*. Il n'y
„ a prefque point de Rheteurs , qui n'aient reconnu ces quatre
„ fortes de Sublimes; mais ils ne conviennent pas dans la manière
„ de les diftinguer & de les définir. De ces quatre Sublimes , il
„ eft évident que les trois premiers font de la jurifdiction de
„ l'Orateur , & dépendent des préceptes , mais que la nature
„ feule a droit fur le dernier , fans que l'Art y puiffe rien pré-
„ tendre ; & par conféquent quand *Longin* , Rheteur de profef-
„ fion , a donné des regles du Sublime , ce n'a pas été de ce
„ dernier Sublime , qui n'eft point de fa competence ; puifque
„ ce qui eft naturellement grand eft toûjours grand , & pa-
„ roîtra grand , aux yeux de ceux qui le regarderont tel qu'il
„ eft en lui-même.
„ Cela pofé fi on applique cette diftinction des Sublimes au
„ paffage de Moïfe , on verra bien-tôt que le Sublime des ter-
„ mes ne s'y trouve pas , puifque les termes en font communs.
„ Le Sublime de l'expreffion façonnée & figurée n'y eft pas
„ non

,, non plus; puifque j'ai fait voir que les paroles font difpofées
,, d'une maniére, qui eft très-ordinaire dans les Livres de Moï-
,, fe, & dans tous les Livres des Hebreux anciens & moder-
,, nes, & que c'eft un tour de leur Langue & non de leur
,, Rhetorique. On ne peut pas dire non plus qu'il y ait aucu-
,, ne fublimité de penfée, car où trouveroit-on cette penfée ?
,, Donc ce qui nous frappe & nous émeut, en lifant ces paro-
,, les de Moïfe, c'eft le fublime même de la chofe exprimé par
,, ces paroles. Quand on entend que la feule voix du Seigneur
,, a tiré la lumiere des abîmes du néant, une verité fi furprenan-
,, te donne un grand branle à l'efprit, & le faint Hiftorien ayant
,, bien connu que tout ce qu'il pourroit ajoûter de fon inven-
,, tion, en obfcurciroit l'éclat, il l'a renfermée en termes fim-
,, ples & vulgaires, & ne lui a point donné d'autre tour, que
,, celui qui étoit d'un ufage commun & familier, dans fa Lan-
,, gue; femblable à un Ouvrier habile, qui ayant à enchâffer u-
,, ne pierre précieufe, fans défaut, n'employe qu'un filet d'or
,, pour l'environner & la foûtenir, fans rien dérober de fa beau-
,, té aux yeux de ceux qui la regardent; fachant bien que ce
,, qu'il ajoûteroit ne vaudroit pas ce qu'il cacheroit, & que le
,, grand art, c'eft qu'il n'y ait point d'art: au lieu que quand
,, il faut mettre en œuvre une pierre, où il y a quelque dé-
,, faut, il ufe d'un artifice contraire, couvrant adroitement
,, fous l'or & l'émail, la tache, qui en peut diminuer le prix.
,, Ce Sublime des chofes eft le veritable Sublime, le Sublime
,, de la nature, le Sublime original, & les autres ne le font
,, que par imitation & par art. Le Sublime des chofes a la
,, fublimité en foi-même & les autres ne l'ont que par emprunt.
,, Le premier ne trompe point l'efprit, ce qu'il lui fait paroître
,, grand l'eft en effet. Le Sublime de l'Art au contraire, tend
,, des pieges à l'efprit, & n'eft employé que pour faire paroître
,, celui qui ne l'eft pas, ou pour le faire paroître plus grand
,, qu'il n'eft. Donc le Sublime que *Longin* & fes Sectateurs
,, trouvent dans le paffage contefté fait veritablement honneur
,, à Moïfe, mais un honneur qu'il a méprifé. Celui que j'y
,, trouve fait honneur à l'Ouvrage de Dieu, & c'eft ce que
,, Moïfe lui-même s'eft propofé. C'eft en cette vûë que *Chalci-*
,, *dius* Platonicien, en raportant le commencement de la Gene-
,, fe, a dit, que Moïfe, qui en eft l'Auteur, n'étoit pas foû-

,, tenu & animé d'une éloquence humaine ; mais que Dieu même
,, lui mettoit les paroles à la bouche, & l'infpiroit. Ce Philofophe
,, ne trouvoit pas, comme *Longin*, dans le difcours de Moïfe, le
,, fard de l'Ecole, & les déguifemens, que l'efprit humain a in-
,, ventez ; mais il y reconnoiffoit la voix féconde de Dieu, qui
,, eft tout efprit & vie.

　,, Mais ce n'eft pas encore le feul & le principal défaut que
,, je trouve, dans le jugement que *Longin* a fait du paffage en
,, queftion. Quand il a dit ces paroles : *Dieu dit que la lumiere*
,, *foit faite, & elle fut faite*, en voulant réhauffer la beauté
,, de cette expreffion, il a rabaiffé la grandeur de Dieu, & a
,, fait voir que ni la baffeffe de l'efprit humain, ni l'élevation
,, de la Majefté Divine ne lui étoient pas affez connues. Il ne
,, favoit pas que nos conceptions & nos paroles ne fauroient
,, atteindre à la hauteur infinie de la fageffe de Dieu, dont les
,, richeffes ne font jamais entrées dans le cœur de l'homme,
,, & qui lui font incomprehenfibles. Quand Dieu a commandé
,, aux Prophetes de publier fes myfteres, l'un lui a remontré
,, qu'il étoit incirconcis de levres, l'autre lui a dit qu'il ne fauroit
,, parler, & tous fe font reconnus inferieurs à la dignité de cet
,, emploi.

　,, Cela feul découvre affez l'erreur de ceux qui croyent, que
,, le Sublime de ce paffage confifte, en ce que l'acte de la volon-
,, té de Dieu nous y eft repréfenté comme une parole. Quoi que
,, les hommes n'aient que des idées très-baffes & très-groffieres de
,, la grandeur de Dieu, leurs expreffions font pourtant encore
,, au deffous de leurs idées. Ne pouvant s'élever jufqu'à lui, ils
,, le rabaiffent jufqu'à eux, & parlent de lui comme d'un hom-
,, me. Ils lui donnent un vifage, une bouche, des yeux &
,, des oreilles, des pieds & des mains. Ils le font affeoir, mar-
,, cher & parler. Ils lui attribuent les paffions des hommes, la
,, joie & le defir, le repentir & la colere. Ils lui donnent juf-
,, qu'à des ailes & le font voler. Eft-ce-là connoître la puiffance
,, de Dieu, felon fa dignité, & l'exprimer de même ? Et ofera-
,, t-on donner le nom de Sublime à un difcours, qui avilit infi-
,, niment, & deshonore fon fujet ? Enfin, fi c'eft une expreffion
,, fublime, que de dire que Dieu a parlé, qui eft celui des Pro-
,, phetes qui n'ait pû fournir mille exemples pareils à celui que
,, *Longin* a tiré de Moïfe ? Les Prophetes même ne donnent-ils pas
　　　　　　　　　　　　　　　　　　　　　　　　　　,, le

„le nom de parole aux jugemens que nous faisons interieurement
„des choses, pour y consentir ou n'y consentir pas; & la pa-
„role exterieure, que forme nôtre bouche, qu'est-ce autre chose
„que l'image de la parole interieure de l'entendement? Moïse
„s'est donc exprimé en Philosophe & non pas en Rheteur, quand
„il a dit que Dieu a créé la lumiere, par sa parole.

On ne peut pas nier que ces reflexions de Mr. *Huet*, ne soient très-fines, très-exactes & très-justes. Il n'y a rien de si vrai,
que nous n'avons qu'une très-foible idée de la Divinité, & qui
est infiniment au dessous de la réalité; quelque soin que nous
ayions pris d'épurer nôtre Raison par l'étude, & quelque effort
que nous fassions pour nous élever au dessus des erreurs vulgaires. Il est encore très-vrai qu'après cela, lors que nous
essayons de faire passer nos idées dans l'esprit des autres hommes, par le moyen de la parole, nous ne faisons qu'employer
des expressions métaphoriques, dont la plûpart sont tirées des
choses corporelles, parce qu'il n'y en a point d'autres. Ainsi à
parler exactement, les hommes sont encore moins en état de
parler d'une maniere sublime de la Divinité, qu'ils ne le sont
de s'en former une idée qui réponde à cet immense Original;
quoi qu'il soit aussi peu possible d'en approcher, que d'épuiser
l'infini. Tous les efforts des hommes ne serviroient qu'à tromper
les autres, & à les tromper eux-mêmes, si nous nous imagini-
ons que nous pouvons parler de lui d'une maniere, *qui
exprime sa grandeur & sa puissance dans toute sa dignité*,
comme parle *Longin*. Dieu même ne s'est fait connoître aux
Prophetes, qu'autant que leur foiblesse le pouvoit permettre,
& d'une maniere proportionnée à la petitesse de l'esprit de ceux
à qui il envoyoit ces saints hommes. Autrement si Dieu eût
voulu se manifester d'une maniere, qui fût au dessus de nôtre
portée, cela nous auroit été inutile. C'est à cause de cela que
l'on voit dans l'Ecriture une infinité d'expressions, que les
Théologiens nomment des *Anthropopathies*, ou qui expriment
des choses divines, par des métaphores tirées des choses humaines; & qui sont bien éloignées d'élever nos esprits à une
connoissance, qui ait quelque proportion avec l'éternelle grandeur de la Divinité.

Cependant nous disons quelquefois que d'autres hommes ont
parlé d'une maniere sublime de Dieu; sans penser que nous
n'avons

n'avons ni idées, ni paroles, qui ne le rabaiſſent infiniment.
Mais ce Sublime doit s'entendre par raport à nôtre foibleſſe,
& nous appellons relevé un langage, qui eſt au deſſus de celui
dont on ſe ſert communément, & par lequel d'excellens génies,
à proportion des autres, ont tâché d'élever nos eſprits autant
qu'ils ont pû au deſſus des idées vulgaires. Mais il faut toûjours
ſe reſſouvenir que ceux que nous admirons le plus parmi les
hommes, ont tous été renfermez dans les bornes de la Nature
Humaine, deſquelles il eſt impoſſible à la poſterité d'Adam de
jamais ſortir, ici bas. Les eſprits du premier ordre, parmi
nous, ſont des eſprits ſans doute très-populaires, en comparaiſon des Intelligences élevées au deſſus de nôtre nature, & il
y a toûjours une diſtance infinie entre les Intelligences les plus
relevées & la Divinité. Ainſi ce ne peut être que très-impro-
prement que nous diſons que quelque homme a parlé d'une
manière ſublime de la Divinité ; & cette expreſſion, comme
toutes les autres ſemblables, doit être entenduë par raport à
nous.

Homère qui, comme le remarque *Longin*, dans le Chapitre, où ſont les paroles que l'on a examinées, décrit les
Dieux comme des hommes, & quelquefois même comme des
Etres plus malheureux que les hommes, ſe guindé d'autres
fois auſſi haut qu'il peut pour en parler d'une manière plus relevée ; mais il ne ſatisfait pas même, en toutes choſes, *Longin*, & là où il fait le mieux, & où ce Rheteur le trouve
ſublime, il eſt infiniment au deſſous des idées des Philoſophes ; comme ceux qui liront ce Chapitre en conviendront.
Ainſi ce Rheteur n'étoit pas un Juge fort pénetrant, quand il
s'agiſſoit de juger ſi une expreſſion eſt digne de Dieu, ou
non.

Je dois encore dire, que Mr. *Huet* a fort bien réfuté, par
ce qu'il a dit des différentes ſortes de Sublimes, ce que Mr.
Tollius avoit dit contre lui, dans ſes notes ſur *Longin*, & que
je ne raporterai pas, à cauſe de cela.

Si l'on veut donc dire encore que le Légiſlateur des Juifs,
qui en effet n'étoit pas un homme du commun, *ayant fort bien
conçû la grandeur & la puiſſance de Dieu, l'a exprimée dans toute
ſa dignité*, il le faut entendre par raport à la foibleſſe de la
Nature humaine, à laquelle la révelation qu'il avoit reçûë du
Ciel,

Ciel , avoit dû être néceſſairement proportionnée. Il faut nous former la plus grande & la plus magnifique idée de la Divinité qu'il nous eſt poſſible , & cependant nous garder avec ſoin de nous imaginer que nous approchions de cet incompréhenſible Original. Se conduire autrement c'eſt être peuple , & n'en vouloir pas revenir , c'eſt vouloir demeurer parmi la populace ignorante & entêtée.

„Il eſt aiſé maintenant de voir, conclut Mr. *Huet* , ſi la „cenſure de Mr. *Deſpréaux* eſt bien fondée. Elle ſe réduit à „faire un point de Religion , de nôtre Différend , & à m'accu-„ſer d'une eſpece d'impieté d'avoir nié que Moïſe ait employé „le Sublime , dans le paſſage dont il s'agit. Mais cela eſt a-„vancé ſans preuve , & c'eſt donner pour raiſon ce qui eſt „en queſtion. S'il eſt contre le Bon-Sens de dire que ce paſ-„ſage eſt ſublime , comme je croi l'avoir fait voir ; il eſt „ridicule de dire que c'eſt bleſſer la Religion , que de ne par-„ler pas contre le Bon-Sens. La ſeconde preuve roule ſur les „nouveaux Traducteurs de la Geneſe , qui ont appuyé ſon „opinion. Mais il eſt viſible que Mr. *Deſpréaux* ne les a pas „tant alleguez, pour le poids qu'il a crû qu'auroit leur ſen-„timent en cette matiere , que pour s'aquiter des loüanges „qu'ils lui ont données , en raportant ce même paſſage.

„Puis donc que cette cenſure n'eſt ſoûtenue , que de l'air „déciſif dont elle eſt avancée ; il me ſemble que j'ai droit de „demander à mon tour ce que nous dirons d'un homme , qui „bien qu'éclairé des lumieres de l'Evangile , a oſé faire paſſer „Moïſe pour un mauvais Rhetoricien , qui a ſoûtenu qu'il avoit „employé des figures inutiles , dans ſon Hiſtoire , & qu'il avoit „déguiſé par des ornemens ſuperflus , une matiere excellemment „belle & riche d'elle-même ? Que dirons-nous , dis-je , de cet „homme , qui ignore que la bonté , la force & le prix de „l'Ecriture Sainte ne conſiſte pas dans la richeſſe de ſes figures, „ni dans la ſublimité de ſon langage ? *Non in ſublimitate ſer-*„*monis aut ſapientiæ , non in perſuaſibilibus humanæ ſapientiæ verbis ;* „*ſed in oſtenſione ſpiritûs & virtutis ; ut fides noſtra non ſit in* „*ſapientia hominum ſed in virtute Dei ;* & que ni l'élevation, „ni la ſimplicité des Livres Sacrez ne ſont pas les marques , „qui font connoître que l'Eſprit ſaint les a dictez , puiſque „S. *Auguſtin* a eſtimé qu'il étoit indifférent que le langage de „l'Ecri-

Tom. II. E e e

* 2. Cor. XI.
6.

„ l'Ecriture fût poli, ou barbare; qui a ignoré que S. Paul
„ n'entendoit point les fineffes de la Rhetorique, & qu'il
„ étoit * *imperitus fermone*, que Moïfe avoit de la peine à
„ s'expliquer, que le Prophete Amos étoit groffier & rufti-
„ que, & que tous les faints perfonnages, quoi que parlans
„ des Langages différens, étoient pourtant animez du même
„ efprit ?

„ Du refte, Monfeigneur, je vous demande un jugement.
„ Vos lumieres vives & pénetrantes, & le grand ufage que
„ vous avez des faintes Lettres vous feront voir clair dans cet-
„ te queftion. Quelque encens, que Mr. *Defpréaux* vous ait
„ donné dans la derniere Edition de fes Ouvrages, fes loüan-
„ ges ne fauroient vous empêcher de tenir la balance droite,
„ & de garder entre lui & moi cette droiture, que vous
„ obfervez fi réligieufement en toutes chofes. Pour moi, je
„ ne ferai pas moins docile & foûmis à vôtre décifion que j'ai
„ toûjours été avec refpect, Monfeigneur, vôtre &c.
„ *A Paris le 26. de Mars 1683.*

Je n'ai rien apris de la fuite de ce démêlé, & je n'ai garde d'y entrer, en ce qu'il peut renfermer de perfonnel. La
Differtation de Mr. *Huet* m'a paru digne de voir le jour, &
je l'ai donnée, comme elle eft tombée entre mes mains, fans
y rien changer, finon que j'ai mis tout au long le nom de
Mr. *Defpréaux*, qui n'y étoit marqué que par des étoiles, parce qu'il l'a mis lui-même dans la derniere Edition de fes Oeuvres. Il femble qu'il n'ait pas changé de fentiment, puifque ce
qu'il avoit dit de Mr. *l'Evêque d'Avranches* eft demeuré dans
cette Edition, à quelques legers changemens près. Quoi qu'il
en foit, on peut, fans perdre rien de l'eftime, que Mr. *Defpréaux* mérite, n'être pas de fon fentiment, en cette occafion.

REPONSE

RÉPONSE

A L'AVERTISSEMENT

Qui a été ajoûté à la nouvelle Edition des

OEUVRES DE

MR. DESPREAUX,

Envoyée de Paris, à Mr. Le Clerc & *inferée dans fa* Bibliotheque Choifie, *Tom. XXVI. pag.* 64.

MR. *Defpréaux* ; dans fa dixiéme Réflexion, par laquelle il répond à la Lettre de Mr. *Huet*, fur le fameux paffage de *Longin*, a été trop modefte, au gré de ceux qui ont pris foin de la derniere Edition de fes Ouvrages. Ils ont jugé devoir fuppléer du leur, à ce qu'ils ont crû qui manquoit d'aigreur à cette réponfe ; & ils avoient déja menacé Mr. *Huet* de l'indignation de leur cabale, pour avoir ofé laiffer paroître fa défenfe, contre une infulte publique réiterée par plufieurs Editions, que lui fit Mr. *Defpréaux*.

Mais Mr. *Defpréaux* & fes fectateurs devoient au moins, avant que de l'attaquer, s'éclaircir nettement du veritable fujet de la conteftation, & tâcher d'entendre bien la matiere & le nœud de la queftion. Il paroît clairement qu'ils ne l'ont

pas fait, par un mot qui leur eſt échappé dans leur Avertiſſement, lorſqu'ils ont dit, que *la Critique de Mr. Huet paroît
plûtôt contre Moïſe, que contre Longin*; & que le conſeil de
répondre à Mr. *Huet*, fut donné à Mr. *Deſpréaux*, par pluſieurs perſonnes zelées pour la Religion. Ils ont ſuivi en cela
leur oracle Mr. *Deſpréaux*, qui dans ſes Préfaces avoit déja
voulu faire un point de Religion à Mr. *Huet*, & preſque un
article de foi, du jugement qu'il avoit fait du ſentiment de
Longin, ſur ce paſſage de Moïſe, & d'avoir douté que
Longin ait vû ce paſſage dans l'original. Mais lors qu'il a
voulu raffiner, par une diſtinction frivole du Sublime & du
ſtile ſublime, & lorſqu'il a confondu le Sublime des choſes,
& le Sublime de l'expreſſion; il a montré clairement, qu'il a
traité du Sublime, ſans le connoître, qu'il a traduit *Longin*, ſans l'entendre; & qu'il devoit ſe contenir dans les
bornes d'une Satire modeſte, ſans entrer dans les épi-
nes de la Critique, qui demandent d'autres talents.

Ses Editeurs l'ont imité, en parlant avec confiance de
choſes, dont ils ſont fort mal inſtruits. *Il faut*, diſent-
ils, *que la Lettre de Mr. Huet ait été lüë à petit bruit,
puiſque ceux qui étoient le plus familiers avec Mr. de Montauſier
& qui le voyoient tous les jours, ne l'en ont jamais ouï parler:
& qu'on n'en a eu connoiſſance, que plus de vingt ans après,
par l'impreſſion qui en a été faite en Hollande.* On leur répond que ceux, qui voyoient Mr. de *Montauſier* plus ſouvent
& plus particulierement qu'eux, qu'on ne connoiſſoit pas a-
lors, l'entendoient inceſſamment parler de ce différend & de
la juſte indignation qu'il ſentoit de l'audace effrenée d'un
homme, tel que Mr. *Deſpréaux*, de décrier une infinité de
gens de mérite, qui valoient mieux que lui & qui ne lui
étoient inferieurs en rien, qu'en l'art de médire. Comme
Mr. *Huet* proteſte de n'avoir jamais donné d'autre copie de cette
Lettre, que celle qu'il fut obligé de donner à Mr. de *Montauſier*, à qui elle étoit adreſſée; il y a apparence que cette copie paſſa en d'autres mains, lorſqu'on la tira de ſon cabinet,
après ſa mort.

Mr. de *Montauſier* ajoûtoit que, dans un Etat bien policé,
tel que le nôtre, un calomniateur de profeſſion, devoit
être envoyé aux Galeres. Il pouvoit joindre à cela l'ordonnance

nance d'Augufte , raportée par *Dion* , & les Loix de *Conftantin* & des autres Empereurs , inferées dans le Code *Theodofien* , qui condamnent au feu les libelles fcandaleux , & médifans , & leurs Auteurs au fouët. Comme l'applaudiffement , que recevoit tous les jours Mr. *Despréaux* , des gens de fon humeur , lui avoit enflé le courage ; il eut l'infolence de rappeller Mr. de *Montaufier* à l'exemple odieux de Neron. Toute la vengeance qu'en prit Mr. de *Montaufier* , ce fut de dire fouvent & publiquement , qu'il fe levoit tous les matins , avec le deffein de châtier le Satirique , de la peine ordinaire des gens de fon mêtier , & qui a été pratiquée depuis peu avec éclat , fur un de fes imitateurs , à la fatisfaction de tous les gens de bien. C'eft cette même peine , qui fut ordonnée dans l'ancienne Rome , par la Loi des X I I. Tables , *ut fuftibus feriretur , qui publicè invehebatur* : & qu'*Horace* dit avoir fait changer de ton à plufieurs Satiriques de fon tems, & les avoir réduit, malgré eux , à donner des louanges , au lieu des injures , qui leur étoient familieres , & à divertir feulement les Lecteurs. Mais comme Mr. de *Montaufier* avoit de la pieté & de la bonté , il avoüoit que fa colere du matin fe trouvoit amortie , après fa priere. Un autre Duc * , illuftre par la beauté de fon efprit & les agrémens de fes vers, qui n'étoit pas favorable à la Satire maligne de Mr. *Despréaux*, jugeoit à propos d'employer le même moyen pour la corriger. Il a même annoncé au Public , par une Epigramme fort élégante , que nôtre homme avoit déja tâté de ce correctif, & en avoit profité. Il paroît du moins l'avoir apprehendé, lors qu'il a dit , au commencement de la Septiéme Satire, que le mêtier de médire , qu'il pratiquoit , eft fouvent fatal à fon Auteur , lui attire de la honte & ne lui caufe que des larmes. Après la lecture que Mr. *Huet* fit de fa Lettre , dans cette bonne compagnie , que Mr. de *Montaufier* avoit affemblée chez lui , pour l'entendre ; le même Mr. de *Montaufier* avoüoit , felon fa candeur , qu'il avoit autrefois incliné vers le fentiment de *Longin* ; mais que les raifons , qu'il venoit d'entendre , l'avoient pleinement defabufé. Et ces gens , qui fe portent dans le Public pour témoins fecrets , & confidents intimes de toutes fes paroles & de fes penfées , n'en feront pas crus fur leur témoignage ; quand on faura que long-tems

* Mr. le Duc de Nevers.

avant cette lecture , & le différend de Mr. *Huet* avec Mr.
Despréaux , la question sur le passage de *Longin* ayant été
proposée un jour à sa table , devant plusieurs personnes fort
intelligentes , tout le monde se trouva de l'avis de Mr.
Huet ; hormis un seul homme , qui étoit reconnu pour
affecter de se distinguer , par des opinions singulieres & bizarres.

Les Editeurs des Oeuvres de Mr. *Despréaux* disent , dans
leur Avertissement , qu'il fût long-tems sans se déterminer à
répondre à l'Ecrit de Mr. *Huet* , publié en Hollande par Mr.
Le Clerc. Si cela est ainsi, Mr. *Despréaux* avoit donc bien
changé d'humeur ; étant devenu si lent à sa propre défense,
lui qui s'étoit montré si prompt à l'attaque , dans la Préface de ses Oeuvres ; & étant devenu si circonspect à la replique , lui qui , dans toutes les Editions de ses Oeuvres ,
qui se faisoient presque tous les ans , (car le peuple aime
la médisance) n'oublioit pas de renouveller la remarque injurieuse , qu'il avoit lâchée contre Mr. *Huet* ; qui , pendant tout ce tems-là , avoit eu assez de moderation , pour
s'abstenir de rendre sa défense publique. Il faut avertir cependant cette petite cabale, protectrice de la Satire, que quand
ils avancent , que Mr. *Despréaux* fût long-tems à se determi-
ner à répondre à Mr. *Huet* , ils le contrédisent ouvertement ; car
il déclare dans sa dixiéme Réflexion, que quand il eut insul-
té Mr. *Huet* , par sa *Préface* , d'une manière qu'il reconnoît avoir été peu honnête , il s'attendoit à voir bien-tôt
paroître une replique très-vive de sa part , & qu'il se préparoit à y répondre. Le voilà tout préparé à répondre à un
Ecrit , qu'il savoit bien s'être attiré , qu'il n'avoit pas encore vû , & qui n'étoit pas encore fait ; & le voici fort
lent & indéterminé à répondre à cet Ecrit , après qu'il eut
été vû par tous les Gens Lettrez de la Cour. Comment
Mr. *Despréaux* pût-il donc ignorer un fait si public, dont
Mr. *Huet* parla même exprès , en pleine Académie , en
présence de ses plus particuliers amis ? Comment a-t-il pû
dire , qu'après le traitement que Mr. *Huet* avoit reçû de lui ,
il se tint dans le silence ?

Les suppôts du Satirique exposent , dans leur Avertissement,
que Mr. *Huet* étoit informé de tout le détail de ce qui se

passa

paſſa chez Mr. *Despréaux* , lorſqu'il eut vû la Lettre imprimée à Amſterdam , par Mr. *Le Clerc.* Mr. *Huet* le nie.
Il avoit ſû par Mr. l'Abbé *Boileau* , frere du Satirique, que
dans la nouvelle Edition de ſes Oeuvres , qu'il préparoit
ſur la fin de ſa vie , il répondroit à Mr. *Huet* d'une manière , dont il n'auroit pas ſujet de ſe plaindre. Voilà ce que
Mr. *Huet* a ſû : mais que des perſonnes diſtinguées , par
leur dignité & par leur zele pour la Religion , au nombre
deſquels apparemment ſe mettent les approbateurs de la Satire,
lui aient conſeillé de répondre ; c'eſt ce que Mr. *Huet* ne ſait
point , & ne croit point ; car il ne ſe perſuadera pas aiſément que des perſonnes zelées pour la Religion aient employé
leur zele & leur ſoin , pour favoriſer la défenſe d'une nouvelle publication de calomnies ſanglantes ; dont toutes les perſonnes de conſcience , & qui ſe croyent obligées de pratiquer la charité Chrétienne , doivent au contraire ſouhaiter
la ſuppreſſion. Le fameux Docteur , qui s'eſt voulu ſignaler
pendant tant d'années par l'auſterité de ſa doctrine , & par
tant d'Ecrits contentieux , s'eſt déclaré ſur ſes vieux jours ,
le défenſeur de la Satire, par une longue Apologie, que l'on
voit dans cette nouvelle Edition des Oeuvres de Mr. *Deſpréaux.*
Par - là , il a fait voir que, du moins en ce point, il n'eſt
pas fort ennemi de la Morale relâchée. Il ne faut pas trop
s'en étonner. Que ne croyoit-il point devoir faire , pour s'acquitter envers un homme , qui avoit pris ſi hautement ſon
parti décrié ? Il ſe perſuada ſans doute d'être obligé , par
ſa reconnoiſſance , de rabbattre au moins quelque choſe de
la ſéverité de ſes maximes ; pour excuſer l'injuſtice du Poëte
Satirique ſon ami , & les traits envenimez de ſa médiſance,
en ſoûtenant qu'ils ne font tout au plus qu'effleurer la charité.

Les patrons de la Satire veulent rendre ſuſpecte la bonne foi
de Mr. l'Abbé de *Tilladet* , ſur ce qu'il a dit, dans la Préface de ſon Recueil de Diſſertations , qu'il les a publiées,
ſans la permiſſion de ceux à qui appartenoit ce tréſor. C'eſt
à cet illuſtre Abbé , à ſe juſtifier de cette calomnieuſe im-
putation , digne des défenſeurs de la calomnie. Il ne
conviendra pas ſans doute du reproche , qu'ils lui font d'a-
voir attaqué la mémoire de Mr. *Deſpréaux* , en publiant une
Let-

Lettre déja publique ; qui ne traite que d'un point de Critique , & qui n'a été écrite que pour défendre Mr. *Huet* , contre les infultes de Mr. *Despréaux*. Si la délicatesse de cette petite cabale est si grande , qu'il leur paroisse aussi étonnant, qu'ils le disent , que Mr. l'Abbé de *Tilladet* ait pris une telle hardiesse , contre le nom illustre de Mr. *Despréaux* , sans avoir reçû de lui aucune offense ; il est plus étonnant encore , qu'ils approuvent la note injurieuse , que Mr. *Despréaux* a publiée tant & tant de fois contre Mr. *Huet* , qui ne lui avoit jamais donné aucun sujet de plainte ; & il ne l'est pas moins qu'ils attaquent eux-mêmes aujourd'hui publiquement & de sang froid Mr. *Huet* , à qui nonseulement ils ne peuvent pas reprocher la moindre offense , mais qui croyoit leur avoir donné sujet d'être de ses amis.

On n'a pas pû dire , qu'on n'a eu connoissance de l'Ecrit de Mr. *Huet* , que plus de vingt ans après l'Edition de la Préface injurieuse de Mr. *Despréaux*. Après la lecture , qui en fut faite publiquement chez Mr. de *Montausier* , en l'année 1683. & la connoissance que l'on en donna à l'Académie , Mr. *Huet* fut fort follicité de la rendre publique , comme l'étoit l'infulte, qui lui avoit été faite. Il répondit qu'il en useroit , selon que Mr. *Despréaux* profiteroit de sa correction ; & que s'il regimboit contre l'éperon, elle seroit aussi-tôt publiée. Mais Mr. *Despréaux* s'étant prudemment tû , Mr. *Huet* garda sa Lettre , dans son porte-feuille ; sans en vouloir donner d'autre copie , que celle qu'il fut obligé de laisser entre les mains de Mr. de *Montausier* , à qui elle étoit écrite.

Les protecteurs du Poëte disent , qu'ils ne comprennent pas quels pouvoient être les rieurs , qui ne furent pas favorables à Mr. *Despréaux* , après la lecture de la Lettre de Mr. *Huet*; ne les trouvant pas dans la liste , qu'il leur plaît de faire des beaux Esprits, qui étoient alors à la Cour. En cela ces Mrs. perseverent dans leur hardiesse d'avancer des faits, qu'ils ne savent point, & où ils ne furent point appellez , étant inconnus alors. Du reste quand on a dit , que Mr. *Despréaux* n'eut pas les rieurs de son côté , on ne l'a pas dit par raport à la matiere , qui n'étoit pas propre à faire rire ; mais par raport à Mr. *Despréaux* , qui dans la plus grande partie de ses Ouvrages , semble n'avoir eu en vuë , que de faire rire

les

les Lecteurs, & qui dans sa première jeunesse n'avoit point de plus agréable exercice, que de faire rire les Clercs du Palais. Du nombre de ces rieurs, qui ne furent pas favorables au Poëte Satirique ; dont les Auteurs de l'Avertissement disent, avec leur confiance ordinaire, qu'on n'en peut pas nommer un seul ; on leur en nommera un, qui en vaut mille autres, par la beauté de son esprit, & la finesse de son goût. Je veux dire Mr. de *Pellisson* ; sans parler de tous les autres, qui assisterent à cette lecture, au nombre de neuf, ou dix, dont aucun ne contredit le sentiment de Mr. *Huet*, non pas même l'Abbé *de St. Luc* : quoi qu'en disent au contraire les nouveaux Editeurs des Satires, parmi tous les autres faits apocryphes, qu'ils debitent si liberalement. Mais quand le nombre des contradicteurs de Mr. *Huet* seroit aussi grand, & plus grand encore, qu'ils ne le font sans aucune preuve ; la lumiere du Soleil est-elle obscurcie, parce que les taupes ne la peuvent voir ? A quoi bon donc cette Kyrielle de gens, qu'ils veulent faire ici escadronner contre Mr. *Huet* ? Ce gros se trouveroit foible, si l'on affectoit de leur opposer tous ceux, qui ont applaudi à la censure, que Mr. *Huet* a faite du passage de *Longin*. Ils doivent cependant, s'ils sont touchez de quelque amour de la Verité, en retrancher Mr. de *Meaux*, qu'ils mettent à la tête; puisque Mr. *Huet*, qui lui avoit communiqué sa Démonstration Evangelique avant l'Edition, en le priant de lui marquer ce qui ne seroit pas de son goût, ne lui opposa aucune contradiction, sur le passage de *Longin*.

Le petit bataillon Satirique, fertile en fictions, tâche de fortifier son parti, du nom du grand Prince de *Condé*, & de ceux des Princes de *Conti* ses neveux. Ce Prince avoit lû veritablement la Démonstration Evangelique, avec une grande avidité, comme il s'en expliqua avec l'Auteur ; lui marquant même les endroits, qu'il souhaitoit, qui fussent retouchez dans la seconde Edition, sans lui rien dire du passage de *Longin*. Pour Mrs. les Princes de *Conti*, qui étoient à peine alors sortis de l'enfance, on voit bien que la cabale Satirique cherche à honorer le parti de son Heros, par de grands noms, & à éblouïr le Public, par l'éclat d'une haute naissance; sans examiner, si elle étoit soûtenue de la maturité de l'âge, que demande la discussion de

ces matieres. Lors même que ces Princes furent dans un âge
plus avancé, ils étoient encore si éloignez de la capacité, qu'elles demandent, que Mr. le Prince de *Condé* leur Oncle prenoit soin de ne laisser approcher d'eux, & entrer dans leur
familiarité, que des gens sages, non suspects, & incapables
de corrompre ces jeunes Esprits, par leur doctrine dangereuse.

Pour Mr. *Le Clerc*, je ne sais pas comment il s'accommode-
ra de l'air méprisant, dont il est traité par Mr. *Despréaux*,
& par sa petite cohorte, & des injures atroces, qu'ils ont vomies
contre lui. Ce seroit peu pour lui, que de n'avoir que le
Jansenisme à leur objecter, contre le *Socinianisme*, qu'ils lui
imputent. Mais il a un mérite à leur opposer, qui offusque-
ra aisément le leur ; & il a du reste bec & ongles, pour se
défendre, contre les vangeurs de la Satire ; qui, à l'exemple de
leur Dictateur, répandent sur lui si librement le venin de leur
médisance.

La conclusion de l'Avertissement, qui nous apprend le jugement
que faisoit Mr. *Despréaux* de l'utilité des Romans, contraire à ce
que Mr. *Huet* en a écrit, est entierement postiche & étrangere à la
question présente ; & ne sert qu'à découvrir de quel esprit est animée
cette Société, lors qu'ils ramassent si soigneusement tout ce qu'ils
croyent pouvoir faire, repentir Mr. *Huet*, de n'avoir pas prodigué,
comme eux, son encens à leur idole. Mais quand Mr. *Despréaux* tiendroit, comme ils le prétendent, quelque rang entre les Poëtes
du premier ordre, est-ce un titre, pour lui en faire aussi tenir un parmi les Casuistes ? Esperent-ils faire recevoir, dans les
matieres de conscience, l'autorité d'un homme, qui, pendant
tout le cours de sa vie, a fait son unique occupation d'exercer
une maligne & noire médisance, & de décrier la réputation
du prochain ; sans épargner, ni la vertu, ni le mérite, ni
même le caractere Ecclesiastique, pour lequel il veut paroître a-
voir quelques égards ; quoi que dans les premières copies,
qu'il répandit de son Lutrin, il ait produit à visage découvert,
& sous son nom propre, un bon *Evêque*, qui a long-tems e-
xercé avec édification une Prélature considerable, au milieu
de Paris ; plus respectable encore par l'integrité de ses mœurs,
que par sa dignité ? Voilà le Casuiste rafiné, au tribunal duquel la cabale Satirique soûmet les Gens de Lettres, & les
Ou-

Ouvrages d'esprit. Voudront-ils aussi faire valoir la censure, qu'il a prononcée tant de fois contre les Opera ; tâchant de nous faire accroire, qu'il ne les a condamnez, que par délicatesse de conscience ; & non parce qu'ayant tenté d'y reüssir, il se trouva infiniment au dessous d'un homme, qu'il avoit entrepris de tourner en ridicule, & de ruiner de réputation, & dont il n'a jamais pû égaler le génie ?

Mais avant que de finir cette Réponse, je crois devoir rendre ce bon office aux adorateurs insensez de Mr. *Despréaux,* de les faire revenir des fausses idées, qu'ils ont conçûës de son mérite ; afin que le voyant réduit à sa juste valeur, ils cessent de nous le surfaire ; & se délivrent d'un préjugé, qui n'est pas soûtenable, devant ceux qui ont le véritable goût de la bonne Poësie, & qui, par un long usage des Poëtes anciens & modernes, savent distinguer le Poëte du Versificateur ; & l'inventeur de l'imitateur, qu'*Horace* appèle *une bête née pour l'esclavage.* Il faut pour cela les rappéler à la regle de ce même *Horace,* que Mr. *Despréaux* a choisi pour son modèle.

> *Neque si quis scribat, uti nos,*
> *Sermoni propiora, putes hunc esse Poëtam.*
> *Ingenium cui sit, cui mens divinior, atque os*
> *Magna sonaturum, des nominis hujus honorem.*

C'est à eux d'examiner de bonne foi, s'ils trouveront dans Mr. *Despréaux* ce génie divin, cet esprit sublime, & de belles & grandes choses sorties de sa bouche. Rien de tout cela ; au contraire un esprit sombre, & sec ; plaisantant d'une manière chagrine, stérile ; ennuyeux par ses redites importunes ; des idées basses, bourgeoises, presque toutes tirées de l'enceinte du Palais ; un stile pesant, nulle amenité, nulles fleurs, nulles lumieres, nuls agrémens, autres que ceux, que la malignité des hommes leur fait trouver dans la médisance ; une humeur noire, envieuse, outrageuse, misanthrope, incapable de loüer, telle qu'il la reconnoit lui-même. *Eumolpe,* dans *Petrone,* demande encore une autre condition dans les bons Poëtes, à laquelle je ne crois pas que Mr. *Despréaux*

ait

ait jamais aspiré. *Neque concipere*, dit-il, *aut edere partum mens potest*, *nisi ingenti flumine litterarum inundata.* Quelque ostentation de savoir, qu'il ait affectée, elle n'impose pas aux connoisseurs; qui apperçoivent bien-tôt, dans ses Ecrits, une érudition mince & superficielle. On auroit du moins attendu d'un Académicien un stile châtié, & des expressions correctes & c'est ce qu'on ne trouve pas. Pour conclusion, si la vaine confiance & la présomption des suppôts Satiriques ne leur permettent pas de reconnoître cette peinture; du moins aura-t-elle servi, à mettre en évidence leur entêtement, & leur mauvais goût.

RE-

* REMARQUES

*Tirées de la Biblioth. Ch. Tom. XXVI. p. 83. & suiv.

DE MR. LE CLERC,

Sur la Réflexion X. de la nouvelle Edition de LONGIN, *par Monsieur* DESPREAUX.

N peut avoir vû, dans l'Article précedent, que j'ai inseré ici, comme je l'ai reçû, que tout Paris ne parle pas, comme feu Mr. *Despréaux*, ou comme Mr. l'Abbé *Renaudot* Auteur de l'Avertiffement, qui eft à la tête de la nouvelle Edition, des Oeuvres de ce Poëte Satirique ; quoi que ces Meffieurs fe vantent beaucoup du nombre de leurs approbateurs. On a trop bon goût à Paris, pour approuver généralement un fentiment fi bien réfuté par Mr. *Huet*, & trop d'équité, pour trouver bonne l'aigreur de l'un & de l'autre, dans une conteftation de nulle importance. Tout le monde n'eft pas dans ce parti échauffé, qui croit avoir droit de mal-traiter tous ceux, qui ne font pas de fes fentimens ; quelque moderation, qu'ils gardent d'ailleurs à fon égard. On fait que je ne fuis point du fentiment des *Janfeniftes*, mais cela n'a pas empêché que je n'aye parlé d'eux avec éloge, quand j'ai crû qu'ils le méritoient, & que je n'aye marqué de l'eftime, pour plufieurs de leurs Livres. Je n'ai jamais approuvé la manière, dont on les a traitez, pour leurs fentimens. Au contraire, j'ai témoigné que je croyois qu'on devoit les tolerer ; pourvû que de leur côté, ils ufaffent de la même douceur, envers leurs Adverfaires.

Fff 3   Cela

Cela auroit dû rendre Mr. l'Abbé *Renaudot*, à qui d'ailleurs je n'ai jamais rien fait, plus retenu envers moi; & bien loin d'exhorter feu Mr. *Despréaux*, à me maltraiter & de le faire lui même; il auroit dû l'en détourner, & parler plus civilement. Voudroit-il que je disse que le *Janfenisme* n'est qu'une pure faction, & que bien des gens soupçonnent que parmi ceux, qui l'approuvent, quelque dévotion qu'ils fassent paroître, il y a des *Spinosistes* cachez, qui cherchent à introduire la nécessité de toutes chofes, comme faisoit *Spinofa*? Il se récrieroit sans doute à la calomnie, & par conféquent il ne doit pas en ufer de même, en parlant de moi, comme d'un homme *dont la Religion est décriée*. Je n'ai point de Religion, que la Chrétienne; & si elle est *décriée* parmi quelques *Janfenistes*, j'efpere qu'elle ne le fera jamais par tout.

* Elle est ci-
deffus pag.
379. & fuiv.
Il y a fix ans, ou environ, que je publiai, dans l'Article 3. du X. Tome de cette *Bibliotheque Choifie*, une Differtation * de Mr. *Huet*, ancien Evêque d'Avranches, touchant le paffage de *Longin*, où ce Rheteur foûtient qu'il y a un très-grand Sublime dans ces paroles de Moïfe: *Que la lumiere foit & la lumiere fut*; dans lefquelles cet Evêque avoit foûtenu, en fa *Démonstration Evangelique*, qu'il n'y a point le Sublime, que *Longin* y trouve. J'appuyai le fentiment de ce favant homme, par quelques raifons, que l'on y peut lire, & qui me paroiffoient propres à l'éclaircir & à le confirmer. Mr. *Huet* & moi convenions avec Mr. *Despréaux* 1. que la chofe même est fublime, parce qu'il s'agit de la Création de la lumiere, par la feule volonté de Dieu: 2. que l'expreffion, prife à part, peut auffi paffer pour fublime, & qu'elle le feroit dans un Difcours Oratoire, dont l'Auteur entreprendroit de relever la puiffance de Dieu. Tout le différend, qu'il y avoit entre Mr. *Despréaux* & nous, confiftoit uniquement à favoir fi les paroles que j'ai raportées font fublimes, dans l'endroit de Moïfe, où elles fe trouvent. Il foûtenoit qu'elles le font, & nous prétendions que non; parce qu'il ne fe peut rien de plus fimple, que toute la narration de Moïfe, au Chap. I. de la Genefe, quoi que la chofe même foit très-relevée. Il s'agiffoit donc de favoir ici, s'il y a là une figure de Rhetorique, dans l'expreffion, ou s'il n'y en a point. On fvoit que le différend étoit de très-petite conféquence.

Mr.

Mr. *Huet* s'est défendu d'ailleurs, avec une très-grande rete-
nue, sans dire un seul mot, qui pût blesser la délicatesse de
Mr. *Despréaux*; qui l'avoit traité avec beaucoup de hauteur,
dans sa Préface sur *Longin*. Je n'ai rien ajouté non plus,
qui le pût offenser légitimement, dans les Remarques, que
j'ai jointes à la Dissertation de Mr. *Huet*, que j'ai même fi-
nies par ces mots: *On peut, sans perdre rien de l'estime, que
Mr. Despréaux mérite, n'être pas de son sentiment, en cette
occasion.* Ayant apris en 1710. que Mr. *Despréaux* avoit répondu à Mr. *Huet*, je dis dans le XXI. Volume de cette même *Bibliotheque*, Part. 2. Art. III. après avoir parlé d'une
nouvelle Edition de *Longin*, que je verrois, avec plaisir,
la Dissertation de Mr. *Despréaux*; *qui apparemment* conti-
nuois-je, *se sera défendu avec beaucoup d'esprit & de politesse.
C'est ici une de ces matieres*, disois-je encore, *où l'on peut
être de divers sentimens, sans perdre l'estime, que les gens dis-
tinguez, comme Mrs. Huet & Despréaux, doivent avoir les uns
pour les autres.* J'ajoûtois de plus, que le dernier sembloit être
tombé dans la pensée de *Longin*, par respect pour l'Ecriture Sainte.
On voit par-là, que nôtre Poëte Satirique n'avoit aucun sujet
de se plaindre de moi, non plus que de Mr. *Huet*; à moins
qu'il ne crût que c'étoit l'offenser, que de n'être pas de son
sentiment, même dans des choses de néant. J'avouë que je n'a-
vois pas crû qu'il fût capable de se fâcher, contre moi, avec
toute l'aigreur & tout le fiel d'un esprit né pour la Satire, seulement parce que j'avois publié la Dissertation de son Adversaire,
& témoigné que j'étois de son sentiment. Je m'étois encore moins
imaginé, qu'il se trouvât des gens capables d'entrer dans sa passion, même après sa mort.

Je vois, par sa X. Réflexion sur *Longin*, & par l'Avertissement de Mr. *Renaudot*, que je m'étois trompé. Mais, j'aime
mieux m'être trompé, en pensant bien du Prochain, quoi
que l'on m'ait rendu le mal, pour le bien; que d'avoir fait
un mauvais jugement de quelcun, qui ne l'auroit pas mérité.
Comme ce que je puis dire à présent ne peut pas nuire à feu Mr.
Despréaux, & que ses Amis ont publié, après sa mort, une
Piece, contre moi, qu'ils auroient dû supprimer, s'ils avoient
eu un peu d'équité; personne ne pourra trouver mauvais, que
je dise ce que j'en pense, avec autant de liberté, qu'il en
a prise.   Avant

Avant toutes chofes, il eft ridicule de s'addreffer à moi ; comme fi j'étois plus coupable de l'avoir contredit, que Mr. *Huet*; qui l'avoit réfuté exprès & beaucoup plus au long. Nôtre homme étoit fi en colere, contre moi, de ce que j'avois crû que la Differtation de Mr. *Huet* étoit digne de voir le jour, qu'il n'a pas pris garde à fa longueur, ni à celle de mes Remarques. Il dit que le tout a *vint-cinq pages*, pour dire vint-cinq feuillets, ou cinquante pages ; & il ajoûte que mes *Remarques font prefque auffi longues, que la Lettre même*; au lieu que, de cinquante pages, elles n'en tiennent qu'environ quatorze. Le mécompte eft un peu grand, mais ce faux calcul lui donnoit plus de droit, comme il lui fembloit, de ne s'addreffer qu'à moi ; & il lui étoit avantageux de le faire, plûtôt que de parler à Mr. *Huet*; contre qui il n'auroit ofé vomir toute la bile, dont il fe trouvoit chargé. Autrement, s'il avoit eu droit de fe plaindre de ce qu'on n'entroit pas dans tous fes fentimens, & qu'on ofoit les réfuter ; il auroit eu bien plus de fujet de fe fâcher contre ce favant Evêque, que contre moi ; puis qu'il l'a fait bien plus directement, & avec beaucoup plus d'étendue, non feulement dans fa Lettre Françoife, mais encore dans la 3. Edition de fa *Démonftration Evangelique*; où il y a, ce me femble, quelque chofe, qui n'étoit pas dans la première ; que je n'ai pas à préfent, pour la comparer avec la troifiéme. Voyez la propofition IV. Chap. II, 55. La chofe eft vifible, & quelque femblant qu'il faffe de ne lui en vouloir pas, l'on doit regarder ce qu'il dit contre moi, comme s'il le difoit contre Mr. *Huet*; à qui, dans le fond de fon ame, il adreffoit tous ces beaux difcours.

Il eft furprenant que nôtre Poëte Satirique fe foit imaginé d'avoir droit de laiffer, dans toutes les Editions de fes Poëfies, pendant plus de vint ans, des paroles très-aigres contre ce Prélat ; fans que ce Prélat, ni aucune autre perfonne pût défendre en public un fentiment oppofé à celui de *Longin*, & de fon Interprete. S'il s'étoit agi d'un paffage d'un Poëte, ou d'un Orateur Grec, on auroit crû devoir avoir plus d'égard au jugement de ce Rheteur; parce qu'il auroit pû en être un Juge plus competent, que nous. Mais il eft abfurde de vouloir qu'un Rheteur Payen, qui n'avoit jamais lû lû l'Ecriture Sainte, & qui n'entendoit point l'Hebreu, ni le ſtile des Livres Sacrez, ait plus de droit de décider de ce qu'on doit penſer d'un paſſage de Moïſe; que Mr. *Huet*, qui a fait une très-longue étude de l'Ecriture Sainte, dans ſes Originaux, & qui a d'ailleurs toutes les lumieres néceſſaires, pour s'en bien acquiter. Je ne parle pas de moi, quoique j'aie employé la plus grande partie de ma vie à cette même étude, & que le Public n'ait pas mal reçû ce que j'ai produit, ſur l'Ancien Teſtament. Mais je crois qu'on regarderoit en moi, comme une modeſtie ridicule & affectée, une diſpoſition, qui m'empêcheroit de dire librement mes ſentimens, ſur un paſſage de l'Ecriture; lorſqu'ils ſe trouveroient contraires à ceux de *Longin*, ou de quelque autre Auteur Payen.

S'il s'agiſſoit encore d'un paſſage d'un Poëte François, il ſe pourroit faire que l'on auroit de la déférence, pour les ſentimens de Mr. *Deſpréaux*, qui avoit fait toute ſon étude de la Poëſie Françoiſe; à la quelle ni Mr. *Huet*, ni moi, ne nous ſommes jamais attachez. Nôtre Poëte auroit peut-être, avec quelque apparence de raiſon, pû prendre, en cette occaſion, un ton de Maître & décider plus hardiment, que nous. Mais c'étoit une préſomtion intolerable, à un homme, qui n'avoit que peu, ou point de lecture de l'Ecriture Sainte, & qui ne ſavoit pas plus d'Hebreu, que *Longin*; à l'égard de Mr. *Huet*, de l'érudition de qui il ne pouvoit pas douter. Je ne crois pas même qu'il pût s'imaginer d'être auſſi habile, à peu près, dans les Belles Lettres, que ce ſavant Evêque; au moins il auroit été le ſeul, de ſon opinion, parmi ceux qui ont lû les Ouvrages de l'un & de l'autre. Il étoit donc de la Bienſéance & de l'Equité de parler de lui, avec plus de reſpect, que nôtre Poëte n'avoit fait. Il auroit même beaucoup mieux valu ſe taire entierement; puiſque Mr. *Huet* n'avoit nommé perſonne, ni rien dit, qui le pût choquer. Il eſt trop tard de dire, après tant d'années d'inſulte, *que Mr. Huet eſt un grand Prélat, dont, en qualité de Chrétien, il reſpecte fort la Dignité; & dont, en qualité d'homme de Lettres, il honore extrêmement le mérite & le grand ſavoir.* C'eſt un mauvais compliment, & qui reſſemble à ceux, qu'il a faits à Mr. *Perrault*, après ſa réconciliation avec lui. Il falloit au moins, s'il ne vouloit pas ſe taire, réfuter civilement la Diſſertation de Mr.

Huet; car enfin , quoi qu'en dife nôtre Poëte accoûtumé aux fictions , c'eft de lui , & non de moi, dont il s'agit. Pour s'excufer , il dit que *les deux Differtations* , celle de Mr. *Huet*, & la mienne (car c'eft ainfi qu'il nomme , mes Remarques) *font écrites avec affez d'amertume & d'aigreur* ; ce qui n'eft point véritable , comme on peut s'en affurer , en les lifant. Il n'eft pas plus vrai , que j'aye , en mon particulier , *réfuté très-imperieufement* , comme il s'en plaint , *Longin & lui* , *& que je les aye traitez d'Aveugles & de petits Efprits d'avoir crû qu'il y avoit là quelque fublimité.* Il n'y a aucune expreffion femblable , dans mes Remarques , & je n'ai jamais eu la moindre penfée de mal parler de Mr. *Defpréaux.* J'ai appuyé feulement la réfutation , que Mr. *Huet* avoit faite de fon fentiment, qui peut être faux , comme il l'eft en effet , fans que perfonne puiffe dire que ni *Longin* , ni Mr. *Defpréaux* , aient, été des *Aveugles* & de *petits Efprits.* Je pourrois citer plus d'un endroit de mes Ouvrages , où j'ai fait l'éloge de ce dernier. Voyez le I. Tome des *Parrhafiana* p. 7. & ce que j'ai dit depuis peu , de fa vie , dans le Tome XXIV. de cette *Bibl. Choifie* , p. 460. Mais il parle , comme un homme en colere , qui s'imagine d'avoir été offenfé , quoi qu'on n'en ait eu aucun deffein ; & qui fe poffede d'autant moins , qu'il n'ofe pas fe fâcher contre ceux , qui font la véritable caufe de fon chagrin , & qu'il n'a rien de folide à leur répondre.

C'eft fe moquer du Public , que d'apeller *infulte* la publication de la Lettre de Mr. *Huet* , & la liberté que l'on a prife de témoigner d'être du fentiment d'un auffi favant homme, plûtôt que de celui de Mr. *Defpréaux.* J'avois déja dit , depuis l'an MDCXCIII. dans mon Commentaire fur la Genefe , que je ne croyois pas qu'il y eût rien de fublime , dans l'expreffion de l'endroit de Moïfe , de laquelle il s'agit , & j'avois renvoyé le Lecteur à la *Démonftration Evangelique* , fans que Mr. *Defpréaux* l'eût pris pour un affront. Il ne devoit pas ignorer qu'il étoit l'homme du monde , qui avoit le moins de droit d'exiger qu'on ne fe déclarât pas contre fes fentimens , & cela d'une manière civile & modefte ; puis qu'il étoit l'homme du monde , qui avoit cenfuré le plus librement, dans fes Satires , ceux qui ne lui plaifoient pas. Mais on

voit

voit souvent que ceux, qui aiment à contredire les autres,
ne peuvent pas souffrir d'être contredits; ce qui est très-in-
juste.

Mr. *Despréaux* croit qu'il suffiroit, pour faire sentir la sublimité de ces paroles, *que la lumiere se fasse & la lumiere*
se fit, de les prononcer un peu majestueusement. Mais ce n'est
pas de quoi il s'agit. Mr. *Huet* & moi lui avons accordé
que ces paroles, prises à part, ou inserées dans une piece
d'éloquence peuvent paroître sublimes. Il s'agit de savoir si
elles le sont, dans le Chap. I. de la Genese, où Moïse ne
fait que raconter, le plus simplement & le plus naïvement,
qu'il a pû, la création du Monde. On pourra voir ce que
j'avois déja remarqué là-dessus au Tome X. *pagg.* 224. *& sui-*
vantes *.

Je n'ai point soûtenu, comme notre Poëte me le fait dire,
que *si Moïse avoit mis du sublime au commencement de la Ge-*
nese, il auroit péché contre toutes les Regles de l'Art. C'est Mr.
Huet, qui dit quelque chose de semblable, pag. 227. † Il n'y
en a rien, dans mes Remarques. Ainsi c'est à lui en particulier que la censure de nôtre Satirique s'adresse; & quoi
qu'il fût facile de lui répondre, je ne m'y arrêterai pas.

Il s'applique en vain à montrer que l'on peut dire des choses sublimes, en stile simple, comme si on le lui avoit nié: puis
que Mr. *Huet* l'avoit expliqué au long, en parlant du Sublime
des choses, pag. 248. †† *& suiv.* On ne lui a jamais nié le Sublime de l'idée, mais on a dit qu'il n'y avoit rien de sublime
dans le tour, ni dans les mots, en cet endroit de Moïse, &
on l'a, ce me semble, prouvé. Ainsi il se bat ici contre sa propre ombre, en croyant porter des coups à ses Adversaires. On
tombe d'accord qu'on peut dire de grandes choses, en termes
simples, & l'on reconnoît que Moïse l'a fait; mais il s'agit de
savoir si Moïse a eu dessein d'exprimer, d'une manière sublime,
la création de la lumiere, en parlant de la sorte, & on lui a
soûtenu que non; parce que toute la suite du discours est tour-
née de la manière du monde la moins sublime, comme tout le
reste de la narration de Moïse. Qu'on lise de sens froid quelque
peu de Chapitres de ce Prophete, & l'on s'en convaincra. Il
est donc inutile de chercher des exemples, où des choses sublimes soient dites, en termes simples.

* Pag. 385.
& 394.
& suiv.
de cette
Edition.

† P. 387.

†† P. 396.

Mr. *Despréaux* demande enfuite à Mr. *Huet*, car enfin ce font fes paroles, qu'il cenfure, & non les miennes, *s'il eft poffible, qu'avec tout le favoir qu'il a, il foit encore à apprendre ce que n'ignore pas le moindre Apprentif Rhetoricien, que pour bien juger du Beau, du Sublime, du Merveilleux, il ne faut pas fimplement, regarder la chofe que l'on dit, mais la perfonne, qui la dit, la manière dont on la dit & l'occafion, où on la dit?* Cette demande eft ridicule, parce que Mr. *Huet* a remarqué prefque tout cela, dans fa Lettre, & que j'ai réfuté le préjugé populaire tiré de la perfonne qui parle, * pag. 222. & fuiv. Le refte de la déclamation de Mr. *Despréaux* n'a pas befoin d'être réfuté; il ne faut que prier le Lecteur, qui entend l'Hebreu, ou qui eft au moins un peu verfé dans le ftile de l'Ecriture Sainte, & qui fait ce que les Rheteurs nomment *Sublime*, de lire de nouveau les deux ou trois premiers Chapitres de la Genefe, & de dire, en confcience, s'il en trouve le ftile fublime. Pour bien juger de cela, il faut avoir lû avec foin l'Ecriture Sainte, en elle-même, & l'avoir méditée; comme l'on fait toutes fortes d'Auteurs, que l'on veut bien entendre; & non, comme nôtre Poëte femble l'avoir fait, n'y jetter les yeux que par occafion, ou en paffant.

marginal note: * Ci-deffus pag. 384. & fuiv.

Mr. *Huet* avoit affuré, * pag. 247. que tout homme, qui faura raporter quelque chofe de grand, tel qu'il eft, fans en rien dérober à la connoiffance de l'Auditeur & fans y mettre du fien; quelque groffier & quelque ignorant qu'il foit d'ailleurs; il pourra être eftimé, avec juftice, veritablement fublime, dans fon difcours, non pas de ce Sublime enfeigné par *Longin*. Nôtre Poëte Satirique feint de ne pas entendre ce qu'il veut dire, par *le Sublime de Longin*; quoique fon Adverfaire l'explique affez clairement, dans la fuite, d'un Sublime, qui dépend de l'art & qui eft recherché, par celui qui parle. Tel eft le Sublime des Cantiques, mais il n'y en a point de femblable, dans la Genefe, ni dans la narration des Livres Hiftoriques. Il feint encore de croire que Mr. *Huet*, a voulu dire *que les grandes chofes, pour être mifes en œuvre dans un Difcours, n'ont befoin d'aucun génie, ni d'aucune adreffe*; ce qui n'eft pas veritable de tout un Difcours, fur tout s'il eft un peu long; mais qui eft très vrai d'une période, ou deux, où la grandeur de la chofe fe trouvera foûtenue par des expreffions nobles; quoique celui qui parle, ne les ait point recherchées.

marginal note: * Ci-deffus pag. 396.

Nôtre

Nôtre Poëte déclamateur continue à montrer qu'un homme grossier ne sauroit faire un discours d'un Sublime soûtenu, & ménagé avec art; ce que personne ne lui nie. Il prétend ensuite *que l'Esprit de Dieu* a mis, dans l'Ouvrage de Moïse, quoique le Prophete *n'y ait point pensé, toutes les grandes figures de l'Art Oratoire, avec d'autant plus d'art, qu'on ne s'apperçoit point qu'il y ait aucun art.* Il semble qu'il parle de Moïse, par ouïr dire, & sur la foi de quelque Prédicateur, ou de quelque Auteur semblable, sans l'avoir jamais lû. L'Esprit de Dieu n'y a point employé d'art, ni sensible, ni caché; mais seulement de la naïveté & de la simplicité, qui doivent être les compagnes du vrai; quand il s'agit de veritez serieuses & importantes. C'est par les choses, & non par les mots & l'artifice de la diction, qu'il a voulu gagner les Esprits.

Il n'y a ensuite que des répetitions de son sentiment, que Mr. *Huet* a très-bien réfuté. Après tout, ce savant homme convenant, aussi bien que moi, avec Mr. *Despréaux*, de la sublimité de la chose; il étoit ridicule de le chicaner sur la division, qu'il fait de quatre sorte de Sublimes, & sur tout sur celui *de la pensée*; par où il semble qu'il a voulu dire une pensée recherchée, & qui ne tombe pas d'elle-même dans l'esprit. En effet, l'Esprit de Dieu, ni Moïse n'ont pas voulu parler ici, comme un Rheteur, qui auroit cherché la manière la plus noble d'exprimer la Création; mais seulement dire naïvement, selon l'usage des Hebreux, que j'ai prouvé par des exemples dans mon Commentaire, que Dieu a créé tout, par sa volonté; car *vouloir* & *dire* sont très-souvent la même chose, dans la Langue Hebraïque. Si Moïse avoit dit: DIEU VOULUT QUE LA LUMIERE FUT, & ELLE FUT, la Sublimité de la chose feroit trouver ce discours sublime; quoi que celui, qui s'en feroit servi, n'eût point pensé à parler d'une manière sublime, & il seroit plus clair, que de dire que DIEU DIT &c.

Mr. *Despréaux* me querelle, après cela, moi-même d'une manière assez grossiére, selon sa coûtume, de ce que j'ai dit pag. 253. * & suivantes des vains efforts, que les hommes font pour parler de Dieu, d'une manière sublime; parce qu'après tout nous ne faisons que bégayer là-dessus. Cependant il convient de la verité de ce que je dis, & il ne laisse pas de soûtenir que les expressions des hommes sont *sublimes*, selon la por-

* Ci-dessus
P. 399.

Ggg 3   tée

tée des hommes. Je ne le nie point, mais je dis que l'on doit s'en souvenir & ne pas s'écrier sur la beauté des expressions, & dire avec *Longin*, qui n'avoit qu'une mauvaise idée de Dieu, que les hommes *expriment la puissance & la grandeur de Dieu, dans toute sa dignité.* Ce que j'ai dit là-dessus ne se trouvant pas du goût d'une imagination Poëtique, qui pour l'ordinaire se paye de mots, & ne pénetre point les choses, a paru à nôtre Poëte du *verbiage.* Je ne m'en étonne point ; il falloit avoir plus de Philosophie & de Theologie, qu'il n'en avoit, pour le goûter. Je m'en raporte à ceux, qui ont étudié ces Sciences.

Enfin il m'apostrophe, d'une manière odieuse, & en même tems Mr. *Huet* ; car je n'ai paru digne à nôtre Poëte de ressentir le venin de sa plume Satirique, que parce que j'ai appuyé le sentiment de cet habile homme. Il ne s'agit point ici des opinions, qui distinguent les Protestans de l'Eglise Romaine, ou de quelque pensée qui me soit particuliere ; mais d'un point de Critique, où l'on peut prendre quelque parti, que l'on veut, dans les différentes Societez des Chrétiens, sans en blesser aucune. La chose, dans le fonds, est de très-petite conséquence, & devoit être traitée, avec douceur ; mais c'est une vertu peu connuë, parmi les Poëtes Satiriques, & nôtre Auteur est aigre, jusques dans les complimens, qu'il tâche de faire à ceux, avec qui il veut paroître réconcilié, comme on le peut voir, par sa Lettre à Mr. *Perrault* ; tant est vrai ce que dit un *Poëte, que Mr. *Despréaux* estimoit beaucoup.

* Hor. L. I.
Ep. x. v.
24.

Naturam expellas furcâ, tamen usque recurret.

Voici comme il parle ; *Croyez-moi donc, Monsieur, ouvrez les yeux. Ne vous opiniâtrez pas davantage à défendre, contre Moïse, contre Longin & contre toute la Terre, une cause aussi odieuse que la vôtre, & qui ne sauroit se soûtenir, que par des équivoques, & par de fausses subtilitez.* Cela s'adresse, dans le fonds, autant à Mr. *Huet*, qu'à moi. Ce vénerable vieillard, dont la Science & la Probité sont connues de tout le Monde, sans parler de la dignité de l'Episcopat, méritoit assurément un traitement plus doux. Il s'agissoit, comme je l'ai dit, d'une question de peu d'importance, & où l'on peut se tromper, sans que la

Conscien-

Conscience y soit interessée. Il s'agissoit d'un point de Critique, qui ne pouvoit être bien entendu par nôtre Poëte, qui n'étoit pas capable de lire l'Original, que Mr. *Huet* entend à fonds. Par conséquent, c'étoit une hardiesse inexcusable, dans nôtre Satirique, de prétendre en pouvoir mieux juger, que lui, & sur tout de le censurer, avec cette aigreur. Cela méritoit une rétractation, au lit de la mort. C'est se moquer du Lecteur, que de dire que ce Prélat, ou moi, soûtenons quelque chose *contre Moïse*; pour lequel nous avons témoigné plus de respect mille fois, que nôtre Poëte; en soûtenant l'un & l'autre la verité & l'authenticité de ses Livres; lui dans sa *Démonstration Evangelique*, & moi dans la 3. *Dissertation*, que j'ai mise au devant du *Pentateuque*. Si j'ajoûte encore le Commentaire, que j'ai publié sur ses Livres, dont j'ai fait voir la sagesse & l'excellence; il n'y aura personne, qui me conteste l'estime infinie que j'en fais. Il n'est pas besoin, pour cela, de chercher dans le stile des figures de Rhetorique, qui n'y sont pas. Au contraire ce seroit l'exposer à la raillerie des Libertins, sans y penser; parce qu'ils verroient, sans peine, que l'on parleroit par un entêtement, qui ne doit se trouver, que dans les fausses Religions; où l'on employe de mauvaises raisons, pour faire respecter ce qui ne le mérite pas. Moïse mérite si fort, par les choses qu'il dit, nôtre veneration; que nous n'avons que faire de lui prêter un stile, dans ses narrations, qu'il n'a point, & qu'il ne fait paroître que dans les endroits Oratoires, ou dans les Cantiques, qui sont dans ses Ouvrages. *Toute la Terre*, qu'on nous oppose, est un petit parti de gens, qui ne savent pas mieux l'Hebreu, & qui n'ont pas mieux lû le Pentateuque, que nôtre Satirique. Il n'y a rien d'*odieux* à dire qu'une chose est sublime, quoi que l'expression ne le soit pas, & à soûtenir que l'Auteur Sacré n'a point eu dessein de parler d'une manière sublime. Mr. *Despréaux*, ni qui que ce soit au monde, ne sauroit prouver, que ç'ait été le dessein de Moïse; & dans la supposition que ce ne l'a point été, comme il paroît par tout le Livre, on ne parle point *contre lui*, lors qu'on soûtient qu'il n'a point recherché d'expression sublime dans le passage, dont il s'agit. Il n'y a point là d'*équivoque*, & Mr. *Huet* s'est exprimé très-nettement. Je ne croi pas non plus qu'il y en ait aucune,

dans

dans ce que j'ai dit. Mais il y en a, sans doute, une, si cela ne mérite pas un autre nom, en ce que Mr. *Despréaux* dit, dans l'Avertissement de cette Edition de ses Oeuvres, *qu'il n'a point fait la Satire*, de l'Equivoque, *contre les Jésuites*. Tout le Monde & sur tout ses meilleurs Amis, à qui il en a plusieurs fois récité des morceaux, savent le contraire. La sincérité demandoit que, s'il n'osoit avouër la verité, il se tût là-dessus ; pour ne pas grossir le nombre de ceux qui se servent d'Equivoques, & pour ne pas se condamner lui-même.

Lisez, continue-t-il, *l'Ecriture, avec un peu moins de confiance en vos propres lumieres.* Aux lumieres de qui faut-il donc, que je me soumette ? Est-ce à celles d'un Rheteur Payen, qui n'avoit jamais lû Moïse, & qui le prenoit pour un Imposteur ? Est-ce à celles d'un Poëte Satirique, qui n'entendoit pas plus l'Original de Moïse, que celui de l'*Alcoran*, & qui, selon toutes les apparences, ne l'avoit pas lû non plus ? Je crois que personne ne doutera que je ne l'aye lû avec application, & que je n'y entende quelque chose, puisque je l'ai traduit & commenté. Ce seroit donc à moi une extrême folie de renoncer à des lumieres claires, pour suivre les conjectures de *Longin*, & de Mr. *Despréaux*. *Défaites-vous*, ajoûte-t-il, *de cette hauteur Calviniste & Socinienne, qui vous fait croire qu'il y va de vôtre honneur d'empêcher qu'on n'admire trop légerement le début d'un Livre, dont vous êtes obligé d'avouër vous-même qu'on doit adorer tous les mots & toutes les syllabes & qu'on peut bien ne pas assez admirer, mais qu'on ne sauroit trop admirer.* Je ne suis ni *Calviniste*, ni *Socinien* ; mais ni les uns, ni les autres n'ont point d'orgueil, qui leur fasse croire qu'il est de leur honneur d'empêcher qu'on n'admire Moïse. Ils n'employent point, à la verité, de mauvais artifices, pour y trouver une figure de Rhetorique, qui n'y est pas. Ils s'attachent avec raison, plus aux choses, qu'aux mots, & sur tout ils tâchent, comme je le fais aussi, d'observer exactement ses préceptes, en ce qu'ils ont de commun avec l'Evangile. Ce ne sera pas pour avoir dit que l'on admire le Sublime d'un Prophete, que l'on n'a jamais lû, au moins dans l'Original, & peut-être pas même dans une Version ; mais pour avoir suivi sa doctrine, que l'on sera jugé l'avoir respecté. Mr. *Despréaux* ne devoit pas reprocher aux Protestans de respecter.

pecter moins Moïfe, que lui. Il favoit bien les Difputes, qu'ils ont avec l'Eglife Romaine, fur le premier & le fecond Commandement du Décalogue; touchant le culte de ce qui n'eft pas Dieu, & touchant les Images. Je fai auffi ce que l'Eglife Romaine en croit, & je n'attribue pas à tous ceux, qui y vivent, les mêmes excès. Mais il eft certain que les Proteſtans obfervent ces commandemens, beaucoup plus à la lettre, que les Catholiques Romains. C'eft à cette lettre, à quoi il faut s'attacher, & non à de prétendues figures de Rhetorique, qui ne font rien à la Religion. Ajoûtez à tout ceci, qu'il ne s'agit point ici de *Socinianifme*, ni de *Calvinifme*, & que Mr. *Hüet*, fans avoir *l'orgueuil*, que l'Auteur Satirique lui attribue, a été le premier qui a foûtenu le fentiment, que Mr. *Defpréaux* me reproche, avec tant de hauteur.

Il auroit auffi dû penfer à une autre controverfe, qui eft entre l'Eglife Romaine & nous, fur le ftile de l'Ecriture; par où il auroit compris qu'il n'étoit pas à propos de parler de *l'admiration*, qu'il veut faire paroître pour les Livres Sacrez, à cet égard Mr. *Nicole*, qui a été l'un de fes Héros, lui auroit pû apprendre qu'il regardoit ce ftile, comme un ftile fi obfcur, qu'on ne peut favoir ce que les Ecrivains Sacrez ont crû des Articles de Foi les plus effentiels, fans l'explication de l'Eglife. Si cela étoit vrai, le ftile de l'Ecriture, ne feroit guere digne de nôtre admiration; car le plus grand défaut du ftile eft l'obfcurité, fur tout lors qu'elle eft fi grande, qu'on ne peut entendre un Livre, avec quelque étude que l'on y apporte & quelque attention qu'on le life, pas même en ce qu'il renferme de principal. Mais ce n'eft pas ici le lieu de pouffer ce raifonnement plus loin, & je fuis même perfuadé que l'air dévot, que nôtre Satirique prend ici mal-à-propos, fur cette matiere, ne venoit que du deffein de nuire; & non d'une opinion, qu'il s'en fût formée, par la lecture de l'Ecriture Sainte.

Il répond enfin * à l'objection que Mr. *Hüet* avoit faite, pour montrer que *Longin* n'avoit pas lû les paroles, qu'il cite, dans Moïfe même; parce qu'il les raporte autrement, qu'elles n'y font. Il me femble que Mr. *Defpréaux* n'y fatisfait point, & je fuis perfuadé qu'un Rheteur Payen, qui auroit lû quelques Chapitres dans la Verfion des Septante, n'y auroit affurément

* Voyez Tom. X. p. 232. qui eft la p. 471. de cette Edition.

point trouvé de Sublime ; ni même, comme je l'ai dit, dans l'Original, s'il avoit été capable de l'entendre. Mr. *Despréaux* en feroit peut-être convenu, s'il ne s'étoit pas entêté de l'Auteur, qu'il avoit publié, comme le font communément les Editeurs.

Je crois néanmoins qu'outre le penchant que ce Poëte Satirique avoit à défendre *Longin*, qu'il avoit pris fous fa protection; il y a eu des personnes *zelées*, *non pour la Religion*, comme l'Auteur de l'Avertiſſement nous le veut faire croire, mais pour un parti fort décrié, dans toute l'Eglife Romaine, qui ont échauffé l'imagination d'un homme facile à enflammer. Mr. *Huet* n'a jamais été dans ce parti, & il n'avoit pas parlé, non plus que moi, de Mr. de *Saci*, comme d'un Interprete fort exact & fort verfé dans la Critique. Cela a fuffi pour mettre ces gens en colere, contre nous. Mais les verfions de la Vulgate & les Remarques de Mr. de *Sacy* font entre les mains de tout le Monde, & ceux qui en font capables en peuvent juger. Je n'empêche nullement qu'on ne s'édifie de ſes Remarques fpirituelles, fur tout ſi l'on en devient plus doux envers le prochain ; mais ſi on le prend, pour un bon Interprete, j'avouë que je ne pourrai m'empêcher de croire, qu'on n'a aucun goût pour cette forte de chofes. D'ailleurs l'aigre dévotion, que l'on affecte, n'eſt qu'un pur efprit de parti ; la vraie dévotion eſt inféparable de la juſtice, de la charité & de la moderation. Tout le mal, que j'ai à fouhaiter, à ceux en qui ces vertus ne ſe trouvent pas, confifte à prier Dieu de les éclairer & de leur toucher le cœur.

SONNET
A Mr. DESPREAUX,

Sur sa Satire contre l'Equivoque.

L est vrai, tu l'as dit , le Démon qui t'inspire,
A ta bile caustique ajoûtant ses noirceurs,
T'a dicté cette indigne & derniere Satire ,
L'opprobre de son Pere, & l'horreur de ses Sœurs.

Peut-on sans sommeiller achever de la lire ,
Et t'y voir , aux dépens des trop benins Lecteurs ,
Promener d'âge en âge, & d'Empire en Empire
L'Equivoque semant ses maux & ses erreurs ?

On nous dit toutefois, que sur les rives sombres
Arnaud se fait plaisir d'en régaler les Ombres ,
Et que Chapelain même en vante la beauté.

Mais , éloges suspects ! Arnaud la trouve belle
Par les traits qu'elle lance à la Societé ;
Et Chapelain , par l'air qu'elle a de la Pucelle.

Par Mr. De Nantes , Avocat
de Vienne en Dauphiné.

FIN DU SECOND VOLUME.

FAUTES D'IMPRESSION.

Tome II.

Page 16. Remarques , col. 1. l. 2. *Dans les sens* lis. *Dans le sens.* Pag. 27. Changemens , l. 2. *C'est de faire du bien,* lis. *C'est de faire plaisir.* P. 38. col. 1. l. penult. *que j'ai donné,* lis. *que j'ai donnée.* P. 65. Remarq. col. 1. l. 1. *ipsum*, lis. *bellum ipsum.* P. 93. Text. l. derniere *que celles là font* , ajoûtez : *les meilleures qui sont.* P. 152. Rem. col. 1. l. 4. αεισον. lis. αεισον. P. 190. Imitations, l. 1. *Eneïd.* 15. lis. *Eneïd.* 12. P. 194. Rem. 3. col. 2. l. 3. *de l'Académie Françoise* lis. *de l'Histoire de l'Acad. Fr.* P. 196. Rem. 2. l. 5. *de Juin,* ajoûtez: 1701. Rem. 2. l. 9. *qu'il m'écrivoit,* lis. *qu'il m'écrivit.* P. 214. l. 11. *Roi Clusium,* lis. *Roi de Clusium.* P. 219. l. 23. *avec la Sage Démocede,* lis. *avec le Sage.* P. 234. Rem. l. 2. *codamne,* lis. *condamne.* P. 271. l. derniere : *Réparation.* lis. *Répartition.* P. 360. Rem. col. 1. l. 3. *adreſſé au Roi. Avoit déja,* lis. *adreſſée au Roi , avoit déja.*

TABLE
DES MATIERES.

Hhh 3

TABLE

DES MATIERES.

TABLE

DES MATIERES.

Kkk

TABLE

DES MATIERES.

Kkk 3   certai

TABLE

L l l

DES MATIERES.

d.i

TABLE

Mmm

T.

TABLE

DES MATIERES.

FIN.